DÉPARTEMENT DE L'INFORM.

Les
Nations Unies
aujourd'hui

Nations Unies

New York, 2008

Note : Les données de base qui figurent dans le présent document, y compris celles concernant les hauts fonctionnaires, les adresses et numéros de téléphone et télécopieur ou la ratification des traités, ont été actualisées. Sauf mention contraire, les autres données ont été mises à jour en juillet 2007.

Publié par le
Département de l'information de l'Organisation des Nations Unies

Organisation des Nations Unies
New York, NY 10017
www.un.org

ISBN 978-92-1-200284-2
Publication des Nations Unies
Numéro de vente : F.08.I.6

Préambule de la Charte des Nations Unies

Nous, peuples des Nations Unies,

> *résolus*

>> *à préserver les générations futures du fléau de la guerre*
>> *qui deux fois en l'espace d'une vie humaine*
>> *a infligé à l'humanité d'indicibles souffrances,*

>> *à proclamer à nouveau notre foi dans les droits fondamentaux de l'homme,*
>> *dans la dignité et la valeur de la personne humaine,*
>> *dans l'égalité de droits des hommes et des femmes,*
>> *ainsi que des nations, grandes et petites,*

>> *à créer les conditions nécessaires au maintien de la justice et du respect*
>> *des obligations nées des traités*
>> *et autres sources du droit international,*

>> *à favoriser le progrès social et instaurer de meilleures conditions de vie*
>> *dans une liberté plus grande,*

> *et à ces fins*

>> *à pratiquer la tolérance, à vivre en paix l'un avec l'autre*
>> *dans un esprit de bon voisinage,*

>> *à unir nos forces pour maintenir*
>> *la paix et la sécurité internationales,*

>> *à accepter des principes et instituer des méthodes*
>> *garantissant qu'il ne sera pas fait usage de la force des armes,*
>> *sauf dans l'intérêt commun,*

>> *à recourir aux institutions internationales pour favoriser*
>> *le progrès économique et social de tous les peuples,*

avons décidé d'associer nos efforts
pour réaliser ces desseins.

> *En conséquence, nos gouvernements respectifs . . .*
> *ont adopté la présente*
> *Charte des Nations Unies*
> *et établissent par les présentes*
> *une organisation internationale qui prendra le nom de*
> *Nations Unies.*

TABLE DES MATIÈRES

Préambule de la Charte des Nations Unies

Nous, peuples des Nations Unies,

   résolus

   à préserver les générations futures du fléau de la guerre
   qui deux fois en l'espace d'une vie humaine
   a infligé à l'humanité d'indicibles souffrances,

   à proclamer à nouveau notre foi dans les droits fondamentaux de l'homme,
   dans la dignité et la valeur de la personne humaine,
   dans l'égalité de droits des hommes et des femmes,
   ainsi que des nations, grandes et petites,

   à créer les conditions nécessaires au maintien de la justice et du respect
   des obligations nées des traités
   et autres sources du droit international,

   à favoriser le progrès social et instaurer de meilleures conditions de vie
   dans une liberté plus grande,

et à ces fins

   à pratiquer la tolérance, à vivre en paix l'un avec l'autre
   dans un esprit de bon voisinage,

   à unir nos forces pour maintenir
   la paix et la sécurité internationales,

   à accepter des principes et instituer des méthodes
   garantissant qu'il ne sera pas fait usage de la force des armes,
   sauf dans l'intérêt commun,

   à recourir aux institutions internationales pour favoriser
   le progrès économique et social de tous les peuples,

avons décidé d'associer nos efforts
pour réaliser ces desseins.

En conséquence, nos gouvernements respectifs . . .
ont adopté la présente
Charte des Nations Unies
et établissent par les présentes
une organisation internationale qui prendra le nom de
Nations Unies.

ENCADRÉS

GRAPHIQUES ET CARTES

SITES WEB DES NATIONS UNIES

Nations Unies : *www.un.org*

Système des Nations Unies : *www.unsystem.org*

Bureaux et programmes des Nations Unies

Bureau des Nations Unies pour les services d'appui aux projets (UNOPS) : *www.unops.org*

Commission économique et sociale pour l'Asie et le Pacifique (CESAP) : *www.unescap.org*

Commission économique et sociale pour l'Asie occidentale (CESAO) : *www.escwa.un.org*

Commission économique pour l'Afrique (CEA) : *www.uneca.org*

Commission économique pour l'Amérique latine et les Caraïbes (CEPALC) : *www.eclac.org*

Commission économique pour l'Europe (CEE) : *www.unece.org*

Commissions régionales des Nations Unies

Conférence des Nations Unies sur le commerce et le développement (CNUCED) : *www.unctad.org*

Conférence des Nations Unies sur le commerce et le développement (CNUCED/OMC) : *www.intracen.org*

École des cadres du système des Nations Unies : *www.unssc.org*

Fonds de développement des Nations Unies pour la femme (UNIFEM) : *www.unifem.org*

Fonds des Nations Unies pour la population (FNUAP) : *www.unfpa.org*

Fonds des Nations Unies pour l'enfance (UNICEF) : *www.unicef.org*

Haut-Commissaire des Nations Unies aux droits de l'homme : *www.ohchr.org*

Haut-Commissaire des Nations Unies pour les réfugiés : *www.unhcr.org*

Institut de recherche des Nations Unies pour le développement social : *www.unrisd.org*

Institut des Nations Unies pour la formation et la recherche (UNITAR) : *www.unitar.org*

Institut des Nations Unies pour la recherche sur le désarmement (UNIDIR) : *www.unidir.org*

Institut international de recherche et de formation pour la promotion de la femme (UN-INSTRAW) : *www.un-instraw.org*

Institut interrégional de recherche des Nations Unies sur la criminalité et la justice (UNICRI) : *www.unicri.it*

Office de secours et de travaux des Nations Unies pour les réfugiés de Palestine dans le Proche-Orient (UNRWA) : *www.un.org/unrwa*

Office des Nations Unies contre la drogue et le crime : *www.unodc.org*

Programme alimentaire mondial (PAM) : *www.wfp.org*

Programme commun des Nations Unies sur le VIH/sida : *www.unaids.org*

Programme des Nations Unies pour le développement (PNUD) : *www.undp.org*

Programme des Nations Unies pour l'environnement (PNUE) : *www.unep.org*

Programme des Nations Unies pour les établissements humains (ONU-Habitat) : *www.unhabitat.org*

Université des Nations Unies (UNU) : *www.unu.edu*

Volontaires des Nations Unies (VNU) : *www.unv.org*

Institutions spécialisées des Nations Unies

Fonds international de développement agricole (FIDA) : *www.ifad.org*

Fonds monétaire international (FMI) : *www.imf.org*

Groupe de la Banque mondiale : *www.worldbank.org*

Organisation de l'aviation civile internationale (OACI) : *www.icao.org*

Organisation des Nations Unies pour l'alimentation et l'agriculture (FAO) : *www.fao.org*

Organisation des Nations Unies pour le développement industriel (ONUDI) : *www.unido.org*

Organisation des Nations Unies pour l'éducation, la science et la culture (UNESCO) : *www.unesco.org*

Organisation internationale du Travail (OIT) : *www.ilo.org*

Organisation maritime internationale (OMI) : *www.imo.org*

Organisation météorologique mondiale (OMM) : *www.wmo.ch*

Organisation mondiale de la propriété intellectuelle (OMPI) : *www.wipo.int*

Organisation mondiale de la Santé (OMS) : *www.who.int*

Organisation mondiale du tourisme (OMT) : *www.world-tourism.org*

Union internationale des télécommunications (UIT) : *www.itu.int*

Union postale universelle (UPU) : *www.upu.int*

Organisations apparentées

Agence internationale de l'énergie atomique (AIEA) : *www.iaea.org*

Commission préparatoire de l'Organisation du Traité d'interdiction complète des essais nucléaires (OTICE) : *www.ctbto.org*

Organisation mondiale du commerce (OMC) : *www.wto.org*

Organisation pour l'interdiction des armes chimiques (OIAC) : *www.opcw.org*

LISTE DES SIGLES

AIEA	Agence internationale de l'énergie atomique
AMGI	Agence multilatérale de garantie des investissements (Groupe de la Banque mondiale)
BAJ	Bureau des affaires juridiques
BCAH	Bureau de la coordination des affaires humanitaires
BIRD	Banque internationale pour la reconstruction et le développement (Groupe de la Banque mondiale)
BRSAO	Bureau du Représentant spécial du Secrétaire général pour l'Afrique de l'Ouest
BSCI	Bureau des services de contrôle interne
CCI	Centre CNUCED/OMC du commerce international
CCS	Conseil des chefs de secrétariat des organismes des Nations Unies pour la coordination
CEA	Commission économique pour l'Afrique
CEE	Commission économique pour l'Europe
CEPALC	Commission économique pour l'Amérique latine et les Caraïbes
CESAO	Commission économique et sociale pour l'Asie occidentale
CESAP	Commission économique et sociale pour l'Asie et le Pacifique
CICR	Comité international de la Croix-Rouge
CIJ	Cour internationale de Justice
CIRDI	Centre international pour le règlement des différends relatifs aux investissements (Groupe de la Banque mondiale)
CNUCED	Conférence des Nations Unies sur le commerce et le développement
COCOVINU	Commission de contrôle, de vérification et d'inspection des Nations Unies
DAES	Département des affaires économiques et sociales
DAM	Département de l'appui aux missions
DAP	Département des affaires politiques
DG	Département de la gestion
DGACM	Département de l'Assemblée générale et de la gestion des conférences
DI	Département de l'information
DOMP	Département des opérations de maintien de la paix

DSS	Département de la sûreté et de la sécurité
ECOSOC	Conseil économique et social
EOSG	Cabinet du Secrétaire général
FAO	Organisation des Nations Unies pour l'alimentation et l'agriculture
FIDA	Fonds international de développement agricole
FMI	Fonds monétaire international
FNUAP	Fonds des Nations Unies pour la population
FNUPI	Fonds des Nations Unies pour les partenariats internationaux
HCDH	Haut-Commissariat des Nations Unies aux droits de l'homme
HCR	Haut-Commissariat des Nations Unies pour les réfugiés
IAC	Organisation pour l'interdiction des armes chimiques
IDA	Association internationale de développement (Groupe de la Banque mondiale)
INSTRAW	Institut international de recherche et de formation pour la promotion de la femme
OACI	Organisation de l'aviation civile internationale
OIT	Organisation internationale du Travail
OMC	Organisation mondiale du commerce
OMI	Organisation maritime internationale
OMM	Organisation météorologique mondiale
OMPI	Organisation mondiale de la propriété intellectuelle
OMS	Organisation mondiale de la Santé
OMT	Organisation mondiale du tourisme
ONG	Organisations non gouvernementales
ONUDI	Organisation des Nations Unies pour le développement industriel
ONUG	Office des Nations Unies à Genève
ONU-Habitat	Programme des Nations Unies pour les établissements humains
ONUN	Office des Nations Unies à Nairobi
ONUSIDA	Programme commun des Nations Unies sur le VIH/sida
OTICE	Commission préparatoire de l'Organisation du Traité d'interdiction complète des essais nucléaires
PAM	Programme alimentaire mondial
PNUD	Programme des Nations Unies pour le développement

PNUE	Programme des Nations Unies pour l'environnement
SFI	Société financière internationale (Groupe de la Banque mondiale)
UIT	Union internationale des télécommunications
UNESCO	Organisation des Nations Unies pour l'éducation, la science et la culture
UNICEF	Fonds des Nations Unies pour l'enfance
UNICRI	Institut interrégional de recherche des Nations Unies sur la criminalité et la justice
UNIDIR	Institut des Nations Unies pour la recherche sur le désarmement
UNIFEM	Fonds de développement des Nations Unies pour la femme
UNITAR	Institut des Nations Unies pour la formation et la recherche
UNODC	Office des Nations Unies contre la drogue et le crime
UN-OHRLLS	Bureau du Haut-Représentant pour les pays les moins avancés, les pays en développement sans littoral et les petits États insulaires en développement
UNOPS	Bureau des Nations Unies pour les services d'appui aux projets
UNOV	Office des Nations Unies à Vienne
UNRISD	Institut de recherche des Nations Unies pour le développement social
UNRWA	Office de secours et de travaux des Nations Unies pour les réfugiés de Palestine dans le Proche-Orient
UNSSC	École des cadres du système des Nations Unies
UNU	Université des Nations Unies
UPU	Union postale universelle
VNU	Volontaires des Nations Unies

AVANT-PROPOS

À l'heure de l'interdépendance et de la mondialisation, de plus en plus de personnes et de responsables gouvernementaux ont conscience du fait que le multilatéralisme est la seule voie envisageable, ce qui plaide en faveur de l'Organisation des Nations Unies. L'ONU défend des valeurs cruciales en cette nouvelle ère : la liberté, la justice et le règlement pacifique des conflits; l'amélioration des conditions de vie; l'égalité et la tolérance, et les droits de l'homme. La mondialisation ne peut fonctionner que si ces valeurs sont érigées en principes.

Alors que le monde se heurte à des défis complexes et d'ampleur internationale, que nul pays ne saurait relever seul, l'ONU devrait affirmer son rôle. Le terrorisme et la criminalité organisée ne connaissent pas les frontières des États. Les maladies telles que le sida se propagent partout dans le monde, détruisant des vies et perturbant les activités économiques. Les changements climatiques et la dégradation de l'environnement posent de grands défis pour les générations actuelles aussi bien que futures. L'inégalité et la pauvreté risquent d'entraîner une instabilité et des conflits susceptibles d'embraser des régions entières.

L'ONU est la seule organisation dont quasiment tous les pays du monde sont membres et qui ait l'influence et la légitimité universelle voulues pour relever ces défis. La tribune qu'offre l'ONU permet aux responsables politiques de communiquer entre eux dans des conditions qu'ils ne pourraient ou ne voudraient peut-être pas réunir autrement. Grâce à son impartialité, l'ONU peut mener des négociations et exercer des activités dans certaines des régions les plus dangereuses du monde. Quand une catastrophe surgit, comme le tsunami qui a frappé l'Asie du Sud-Est, les fonctionnaires de l'ONU sont déjà sur place, prêts à intervenir. Plus de 100 000 soldats chargés du maintien de la paix présents sur quatre continents s'acquittent de leurs fonctions plus efficacement et avec un budget plus modeste qu'aucune armée nationale ne pourrait le faire.

Aujourd'hui, l'ONU s'efforce plus que jamais de traduire ses idéaux en changements concrets et mesurables. C'est pourquoi, alors que le monde se tourne vers l'ONU à la recherche de solutions, nous devons améliorer nos méthodes de travail et trouver les moyens de remplir plus pleinement nos promesses. Nous devons également être ouverts aux approches novatrices et aux idées nouvelles, et avoir le courage de remettre en question notre façon habituelle de voir les choses. Nous devons avant tout faire en sorte que, partout dans le monde, le grand public fasse confiance à notre Organisation et participe plus activement à ses activités.

Les Nations Unies aujourd'hui a pour objet de faire mieux connaître les activités de l'ONU dans le monde et invite le lecteur à y participer. Cette publication est conçue comme un outil de référence concis mais précieux aussi bien pour le diplomate averti que pour toute personne intéressée. Elle vise à donner un sens aux nombreux sigles utilisés dans le système des Nations Unies et à les associer aux tâches quotidiennes des institutions et entités de l'Organisation. Elle présente les réformes de l'Organisation, des changements concernant les opérations de maintien de la paix à la refonte du mécanisme des droits de l'homme, tout en donnant un aperçu des forces qui sont le moteur de ces changements.

Je ne doute pas que cette publication aide le lecteur, où qu'il soit, à mieux s'identifier à l'ONU, à ses activités et à ses valeurs. J'espère qu'elle sera un guide appréciable dans les jours difficiles qui nous attendent.

Ban Ki-moon
Secrétaire général

L'ORGANISATION DES NATIONS UNIES

L'expression « Nations Unies «, qui est due au Président des États-Unis, Franklin D. Roosevelt, est apparue pour la première fois au cours de la Seconde Guerre mondiale dans la « Déclaration des Nations Unies » du 1er janvier 1942, par laquelle les représentants de 26 pays s'engageaient à poursuivre ensemble la guerre contre les puissances de l'Axe.

Dans un premier temps, les États ont institué des organisations internationales pour coopérer sur des questions spécifiques. Ainsi, l'Union internationale des télécommunications a été fondée en 1865, sous la dénomination d'Union télégraphique internationale, et l'Union postale universelle en 1874. Toutes deux sont aujourd'hui des institutions spécialisées des Nations Unies.

En 1899 s'est tenue, à La Haye, la première Conférence internationale de la paix avec pour objectif d'élaborer des instruments pour le règlement pacifique des crises internationales, prévenir les conflits et codifier le droit de la guerre. Elle a abouti à l'adoption de la Convention pour le règlement pacifique des conflits internationaux et à la création de la Cour permanente d'arbitrage, dont l'activité a débuté en 1902.

L'Organisation des Nations Unies a un précurseur : la Société des Nations (SDN), organisation conçue pendant la Première Guerre mondiale dans des circonstances analogues et créée par le Traité de Versailles (1919) aux fins de favoriser la coopération entre les peuples et de maintenir la paix et la sécurité.

L'Organisation internationale du Travail a également été créée par le Traité de Versailles, comme organisme affilié à la Société des Nations. La SDN a cessé ses activités faute d'avoir pu éviter la Seconde Guerre mondiale.

En 1945, les représentants de 50 pays à la Conférence des Nations Unies sur l'Organisation internationale se sont réunis à San Francisco pour élaborer la Charte des Nations Unies. Ils se sont fondés sur les propositions rédigées d'août à octobre 1944 à Dumbarton Oaks (États-Unis) par les représentants de la Chine, des États-Unis, du Royaume-Uni et de l'Union soviétique. La Charte a été signée le 26 juin 1945 par les représentants des 50 pays; la Pologne, qui n'avait pas été représentée à la Conférence, l'a signée plus tard, mais elle fait néanmoins partie des 51 États Membres originels.

L'Organisation des Nations Unies est née officiellement le 24 octobre 1945, lorsque la Charte a été ratifiée par la Chine, les États-Unis, la France, le Royaume-Uni, l'Union soviétique et la majorité des autres pays signataires. La Journée des Nations Unies est célébrée le 24 octobre de chaque année.

Charte des Nations Unies

(www.un.org/french/aboutun/charte/index.html)

La Charte est l'instrument constitutif de l'Organisation. Elle fixe les droits et les obligations des États Membres et porte création des organes et des procédures. Convention internationale, elle codifie les grands principes des relations internationales, depuis l'égalité souveraine des États jusqu'à l'interdiction d'employer la force dans ces relations de toute manière incompatible avec les buts des Nations Unies.

Amendements à la Charte des Nations Unies

La Charte peut être modifiée à la suite d'un vote à la majorité des deux tiers des membres de l'Assemblée générale, avec ratification par les deux tiers des membres de l'Organisation, y compris les cinq membres permanents du Conseil de sécurité. Jusqu'à présent, quatre Articles ont été modifiés, l'un d'eux à deux reprises :

- En 1965, le nombre des membres du Conseil de sécurité a été porté de 11 à 15 (Art. 23) et le nombre des membres du Conseil dont le vote affirmatif est requis pour toutes les décisions autres que celles de procédure a été porté de 7 à 9, y compris les 5 membres permanents (Art. 27).

- En 1965, le nombre des membres du Conseil économique et social a été porté de 18 à 27; en 1973, il a été porté à 54 (Art. 61).

- En 1968, le nombre des voix requises au Conseil de sécurité pour réunir une conférence générale aux fins d'une révision de la Charte a été porté de 7 à 9 (Art. 109).

Préambule de la Charte des Nations Unies

Le Préambule de la Charte des Nations Unies exprime les idéaux et les buts communs de tous les peuples dont les gouvernements se sont réunis pour former l'Organisation des Nations Unies :

> « NOUS, PEUPLES DES NATIONS UNIES, RÉSOLUS à préserver les générations futures du fléau de la guerre qui deux fois en l'espace d'une vie humaine a infligé à l'humanité d'indicibles souffrances, à proclamer à nouveau notre foi dans les droits fondamentaux de l'homme, dans la dignité et la valeur de la personne humaine, dans l'égalité des droits des hommes et des femmes, ainsi que des nations, grandes et petites, à créer les conditions nécessaires au maintien de la justice et du respect des obligations nées des traités et autres sources du droit international, à favoriser le progrès social et instaurer de meilleures conditions de vie dans une liberté plus grande,
>
> ET À CES FINS, à pratiquer la tolérance, à vivre en paix l'un avec l'autre dans un esprit de bon voisinage, à unir nos forces pour maintenir la paix et la sécurité internationales, à accepter des principes et instituer des méthodes garantissant qu'il ne sera pas fait usage de la force des armes, sauf dans l'intérêt commun, à recourir aux institutions internationales pour favoriser le progrès économique et social de tous les peuples,

AVONS DÉCIDÉ D'ASSOCIER NOS EFFORTS POUR RÉALISER CES DESSEINS. En conséquence, nos gouvernements respectifs, par l'intermédiaire de leurs représentants, réunis en la ville de San Francisco, et munis de pleins pouvoirs reconnus en bonne et due forme, ont adopté la présente Charte des Nations Unies et établissent par les présentes une organisation internationale qui prendra le nom de Nations Unies. »

Buts et principes

Les **buts** des Nations Unies énoncés dans la Charte sont les suivants :

- Maintenir la paix et la sécurité internationales;
- Développer entre les nations des relations amicales fondées sur le respect du principe de l'égalité de droits des peuples et de leur droit à disposer d'eux-mêmes;
- Réaliser la coopération internationale en résolvant les problèmes internationaux d'ordre économique, social, intellectuel et humanitaire et en développant le respect des droits de l'homme et des libertés fondamentales;
- Constituer un centre où s'harmonisent les efforts des nations vers ces fins communes.

L'ONU agit conformément aux **principes** suivants :

- Elle est fondée sur le principe de l'égalité souveraine de tous ses Membres;
- Tous ses Membres s'acquittent de bonne foi des obligations qu'ils ont assumées de par la Charte;
- Ils règlent leurs différends internationaux par des moyens pacifiques, de telle manière que la paix et la sécurité internationales ainsi que la justice ne soient pas mises en danger;
- Ils s'abstiennent, dans leurs relations internationales, de recourir à la menace ou à l'emploi de la force contre tout État;
- Ils donnent à l'Organisation pleine assistance dans toute action entreprise par elle conformément aux dispositions de la Charte;
- Aucune disposition de la Charte n'autorise les Nations Unies à intervenir dans les affaires qui relèvent essentiellement de la compétence nationale d'un État.

Composition

Peuvent devenir Membres de l'ONU tous les États pacifiques qui acceptent les obligations de la Charte et sont capables de les remplir et disposés à le faire.

L'Assemblée générale décide d'admettre de nouveaux États Membres sur recommandation du Conseil de sécurité. La Charte prévoit la suspension ou l'expulsion d'un Membre qui enfreint les principes de la Charte, mais aucune mesure de cet ordre n'a jamais été prise.

Langues officielles

Aux termes de la Charte, les langues officielles des Nations Unies sont l'anglais, le chinois, l'espagnol, le français et le russe. L'arabe a été ajouté comme langue officielle de l'Assemblée générale, du Conseil de Sécurité et du Conseil économique et social.

Structure de l'Organisation

La Charte a établi six organes principaux des Nations Unies : l'Assemblée générale, le Conseil de sécurité, le Conseil économique et social, le Conseil de tutelle, la Cour internationale de Justice et le Secrétariat. Le système des Nations Unies est cependant beaucoup plus grand, car il comprend 15 institutions et plusieurs programmes et organismes.

Assemblée générale
(www.un.org/french/ga)

L'Assemblée générale est le principal organe de délibération. Elle se compose des représentants de tous les États Membres, qui disposent chacun d'une voix. Les décisions sur des sujets importants tels que la paix et la sécurité internationales, l'admission de nouveaux Membres et les questions budgétaires sont prises à la majorité des deux tiers. Les décisions sur les autres sujets le sont à la majorité simple.

Fonctions et pouvoirs

Aux termes de la Charte, les fonctions et pouvoirs de l'Assemblée générale sont les suivants :

- Étudier les principes de coopération en vue du maintien de la paix et de la sécurité internationales, y compris les principes régissant le désarmement et la réglementation des armements, et faire des recommandations à leur sujet;

- Examiner toutes questions relatives au maintien de la paix et de la sécurité internationales et formuler des recommandations à ce sujet, sauf dans le cas où un différend ou une situation serait en cours d'examen au Conseil de sécurité1;

- Examiner toutes questions entrant dans le cadre de la Charte ou se rapportant aux pouvoirs et fonctions de l'un quelconque des organes de l'Organisation et, sous la même réserve, formuler des recommandations à ce sujet;

- Lancer des études et faire des recommandations en vue de promouvoir la coopération internationale dans le domaine politique, le développement du droit international et

---

1 Aux termes de la résolution intitulée « L'Union pour le maintien de la paix », adoptée par l'Assemblée générale en novembre 1950, l'Assemblée peut, dans tous les cas où paraît exister une menace contre la paix, une rupture de la paix ou un acte d'agression, prendre des mesures si le Conseil de sécurité ne parvient pas à une décision du fait que l'unanimité n'a pu se réaliser parmi ses membres permanents. Elle a qualité pour examiner immédiatement la question, afin de faire aux Membres des recommandations apptopriées sur les mesures collectives à prendre, y compris, s'il s'agit d'une rupture de la paix ou d'un acte d'agression, l'emploi de la force armée en cas de besoin pour maintenir ou rétablir la paix et la sécurité internationales.

sa codification, la jouissance des droits de l'homme et des libertés fondamentales pour tous, et la coopération internationale dans les domaines économique, social, culturel, éducatif et sanitaire;

- Formuler des recommandations en vue du règlement pacifique de toute situation, quelle qu'en soit l'origine, qui lui semble de nature à compromettre les relations amicales entre nations;

- Recevoir et étudier les rapports du Conseil de sécurité et des autres organes de l'Organisation;

- Examiner et approuver le budget de l'Organisation et répartir les contributions entre les États Membres;

- Élire les membres non permanents du Conseil de sécurité et les membres du Conseil économique et social et, le cas échéant, élire des membres supplémentaires au Conseil de tutelle; élire, avec le Conseil de sécurité, les membres de la Cour internationale de Justice, et nommer le Secrétaire général, sur recommandation du Conseil de sécurité.

Sessions

La session ordinaire de l'Assemblée générale commence chaque année le mardi de la troisième semaine de septembre à compter de la première semaine comportant au moins un jour ouvrable. Trois mois au moins avant le début de la session ordinaire, l'Assemblée élit un nouveau président, 21 vice-présidents et les présidents des six grandes commissions. Pour assurer une représentation géographique équitable, il a été décidé que la présidence de l'Assemblée reviendrait chaque année par roulement à l'un des cinq groupes d'États suivants : États d'Afrique, États d'Asie, États d'Europe orientale, États d'Amérique latine et des Caraïbes et États d'Europe occidentale et autres États.

En dehors de ses sessions ordinaires, l'Assemblée peut se réunir en sessions extraordinaires, à la demande du Conseil de sécurité ou de la majorité des États Membres, ou encore d'un seul Membre si cette demande est appuyée par la majorité des autres États Membres. Une session extraordinaire d'urgence peut être convoquée dans les 24 heures qui suivent la demande soit du Conseil de sécurité par un vote affirmatif de neuf quelconques de ses membres, soit de la majorité des Membres de l'Organisation, ou d'un seul Membre si cette demande est appuyée par la majorité.

Au début de chaque session ordinaire, l'Assemblée procède à un débat général, souvent marqué par des discours de chefs d'État ou de gouvernement, au cours duquel les États Membres expriment leur point de vue sur les questions d'intérêt international les plus urgentes. L'Assemblée renvoie ensuite la plupart des questions à ses six grandes commissions :

- **Première Commission** (Commission des questions de désarmement et de sécurité internationale);

- **Deuxième Commission** (Commission économique et financière);

- **Troisième Commission** (Commission des questions sociales, humanitaires et culturelles);
- **Quatrième Commission** (Commission des questions politiques spéciales et de la décolonisation);
- **Cinquième Commission** (Commission des questions administratives et budgétaires);
- **Sixième Commission** (Commission des questions juridiques).

Certaines questions sont examinées directement en séance plénière, tandis que d'autres sont allouées à l'une des six grandes commissions. Les résolutions et décisions, y compris celles recommandées par les commissions, sont adoptées en séance plénière, généralement vers la fin de la session ordinaire, en décembre. Elles peuvent être adoptées après avoir été mises aux voix ou non.

L'Assemblée adopte généralement ses résolutions et décisions à la majorité des suffrages exprimés par les membres présents. Les décisions sur des questions importantes, telles que les recommandations sur la paix et la sécurité internationales, l'élection des membres de certains organes principaux et les questions budgétaires, sont prises à la majorité des deux tiers. Le vote peut se faire selon l'une des modalités suivantes : vote enregistré, vote à main levée ou vote par appel nominal.

Même si elles n'ont pas force juridique obligatoire pour les gouvernements, les décisions de l'Assemblée portent le poids de l'opinion mondiale et sont revêtues de l'autorité morale de la communauté internationale.

Les travaux menés par l'Organisation durant l'année découlent en grande partie des mandats décidés par l'Assemblée générale, c'est-à-dire de la volonté de la majorité des Membres exprimée dans les résolutions adoptées par l'Assemblée. Ces travaux sont exécutés :

- Par les commissions et autres organes établis par l'Assemblée pour étudier des questions telles que le désarmement, le maintien de la paix, le développement et les droits de l'homme, et pour faire rapport à leur sujet;
- Dans les conférences internationales convoquées par l'Assemblée;
- Par le Secrétariat de l'ONU, c'est-à-dire le Secrétaire général et les fonctionnaires internationaux au service de l'Organisation.

Conseil de sécurité
(www.un.org/french/docs/cs)

Le Conseil de sécurité a, aux termes de la Charte, la responsabilité principale du maintien de la paix et de la sécurité internationales.

Il se compose de 15 membres, dont 5 membres permanents — Chine, États-Unis, Fédération de Russie, France et Royaume-Uni — et 10 membres élus par l'Assemblée générale pour un mandat de deux ans.

Chaque membre dispose d'une voix. Les décisions de procédure sont prises par un vote affirmatif d'au moins 9 des 15 membres. Les décisions sur les questions de fond sont prises par un vote affirmatif de neuf membres également, sous réserve qu'aucun des cinq membres permanents n'ait exercé son droit de veto (vote négatif).

Chacun des cinq membres permanents a exercé son droit de veto à un moment ou à un autre. Si un membre permanent n'est pas entièrement favorable à une résolution mais ne souhaite pas pour autant s'y opposer, il peut s'abstenir, ce qui permet à la résolution d'être adoptée si elle recueille le minimum requis des neuf voix.

Aux termes de l'Article 25 de la Charte, tous les Membres de l'ONU acceptent et appliquent les décisions du Conseil. Alors que les autres organes de l'Organisation n'adressent aux États Membres que des recommandations, le Conseil est le seul à pouvoir prendre des décisions que les Membres sont tenus d'appliquer, conformément à la Charte.

Fonctions et pouvoirs

Aux termes de la Charte, les fonctions et pouvoirs du Conseil sont les suivants :

- Maintenir la paix et la sécurité internationales, conformément aux buts et aux principes des Nations Unies;
- Élaborer des plans en vue d'établir un système de réglementation des armements;
- Intervenir auprès des parties à un différend afin de le régler par des moyens pacifiques;
- Enquêter sur tout différend ou toute situation qui pourrait entraîner un désaccord entre nations et recommander des moyens d'arranger un tel différend ou les termes d'un règlement;
- Constater l'existence d'une menace contre la paix ou d'un acte d'agression et recommander les mesures à prendre;
- Intervenir auprès des parties et les inviter à se conformer aux mesures provisoires jugées nécessaires ou souhaitables pour empêcher que la situation ne s'aggrave;
- Inviter les États Membres à prendre des mesures n'impliquant pas l'emploi de la force armée — telles que des sanctions — pour donner effet aux décisions du Conseil;
- Recourir ou autoriser le recours à la force pour maintenir ou rétablir la paix et la sécurité internationales;
- Encourager le règlement pacifique des différends locaux au moyen des mécanismes régionaux et recourir aux arrangements régionaux pour donner effet à ses décisions;
- Recommander à l'Assemblée générale la nomination du Secrétaire général et élire, avec l'Assemblée générale, les membres de la Cour internationale de Justice;
- Demander à la Cour internationale de Justice des avis consultatifs sur toute question juridique;
- Recommander à l'Assemblée générale l'admission de nouveaux Membres.

Le Conseil de sécurité est organisé de manière à pouvoir exercer ses fonctions en permanence. Chacun de ses membres doit à tout moment avoir un représentant au Siège de l'ONU. Le Conseil peut se réunir ailleurs qu'au Siège; ainsi, en 1972, il a tenu une session à Addis-Abeba (Éthiopie); en 1973, il s'est réuni à Panama; et, en 1990, à Genève (Suisse).

Lorsqu'il est saisi d'une plainte concernant une situation qui menace la paix, le Conseil commence habituellement par recommander aux parties de chercher à se mettre d'accord par des moyens pacifiques. Il peut énoncer les principes d'un règlement pacifique. Dans certains cas, il enquête lui-même et joue le rôle de médiateur. Il peut envoyer sur place une mission, désigner des représentants spéciaux ou prier le Secrétaire général d'user de ses bons offices.

Lorsqu'un différend débouche sur des hostilités, le Conseil s'occupe avant tout d'y mettre fin le plus rapidement possible. Il peut donner des directives de cessez-le-feu et contribuer ainsi dans une large mesure à éviter l'escalade du conflit.

Le Conseil peut également envoyer des observateurs militaires ou une force de maintien de la paix afin d'apaiser les tensions dans les zones perturbées, de séparer les adversaires et d'instaurer les conditions de calme dans lesquelles un règlement pacifique peut être recherché. En vertu du Chapitre VII de la Charte, il peut aussi décider des mesures d'exécution, des sanctions économiques, des embargos sur les armes, des sanctions financières, des interdictions de voyager ou une action militaire collective.

Les sanctions constituent un outil important au moyen duquel le Conseil de sécurité s'attache à promouvoir la paix et la sécurité internationales. Chacun des régimes de sanctions existants prévoit des sanctions ciblées — embargos sur les armes, sanctions financières et interdictions de voyager — conçues pour éliminer ou réduire les conséquences involontaires en visant plus particulièrement les responsables des politiques dénoncées par la communauté internationale, tout en épargnant le reste de la population et en préservant les relations commerciales internationales (voir chapitre 2).

Le Conseil a créé deux tribunaux pénaux internationaux pour poursuivre les auteurs de crimes contre l'humanité dans l'ex-Yougoslavie et au Rwanda. Ce sont des organes subsidiaires du Conseil. Au lendemain des attentats perpétrés contre les États-Unis le 11 septembre 2001, le Conseil a créé un Comité contre le terrorisme, qui est également un organe subsidiaire.

Un groupe de travail de l'Assemblée générale étudie depuis 1994 la possibilité d'une réforme du Conseil ayant trait notamment à la représentation équitable et à l'augmentation du nombre de ses membres.

Conseil économique et social
(www.un.org/french/ecosoc)

Le Conseil économique et social est, aux termes de la Charte, l'organe principal de coordination des activités économiques, sociales et apparentées de l'ONU et de ses organismes et institutions spécialisées, qui constituent ce qu'on appelle le « système des Nations Unies ».

Il comprend 54 membres élus pour trois ans. Il prend ses décisions à la majorité simple, chaque membre disposant d'une voix.

Fonctions et pouvoirs

Les fonctions et pouvoirs du Conseil économique et social sont les suivants :

- Servir d'instance principale pour l'examen des questions économiques et sociales internationales et pour l'élaboration de recommandations pratiques sur ces questions à l'intention des États Membres et du système des Nations Unies dans son ensemble;
- Réaliser ou faire faire des études et des rapports et formuler des recommandations sur des questions internationales dans les domaines économique, social, culturel, éducatif et sanitaire et dans d'autres domaines apparentés;
- Promouvoir le respect effectif des droits de l'homme et des libertés fondamentales pour tous;
- Apporter son concours à la préparation et à l'organisation des grandes conférences internationales portant sur les questions économique et sociale et les domaines connexes, et faciliter la coordination de la suite donnée à ces conférences;
- Coordonner les activités des institutions spécialisées en ayant avec elles des consultations et en formulant des recommandations à leur intention et à celle de l'Assemblée générale.

En étudiant les questions économiques et sociales internationales et en formulant des recommandations pratiques, il contribue de façon déterminante à encourager la coopération internationale pour le développement et à arrêter les domaines d'action prioritaires.

Sessions

Le Conseil tient généralement plusieurs sessions courtes et participe à de nombreuses réunions préparatoires, tables rondes et réunions-débats avec les membres de la société civile tout au long de l'année pour organiser son travail. Il tient également une session de fond de quatre semaines, en juillet, alternativement à New York et à Genève. La session de fond comprend une réunion de haut niveau, à laquelle assistent des ministres et d'autres hauts responsables et où sont examinées les grandes questions économiques, sociales et humanitaires. Tout au long de l'année, les travaux du Conseil se poursuivent dans le cadre de ses organes subsidiaires et connexes.

Organes subsidiaires et connexes

Les organes subsidiaires du Conseil sont les suivants :

- Huit commissions techniques, qui sont des organes de délibération et dont le rôle consiste à examiner des questions qui relèvent de leur responsabilité et de leur domaine d'expertise et à formuler des recommandations : la Commission de statistique, la Commission de la population et du développement, la Commission du développement social, la Commission de la condition de la femme, la Commission des stupéfiants, la

Commission pour la prévention du crime et la justice pénale, la Commission de la science et de la technique au service du développement et la Commission du développement durable;

- Cinq commissions régionales : la Commission économique pour l'Afrique [Addis-Abeba (Éthiopie)], la Commission économique et sociale pour l'Asie et le Pacifique [Bangkok (Thaïlande)], la Commission économique pour l'Europe [Genève (Suisse)], la Commission économique pour l'Amérique latine et les Caraïbes [Santiago (Chili)] et la Commission économique et sociale pour l'Asie occidentale [Beyrouth (Liban)];

- Trois comités permanents : le Comité du programme et de la coordination, le Comité chargé des organisations non gouvernementales et le Comité chargé des négociations avec les institutions intergouvernementales;

- Un certain nombre d'organes composés d'experts, qui sont chargés de questions telles que les politiques de développement; l'administration publique; la coopération internationale pour les questions fiscales; les droits économiques, sociaux et culturels; l'énergie et le développement durable;

- D'autres organes, dont l'Instance permanente sur les questions autochtones et le Forum des Nations Unies sur les forêts.

Le Conseil soutient également et, dans une certaine mesure, coordonne les activités des programmes des Nations Unies (FNUAP, ONU-Habitat, PNUD, PNUE et UNICEF) et des institutions spécialisées (FAO, OIT, OMS et UNESCO), qui, tous, lui font rapport et lui soumettent des recommandations pour ses sessions de fond.

Relations avec les organisations non gouvernementales

Aux termes de la Charte, le Conseil économique et social peut consulter les organisations non gouvernementales (ONG) qui s'occupent de questions relevant de sa compétence. Plus de 2 870 ONG sont dotées du statut consultatif auprès du Conseil. Le Conseil estime que ces organisations doivent pouvoir donner leurs points de vue et qu'elles ont souvent une expérience ou des connaissances particulières qui peuvent lui être utiles dans ses travaux.

Le Conseil classe les ONG en trois catégories : les organisations de la catégorie I, qui s'intéressent à la plupart des activités du Conseil, les organisations de la catégorie II, qui sont particulièrement compétentes dans certains domaines, et les organisations inscrites sur une liste en vue de consultations ponctuelles, qui peuvent à l'occasion être utiles au Conseil.

Les organisations non gouvernementales dotées du statut consultatif peuvent être représentées par des observateurs à l'occasion des sessions du Conseil et de ses organes subsidiaires et présenter des communications écrites intéressant les travaux du Conseil. Elles peuvent aussi participer à des consultations avec le Secrétariat de l'ONU sur des sujets d'intérêt commun.

Au fil des années, les rapports entre l'Organisation des Nations Unies et les ONG dotées du statut consultatif se sont considérablement développés. Les ONG sont considérées de plus en plus comme des partenaires que l'on consulte sur des questions de politique et de programme et qui constituent un lien avec la société civile. Partout dans le monde, de plus en plus d'ONG s'unissent au système des Nations Unies pour réaliser les objectifs de la Charte.

Conseil de tutelle

(www.un.org/french/documents/tc.htm)

Le Conseil de tutelle a été institué par la Charte en 1945 pour assurer la surveillance à l'échelon international des 11 territoires sous tutelle placés sous l'administration de 7 États Membres, et garantir que les mesures appropriées étaient prises pour préparer les territoires à l'autonomie ou l'indépendance. Aux termes de la Charte, le Conseil de tutelle était autorisé à examiner les rapports de l'Autorité administrante sur les progrès réalisés par les habitants des territoires sous tutelle dans les domaines politique, économique et social, et les pétitions émanant d'habitants de ces territoires, et à envoyer des missions spéciales dans les territoires sous tutelle.

En 1994, tous les territoires sous tutelle avaient acquis l'autonomie ou l'indépendance, soit en tant qu'État à part entière, soit en s'intégrant à des États voisins. Le dernier en date est le territoire sous tutelle des Îles du Pacifique (Palaos), devenu le 185e État Membre de l'Organisation.

Sa mission étant accomplie, le Conseil de tutelle—désormais composé des cinq membres permanents du Conseil de sécurité (Chine, États-Unis, Fédération de Russie, France et Royaume-Uni)—a modifié son règlement intérieur et ne se réunit qu'aux dates et lieux où cela se révèle nécessaire.

Cour internationale de Justice

(www.icj-cij.org)

La Cour internationale de Justice, sise à La Haye (Pays-Bas) est le principal organe judiciaire de l'ONU. Elle règle les différends entre les États et donne des avis consultatifs à l'Organisation et à ses institutions spécialisées. Son statut fait partie intégrante de la Charte des Nations Unies.

La Cour a pour membres tous les États parties à son statut, à savoir tous les États Membres de l'ONU. Seuls les États ont qualité pour se présenter devant elle et lui soumettre des affaires contentieuses. La Cour ne peut être saisie par des particuliers ou par des entités ou organisations internationales.

L'Assemblée générale et le Conseil de sécurité peuvent demander à la Cour des avis consultatifs sur toute question juridique. Les autres organes de l'ONU et les institutions spécialisées peuvent, avec l'autorisation de l'Assemblée générale, lui demander des avis consultatifs sur des questions juridiques entrant dans le cadre de leur activité.

Juridiction

La juridiction de la Cour s'étend à toutes les questions que lui soumettent les États et à tous les cas prévus dans la Charte des Nations Unies ou dans les conventions et traités internationaux en vigueur. Les États peuvent s'engager à l'avance à reconnaître la juridiction de la Cour, soit en signant un traité ou une convention prévoyant sa saisie, soit en faisant une déclaration à cet effet. Ces déclarations contiennent souvent des réserves excluant certaines catégories de litiges.

Conformément à son statut, la Cour applique, pour régler les différends qui lui sont soumis :

- Les conventions internationales établissant des règles reconnues expressément par les États en litige;
- La coutume internationale comme preuve d'une pratique générale acceptée comme étant le droit;
- Les principes généraux de droit reconnus par les États;
- Les décisions judiciaires et la doctrine des auteurs les plus qualifiés des différents pays.

Composition

La Cour se compose de 15 juges élus par l'Assemblée générale et le Conseil de sécurité, ces deux organes procédant à l'élection indépendamment l'un de l'autre. Les membres de la Cour sont choisis sur la base de leurs qualifications, et en veillant à la représentation des principaux systèmes juridiques du monde. La Cour ne peut comprendre plus d'un ressortissant du même État. Les membres de la Cour sont élus pour neuf ans et sont rééligibles. Pendant la durée de leur mandat, ils ne peuvent exercer aucune autre fonction.

La Cour siège généralement en séance plénière, mais elle peut aussi constituer, à la demande des parties, des formations plus restreintes appelées chambres. Les arrêts rendus par les chambres sont considérés comme rendus par la Cour. La Cour a en outre une chambre spécialisée dans les questions d'environnement et compose annuellement une chambre de procédure sommaire.

Secrétariat
(www.un.org/french/documents/st.shtml)

Le Secrétariat de l'ONU, composé de fonctionnaires recrutés sur le plan international et en poste dans divers lieux d'affectation à travers le monde, s'acquitte des diverses tâches quotidiennes de l'Organisation. Il est au service des autres organes principaux de l'ONU, dont il administre les politiques et les programmes. Il a à sa tête le Secrétaire général, nommé par l'Assemblée générale pour un mandat de cinq ans renouvelable, sur recommandation du Conseil de sécurité.

Les tâches du Secrétariat sont aussi diverses que les problèmes dont s'occupe l'Organisation. Elles vont de l'administration des opérations de maintien de la paix à la médiation dans les différends internationaux, de l'observation des tendances économiques et sociales à la réalisation d'études sur les droits de l'homme et le développement durable. Le personnel du Secrétariat informe les médias internationaux des activités de l'ONU, organise des conférences internationales sur les questions d'intérêt mondial, assure les services d'interprétation des discours et de traduction des documents dans les langues officielles de l'Organisation.

Le Secrétariat emploie quelque 25 530 personnes pour des contrats d'un an ou plus, dont quelque 17 630 personnes rémunérées au moyen de ressources extrabudgétaires. Le nombre de personnes titulaires de contrats de courte durée porte l'effectif total à quelque 30 550 personnes originaires de 182 pays. En leur qualité de fonctionnaires internationaux, les membres du personnel de l'ONU et le Secrétaire général ne rendent compte de leurs activités qu'à l'Organisation et prêtent serment de ne solliciter ni recevoir d'instructions d'aucun gouvernement ni d'aucune autorité extérieure. En vertu de la Charte, chaque État Membre s'engage à respecter le caractère exclusivement international des responsabilités du Secrétaire général et du personnel et à ne pas chercher à les influencer indûment dans l'exécution de leurs tâches.

L'ONU a son siège à New York, mais maintient aussi une présence importante à Addis-Abeba, Bangkok, Beyrouth, Genève, Nairobi, Santiago et Vienne, et a des bureaux dans le monde entier.

Secrétaire général
(www.un.org/french/sg)

À la fois diplomate et personnalité engagée, fonctionnaire et chef de l'Administration, le Secrétaire général est l'incarnation des idéaux des Nations Unies et le porte-parole des peuples du monde, en particulier ceux qui sont pauvres et vulnérables. M. Kofi Anna (Ghana) a achevé son second mandat de cinq ans au poste de Secrétaire général le 31 décembre 2006. M. Ban Ki-moon (République de Corée), huitième Secrétaire général, lui a succédé.

La Charte définit le Secrétaire général comme « le plus haut fonctionnaire de l'Organisation », chargé en cette qualité de remplir « toutes autres fonctions dont il est chargé » par le Conseil de sécurité, l'Assemblée générale, le Conseil économique et social et les autres organes de l'ONU. La Charte autorise également le Secrétaire général à « attirer l'attention du Conseil de sécurité sur toute affaire qui, à son avis, pourrait mettre en danger le maintien de la paix et de la sécurité internationales ». Ces indications générales définissent les pouvoirs de la fonction tout en laissant au Secrétaire général une marge de manœuvre considérable. Le Secrétaire général faillirait à sa tâche s'il ne tenait pas scrupuleusement compte des préoccupations des États Membres, mais il doit aussi défendre les valeurs et l'autorité morale des Nations Unies et parler et agir pour la paix, même au risque de contrarier ou de contredire de temps à autre ces mêmes États Membres.

Les secrétaires généraux précédents

En vertu de la Charte, le Secrétaire général est nommé par l'Assemblée générale sur recommandation du Conseil de sécurité. Les prédécesseurs de Ban Ki-moon sont : Kofi Annan (Ghana), qui a été en fonctions de janvier 1997 à décembre 2006; Boutros Boutros-Ghali (Égypte), qui a été en poste de janvier 1992 à décembre 1996, Javier Pérez de Cuéllar (Pérou), qui a servi de janvier 1982 à décembre 1991, Kurt Waldheim (Autriche), qui a occupé la charge de janvier 1972 à décembre 1981, U Thant (Birmanie, l'actuel Myanmar), qui a été en fonctions de novembre 1961, lorsqu'il a été nommé Secrétaire général par intérim (il est devenu officiellement Secrétaire général en novembre 1962) à décembre 1971, Dag Hammarskjöld (Suède), qui a servi d'avril 1953 jusqu'à sa mort dans un accident d'avion en Afrique en septembre 1961, et Trygve Lie (Norvège), qui a été en fonctions de février 1946 jusqu'à sa démission en novembre 1952.

Cette tension créatrice accompagne le Secrétaire général dans son travail quotidien, lequel consiste à assister aux sessions des organes de l'ONU, à avoir des consultations avec les dirigeants mondiaux, des hauts représentants des États, des représentants des groupes de la société civile et du secteur privé et des personnalités, et à voyager à travers le monde pour rester en contact avec les populations des États Membres et en prise directe sur les innombrables aspects des problèmes internationaux dont s'occupe l'ONU. Chaque année, le Secrétaire général présente un rapport sur l'activité de l'Organisation, dans lequel il évalue le travail accompli et esquisse les priorités futures.

L'un des rôles essentiels du Secrétaire général est d'user de ses « bons offices », c'est-à-dire de se prévaloir de son indépendance, de son impartialité et de son intégrité pour faire, publiquement et en privé, des démarches propres à empêcher l'apparition, l'aggravation ou l'extension des conflits internationaux. Les bons offices du Secrétaire général ont été mis à profit dans diverses situations de crise, notamment à Chypre, en Iraq, au Moyen-Orient, au Nigéria, au Sahara occidental et au Timor-Leste. (La liste des représentants et envoyés du Secrétaire général est disponible à l'adresse suivante : *www.un.org/french/sg/srsg*)

Chaque Secrétaire général définit sa mission en fonction des circonstances dans lesquelles s'inscrit la période de son mandat. En matière d'opérations de maintien de la paix, les besoins sont tels ces dernières années que le Secrétaire général, Ban Ki-moon, a dû proposer des réformes structurelles fondamentales pour permettre à l'Organisation de faire face à cette demande sans précédent.

Ainsi, en juin 2007, l'Assemblée générale a approuvé la création d'un **Département de l'appui aux missions (DAM)**, chargé d'assurer la gestion des affaires courantes des opérations de maintien de la paix, laissant au **Département des opérations de maintien de la paix (DOMP)** le soin de se concentrer sur la stratégie générale, la planification et le déploiement. (Voir l'encadré « Réforme et revitalisation : maintien de la paix et désarmement », p. 32.)

Le Secrétaire général Ban Ki-moon est particulièrement actif sur le thème des changements climatiques, qu'il décrit comme « une question qui définira notre ère ». Il a également plaidé en faveur de la création d'une mission de maintien de la paix hybride au Soudan (voir l'encadré « MINUAD » au chapitre 2, p. 117) et pris des mesures pour rapprocher le mécanisme de désarmement de l'ONU de son Cabinet en établissant le **Bureau des affaires de désarmement**.

Les priorités de M. Ban sont notamment les suivantes : l'Afrique, en particulier la situation au Soudan et la tragédie au Darfour; la situation au Moyen-Orient; la non-prolifération et le désarmement; la réalisation des objectifs de développement issus du Sommet du Millénaire de 2000; les changements climatiques; les droits de l'homme; la réforme de l'ONU (voir la rubrique « Mes priorités en tant que Secrétaire général de l'Organisation des Nations Unies » à l'adresse *http ://www.un.org/french/sg/priorities.shtml*).

L'action menée par M. Ban Ki-moon s'inscrit dans le droit fil de celle de son prédécesseur, M. Kofi Annan, dont les efforts ont porté sur un vaste programme de réformes visant à aider l'ONU à évoluer avec l'époque et à s'adapter à l'ère nouvelle de la mondialisation. Parmi les mesures novatrices prises par M. Annan au cours de ses dix années de mandat, figure la création d'organes internes tels que le Bureau de la déontologie et le Bureau de l'Ombudsman et d'organes aussi importants que le Conseil des droits de l'homme et la Commission de consolidation de la paix. M. Annan a également créé la fonction de Vice-Secrétaire général, celui-ci étant chargé d'aider le Secrétaire général à s'acquitter des différentes responsabilités qui lui incombent.

Le Bureau du Conseiller spécial pour l'Afrique, créé par M. Annan en 2003, coordonne l'aide apportée par le système des Nations Unies au développement de l'Afrique. Le Fonds des Nations Unies pour la démocratie finance des projets visant à établir et renforcer les institutions et processus démocratiques et à promouvoir les droits de l'homme. Le **Fonds mondial de lutte contre le sida, la tuberculose et le paludisme** est opérationnel depuis 2002. À la fin de 2006, il avait engagé 7,1 milliards de dollars dans 136 pays pour financer des mesures énergiques de lutte contre ces trois fléaux (voir le site *www.theglobalfund.org/fr*).

Le **Pacte mondial**, proposé par M. Annan en 1999, rassemble les entreprises privées, le système des Nations Unies, les gouvernements, les syndicats et les organisations non gouvernementales en vue de promouvoir neuf principes universellement reconnus dans les domaines des droits de l'homme, du travail et de l'environnement. En janvier 2007, il comptait plus de 3 800 participants, dont plus de 2 900 entreprises, ainsi que des syndicats internationaux et nationaux et des centaines d'organisations de la société civile dans 100 pays, essentiellement des pays en développement.

Les propositions de M. Annan ont également préparé la voie à deux grandes réunions au sommet : le Sommet du Millénaire de 2000 et son examen quinquennal, appelé Sommet mondial de 2005. La *Déclaration du Millénaire*, adoptée lors du premier sommet, établit une série d'objectifs et de cibles spécifiques, dont les objectifs du Millénaire pour le développement (OMD), qui donne les grandes lignes de l'action du système des Nations Unies au XXIᵉ siècle. Les participants au Sommet mondial ont profité de l'élan donné par le premier sommet pour prendre des décisions courageuses dans les domaines du développement, de la sécurité, des droits de l'homme et de la réforme de l'ONU (voir ci-dessous l'encadré « Document final du Sommet mondial de 2005 »).

Mme Louise Fréchette (Canada), nommée Vice-Secrétaire générale en 1998, fut la première titulaire de ce poste. Lui ont succédé : M. Mark Malloch Brown (Royaume-Uni de Grande-Bretagne et d'Irlande du Nord), en 2006, et Mme Asha-Rose Migiro (République-Unie de Tanzanie), en janvier 2007.

Document final du Sommet mondial de 2005

Lors du Sommet mondial tenu au Siège de l'ONU en septembre 2005, les dirigeants du monde entier ont décidé de s'attaquer à différents problèmes d'envergure mondiale. Ils ont notamment pris les engagements et décisions ci-après :

- *Développement*. Réaliser les objectifs du Millénaire pour le développement (OMD) d'ici à 2015; consacrer 50 milliards de dollars par an, d'ici à 2010, pour lutter contre la pauvreté; encourager les pays en développement à adopter, d'ici à 2006, des plans nationaux pour la réalisation des OMD; prendre des initiatives à effet rapide en faveur de la lutte contre le paludisme, de l'éducation et des soins de santé; trouver des sources novatrices de financement du développement; prendre des mesures pour assurer la viabilité à long terme de la dette moyennant un accroissement du financement sous forme de dons; annuler l'intégralité de la dette publique multilatérale et bilatérale des pays pauvres très endettés, le cas échéant, réduire sensiblement ou restructurer la dette des pays à revenu faible ou intermédiaire; œuvrer en faveur de la libéralisation du commerce et de l'application des volets du programme de travail de Doha se rapportant au développement.

- *Terrorisme*. Engager tous les gouvernements à condamner sans équivoque le terrorisme « sous toutes ses formes et dans toutes ses manifestations, quels qu'en soient les auteurs, le lieu et les buts »; appuyer fermement la conclusion d'une convention générale relative au terrorisme un an au plus tard après la tenue du Sommet; assurer une rapide entrée en vigueur de la Convention internationale pour la répression des actes de terrorisme nucléaire; encourager tous les États à adhérer à toutes les conventions ayant trait au terrorisme; doter la communauté internationale d'une stratégie qui la rende plus forte face aux terroristes et qui, dans le même temps, affaiblisse ces derniers.

- *Instauration, maintien et consolidation de la paix*. Instituer une commission de consolidation de la paix chargée d'aider les pays à réussir la transition de la guerre à la paix avec l'aide d'un bureau de soutien et d'un fonds permanent; constituer une force de police permanente pour les opérations de maintien de la paix des Nations Unies; renforcer les moyens d'action et les bons offices du Secrétaire général.

- *Responsabilité de protéger*. Accepter sans réserve la responsabilité collective de la communauté internationale de protéger les populations contre le génocide, les crimes de guerre, le nettoyage ethnique et les crimes contre l'humanité; prendre sans tarder des mesures collectives décisives par l'intermédiaire du Conseil de sécurité.

- *Droits de l'homme, démocratie et état de droit.* Renforcer le dispositif des Nations Unies pour les droits de l'homme; doubler le budget du Haut-Commissariat; établir un Conseil des droits de l'homme en 2006; réaffirmer que la démocratie est une valeur universelle; saluer la création d'un fonds pour la démocratie; éliminer le sexisme qui est omniprésent, notamment en éliminant les disparités entre les garçons et les filles dans l'enseignement, en garantissant aux femmes les mêmes droits qu'aux hommes en matière de propriété, en luttant contre la violence à l'égard des femmes et des filles, et contre l'impunité. Les mesures de ratification adoptées lors du Sommet ont permis l'entrée en vigueur de la Convention contre la corruption.

- *Réforme de la gestion.* Renforcer les capacités de contrôle du système des Nations Unies en étendant les services de contrôle interne à d'autres organismes des Nations Unies; établir une commission de contrôle indépendante; poursuivre la mise en place du bureau de la déontologie; réexaminer tous les mandats découlant de résolutions de l'Assemblée générale et d'autres organes qui remontent à plus de cinq ans; réviser les règles et politiques relatives au budget, aux finances et aux ressources humaines pour améliorer l'efficacité de l'Organisation; proposer une opération ponctuelle de départs négociés, pour faire en sorte que l'ONU soit dotée d'effectifs qui lui permettent de relever les défis actuels.

- *Environnement.* Mettre en œuvre la Convention-cadre des Nations Unies sur les changements climatiques; aider les pays les plus vulnérables, tels que les petits États insulaires en développement; créer un système mondial d'alerte rapide pour tous les risques naturels, tout ceci compte tenu du problème redoutable que posent les changements climatiques.

- *Questions sanitaires internationales.* Intervenir plus massivement dans la lutte contre le VIH/sida, la tuberculose et le paludisme, en mettant l'accent sur la prévention, les soins, le traitement et les services d'accompagnement, et en mobilisant des ressources supplémentaires; lutter contre les maladies infectieuses, notamment en appliquant intégralement le nouveau Règlement sanitaire international et en assurant le financement du Réseau mondial d'alerte et d'intervention en cas d'épidémie de l'Organisation mondiale de la Santé.

- *Aide humanitaire.* Améliorer le fonctionnement du Fonds central autorenouvelable d'urgence, de manière à assurer la fiabilité et la rapidité des secours en cas de catastrophe; reconnaître que les Principes directeurs relatifs au déplacement de personnes à l'intérieur de leur propre pays constituent un cadre international important pour la protection des personnes déplacées.

- *Actualiser la Charte des Nations Unies.* Actualiser la Charte en supprimant les références au Conseil de tutelle pour rendre compte du fait que les Nations Unies ont pleinement rempli leur rôle historique dans le domaine de la décolonisation, et supprimer les références anachroniques aux « États ennemis ».

Nombre de ces engagements ont déjà été tenus, de nombreux autres étant sur le point de le devenir. (Le texte complet du Document final du Sommet mondial de 2005 est publié à l'adresse *www.un.org/french/summit2005*.)

Budget de l'Organisation des Nations Unies

Le budget ordinaire de l'Organisation est approuvé par l'Assemblée générale pour une période de deux ans. Il est d'abord présenté par le Secrétaire général au **Comité consultatif pour les questions administratives et budgétaires,** composé de 16 experts nommés par leurs gouvernements et élus par l'Assemblée générale, mais siégeant ès qualités. Les aspects du budget intéressant le programme sont examinés par le **Comité du programme et de la coordination,** composé de 34 membres élus par l'Assemblée générale et qui représentent les vues de leurs gouvernements.

Pour l'exercice biennal 2006-2007, le budget approuvé est de 3 milliards 800 millions de dollars, ce qui en termes réels équivaut à la croissance nominale par rapport à l'exercice biennal 2004-2005. Le budget sert à financer les programmes dans des domaines tels que les affaires politiques, la justice internationale et le droit international, la coopération internationale pour le développement, l'information, les droits de l'homme et les affaires humanitaires. Au cours de l'exercice biennal, le budget approuvé peut être révisé par l'Assemblée générale pour tenir compte des incidences financières découlant de nouveaux mandats ou des prévisions révisées présentées par le Secrétaire général.

Les quotes-parts versées par les États Membres constituent la principale source de financement du budget ordinaire. Elles sont calculées selon un barème approuvé par l'Assemblée générale, sur recommandation du **Comité des contributions,** composé de 18 membres siégeant ès qualités et choisis par l'Assemblée générale sur recommandation de sa Commission des questions administratives et budgétaires (Cinquième Commission).

Les quotes-parts sont essentiellement déterminées par la capacité de paiement des États Membres, c'est-à-dire le revenu national exprimé en part du revenu mondial et ajusté pour tenir compte d'un certain nombre de facteurs, dont le revenu par habitant. Le Comité réexamine intégralement le barème tous les trois ans à la lumière des statistiques de revenu national les plus récentes, pour s'assurer que le montant des contributions demandées est équitable et réaliste. En 2000, l'Assemblée générale a fixé la quote-part maximale à 22 % du budget.

Depuis plusieurs années, l'ONU se trouve dans une situation financière globalement précaire du fait que de nombreux États Membres continuent de ne pas acquitter intégralement et dans les délais leurs contributions obligatoires. L'Organisation a réussi à se maintenir à flot grâce aux contributions volontaires de quelques pays et à son Fonds de roulement (auquel les États Membres consentent des avances d'un montant proportionnel à leurs contributions obligatoires) et en empruntant sur les budgets des opérations de maintien de la paix.

À la fin de 2006, le montant des contributions non acquittées au budget ordinaire s'élevait à 362 millions de dollars. Seuls 134 des 191 États Membres avaient versé intégralement leurs contributions au titre du budget ordinaire; les 57 autres n'avaient pas honoré leurs obligations financières réglementaires à l'égard de l'Organisation.

L'ONU et le prix Nobel de la paix

Au fils des ans, l'ONU et les divers institutions, organismes et autres partenaires qui soutiennent son action ont souvent reçu le prix Nobel de la paix en reconnaissance de leur contribution à la paix dans le monde, sous tous ses aspects. Parmi les lauréats du prix Nobel de la paix apparentés au système des Nations Unies depuis la création de l'Organisation figurent :

- Cordell Hull — Secrétaire d'État des États-Unis ayant joué un rôle décisif dans la création de l'ONU (1945)

- Lord John Boyd Orr — premier Directeur general de l'Organisation des Nations Unies pour l'alimentation et l'agriculture (1949)

- Ralph Bunche — Directeur du Conseil de tutelle des Nations Unies et secrétaire principal de la Commission des Nations Unies pour la Palestine, chef de file des efforts de médiation au Moyen-Orient (1950)

- Léon Jouhaux — l'un des fondateurs de l'Organisation internationale du Travail (1951)

- Haut-Commissariat des Nations Unies pour les réfugiés (1954)

- Lester Bowles Pearson — récompensé pour son rôle dans les négociations visant à mettre fin à la crise du canal de Suez et à régler la question du Moyen-Orient par l'intermédiaire de l'ONU, Président de l'Assemblée générale en 1952 (1957)

- Dag Hammarskjöld, Secrétaire général de l'ONU — titulaire d'un des deux seuls prix attribués à titre posthume (1961)

- Fonds des Nations Unies pour l'enfance (1965)

- Organisation internationale du Travail (1969)

- Sean MacBride — Commissaire des Nations Unies pour la Namibie et défenseur des droits de l'homme (1974)

- Haut-Commissariat des Nations Unies pour les réfugiés (1981)

- Forces de maintien de la paix des Nations Unies (1988)

- Organisation des Nations Unies et son Secrétaire général, Kofi Annan (2001)

- Agence internationale de l'énergie atomique et son Directeur général, Mohamed El Baradei (2005)

- Groupe d'experts intergouvernemental sur l'évolution du climat (GIEC) et Albert Arnold (Al) Gore Jr., ancien Vice-Président des États-Unis d'Amérique (2007)

Ne figurent pas dans cette liste les nombreux lauréats du prix Nobel qui ont travaillé en étroite collaboration avec les Nations Unies ou œuvré à la réalisation d'objectifs communs, dans le cadre de leur contribution personnelle au bien-être de l'humanité.

Outre le budget ordinaire, les États Membres doivent financer le coût des tribunaux internationaux et, sur la base d'une version modifiée du barème général, le coût des opérations de maintien de la paix.

Le monde entier soutient l'action des Nations Unies

Le système des Nations Unies tout entier peut compter sur l'énergie et l'enthousiasme d'organisations et de mouvements locaux pour traduire les nobles idéaux de la Charte des Nations Unies en mesures concrètes. Il peut également compter sur ses divers partenaires de la société civile, notamment les secteurs des affaires et de l'emploi et les organisations caritatives internationales, ainsi que sur l'appui des personnalités de tous les domaines d'activité.

Des enfants qui participent à l'opération « Trick-or-Treat for UNICEF » aux activités éducatives organisées par les quelque 5 000 clubs UNESCO répartis dans plus de 120 pays, en passant par les milliers d'organisations non gouvernementales présentes sur le terrain, partout dans le monde des particuliers se mobilisent pour aider l'Organisation à rendre ce monde meilleur.

Associations pour les Nations Unies. Inspiré des premiers mots de la Charte des Nations Unies, « Nous, peuples des Nations Unies », ce « mouvement populaire », comme il se décrit lui-même, a vu le jour en 1946, un après la création de l'ONU. Présentes dans plus de 100 États Membres, les associations pour les Nations Unies mettent en commun l'énergie et le dynamisme de centaines de milliers de personnes au sein d'un réseau mondial d'appui à la réalisation des buts et objectifs énoncés dans la Charte (voir le site *www.wfuna.org*).

Organisations non gouvernementales. La Fédération mondiale des associations pour les Nations Unies n'est qu'un exemple parmi les milliers d'organisations non gouvernementales (ONG) qui soutiennent la cause des Nations Unies — dont quelque 2 870 organisations dotées du statut consultatif auprès du Conseil économique et social (*www.un.org/esa/coordination/ngo*) et plus de 1 660 ayant établi d'importants programmes d'information, qui travaillent en partenariat avec le Département de l'information des Nations Unies (voir le site *www.un.org/dpi/ngosection/index.asp*).

Les ONG participent activement à l'ensemble des activités diverses et variées de l'ONU, notamment dans les domaines du maintien de la paix, du désarmement, des affaires spatiales, du sida, de la prévention du paludisme, de l'agriculture, de l'aide alimentaire, du développement durable, des technologies de l'information et des communications, de l'atténuation des effets des catastrophes, de la désertification, des opérations humanitaires, du problème mondial de la drogue et de l'environnement — pour n'en nommer que quelques-uns (voir les chapitres suivants pour plus de détails).

Pacte mondial. Plus de 3 800 participants, dont plus de 2 900 entreprises, ainsi que des syndicats internationaux et nationaux et des centaines d'organisations de la société civile répartis dans une centaine de pays, travaillent en collaboration avec l'ONU en vue de promouvoir les principes universellement admis dans les domaines des droits de l'homme, du travail et de l'environnement (voir le site *www.unglobalcompact.org/Languages/french/index.html*).

Messagers de la paix et ambassadeurs itinérants des Nations Unies. Depuis les débuts de l'Organisation, des acteurs, sportifs de haut niveau et autres citoyens du monde célèbres mettent leur nom et leur notoriété publique au service de l'action menée par les Nations Unies pour créer un monde meilleur. On dénombre aujourd'hui neuf messagers de la paix, nommés par le Secrétaire général, et 156 ambassadeurs itinérants (voir le site *www.un.org/french/sg/mop*).

Organismes publics de bienfaisance. La Fondation pour les Nations Unies est l'un des nombreux organismes publics qui soutiennent l'action des Nations Unies. Elle a été créée en 1998, grâce à un don record d'un milliard de dollars de l'homme d'affaires et philanthrope Ted Turner à l'appui des objectifs et activités de l'ONU (voir le site *www.unfoundation. org*). Le Fonds des Nations Unies pour les partenariats internationaux (FNUPI) a été établi par la suite pour coordonner, affecter et contrôler les contributions versées à la Fondation (voir le site *www.un.org/partnerships*).

Les budgets des opérations de maintien de la paix sont approuvés par l'Assemblée générale pour une période d'un an à compter du 1er juillet. L'Assemblée répartit les dépenses selon un barème des quotes-parts spécial applicable aux opérations de maintien de la paix. Ce barème tient compte de la richesse économique de chaque État Membre, les membres permanents du Conseil de sécurité versant une quote-part plus élevée du fait des responsabilités particulières qui leur incombent en ce qui concerne le maintien de la paix et de la sécurité internationales.

Le coût des opérations de maintien de la paix a atteint le chiffre record de 3 milliards de dollars en 1995, dû en grande partie aux engagements en Somalie et dans l'ex-Yougoslavie, et a été ramené à 889 millions de dollars en 1999. En 2001, les dépenses annuelles des opérations de maintien de la paix des Nations Unies avaient de nouveau augmenté et atteignaient un peu plus de 2 milliards 500 millions de dollars du fait des nouvelles missions mises sur pied au Kosovo, au Timor oriental (l'actuel Timor-Leste), en Sierra Leone, en République démocratique du Congo et en Érythrée et en Éthiopie.

Depuis juillet 2005, le montant des dépenses annuelles relatives aux opérations de maintien de la paix des Nations Unies a plus que doublé, en raison de la mise en place de nouvelles missions importantes en Côte d'Ivoire, au Libéria, en Haïti, au Soudan et au Timor-Leste, et du prolongement de la mission au Liban. Pour l'exercice commençant au 1er juillet 2007, le montant total des budgets approuvés pour les opérations de maintien de la paix s'élevait à quelque 5 milliards 300 millions de dollars, compte non tenu du financement distinct de l'Opération hybride Union africaine-Nations Unies au Darfour. Toutefois, ce montant représente la moitié d'un pour cent des dépenses militaires mondiales (qui s'élèvent à plus de mille milliards de dollars par an).

Ces retards dans le règlement des quotes-parts ont une incidence sur le versement des remboursements aux États qui fournissent des contingents, du matériel et un appui logistique, et qui subissent de ce fait une charge injuste. À la fin de 2006, les arriérés de contributions au titre des opérations de maintien de la paix s'élevaient à près de 1 milliard 900 millions de dollars. En outre, il restait à payer un montant de près de 50 millions 600 mille dollars au titre des tribunaux pénaux internationaux et un autre d'environ 33 millions 500 mille dollars au titre de la rénovation, longtemps différée, du Siège de l'ONU.

Les fonds et programmes de l'ONU, tels que le Fonds des Nations Unies pour l'enfance (UNICEF), le Programme des Nations Unies pour le développement (PNUD) et le

Haut-Commissariat des Nations Unies pour les réfugiés (HCR), ont leur propre budget. L'essentiel de leurs ressources provient de contributions volontaires versées par des gouvernements mais aussi par des particuliers, comme dans le cas de l'UNICEF. Les institutions spécialisées des Nations Unies ont également chacune leur propre budget, qui est complété par des contributions volontaires versées par les gouvernements.

Le système des Nations Unies

(www.unsystem.org/fr)

Le système des Nations Unies se compose du **Secrétariat**, des **fonds et programmes** des Nations Unies (tels que l'UNICEF et le PNUD), des institutions spécialisées (telles que l'UNESCO et l'OMS) et des **organismes apparentés**. Les fonds et programmes sont des organes subsidiaires de l'Assemblée générale. Les institutions spécialisées sont liées à l'ONU par des accords spéciaux et font rapport au Conseil économique et social, à l'Assemblée générale ou aux deux. Les organismes apparentés à l'ONU — tels que l'AIEA et l'Organisation mondiale du commerce — interviennent dans des domaines spécialisés et ont leur propre budget et organe directeur. Ensemble, les organismes des Nations Unies interviennent dans tous les secteurs d'activité économique et sociale.

Conseil des chefs de secrétariat des organismes des Nations Unies pour la coordination (CCS). Le CCS, précédemment dénommé Comité administratif de coordination (CAC), est le mécanisme supérieur de coordination du système des Nations Unies. Présidé par le Secrétaire général, il est composé des chefs de secrétariat de 28 organismes, notamment les fonds, programmes et institutions spécialisées du système des Nations Unies et les organismes apparentés. Il a pour mission d'assurer l'unité d'action du système des Nations Unies au service des objectifs communs à l'ensemble des États Membres. Le CCS se réunit deux fois par an, il est appuyé dans ses travaux par un comité de haut niveau sur les programmes et un Comité de haut niveau sur la gestion.

Les 28 membres du CCS sont les suivants : ONU, FAO, AIEE, OACI, FIDA, OIT, FMI, OMI, UIT, CNUCED, PNUD, PNUE, UNESCO, FNUAP, ONU-HABITAT, HCR, UNICEF, ONUDI, ONUDC, UNRWA, OMT, UPU, PAM, OMS, OMPI, OMM, Banque mondiale et OMC (voir le site *www.unsystemceb.org*).

Secrétariat de l'ONU

(www.un.org/french/documents/st.shtml)

Le Secrétariat se compose des départements et bureaux présentés ci-après. Le Cabinet du Secrétaire général, qui comprend le Secrétaire général et ses principaux conseillers, formule des directives de politique générale et supervise les activités de l'Organisation. Le Secrétariat, dont le siège est à New York, a des bureaux dans toutes les régions du monde.

Genève, Vienne et Nairobi sont trois grands centres d'activités. L'**Office des Nations Unies à Genève (ONUG)**, dirigé par le Directeur général Sergei Alexandrovitch Ordzho-

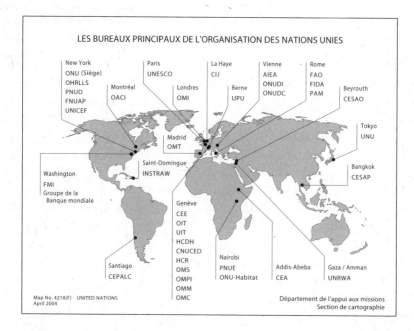

LES BUREAUX PRINCIPAUX DE L'ORGANISATION DES NATIONS UNIES

New York
ONU (Siège)
OHRLLS
PNUD
FNUAP
UNICEF

Montréal
OACI

Paris
UNESCO

Londres
OMI

La Haye
CIJ

Berne
UPU

Vienne
AIEA
ONUDI
ONUDC

Rome
FAO
FIDA
PAM

Beyrouth
CESAO

Madrid
OMT

Tokyo
UNU

Washington
FMI
Groupe de la
Banque mondiale

Saint-Domingue
INSTRAW

Bangkok
CESAP

Genève
CEE
OIT
UIT
HCDH
CNUCED
HCR
OMS
OMPI
OMM
OMC

Nairobi
PNUE
ONU-Habitat

Addis-Abeba
CEA

Gaza / Amman
UNRWA

Santiago
CEPALC

Map No. 4218(F)   UNITED NATIONS
April 2004

Département de l'appui aux missions
Section de cartographie

nikidze (Fédération de Russie), constitue un centre de conférences et de diplomatie et une tribune où débattre des questions de désarmement et des droits de l'homme (*www.unog. ch*). L'**Office des Nations Unies à Vienne (ONUV)**, dirigé par le Directeur général Antonio Maria Costa (Italie), est le siège des activités ayant trait au contrôle international des drogues, à la prévention de la criminalité et à la justice pénale, aux utilisations pacifiques de l'espace extra-atmosphérique et au droit commercial international (*www.unvienna.org*). L'**Office des Nations Unies à Nairobi (ONUN)**, dirigé par la Directrice générale Anna Kajumulo Tibaijuka (République-Unie de Tanzanie), constitue le siège des activités en rapport avec l'environnement et les établissements humains (*www.unon.org*).

Bureau des services de contrôle interne (BSCI)
(*www.un.org/Depts/oios*)

Secrétaire générale adjointe   **Mme Inga-Britt Ahlenius (Suède)**

Le Bureau des services de contrôle interne assure des services de vérification interne des comptes, de suivi, de vérification, d'inspection, d'évaluation et d'investigation en s'acquittant de ses fonctions de façon indépendante et consciencieuse, en veillant au respect des délais. Il vise à encourager le changement en plaidant en faveur de la rationalisation de l'administration des ressources, de la responsabilisation et de la transparence et de l'amélioration des résultats obtenus dans le cadre des programmes. Il est notamment chargé :

- De conduire des vérifications internes des comptes de l'ensemble de l'Organisation;

- De mener des inspections des programmes et unités administratives;

- De contrôler l'exécution des programmes et des mandats et d'en évaluer l'efficacité;
- D'enquêter sur les allégations de mauvaise gestion et de fautes;
- De contrôler la mise en œuvre des recommandations qui ont pu être faites à l'issue des vérifications des comptes, évaluations, inspections et enquêtes.

Sous l'autorité du Secrétaire général, le Bureau contrôle l'ensemble des activités de l'Organisation, y compris celles du Secrétariat de l'ONU à New York, Genève, Nairobi et Vienne; des cinq commissions régionales; et des opérations de maintien de la paix et opérations humanitaires des Nations Unies. Il fournit des services aux fonds et programmes administrés séparément sous l'autorité du Secrétaire général—y compris le HCR, le PNUE, ONU-Habitat et le HCDH. À leur demande, il fournit également ses services à d'autres entités, notamment les secrétariats de la Convention des Nations Unies sur la lutte contre la désertification et de la Convention-cadre des Nations Unies sur les changements climatiques.

Le budget du Bureau pour l'exercice 2006-2007, toutes sources de financement incluses, s'élevait à environ 85 millions de dollars. Chaque année, le BSCI publie plus de 200 rapports, ainsi que plus de 1 500 recommandations visant à améliorer les contrôles internes et à lever les obstacles à l'efficacité et à l'efficience du système. Depuis 1995, le Bureau a publié des recommandations dont les incidences financières s'élèvent à plus de 400 millions de dollars, notamment du fait des économies de dépenses, des recouvrements de trop-payés, des gains d'efficacité et autres améliorations quantifiables réalisées (au 30 juin 2007).

Le Secrétaire général adjoint pour les services de contrôle interne est nommé par le Secrétaire général avec l'approbation de l'Assemblée générale, pour un mandat de cinq ans non renouvelable.

Bureau des affaires juridiques

(http ://untreaty.un.org/ola/FR)

Secrétaire général adjoint   **M. Nicolas Michel (Suisse)**
Conseiller juridique

Le Bureau des affaires juridiques est le service juridique central de l'Organisation des Nations Unies. Il prodigue des conseils juridiques au Secrétaire général, aux départements et bureaux du Secrétariat et aux organes principaux et subsidiaires de l'Organisation à propos des questions de droit international public et privé; il assure la prestation de services fonctionnels et de services de secrétariat aux organes juridiques qui s'occupent des questions relatives au droit international public, au droit de la mer et au droit commercial international; et remplit les fonctions assignées au Secrétaire général en sa qualité de dépositaire des traités multilatéraux.

Le Bureau étudie les questions juridiques en rapport avec la paix et la sécurité internationales; le statut, les privilèges et les immunités du personnel de l'Organisation; et les pouvoirs et la représentation des États Membres. Il rédige des projets de conventions et d'accords internationaux, de règlement intérieur des organes et conférences de l'ONU, ainsi que d'autres textes juridiques. Il fournit des services et des conseils juridiques en rapport avec le droit international privé et administratif et avec les résolutions et règlements de l'Organisation des Nations Unies.

De plus, il assure des services de secrétariat à la Sixième Commission de l'Assemblée générale, à la Commission du droit international, à la Commission des Nations Unies pour le droit commercial international, aux organes créés par la Convention des Nations Unies sur le droit de la mer, au Tribunal administratif des Nations Unies et à d'autres organes juridiques Il remplit les fonctions assignées au Secrétariat en ce qui concerne l'enregistrement et la publication des traités, en vertu de l'Article 102 de la Charte des Nations Unies.

Le Chef du Bureau, le Conseiller juridique, représente le Secrétaire général aux réunions et conférences sur les questions juridiques, ainsi que dans le cadre des procédures juridiques et arbitrales; il certifie les instruments juridiques publiés pour le compte de l'Organisation des Nations Unies et invite les conseillers juridiques des différents organismes des Nations Unies à des réunions, au cours desquelles il représente l'Organisation.

Département des affaires politiques (DAP)

(www.un.org/Depts/dpa)

Secrétaire général adjoint   **M. B. Lynn Pascoe (États-Unis d'Amérique)**

Le Département des affaires politiques joue un rôle essentiel dans l'action que mènent les Nations Unies pour prévenir et régler les conflits meurtriers partout dans le monde et pour consolider la paix après un conflit. À cette fin, le Département :

- Contrôle, analyse et évalue l'évolution de la situation politique dans le monde entier;

- Identifie les situations conflictuelles et les conflits que l'Organisation des Nations Unies pourrait contribuer à maîtriser ou à régler;

- Recommande des mesures appropriées au Secrétaire général, et les met en œuvre après leur adoption;

- Aide le Secrétaire général à mener à bien les activités politiques qu'il décide d'entreprendre, ou dont il est chargé par l'Assemblée générale ou le Conseil de sécurité, en matière de diplomatie préventive et d'instauration, de maintien et de consolidation de la paix;

- Conseille le Secrétaire général au sujet des demandes d'assistance électorale émanant des États Membres et coordonne les programmes qui sont mis en œuvre en réponse à ces demandes;

- Conseille et appuie le Secrétaire général en ce qui concerne tous les aspects politiques de ses relations avec les États Membres;

- Seconde le Conseil de sécurité et ses organes subsidiaires, ainsi que le Comité pour l'exercice des droits inaliénables du peuple palestinien et le Comité spécial de la décolonisation (Comité spécial des Vingt-Quatre).

Le système des Nations Unies

Organes principaux

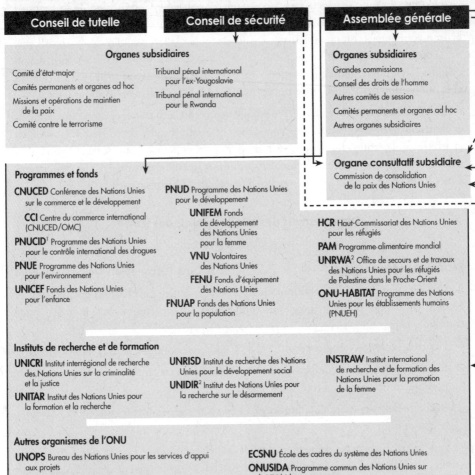

Conseil de tutelle

Conseil de sécurité

Assemblée générale

Organes subsidiaires

Comité d'état-major

Comités permanents et organes ad hoc

Missions et opérations de maintien de la paix

Comité contre le terrorisme

Tribunal pénal international pour l'ex-Yougoslavie

Tribunal pénal international pour le Rwanda

Organes subsidiaires

Grandes commissions

Conseil des droits de l'homme

Autres comités de session

Comités permanents et organes ad hoc

Autres organes subsidiaires

Organe consultatif subsidiaire

Commission de consolidation de la paix des Nations Unies

Programmes et fonds

CNUCED Conférence des Nations Unies sur le commerce et le développement

CCI Centre du commerce international (CNUCED/OMC)

PNUCID[1] Programme des Nations Unies pour le contrôle international des drogues

PNUE Programme des Nations Unies pour l'environnement

UNICEF Fonds des Nations Unies pour l'enfance

PNUD Programme des Nations Unies pour le développement

UNIFEM Fonds de développement des Nations Unies pour la femme

VNU Volontaires des Nations Unies

FENU Fonds d'équipement des Nations Unies

FNUAP Fonds des Nations Unies pour la population

HCR Haut-Commissariat des Nations Unies pour les réfugiés

PAM Programme alimentaire mondial

UNRWA[2] Office de secours et de travaux des Nations Unies pour les réfugiés de Palestine dans le Proche-Orient

ONU-HABITAT Programme des Nations Unies pour les établissements humains (PNUEH)

Instituts de recherche et de formation

UNICRI Institut interrégional de recherche des Nations Unies sur la criminalité et la justice

UNITAR Institut des Nations Unies pour la formation et la recherche

UNRISD Institut de recherche des Nations Unies pour le développement social

UNIDIR[2] Institut des Nations Unies pour la recherche sur le désarmement

INSTRAW Institut international de recherche et de formation des Nations Unies pour la promotion de la femme

Autres organismes de l'ONU

UNOPS Bureau des Nations Unies pour les services d'appui aux projets

UNU Université des Nations Unies

ECSNU École des cadres du système des Nations Unies

ONUSIDA Programme commun des Nations Unies sur le VIH/sida

Autres fonds d'affectation de l'ONU[8]

FNUPI Fonds des Nations Unies pour les partenariats internationaux

FNUD Fonds des Nations Unies pour la démocratie

NOTE : Les lignes pleines à partir des organes principaux indiquent un rapport direct; les lignes pointillées indiquent un rapport non subsidiaire.

[1] Fait partie de l'Office des Nations Unies contre la drogue et le crime;

[2] Fait uniquement rapport à l'Assemblée générale;

[3] Le Bureau de la déontologie, le Bureau de l'Ombudsman de l'ONU et le Directeur général de l'informatique font rapport directement au Secrétaire général;

[4] Par exception, le Secrétaire général adjoint d'appui au maintien de la paix se rapporte directement au Secrétaire général adjoint des opérations de maintien de la paix;

[5] Fait rapport au Conseil de sécurité et à l'Assemblée générale;

[6] Fait rapport à l'Assemblée générale;

[7] Organisations autonomes qui travaillent avec l'ONU et qui coopèrent entre elles dans le cadre du Conseil économique et social au niveau intergouvernemental et du Conseil des chefs de secrétariat pour la coordination au niveau intersecrétariat;

[8] Le FNUPI est un fonds d'affectation spéciale autonome qui opère sous la direction du Vice-Secrétaire général de l'ONU. Le Conseil consultatif du FNUD recommande des propositions de financement de projets au Secrétaire général pour approbation.

Conseil économique et social

Commissions techniques

Commission :
des stupéfiants
pour la prévention du crime
et la justice pénale
de la science et de la technique
au service du développement
de la condition de la femme
de la population et du développement
du développement durable
du développement social
de statistique

Commissions régionales

Commission économique pour l'Afrique (CEA)

Commission économique pour l'Europe (CEE)

Commission économique pour l'Amérique latine et les Caraïbes (CEPALC)

Commission économique et sociale pour l'Asie et le Pacifique (CESAP)

Commission économique et sociale pour l'Asie occidentale (CESAO)

Autres organes

Instance permanente sur les questions autochtones

Forum des Nations Unies sur les forêts

Comités de session et comités permanents

Organes d'experts, ad hoc et apparentés

Organisations apparentées

OMC Organisation mondiale du commerce

AIEA[5] Agence internationale de l'énergie atomique

OTICE COM. PRÉP[5] Commission préparatoire de l'Organisation du Traité d'interdiction complète des essais nucléaires

OIAC[6] Organisation pour l'interdiction des armes chimiques

Cour internationale de Justice

Institutions spécialisées[7]

OIT Organisation internationale du Travail

FAO Organisation des Nations Unies pour l'alimentation et l'agriculture

UNESCO Organisation des Nations Unies pour l'éducation, la science et la culture

OMS Organisation mondiale de la Santé

Groupe de la Banque mondiale

BIRD Banque internationale pour la reconstruction et le développement

AID Association internationale de développement

SFI Société financière internationale

AMGI Agence multilatérale de garantie des investissements

CIRDI Centre international pour le règlement des différends relatifs aux investissements

FMI Fonds monétaire international

OACI Organisation de l'aviation civile internationale

OMI Organisation maritime internationale

UIT Union internationale des télécommunications

UPU Union postale universelle

OMM Organisation météorologique mondiale

OMPI Organisation mondiale de la propriété intellectuelle

FIDA Fonds international de développement agricole

ONUDI Organisation des Nations Unies pour le développement industriel

OMT Organisation mondiale du tourisme

Secrétariat

Départements et bureaux

Cabinet du Secrétaire général[3]

Bureau des services de contrôle interne

Bureau des affaires juridiques

Département des affaires politiques

Bureau des affaires de désarmement

Département des opérations de maintien de la paix

Département d'appui au maintien de la paix[4]

Bureau de coordination des affaires humanitaires

Département des affaires économiques et sociales

Département de l'Assemblée générale et de la gestion des conférences

Département de l'information

Département de la gestion

Bureau du Haut-Représentant pour les pays les moins avancés, les pays en développement sans littoral et les petits États insulaires en développement

Haut-Commissariat des Nations Unies aux droits de l'homme

Office des Nations Unies contre la drogue et le crime

Département de la sûreté et de la sécurité

☙❧

ONUG Office des Nations Unies à Genève

ONUV Office des Nations Unies à Vienne

ONUN Office des Nations Unies à Nairobi

Le Chef du Département, Secrétaire général adjoint pour les affaires politiques, organise notamment des consultations et des négociations ayant trait au règlement pacifique des différends, et coordonne les activités d'assistance électorale des Nations Unies.

Bureau des affaires de désarmement

(http ://www.un.org/disarmament)

Haut-Représentant   **M. Sergio de Queiroz Duarte (Brésil)**
pour les affaires de désarmement

Le Bureau des affaires de désarmement encourage le désarmement et la non-prolifération nucléaires et le renforcement des régimes en vigueur en ce qui concerne l'élimination des autres armes de destruction massive, ainsi que des armes chimiques et biologiques. Il s'attache également à promouvoir le désarmement dans le domaine des armes classiques, notamment en encourageant la mise en œuvre du Programme d'action de 2001 relatif au commerce illicite des armes légères, fréquemment utilisées dans les conflits actuels. À cet effet, il engage des programmes de collecte des armes et de gestion des stocks d'armes ainsi que des programmes de désarmement, de démobilisation et de réinsertion des ex-combattants dans la société civile. Il plaide en faveur de l'élimination et de l'interdiction des mines antipersonnel.

Le Bureau soutient sur le plan fonctionnel et sur celui de l'organisation les travaux de l'Assemblée générale et de sa Première Commission, de la Commission du désarmement, de la Conférence du désarmement et d'autres organes en vue de l'adoption de normes en matière de désarmement. Il encourage le dialogue, la transparence et l'adoption de mesures de confiance dans le domaine militaire, en particulier au moyen du Registre des armes classiques des Nations Unies et de l'instrument normalisé d'établissement des rapports sur les dépenses militaires. Il soutient les initiatives de désarmement à l'échelle régionale, notamment dans le cadre des zones exemptes d'armes nucléaires et des régimes régionaux et sous-régionaux visant à instaurer une plus grande transparence. Il fait également connaître les activités de l'Organisation des Nations Unies en matière de désarmement et soutient les projets pédagogiques dans ce domaine.

Au premier semestre de 2007, cet organe, jusqu'alors appelé Département des affaires de désarmement, est devenu le Bureau des affaires de désarmement, dans le cadre des efforts déployés par le Secrétaire général pour donner une nouvelle impulsion à l'action menée par l'Organisation dans ce domaine (voir l'encadré « Réforme et revitalisation : maintien de la paix et désarmement » à la page suivante).

Département des opérations de maintien de la paix (DOMP)

(www.un.org/Depts/dpko/dpko)

Secrétaire général adjoint   **M. Alain Le Roy (France)**

Le Département des opérations de maintien de la paix est chargé d'aider les États Membres et le Secrétaire général à maintenir et à renforcer la paix et la sécurité internationales. À cet effet, il planifie, met sur pied et dirige les opérations de maintien de la paix des Nations Unies, conformément aux mandats que lui confient les États Membres. Le Département :

- Planifie d'éventuelles nouvelles opérations;

- Négocie avec les États Membres pour obtenir le personnel civil et militaire, les effectifs de police, les unités militaires, le matériel et les services qui permettront aux missions de s'acquitter du mandat qui leur a été confié;

- Formule des orientations et des directives à l'intention des opérations de maintien de la paix, auxquelles il fournit également des services d'appui;

- Se tient en rapport avec les parties aux conflits et les membres du Conseil de sécurité pour veiller à la bonne application des résolutions adoptées par le Conseil;

- Gère des « équipes opérationnelles intégrées » chargées de diriger et de superviser toutes les opérations de maintien de la paix;

- Conseille le Conseil de sécurité et les États Membres sur les principales questions ayant trait au maintien de la paix, notamment la réforme du secteur de la sécurité, l'état de droit et le désarmement, la démobilisation et la réintégration des ex-combattants;

- Analyse les problèmes politiques qui se font jour et les pratiques optimales et élabore des politiques, des procédures et des orientations générales en la matière;

- Coordonne toutes les activités de l'Organisation en rapport avec les mines terrestres et établit et soutient des programmes d'action dans ce domaine dans le cadre des opérations de maintien de la paix et des situations de crise.

Le Chef du Département, Secrétaire général adjoint aux opérations de maintien de la paix, dirige les opérations de maintien de la paix au nom du Secrétaire général. Il fixe les orientations et les lignes de conduite des opérations et conseille le Secrétaire général sur toutes les questions relatives au maintien de la paix et à la lutte antimines.

(On trouvera des informations sur les changements en cours au Département des opérations de maintien de la paix à la rubrique « Département de l'appui aux missions » et dans l'encadré « Réforme et revitalisation : maintien de la paix et désarmement ».)

Département de l'appui aux missions (DAM)

(www.un.org/Depts/dpko/dpko/dfs.shtml)

Secrétaire générale adjointe   **Mme Susana Malcorra (Argentine)**

Le 29 juin 2007, l'Assemblée générale a officiellement créé le Département de l'appui aux misions, comme le Secrétaire général Ban Ki-moon l'avait proposé quelques mois auparavant. La réforme, entreprise pour faire face à l'accroissement des besoins en matière de maintien de la paix, vise à renforcer les moyens dont dispose l'Organisation pour gérer et appuyer les opérations de maintien de la paix. Elle devrait être menée à bien en 12 mois.

Réforme et revitalisation : maintien de la paix et désarmement

Dès les premiers mois de son mandat, le Secrétaire général Ban Ki-moon a proposé un certain nombre de réformes fondamentales visant à permettre à l'Organisation de mieux s'acquitter de sa mission partout dans le monde. Parmi ces réformes, figurait la restructuration du système de maintien de la paix et de désarmement des Nations Unies.

Dans une lettre, datée du 15 février 2007, adressée à l'Assemblée générale, le Secrétaire général faisait les observations suivantes : les opérations de maintien de la paix « ont atteint un nombre sans précédent, avec un effectif de près de 100 000 agents sur le terrain. [...] Le programme de réforme de 2000 [visait] à doter le Département de moyens suffisants pour lancer une nouvelle mission multidisciplinaire par an, cependant, rien qu'au cours des 36 derniers mois, nous avons assisté au démarrage ou à l'expansion de neuf missions sur le terrain, trois autres étant actuellement dans une phase active de démarrage. L'année prochaine, l'effectif du personnel des opérations de paix des Nations Unies pourrait même progresser de 40 %. ».

Le Secrétaire général a donc proposé de créer un Département de l'appui aux missions chargé de gérer la planification, le déploiement et l'appui aux opérations de maintien de la paix, laissant au Département des opérations de maintien de la paix le soin de se concentrer sur les questions telles que le contrôle stratégique et les orientations de fond.

Le 15 mars 2007, l'Assemblée générale a entériné cette proposition et, le 29 juin 2007, elle a officiellement créé le **Département de l'appui aux missions (DAM)** en vue d'appuyer de manière plus efficace, plus cohérente et mieux adaptée les opérations hors Siège et d'assurer une gestion plus rationnelle des ressources. Le Secrétaire général adjoint à l'appui aux missions qui dirige le Département rend compte au Secrétaire général adjoint aux opérations de maintien de la paix et reçoit de lui des instructions, ce qui garantit une unité de commandement et permet d'établir clairement les responsabilités. La réforme devrait être menée à bien en 12 mois.

Le 15 mars 2007 également, l'Assemblée a approuvé la proposition du Secrétaire général visant à restructurer le Département des affaires de désarmement en un **Bureau des affaires de désarmement**, dirigé par un Haut-Représentant pour les affaires de désarmement rendant compte directement au Secrétaire général. Cette réforme vise à faciliter la réalisation des objectifs fixés en matière de désarmement, notamment en ce qui concerne l'entrée en vigueur du *Traité d'interdiction complète des essais nucléaires,* adopté par l'Assemblée générale en septembre 1996.

Dans le cadre de cette restructuration, le Département des opérations de maintien de la paix est responsable du contrôle stratégique et des orientations de fond, le DAM étant chargé de la planification, du déploiement et de la gestion. Parallèlement à la création du DAM, l'Assemblée a approuvé un budget du maintien de la paix d'un montant sans précédent de 5 milliards 250 millions de dollars pour le financement de 13 des 16 opérations de maintien de la paix en cours placées sous sa responsabilité. (Note : L'Organisme des Nations Unies chargé de la surveillance de la trêve et le Groupe d'observateurs militaires des Nations Unies dans l'Inde et le Pakistan sont financés au moyen du budget ordinaire de l'ONU et la MINUAD n'avait pas encore été établie à la date d'adoption de la résolution en question).

Le Secrétaire général adjoint à l'appui aux missions rend compte au Secrétaire général adjoint aux opérations de maintien de la paix et reçoit de lui des instructions, ce qui garantit une unité de commandement. Lorsqu'elle a adopté cette structure, dans laquelle un chef de département rend compte à un autre chef de département et reçoit de lui des instructions, l'Assemblée a précisé que sa décision ne créerait pas de précédent pour les rapports hiérarchiques au Secrétariat (voir l'encadré « Réforme et revitalisation : maintien de la paix et désarmement »).

Bureau de la coordination des affaires humanitaires (BCAH)

(http ://ochaonline.un.org)

Secrétaire général adjoint aux affaires humanitaires, Coordonnateur des secours d'urgence	**Sir John Holmes (Royaume-Uni de Grande-Bretagne et d'Irlande du Nord)**

Le Bureau de la coordination des affaires humanitaires a pour mission de mobiliser et coordonner l'aide humanitaire, en partenariat avec les acteurs nationaux et internationaux, pour atténuer les souffrances des populations en cas de catastrophe ou d'urgence.

Le Bureau s'efforce de coordonner les secours en s'appuyant sur son réseau de bureaux extérieurs, de coordinateurs et d'équipes de pays. Pour soutenir les efforts déployés par ses coordinateurs et par les organismes des Nations Unies qui prêtent assistance aux populations dans le besoin, le Bureau coordonne l'évaluation des besoins, la planification des interventions d'urgence et l'élaboration des programmes humanitaires.

Dirigé par un Coordonnateur des secours d'urgence des Nations Unies, le Bureau défend également les droits des populations dans le besoin, encourage une meilleure préparation et une meilleure prévention des catastrophes et facilite l'adoption de solutions viables.

Les fonctions essentielles du Coordonnateur des secours d'urgence sont les suivantes :

· Coordination de l'assistance humanitaire d'urgence;

· Élaboration des politiques, en veillant à ce que soient abordées toutes les questions humanitaires, notamment celles qui ne relèvent d'aucune institution;

· Sensibilisation aux questions humanitaires dans les organes politiques, en particulier le Conseil de sécurité.

Le Coordonnateur des secours d'urgence préside également le Comité permanent interorganisations, organe qui regroupe l'ensemble des grands acteurs humanitaires, y compris le mouvement de la Croix-Rouge et trois groupements d'organisations non gouvernementales. En élaborant des orientations, des directives et des normes communes, le Comité assure la cohérence des interventions des différentes institutions face aux situations d'urgence complexes et aux catastrophes naturelles et écologiques.

Le BCAH emploie 1 064 personnes dans le monde. Son budget pour 2007 s'élevait à 159 millions de dollars, dont 92 % provenait des ressources extrabudgétaires.

Département des affaires économiques et sociales (DAES)

(http ://www.un.org/french/esa/desa)

Secrétaire général adjoint   **M. Sha Zukang (Chine)**

Le Département des affaires économiques et sociales exerce ses activités dans trois grands domaines interdépendants :

- Il compile et analyse une large gamme de données et informations dans les domaines social, économique et environnemental et étudie les tendances qui se dessinent en la matière. Cela permet aux organes de décision des Nations Unies de mener leurs débats en connaissance de cause et au public d'être mieux informé;

- Il facilite les négociations de l'Assemblée générale et du Conseil économique et social et de ses organes subsidiaires, et aide les États Membres et d'autres participants à dégager une position commune sur des questions économiques, sociales et connexes d'intérêt mondial;

- Il conseille les États qui lui en font la demande sur la façon de faire face aux besoins de développement et les aide notamment à mettre au point des programmes nationaux et des activités visant à donner suite aux décisions issues du Sommet du Millénaire, de la Conférence internationale de Monterrey sur le financement du développement, du Sommet mondial pour le développement durable et d'autres conférences et réunions au sommet organisées au niveau international sur les questions économiques, sociales et environnementales.

Le Département intervient dans les domaines suivants : développement durable, questions relatives à l'égalité des sexes et promotion de la femme, analyse des politiques de développement, population, statistiques, administration publique et administration en ligne, politiques sociales et développement. Il est également chargé de seconder l'Instance permanente sur les questions autochtones, le Groupe d'étude des technologies de l'information et des communications et le Forum des Nations Unies sur les forêts. Il coopère étroitement avec les organisations non gouvernementales et d'autres représentants de la société civile.

Département de l'Assemblée générale et de la gestion des conférences (DGACM)

(http ://www.un.org/Depts/DGACM/index_french.htm)

Secrétaire général adjoint   **M. S. Muhammad Shaaban (Égypte)**

Le Département de l'Assemblée générale et de la gestion des conférences fournit des services d'appui technique et de secrétariat à l'Assemblée générale, au Conseil de sécurité, au Conseil économique et social et à leurs commissions, comités et organes subsidiaires, ainsi qu'aux conférences organisées ailleurs qu'au Siège. Il est chargé du traitement et de la publication de tous les documents officiels dans les six langues officielles de l'Organisation (anglais, arabe, chinois, espagnol, français et russe) et fournit des services d'interprétation dans chacune de ces langues à l'occasion des réunions intergouvernementales. Il est également chargé de la publication des documents officiels des Nations Unies, y compris les comptes rendus analytiques et les procès-verbaux de séance.

Le Chef du Département, Secrétaire général adjoint à l'Assemblée générale et à la gestion des conférences, est chargé de la mise au point et de la coordination des politiques relatives à la gestion des services de conférence pour l'ONU à New York (Siège de l'Organisation) et à Genève (ONUG), Vienne (ONUV) et Nairobi (ONUN). Il conseille le Président de l'Assemblée générale sur toutes les questions ayant trait aux séances et aux travaux de l'Assemblée, du Bureau et des grandes commissions.

Département de l'information (DI)

Secrétaire général adjoint   **M. Kiyo Akasaka (Japon)**

Le Département de l'information aide l'Organisation à s'acquitter des tâches qui lui sont confiées en tenant le public informé de l'action du système des Nations Unies et des questions dont il s'occupe. L'objectif est d'encourager le public à appuyer les buts de l'Organisation. Le Département recourt à toute une série de programmes et de campagnes de sensibilisation, de services et de bulletins d'information, de programmes radiophoniques et télévisés, de communiqués de presse, de publications, de documentaires et de manifestations spéciales pour faire connaître l'action de l'Organisation. Il fournit également des services de bibliothèque et de partage des connaissances. Outre le personnel dont il dispose au Siège, le Département administre 55 centres et services d'information de par le monde ainsi qu'un centre régional à Bruxelles et compte avec une composante « information » dans huit bureaux des Nations Unies.

Le Chef du Département, Secrétaire général adjoint à la communication et à l'information, est chargé de la politique de communication et d'information de l'Organisation. Sa tâche est d'assurer la coordination de l'information de sorte que les médias, la société civile et le public en général soient informés de façon précise et cohérente des responsabilités et des activités de l'Organisation.

Le Département se compose de trois divisions. La Division de la communication stratégique met au point des stratégies de communication afin de faire connaître les priorités de l'Organisation et coordonne leur mise en œuvre à l'échelle du Département et du système des Nations Unies. Elle élabore des produits de communication en vue de mettre en avant certaines grandes questions thématiques et s'adresse plus particulièrement aux médias mondiaux. Elle fournit une aide dans les domaines de la programmation et des opérations au réseau mondial des centres d'information des Nations Unies (*http ://unic.*

un.org/aroundworld/unics/fr) et des services de planification et d'appui aux composantes « information » des missions de paix.

La Division de l'information et des médias met au point et distribue des programmes d'information aux médias dans le monde entier (*www.un.org/french/newscentre/index.html*). Elle fournit un appui logistique aux journalistes qui couvrent les activités de l'Organisation et publie des informations dans les six langues officielles sur le Web de l'ONU par l'intermédiaire du Centre de nouvelles. Elle fait connaître les réunions et les manifestations qui se déroulent sous l'égide de l'Organisation au moyen de communiqués de presse, d'une couverture télévisée en direct, de programmes radiophoniques et de photographies et produit et distribue des programmes radio et vidéo ainsi que des bulletins d'information sur le système des Nations Unies.

Elle couvre également les points de presse quotidiens et déclarations émanant du Bureau du porte-parole du Secrétaire général (*www.un.org/french/ossg/*), qui relève du Département. Le Bureau du porte-parole du Secrétaire général est chargé de planifier les activités du Secrétaire général ayant trait aux médias et d'expliquer les politiques et le travail de l'Organisation aux médias du monde entier. Le porte-parole tient chaque jour des réunions d'information à l'intention des journalistes sur les activités du Secrétaire général et l'action du système des Nations Unies, notamment le Conseil de sécurité et d'autres organes principaux, ainsi que les tribunaux, les institutions et les fonds et programmes. Le porte-parole rend compte directement au Secrétaire général.

La principale bibliothèque des Nations Unies, Bibliothèque Dag Hammarskjöld (*http://www.un.org/Depts/dhl/dhlf*), fait partie de la Division des services et produits destinés au public, tout comme les sections du Département qui travaillent avec les organisations non gouvernementales (*www.un.org/french/geninfo/ngo*) et les établissements d'enseignement et celles qui commercialisent les produits et services d'information (*www.un.org/french/pubs*). La Division organise des manifestations spéciales et des expositions sur des questions prioritaires ainsi qu'un programme de formation annuel à l'intention des journalistes des pays en développement. Elle noue également des partenariats avec des organismes des secteurs privé et public afin de faire progresser les objectifs des Nations Unies. En outre, elle propose des visites guidées au Siège (*www.un.org/french/aboutun/tours*), répond aux demandes d'information émanant du public (*www.un.org/french/geninfo/faq*) et dépêche des conférenciers qui interviennent sur des questions dont l'Organisation est saisie. La Division est également chargée de l'établissement de l'*Annuaire des Nations Unies* et de la Chronique de l'ONU, qui paraît tous les trimestres, et du présent document.

Département de la gestion

(www.un.org/Depts/DGACM/index_french.htm)

Secrétaire générale adjointe   Mme Angela Kane (Allemagne)

Le Département de la gestion fournit aux différentes composantes du Secrétariat des orientations générales et un appui à la gestion dans trois domaines : finances, ressources humaines et services d'appui. Ces domaines relèvent respectivement du Bureau de la planification des programmes, du budget et de la comptabilité, du Bureau de la gestion des ressources humaines et du Bureau des services centraux d'appui.

Les missions du Département de la gestion sont les suivantes : formulation, rationalisation et mise en œuvre des politiques du Secrétariat en matière de gestion et formation du personnel; planification des programmes et gestion des ressources budgétaires, financières et humaines; et innovation technologique. Le Département fournit en outre des services techniques à la Cinquième Commission de l'Assemblée générale (Questions administratives et budgétaires) et assure le service du Comité du programme et de la coordination.

En sa qualité de chef du Département, la Secrétaire générale adjointe à la gestion anime, coordonne et contrôle la préparation du plan à moyen terme et des budgets biennaux de l'Organisation. Elle représente le Secrétaire général pour toutes les questions se rapportant à la gestion et suit de près l'évolution de la situation dans l'ensemble du Secrétariat. Par délégation du Secrétaire général, elle veille au bon fonctionnement du système interne d'administration de la justice.

Département de la sûreté et de la sécurité

Secrétaire général adjoint

Sir David Veness
(Royaume-Uni de Grande-Bretagne
et d'Irlande du Nord)

Le Département de la sûreté et de la sécurité a été créé par l'Assemblée générale en janvier 2005 face à la nécessité de mettre en œuvre un système de gestion de la sécurité uniformisé et renforcé. Le Département est chargé d'assurer la sûreté et la sécurité du personnel, des opérations et des locaux au Siège de l'Organisation, dans les principaux lieux d'affectation et sur le terrain.

Il regroupe en une seule structure de gestion trois entités jusque là distinctes, à savoir : le Bureau du Coordonnateur des Nations Unies pour les questions de sécurité, les services de sûreté et de sécurité de chaque ville siège et la composante sécurité civile du Département des opérations de maintien de la paix. Cette restructuration permet d'uniformiser l'élaboration et la mise en œuvre des politiques et normes de sécurité, ainsi que la coordination, les communications, les contrôles de conformité et l'évaluation des risques.

Au cours de ses deux premières années d'activité, le Département s'est essentiellement employé à améliorer les systèmes de contrôle de l'accès aux locaux, en adoptant une approche plus analytique de la gestion des risques et en instaurant une structure efficace d'évaluation de la conformité aux normes. Parmi ses principales réalisations à ce jour, on citera la nette rationalisation des méthodes, l'amélioration de la formation dispensée au personnel de sécurité et autres membres du personnel, et la mise au point de mécanismes de coordination pour faire face à diverses situations de crise. Par ailleurs, en matière de sécurité, l'organisation générale des responsabilités définit les responsabilités de chacun à l'échelle du système des Nations Unies, du Secrétaire général aux fonctionnaires de rang le moins élevé.

Les objectifs à long terme du Département consistent notamment à faire en sorte que les questions de sécurité deviennent partie intégrante des activités de planification et de budgétisation du système des Nations Unies, à améliorer l'entente et la coopération avec les autorités des pays hôtes et à créer une « culture de la sécurité » à l'échelle du système. La création du Département a contribué de manière significative au renforcement du système de gestion de la sécurité de l'Organisation.

Le Département est au cœur de ce système, qui garantit la prise en compte systématique des questions de sécurité dans la planification et l'exécution de toutes les opérations de l'Organisation. La mise en place dudit système a été facilitée par le Réseau interorganisations pour la gestion des mesures de sécurité, qui se réunit deux fois par an pour recommander l'adoption de stratégies de sécurité applicables à tous les organismes des Nations Unies participant au Conseil des chefs de secrétariat.

Bureau du Haut-Représentant pour les pays les moins avancés, les pays en développement sans littoral et les petits États insulaires en développement

(http ://www.un.org/ohrlls)

Secrétaire général adjoint, Haut-Représentant pour les pays les moins avancés, les pays en développement sans littoral et les petits États insulaires en développement

M. Cheick Sidi Diarra (Mali)

Le Bureau du Haut-Représentant pour les pays les moins avancés, les pays en développement sans littoral et les petits États insulaires en développement a été créé par l'Assemblée générale en décembre 2001 pour faciliter la mobilisation de la communauté internationale en faveur de l'application de la *Déclaration et du Programme d'action de Bruxelles pour les pays les moins avancés au cours de la décennie 2001-2010 (2001)*.

Le Bureau aide le Secrétaire général à faire en sorte que la communauté internationale soit pleinement mobilisée en faveur de l'application effective du *Programme d'action de Bruxelles* et du respect d'un certain nombre d'engagements internationaux connexes — dont la *Déclaration d'Almaty* et son Programme d'action d'Almaty intitulé « *Répondre aux besoins particuliers des pays en développement sans littoral et créer un nouveau cadre mondial pour la coopération en matière de transport en transit entre les pays en développement sans littoral et de transit* » et coordonne les activités menées à cette fin. Ce Programme est issu de la première conférence mondiale consacrée aux besoins spécifiques des pays en développement sans littoral, tenue à Almaty (Kazakhstan) en août 2003.

Le Bureau s'emploie également à garantir l'application du Programme d'action de la Barbade pour le développement durable des petits États insulaires en développement, adopté à la Conférence mondiale sur le développement durable des petits États insulaires en développement de 1994, et de la Stratégie de Maurice pour la mise en œuvre du Programme d'action de la Barbade, adoptée lors d'une conférence internationale tenue à Maurice en janvier 2005.

Le Bureau facilite la coordination des activités menées à l'échelle du système des Nations Unies pour mettre en œuvre ces programmes et aide le Conseil économique et social et l'Assemblée générale à évaluer les progrès accomplis en la matière. Il mène également des activités de défense et de promotion visant à sensibiliser la communauté internationale sur ces questions, en partenariat avec les organismes compétents des Nations Unies, la société civile, les médias, les milieux universitaires et les fondations.

Il a, par ailleurs, préparé et coordonné la Réunion de haut niveau de l'Assemblée générale d'examen à mi-parcours de l'application du *Programme d'action pour les pays les moins avancés*, tenue les 18 et 19 septembre 2006.

Commissions régionales

Les commissions régionales de l'Organisation des Nations Unies rendent compte au Conseil économique et social, et leurs secrétariats sont placés sous l'autorité du Secrétaire général. Elles ont pour mandat de faciliter l'adoption, au niveau régional, de mesures propres à favoriser le développement économique des régions dont elles s'occupent et à renforcer les relations économiques aussi bien au sein de ces régions qu'avec les autres régions du monde. Elles sont financées par le budget ordinaire de l'ONU.

Commission économique pour l'Afrique (CEA)

(www.uneca.org)

La Commission économique pour l'Afrique a été créée en 1958 pour favoriser la croissance économique et le développement social sur le continent africain. Elle encourage l'adoption de politiques et stratégies visant à améliorer la coopération et l'intégration économiques de ses 53 États membres, notamment dans les domaines de la production, du commerce, de la monnaie, de l'infrastructure et des institutions. La CEA diffuse des informations et des analyses sur les problèmes économiques et sociaux, défend la cause de la sécurité alimentaire et du développement durable, encourage une meilleure gestion du développement, essaie de mettre les nouvelles technologies de l'information au service du développement et préconise une coopération et une intégration régionales renforcées. Elle s'attache tout particulièrement à améliorer la situation des femmes en préconisant une participation plus active de ces dernières au développement, notamment à la prise de décisions, et en veillant à ce que l'égalité entre hommes et femmes soit considérée comme une dimension essentielle du développement national.

Secrétaire exécutif : M. Abdoulie Janneh (Gambie)
Adresse : P.O. Box 3001, Addis-Abeba (Éthiopie)
Téléphone : (251-11) 551-7200; télécopie : (251-11) 551-0365
Adresse électronique : *ecainfo@uneca.org*

Commission économique pour l'Europe (CEE)

(www.unece.org)

La Commission économique pour l'Europe a été créée en 1947 pour aider les pays d'Amérique du Nord, d'Europe et d'Asie centrale à forger les instruments de leur coopération économique. Elle réunit 56 pays, dont Israël. Ses domaines d'intervention prioritaires sont l'analyse économique, l'environnement et les établissements humains, la statistique, l'énergie durable, le commerce, le développement de l'industrie et des entreprises, le bois d'œuvre et les transports.

La Commission poursuit la réalisation de ses objectifs essentiellement en analysant les politiques menées dans ces domaines, en organisant des débats et en facilitant l'élaboration de conventions, réglementations et normes internationales. L'application de ces textes aide à éliminer les obstacles et à simplifier les échanges commerciaux au sein de la région et avec le reste du monde. Plusieurs d'entre eux concernent la protection de l'environnement. La Commission facilite leur application en fournissant une aide technique aux pays qui en ont besoin, notamment les pays à économie de transition.

Secrétaire exécutif : M. Marek Belka (Pologne)
Adresse : Palais des Nations, CH-1211 Genève 10 (Suisse)
Téléphone : (41-0-22) 917-1234; télécopie : (41-0-22) 917-0505
Adresse électronique : *info.ece@unece.org*

Commission économique pour l'Amérique latine et les Caraïbes (CEPALC)

(www.eclac.cl, www.eclac.org)

La Commission économique pour l'Amérique latine et les Caraïbes a été créée en 1948 pour faciliter une meilleure coordination des politiques de développement économique et social durable dans cette région. En collaboration avec ses 44 États membres et 8 États associés, elle étudie et analyse les processus de développement régionaux et nationaux. Elle a notamment pour mandat de proposer les politiques à suivre dans ce domaine et de contrôler et évaluer leur exécution, ainsi que de fournir une assistance dans des domaines d'information spécialisés, en tenant compte des objectifs de développement convenus au niveau international.

La CEPALC, dont l'acronyme espagnol est CEPAL, coopère avec les organisations nationales, régionales et internationales dans des domaines comme le développement de l'agriculture, la planification sociale et économique, le développement de l'industrie, des technologies et des entreprises, le commerce international, l'intégration et la coopération régionales, l'investissement et le financement, le développement social et la justice sociale, la participation des femmes au développement, les ressources naturelles et l'équipement, l'environnement et les établissements humains, la statistique, l'administration civile et les questions de population et les politiques démographiques.

La CEPALC a son siège régional à Santiago (Chili) et des sièges sous-régionaux à Mexico (Mexique) pour l'Amérique centrale et à Port of Spain (Trinité-et-Tobago) pour les Caraïbes. S'y ajoutent des sièges nationaux à Buenos Aires, Brasilia, Montevideo et Bogota, ainsi qu'un bureau de liaison à Washington.

Secrétaire exécutive : Mme Alicia Bárcena Ibarra (Mexique)
Adresse : Avenida Dag Hammarskjöld 3477,
Casilla 179-D, Santiago (Chili)
Téléphone : (56-2) 210-2000, 471-2000; télécopie : (56-2) 208-0252, 1946
Adresse électronique : *secepal@cepal.org*

Commission économique et sociale pour l'Asie et le Pacifique (CESAP)

(www.unescap.org)

La Commission économique et sociale pour l'Asie et le Pacifique a été créée en 1947 avec pour mandat de suivre les questions économiques et sociales de la région. Elle est unique en ce qu'elle constitue la seule enceinte intergouvernementale au sein de laquelle soient représentés tous les pays d'Asie et du Pacifique. Ses 53 États membres et 9 membres associés représentent près de 60 % de la population mondiale. La CESAP offre aux gouvernements un soutien technique en matière de développement économique et social. Ce soutien prend la forme soit de conseils, programmes de formation professionnelle et mise en commun d'expériences, soit de réunions, publications et réseaux internationaux.

Elle exécute des programmes et des projets visant à stimuler la croissance, améliorer les conditions sociales et économiques et jeter les fondations d'une société moderne. Quatre établissements régionaux de recherche et formation — en développement agricole, génie et mécanique agricoles, statistique et transfert de technologies — fonctionnent sous ses auspices. La CESAP dispose également d'un Centre d'activités opérationnelles pour le Pacifique. Ses domaines d'action prioritaires sont actuellement la réduction de la pauvreté, la gestion de la mondialisation et la recherche de solutions aux nouveaux problèmes sociaux.

Secrétaire exécutive : Mme Noeleen Heyzer (Singapour)
Adresse : United Nations Building, Rajadamnern Nok Avenue, Bangkok 10200 (Thaïlande)
Téléphone : (66-2) 288-1234; télécopie : (66-2) 288-1000
Adresse électronique : *escap-registry@un.org*

Commission économique et sociale
pour l'Asie occidentale (CESAO)

(www.escwa.un.org)

Créée en 1973, la Commission économique et sociale pour l'Asie occidentale facilite l'adoption d'une approche concertée du développement économique et social des pays d'Asie occidentale en encourageant la coopération et l'intégration économiques au niveau de la région. Elle comprend 13 États membres et constitue, au sein du système des Nations Unies, la principale instance de concertation régionale en matière de développement économique et social. Ses programmes concernent le développement économique, le développement social, l'agriculture, l'industrie, les richesses naturelles, l'environnement, les transports, les communications et les statistiques.

Secrétaire exécutif : M. Bader Al-Dafa (Qatar)
Adresse : Boîte postale 11-8575, place Riad el-Solh, Beyrouth (Liban)
Téléphone : (961-1) 98-1301 ou 1-212-963-9731, 9732 (satellite, via New York); télécopie : (961-1) 98-1510
Adresse électronique : Cliquer sur « Contact Us » sur le site Web de la Commission.

Tribunaux internationaux

Tribunal pénal international pour l'ex-Yougoslavie (TPIY)

(www.un.org/icty)

Créé par le Conseil de sécurité en 1993, le Tribunal pénal international pour l'ex-Yougoslavie a pour mandat de juger les personnes accusées de violations graves du droit international humanitaire commises sur le territoire de l'ex-Yougoslavie depuis 1991. Il compte 16 juges permanents, 27 juges *ad litem* (dont 12 au maximum peuvent être appelés à siéger simultanément) et emploie plus de 1 140 personnes originaires de 81 pays. Pour l'exercice 2006-2007, son budget était de 276,5 millions de dollars.

Plus de 160 personnes ont été inculpées depuis la création du Tribunal (compte non tenu des actes d'accusation dont le juge peut avoir ordonné la non-divulgation au public). En février 2007, 61 accusés étaient jugés par le Tribunal, dont 13 comparaissaient devant la Chambre d'appel et 6 étaient en fuite. À ce jour, 100 accusés ont été jugés, dont 48 ont été reconnus coupables et condamnés, 5 acquittés, 11 renvoyés devant des juridictions nationales, et 36 accusés décédés ou dont la mise en accusation a été retirée.

Président : M. Fausto Pocar (Italie)
Procureur : Mme Carla Del Ponte (Suisse)
Greffier : M. Hans Holthuis (Pays-Bas)
Siège : Churchillplein 1, 2517 JW, La Haye (Pays-Bas)
Téléphone : (31-70) 512-5000; télécopie : (31-70) 512-5355

Tribunal pénal international pour le Rwanda (TPIR)

(www.ictr.org)

Créé par le Conseil de sécurité en 1994, le Tribunal pénal international pour le Rwanda est chargé de juger les personnes accusées d'actes de génocide ou d'autres violations graves du droit international humanitaire commis sur le territoire du Rwanda et les citoyens rwandais accusés de tels actes ou violations commis sur le territoire d'États voisins entre le 1er janvier et le 31 décembre 1994. Il se compose de trois chambres de première instance, qui comptent chacune trois juges permanents, et d'une chambre d'appel qui en compte sept. Sept des juges permanents siègent à la chambre d'appel, laquelle est, pour chaque appel, composée de cinq de ses membres. Le Tribunal compte également 18 juges *ad litem* (dont 9 au maximum peuvent être appelés à siéger simultanément) et emploie 1 042 personnes. Pour l'exercice 2006-2007, son budget était de 269,8 millions de dollars.

En janvier 2007, le Tribunal avait rendu 25 jugements concernant 31 accusés. De plus, 28 détenus étaient en cours de jugement, 9 en attente de jugement, 7 dans l'attente d'un jugement en appel; et 18 en fuite. Parmi les condamnés, on notera le nom de Jean Kambanda, Premier Ministre au moment du génocide, qui est le premier chef de gouvernement de l'histoire de l'humanité à avoir été arrêté et condamné pour fait de génocide.

Président : M. Erik Møse (Norvège)
Procureur : M. Hassan B. Jallow (Gambie)
Greffier : M. Adama Dieng (Sénégal)
Adresse : Arusha International Conference Center, P. O. Box 6016, Arusha (République-Unie de Tanzanie)
Téléphone : (1-212) 963-2850 ou (255-27) 250-4367, 4372
Télécopie : (1-212) 963-2848 ou (255-27) 250-4000, 4373

Programmes et autres organismes des Nations Unies

Conférence des Nations Unies sur le commerce et le développement (CNUCED)

(www.unctad.org)

Organisation intergouvernementale permanente et organe subsidiaire de l'Assemblée générale créé en 1964, la Conférence des Nations Unies sur le commerce et le développement est le principal organe du système des Nations Unies dans le domaine du commerce, des finances, de la technologie, de l'investissement et du développement durable et des questions connexes.

La CNUCED a pour principal objectif d'aider les pays en développement et les pays à économie de transition à mettre le commerce et l'investissement au service du développement, de la réduction de la pauvreté et de l'intégration dans l'économie mondiale. Pour atteindre ces objectifs, elle réalise des travaux de recherche et d'analyse, mène des activités de coopération technique, organise des réunions intergouvernementales et favorise les échanges avec d'autres acteurs essentiels du développement, notamment la société civile et le secteur privé.

L´organe directeur suprême de la CNUCED est la Conférence des États membres — ils sont au nombre de 193 (dont le Saint-Siège) — qui se réunit tous les quatre ans pour examiner les questions d'actualité dans le domaine de l'économie internationale et établir le mandat de la CNUCED. La prochaine et douzième Conférence, se tiendra à Accra (Ghana) en avril 2008. L'organe exécutif de la CNUCED, le Conseil du commerce et du développement, se réunit chaque année en session ordinaire pour encadrer les travaux du secrétariat.

Le budget de fonctionnement annuel de la CNUCED est d'environ 61 millions de dollars, qui sont imputés sur le budget ordinaire de l'ONU. Le coût des activités de coopération technique, financées par des ressources extrabudgétaires, s'élève à quelque 31 millions de dollars. Plus de 280 activités de ce type sont actuellement menées, en fonction de la demande, dans environ 100 pays. La CNUCED, dont le siège est à Genève, emploie environ 400 fonctionnaires. Ses principales publications sont le *Rapport sur le commerce et le développement*, le *Rapport sur l´investissement dans le monde*, le *Rapport sur le développement économique en Afrique*, le *Rapport sur les pays les moins avancés*, le *Manuel de statistique de la CNUCED*, le *Rapport sur l'économie de l'information* et l'*Étude sur les transports maritimes*.

Directeur général : M. Supachai Panitchpakdi (Thaïlande)
Siège : Palais des Nations, CH-1211 Genève 10 (Suisse)
Téléphone : (41-22) 917-5809; télécopie : (41-22) 917-0051
Adresse électronique : *info@unctad.org*

Centre du commerce international (CCI)

(www.intracen.org)

Le Centre du commerce international (CCI) est l'agence de coopération technique de la Conférence des Nations Unies pour le commerce et le développement (CNUCED) et de l'Organisation mondiale du commerce (OMC) pour tout ce qui concerne les aspects opérationnels et « entreprises » du développement du commerce. Il soutient les efforts que déploient les pays en développement et les pays en transition, y compris leur secteur privé, pour développer leurs exportations et rationaliser leurs activités d'importation.

Le CCI accomplit les missions suivantes : faciliter l'intégration des entreprises des pays en développement ou en transition dans le système commercial multilatéral; aider les États à formuler et mettre en œuvre des stratégies de développement commercial; renforcer les services tant publics que privés qui facilitent le commerce; améliorer les performances à l'exportation dans les secteurs les plus importants ou les plus prometteurs; et renforcer la compétitivité internationale des entreprises, notamment les petites et moyennes entreprises (PME).

Le Centre administre les programmes techniques ci-après : étude stratégique et pratique de marché; services de conseil commercial; gestion de l'information commerciale; développement des moyens de formation professionnelle en techniques d'exportation; développement de produits et de marchés spécialisé par secteur; et gestion de la chaîne internationale des approvisionnements et de l'offre.

Le programme d'activités ordinaires du Centre est financé à parts égales par l'ONU et l'OMC. Sur demande des pays bénéficiaires, le Centre peut aussi exécuter des projets financés par des pays donateurs et des associations. En 2006, il a consacré 25,3 millions de dollars à l'assistance technique fournie à 153 pays. Le centre compte environ 210 fonctionnaires au siège et quelque 800 consultants sur le terrain.

Directrice exécutive : Mme Patricia Francis (Jamaïque)
Siège : Palais des Nations, CH-1211 Genève 10 (Suisse)
Téléphone : (41-22) 730-0111; télécopie : (41-22) 733-4439
Adresse électronique : *itcreg@intracen.org*

Office des Nations Unies contre la drogue et le crime

(www.unodc.org)

L'Office des Nations Unies contre la drogue et le crime a été créé en 1997 — sous le nom d'Office pour le contrôle des drogues et la prévention du crime — pour renforcer l'action menée par les Nations Unies contre le trafic de stupéfiants, la criminalité et le terrorisme international. L'Office gère deux programmes spécialisés, l'un dans la lutte contre les stupéfiants et l'autre dans la lutte contre la criminalité.

Le programme de lutte contre les stupéfiants est chargé de guider et coordonner les activités de l'ONU dans ce domaine. Il met à la disposition des États Membres des conseils techniques concernant la lutte contre les stupéfiants et des statistiques sur la consommation, les saisies et les tendances; et il les aide à se doter d'une réglementation en la matière et à former les personnels judiciaires requis. Le programme vise aussi à sensibiliser la population mondiale aux dangers de la consommation de drogues et à renforcer l'action internationale contre la production et le trafic de drogues et la criminalité qui en résulte.

Le programme de lutte contre la criminalité est chargé des activités intéressant la prévention de la criminalité et la justice pénale. Il aide les États Membres à renforcer l'état de droit et à se doter d'institutions de justice pénale stables et viables. Il prête une attention particulière à la lutte contre la criminalité transnationale organisée, à la traite des êtres humains, au trafic d'armes, à la criminalité financière, à la corruption et au terrorisme.

L'Office compte environ 450 fonctionnaires qui travaillent aux niveaux national, régional et mondial à travers un réseau de 20 bureaux extérieurs ainsi que des bureaux de liaison à New York et Bruxelles. Son budget pour l'exercice biennal 2006-2007 s'élevait à

335,9 millions de dollars. Les contributions volontaires constituent l'essentiel de ce budget : 189,2 millions de dollars (57 %) pour le programme contre la drogue et 74,7 millions de dollars (22 %) pour le programme contre le crime. Le restant, soit 72 millions de dollars (21 %) est imputé au budget ordinaire de l'ONU.

Directeur exécutif : M. Antonio Maria Costa (Italie)
Siège : Vienna International Centre, Wagramerstrasse 5,
B. P. 500, A-1400 Vienne (Autriche)
Téléphone : (43-1) 26060-0; télécopie : (43-1) 26060-5866
Adresse électronique : *unodc@unodc.org*

Programme des Nations Unies pour l'environnement (PNUE)

(www.unep.org)

Le Programme des Nations Unies pour l'environnement a été fondé en 1972. Il a pour mission de montrer la voie en matière de protection de l'environnement et d'encourager la création, dans ce domaine, de partenariats qui permettent aux nations et aux peuples d'améliorer leur qualité de vie sans compromettre celle des futures générations.

Principal organisme des Nations Unies dans le domaine de l'environnement, le PNUE définit les orientations mondiales en la matière, favorise la prise en compte du volet environnement dans les activités du système des Nations Unies au service du développement et défend avec autorité la cause de l'environnement mondial.

L'organe directeur du PNUE est le Conseil d'administration, qui se compose de 58 pays et se réunit une fois par an. Ses programmes sont financés par le Fonds pour l'environnement, qui est alimenté par les contributions volontaires des gouvernements et complété par des fonds d'affectation spéciale et des crédits modestes imputés au budget ordinaire de l'ONU. Le budget du Fonds pour 2006-2007 était de 144 millions de dollars. Le PNUE emploie environ 800 personnes.

Directeur exécutif : M. Achim Steiner (Allemagne)
Siège : United Nations Avenue, Gigiri, P.O. Box 30552, 00100, Nairobi (Kenya)
Téléphone : (254-20) 762-1234; télécopie : (254-20) 762-4489, 4490
Adresse électronique : *unepinfo@unep.org*

Programme des Nations Unies pour le développement (PNUD)

(www.undp.org)

Le Programme des Nations Unies pour le développement est un réseau que l'ONU met au service du développement mondial. Il préconise le changement et offre aux pays intéressés un accès aux connaissances, à l'expérience et aux ressources qui permettront à leurs populations de se bâtir un avenir meilleur. Le PNUD est présent dans 166 pays qu'il aide à trouver leurs propres solutions aux problèmes de développement tant mondiaux que nationaux.

Ces pays s'appuient sur l'expérience du PNUD et de ses partenaires divers et variés pour développer les capacités locales.

Les dirigeants du monde entier se sont engagés à atteindre les objectifs du Millénaire pour le développement, dont le principal est de réduire la pauvreté de moitié d'ici à 2015. Le réseau du PNUD s'emploie à assurer la liaison et la coordination des efforts déployés aux niveaux national et mondial pour réaliser ces objectifs. Il s'attache tout particulièrement à aider les pays à relever ensemble les défis de la réduction de la pauvreté, de la prévention et de la gestion des crises, de l'environnement et du développement durable, de la gouvernance démocratique, y compris en ce qui concerne la gestion des activités de lutte contre le VIH/sida.

Le PNUD administre le Fonds d'équipement des Nations Unies (FENU), le Fonds de développement des Nations Unies pour la femme (UNIFEM) et le Programme des Volontaires des Nations Unies. Il a pour organe directeur un conseil d'administration de 36 membres composé de représentants de pays développés et de pays en développement. Le *Rapport sur le développement humain* qu'il publie chaque année est l'une de ses publications les plus connues.

Administrateur : M. Kemal Derviş (Turquie)
Siège : 1 UN Plaza, New York, NY 10017 (États-Unis)
Téléphone : (1-212) 906-5000; télécopie : (1-212) 906-5364
Adresse électronique : voir le site *www.undp.org/comments/form.shmtl*

Fonds de développement des Nations Unies pour la femme (UNIFEM)

(www.unifem.org)

Le Fonds de développement des Nations Unies pour la femme lutte pour l'autonomisation des femmes et l'égalité des sexes. Il s'attache à faire en sorte que les femmes soient associées à toutes les étapes de la planification et de la réalisation du développement. Au sein du système des Nations Unies, il centralise les efforts visant à tenir compte des besoins et des préoccupations des femmes dans tous les programmes nationaux, régionaux et internationaux.

Depuis sa création en 1976, UNIFEM finance l'exécution de projets et d'initiatives menés dans les pays en développement pour promouvoir les droits des femmes ainsi que leur autonomisation politique, économique et sociale. Il peut s'agir aussi bien de la création de petites entreprises locales qui améliorent les conditions de travail des femmes que de campagnes de sensibilisation ou de la rédaction de lois plus respectueuses des intérêts des femmes. UNIFEM gère également le Fonds d'affectation spéciale pour l'élimination de la violence à l'égard des femmes.

UNIFEM, qui agit en organisation autonome associée au PNUD, rend compte de sa gestion à la fois à un comité consultatif composé de représentants de toutes les régions du monde et au Conseil d'administration du PNUD. Ses 15 bureaux sous-régionaux et 2 bureaux de programme de pays relaient son action au niveau des régions et des pays. En 2006, le montant total de ses dépenses s'élevait à 57 millions de dollars.

Directrice exécutive : Inés Alberdi (Espagne)
Siège : 304 East 45th Street, 15th floor
New York, NY 10017 (États-Unis)
Téléphone : (1-212) 906-6400; télécopie : (1-212) 906-6705
Adresse électronique : voir le site *www.unifem.org/about/contact_general.php*

Volontaires des Nations Unies (VNU)

(www.unv.org)

Le Programme des Volontaires des Nations Unies constitue le bras « bénévole « des Nations Unies et prête son concours à des actions au service de la paix, à des campagnes de secours et à des projets de développement dans près de 150 pays. Créé par l'Assemblée générale en 1970, il est administré par le Programme des Nations Unies pour le développement (PNUD) et rend compte de sa gestion au conseil d'administration commun du PNUD et du FNUAP. C'est par le truchement des bureaux de pays du PNUD que le Programme des VNU déploie ses bénévoles et plaide en faveur du bénévolat. Ce programme est unique à un double titre : par sa qualité de seul organisme bénévole du système des Nations Unies et par le nombre de bénévoles dont il dispose au niveau international. Il fait participer des hommes et des femmes à mi-carrière à des projets de développement locaux, à des campagnes d'aide humanitaire et à des activités de promotion des droits de l'homme et de la démocratie.

En 2005, huitième année consécutive de croissance, les VNU ont mobilisé quelque 8 400 volontaires de 168 nationalités différentes, pour servir dans 144 pays. Près de 70 % des volontaires sont eux-mêmes des citoyens de pays en développement, les 30 % restant venant de pays industrialisés. Depuis 1971, plus de 30 000 bénévoles ont travaillé comme Volontaires des Nations Unies.

Les Volontaires des Nations Unies doivent être titulaires d'un diplôme de l'enseignement supérieur et compter plusieurs années d'expérience professionnelle. Les contrats sont normalement de deux ans, mais peuvent être plus courts pour des missions humanitaires, électorales ou autres. Les Volontaires des Nations Unies touchent une modeste indemnité mensuelle de subsistance. Ce programme est financé par le PNUD, par d'autres organismes des Nations Unies et par les contributions de donateurs au Fonds de contributions volontaires des Volontaires des Nations Unies.

Coordonnateur : M. Ad de Raad (Pays-Bas)
Siège : Postfach 260 111, D-53153 Bonn (Allemagne)
Téléphone : (49-228) 815-2000; télécopie : (49-228) 815-2001
Adresse électronique : *information@unv.org*

Fonds des Nations Unies pour la population (FNUAP)

(www.unfpa.org)

Le Fonds des Nations Unies pour la population, créé en 1969 à l'initiative de l'Assemblée générale, constitue la principale source internationale d'aide aux pays en développement et en transition dans le secteur de la population. Il aide ces pays, sur leur demande, à améliorer leurs services de santé génésique et de planification familiale, dans le respect des choix de chacun, et à élaborer des politiques démographiques propices au développement durable. Le FNUAP, qui a le même Conseil d'administration que le PNUD, est un organe subsidiaire de l'Assemblée générale.

Le budget du FNUAP est entièrement financé par des contributions volontaires; en 2006, les contributions volontaires versées par 180 pays s'élevaient à 389,3 millions de dollars, montant auquel s'ajoutaient plus de 216,2 millions de dollars réservés pour des activités spécifiques, soit un montant total sans précédent de 605,5 millions de dollars. Environ 61,5 % de l'aide distribuée a servi à améliorer les services de santé procréative, notamment dans les domaines de la maternité sans risque, de la planification familiale et de l'hygiène sexuelle; à affiner les programmes relatifs à la santé procréative des adolescents; à réduire les taux de morbidité maternelle, notamment les cas de fistule obstétricale; à lutter contre le VIH/sida et à fournir des secours en cas d'urgence.

Par ailleurs, 21,3 % de l'aide entrait dans le cadre des stratégies relatives à la population et au développement. Le FNUAP s'efforce d'équilibrer les dynamiques respectives du développement et de la démographie en fournissant des informations, en facilitant la prise de décisions et en renforçant les capacités nationales de planification démographique. Le reste de l'aide est consacré à des campagnes de sensibilisation, qui visent à mobiliser les ressources et la volonté politique nécessaires pour atteindre les objectifs de développement convenus au niveau international en matière de population, notamment ceux qui sont énoncés dans la Déclaration du Millénaire. Quelque 77 % des 1 031 fonctionnaires du Fonds travaillent sur le terrain, dans 154 pays, régions et territoires.

Directrice exécutive : Mme Thoraya Ahmed Obaid (Arabie saoudite)
Siège : 220 East 42nd Street, New York, NY 10017 (États-Unis)
Téléphone : (1-212) 297-5000; voir aussi le site *www.unfpa.org/help/contact.htm*

Haut-Commissariat des Nations Unies pour les réfugiés (HCR)

(www.unhcr.org)

Créé par l'Assemblée générale en 1950, le Haut-Commissariat des Nations Unies pour les réfugiés est chargé de diriger et de coordonner les activités internationales de protection des réfugiés dans le monde entier et de chercher des solutions aux problèmes des réfugiés. Depuis sa création, le HCR est venu en aide à environ 50 millions de réfugiés. Le prix Nobel de la paix lui a été décerné à deux reprises, en 1954 et en 1981.

La responsabilité la plus importante du HCR est la « protection internationale », qui consiste à veiller au respect des droits fondamentaux des réfugiés, notamment le droit d'asile, et à s'assurer que nul n'est renvoyé de force dans un pays où il peut craindre des persécutions. En outre, le HCR est chargé de promouvoir les accords internationaux relatifs aux réfugiés, de veiller à ce que les gouvernements respectent le droit international et de fournir une aide matérielle (vivres, eau, abris et soins médicaux) aux populations civiles fuyant leur pays. Le HCR recherche des solutions à long terme pour les réfugiés, notamment le rapatriement volontaire, l'intégration dans les pays d'asile ou la réinstallation dans un pays tiers.

À la fin de 2006, le HCR s'occupait de quelque 32,9 millions de personnes, dont des réfugiés, des rapatriés et des personnes déplacées à l'intérieur de leur propre pays. En 2006, pour la première fois depuis le début du Millénaire, le nombre de réfugiés a augmenté de 12 % pour atteindre près de 10 millions de personnes, essentiellement du fait de la crise en Iraq. Au début de 2006, le HCR employait plus de 6 500 fonctionnaires dans 263 bureaux répartis dans 116 pays, ainsi que 796 Volontaires des Nations Unies, déployés dans 70 sites. Le HCR a également passé 1 050 accords de partenariat avec 645 organisations non gouvernementales nationales et internationales.

Il collabore avec d'autres membres du système des Nations Unies et divers organes gouvernementaux et intergouvernementaux. Ses programmes sont approuvés par son Comité exécutif, qui était composé de 72 pays membres en mai 2007. Les programmes sont financés par des contributions volontaires provenant principalement des gouvernements, mais aussi de particuliers et d'organisations diverses. Le HCR reçoit de l'ONU une modeste subvention prélevée sur le budget ordinaire de l'Organisation (31,5 millions de dollars en 2006) qui est consacrée exclusivement au financement de ses frais d'administration. En 2006, son budget était de 1,22 milliard de dollars, soit 232 millions de dollars de déficit par rapport aux besoins.

Haut-Commissaire : M. António Manuel de Oliveira Guterres (Portugal)
Siège : Case postale 2500, CH-1211, Genève 2 (Suisse)
Téléphone : (41-22) 739-8111; voir aussi le site *www.unhcr.org/contact.html*

Fonds des Nations Unies pour l'enfance (UNICEF)

(www.unicef.org)

Depuis sa création en 1946, le Fonds des Nations Unies pour l'enfance a évolué pour passer du statut de fonds de secours à celui d'organisme d'aide au développement, consacré à la protection des droits de tout enfant à la survie, à la protection et au développement. Son action est guidée par la *Convention relative aux droits de l'enfant*, qui est l'instrument relatif aux droits de l'homme accepté par le plus grand nombre de pays. L'UNICEF estime que l'accompagnement des enfants et la protection de leurs droits sont les clefs du progrès de l'humanité.

L'UNICEF travaille en partenariat avec les gouvernements, les organisations de la société civile et d'autres organisations internationales au service des enfants. Il s'occupe activement de tous les aspects de la santé des enfants de la naissance jusqu'à l'adolescence. Il veille
à ce que tous les enfants soient vaccinés contre les maladies infantiles et à ce que les enfants
et leurs mères soient bien nourris. Il s'efforce d'empêcher la propagation du sida chez les
jeunes et de donner aux enfants et aux familles touchés par cette maladie les moyens de
vivre avec dignité.

Il fait campagne pour une éducation de qualité pour les filles comme pour les garçons.
Il plaide en faveur d'un environnement protecteur pour les enfants, en particulier dans les
situations d'urgence, pour éviter les cas de violence, d'exploitation et de sévices et pour y
faire face, le cas échéant. Dans toutes ses activités, l'UNICEF encourage les jeunes à prendre la parole et à participer aux décisions qui ont une incidence sur leur vie.

Un conseil d'administration où siègent les représentants de 36 pays est chargé d'orienter
les politiques, les programmes et les budgets de l'UNICEF, qui emploie 8 200 personnes
réparties entre 157 pays et territoires. Intégralement financées par des contributions volontaires, les dépenses correspondant au programme d'action de l'UNICEF se sont élevées
à 2,34 milliards de dollars en 2006. Bien que ses principaux bailleurs de fonds soient les
États (58 % en 2006), l'UNICEF reçoit également une aide considérable du secteur privé
(799 millions de dollars) et des quelque 6 millions de particuliers qui, dans le monde indus-
trialisé, lui apportent leur appui par le truchement de 37 comités nationaux.

L'UNICEF a reçu le prix Nobel de la paix en 1965. Sa principale publication, qui paraît
tous les ans, est *La situation des enfants dans le monde*.

Directrice générale : Mme Ann M. Veneman (États-Unis)
Siège : UNICEF House, 3 United Nations Plaza, New York, NY 10017 (États-Unis)
Téléphone : (1-212) 326-7000; télécopie : (1-212) 888-7465
Adresse électronique : *www.unicef.org/about/contact.html*

Programme alimentaire mondial (PAM)

(www.wfp.org)

Créé en 1963, le Programme alimentaire mondial est la plus grande organisation humanitaire du monde. Intégralement financé par des contributions volontaires, le PAM joue
un rôle de chef de file dans la lutte mondiale contre la faim en fournissant une aide alimentaire d'urgence aux victimes les plus vulnérables des catastrophes naturelles ou d'origine humaine. Il utilise également l'aide alimentaire, associée à une assistance technique
et logistique et à une importante présence sur le terrain, au service de la lutte contre les
causes profondes de la faim. Avec ses partenaires, le PAM ne ménage aucun effort en vue de
réaliser le premier des objectifs du Millénaire pour le développement, à savoir : réduire de
moitié le nombre de personnes qui souffrent de la faim, d'ici à 2015.

Le PAM fournit une aide alimentaire, des compétences techniques et des ressources pour établir des collectivités autonomes dans les endroits les plus pauvres et les plus défavorisés du monde, où vivent la majorité des 854 millions de personnes sous-alimentées que compte la planète. À titre d'exemple, grâce à son programme mondial d'alimentation scolaire, le PAM fournit chaque année un repas par jour à près de 20 millions d'enfants. Dans les situations de crise, il achemine rapidement les secours indispensables à la survie des victimes de la guerre ou de troubles civils, ainsi qu'aux personnes touchées par une catastrophe naturelle telle que sécheresse, inondation, ouragan ou tremblement de terre.

En 2006, 27 % des ressources du PAM ont été consacrées à des secours d'urgence et 46 % à des programmes de secours et relèvement à long terme après une crise. Au total, le PAM a assuré près de 70 % de l'aide alimentaire d'urgence fournie dans le monde.

Le PAM emploie 10 587 personnes, dont 92 % travaillent sur le terrain. En 2006, il a distribué—par transports terrestres, maritimes ou aériens—4 millions de tonnes de nourriture à 87,8 millions de personnes dans 78 pays, pour un montant de 2,7 milliards de dollars.

Le PAM est administré par un conseil d'administration, composé de 36 membres, qui se réunit trois fois par an.

Directrice exécutive : Mme Josette Sheeran (États-Unis)
Siège : Via Cesare Giulio Viola 68, Parco dei Medici, 00148 Rome (Italie)
Téléphone : (39-06) 6513-1; télécopie : (39-06) 6513-2840
Adresse électronique : *wfpinfo@wfp.org*

Office de secours et de travaux des Nations Unies pour les réfugiés de Palestine dans le Proche-Orient

(www.unrwa.org)

L'Office de secours et de travaux des Nations Unies pour les réfugiés de Palestine dans le Proche-Orient a été créé par l'Assemblée générale en 1949 pour venir en aide aux réfugiés de Palestine. En attendant que le problème des réfugiés de Palestine soit résolu, son mandat est régulièrement renouvelé, la prochaine échéance étant fixée au 30 juin 2008.

À l'origine, l'Office venait en aide à quelque 750 000 réfugiés de Palestine privés de leurs foyers et de leurs moyens de subsistance à la suite du conflit israélo-arabe de 1948. L'Office est actuellement le principal fournisseur des services essentiels en matière d'éducation, de santé, de secours et d'assistance sociale, pour plus de 4,5 millions de réfugiés inscrits, dont quelque 1,3 million résident dans les 58 camps dont il s'occupe en Jordanie, au Liban, en Syrie et dans le Territoire palestinien occupé, qui comprend la bande de Gaza et la Cisjordanie. Il accorde par ailleurs des prêts de microfinancement et des prêts aux microentreprises dans le Territoire palestinien occupé, en Syrie et en Jordanie.

Depuis septembre 2000, l'Office distribue une assistance humanitaire d'urgence aux réfugiés les plus vulnérables de Gaza et de Cisjordanie pour atténuer les effets de la crise.

Depuis 2006, il répond également aux besoins d'assistance d'urgence des réfugiés touchés par le conflit au Liban, notamment grâce aux 55 millions de dollars mobilisés par l'Appel d'urgence pour le nord du Liban lancé en 2007.

Les activités de l'Office sont supervisées et financées par ses sièges de Gaza et d'Amman (Jordanie). Le Commissaire général, qui relève directement de l'Assemblée générale, est aidé par une Commission consultative composée de représentants des États Membres suivants : Allemagne, Arabie-saoudite, Australie, Belgique, Canada, Danemark, Égypte, Espagne, États-Unis d'Amérique, France, Italie, Japon, Jordanie, Liban, Pays-Bas, Norvège, Royaume-Uni de Grande-Bretagne et d'Irlande du Nord, Suède, Suisse, Syrie et Turquie. Des représentants de la Communauté européenne, de la Ligue des États arabes et de l'Organisation de libération de la Palestine (OLP) assistent à ses travaux, en qualité d'observateurs.

L'Office emploie plus de 28 000 personnes recrutées sur place, essentiellement des réfugiés palestiniens, et 113 fonctionnaires internationaux, dont les postes sont financés par l'Assemblée générale. Toutefois, il dépend presque exclusivement des contributions volontaires provenant des États donateurs pour financer tant ses activités ordinaires que ses interventions d'urgence. La plupart de ces contributions sont versées en espèces et le reste, soit 5 %, est versé en nature, principalement sous forme de produits alimentaires destinés aux nécessiteux. Le montant total des dépenses budgétaires de l'Office s'élevait à 417,1 millions en 2006.

Commissaire général : Mme Karen Koning AbuZayd (États-Unis)
Siège de Gaza : Gamal Abdul Nasser Street, Gaza City
Téléphone : (972-8) 677-7333 ou (1-212) 963-9571/9573 (satellite ONU);
télécopie : (972-8) 677-7555
Siège d'Amman (Jordanie) : Bayader Wadi Seer, P.O. Box 140157,
Amman 11814 (Jordanie)
Téléphone : (962-6) 582-6171/6176; télécopie : (962-6) 582-6177

Haut-Commissariat des Nations Unies aux droits de l'homme

(www.ohchr.org/FR/Pages/WelcomePage.aspx)

En 1993, l'Assemblée générale a créé le poste de Haut-Commissaire des Nations Unies aux droits de l'homme, décidant que son titulaire serait le fonctionnaire des Nations Unies auquel incomberait, à titre principal, la responsabilité des activités dans le domaine des droits de l'homme. Le Haut-Commissaire est chargé de promouvoir et protéger la jouissance effective par tous des droits civils, culturels, politiques, économiques et sociaux. Il s'acquitte de son mandat par l'intermédiaire du Haut-Commissariat des Nations Unies aux droits de l'homme.

Le Haut-Commissariat aux droits de l'homme est l'élément moteur de toutes les activités des Nations Unies dans le domaine des droits de l'homme. Il établit des rapports et mène des enquêtes à la demande de l'Assemblée générale et d'autres organes directeurs compétents. Il coopère avec les gouvernements et les organisations internationales, régionales et non gouvernementales en vue de promouvoir et de protéger les droits de l'homme. Il sert de secrétariat pour les réunions organisées par les organismes des Nations Unies qui s'occupent des questions relatives aux droits de l'homme. Le Haut-Commissariat, qui emploie quelque 576 personnes, est divisé en quatre services :

- Le Service des traités et de la Commission apporte son aide aux organes créés en vertu d'instruments internationaux relatifs aux droits de l'homme, au Conseil des droits de l'homme et au Fonds de contributions volontaires des Nations Unies pour les victimes de la torture. Il élabore et présente les documents destinés aux divers organes créés en vertu d'instruments internationaux, veille à l'acheminement des communications présentées auxdits organes conformément à des procédures facultatives, donne suite aux recommandations et décisions prises lors des réunions de ces organes et facilite le renforcement des capacités nationales aux fins de l'application des recommandations desdits organes.

- La Division des procédures spéciales apporte un appui aux mécanismes d'établissement des faits et d'enquête du Conseil des droits de l'homme, y compris aux mécanismes thématiques que sont les rapporteurs et représentants spéciaux et les groupes de travail thématiques, en vue de recueillir des données sur les violations des droits de l'homme dans le monde, d'améliorer la protection des victimes et de défendre leurs droits.

- Le Service de la recherche et du droit au développement est chargé de la promotion et de la protection du droit au développement. À cette fin, il mène des recherches, fournit son appui au Groupe de travail sur le droit au développement et s'efforce d'intégrer la question des droits de l'homme dans les activités de développement. Il apporte également son aide au Fonds de contributions volontaires des Nations Unies pour la lutte contre les formes contemporaines d'esclavage, ainsi qu'au Fonds de contributions volontaires des Nations Unies pour les peuples autochtones.

- Le Service du renforcement des capacités et des opérations sur le terrain élabore, met en œuvre, contrôle et évalue des services de conseil et autres projets d'assistance technique ayant trait aux droits de l'homme, à la demande des gouvernements. Il fournit également un appui aux missions d'établissement des faits et d'enquête pour les questions relatives aux droits de l'homme.

Le montant des dépenses prévues pour 2006-2007 s'élevait à 245,6 millions de dollars, dont 85,6 millions inscrits sur le budget ordinaire de l'ONU, le solde de 160 millions de dollars étant couvert par des contributions volontaires.

Haut-Commissaire : Mme Navanethem Pillay (Afrique du Sud)
Siège : Palais Wilson, 52 rue de Pâquis, CH-1201 Genève (Suisse)
Téléphone : (41-22) 917-9000; télécopie : (41-22) 917-9012
Adresse électronique : *InfoDesk@ohchr.org* [Taper "Request for information" dans le champ "Subject"]

Programme des Nations Unies pour les établissements humains (ONU-Habitat)

(www.unhabitat. org)

Le Programme des Nations Unies pour les établissements humains (ONU-Habitat) — connu précédemment sous le nom de Centre des Nations Unies pour les établissements humains (Habitat) — encourage le développement durable des établissements humains en intervenant dans les domaines suivants : activités de sensibilisation, formulation des politiques, renforcement des capacités, création de connaissances et renforcement des partenariats entre les gouvernements et la société civile.

Créé en 1978, ONU-Habitat est l'organisme chef de file du système des Nations Unies pour ce qui est de l'exécution du Programme pour l'habitat et de la coordination des activités de développement des établissements humains. Il intervient principalement dans deux domaines prioritaires : le droit à un logement convenable pour tous et le développement urbain durable. ONU-Habitat a également pour mission d'aider la communauté internationale à atteindre l'objectif du Millénaire pour le développement qui consiste à améliorer les conditions de vie d'au moins 100 millions de personnes vivant dans des taudis d'ici à 2020 et à réduire de moitié le pourcentage de la population qui n'a pas d'accès durable à l'eau potable.

ONU-Habitat apporte son concours aux gouvernements, aux autorités locales, aux ONG et au secteur privé dans le cadre de partenariats. Ses programmes et projets techniques portent sur des questions très diverses, dont l'assainissement des taudis, la réduction de la pauvreté urbaine, la reconstruction après une catastrophe, l'approvisionnement en eau et la fourniture de services d'assainissement dans les villes, et la mobilisation de ressources financières nationales pour la construction de logements. La plupart sont mis en œuvre en collaboration avec des organismes d'aide bilatéraux.

ONU-Habitat est dirigé par un conseil d'administration composé de 58 membres, qui se réunit tous les deux ans. Des crédits d'un montant de 166,3 millions de dollars ont été approuvés pour l'exercice biennal 2006-2007, dont 151,3 millions de dollars (91 %) pour les activités relatives aux programmes, le restant, soit 15 millions de dollars, étant réservé aux activités d'appui et aux organes directeurs. ONU-Habitat est l'auteur de deux publications phares : le *Rapport mondial sur les établissements humains*, qui offre un panorama complet de l'état des établissements humains dans le monde, et *L'état des villes dans le monde*.

Directrice exécutive : Mme Anna Kajumulo Tibaijuka (République-Unie de Tanzanie)
Siège : Boîte postale 30030, Nairobi 00100 (Kenya)
Téléphone : (254-20) 762-3120; télécopie : (254-20) 762-3477
Adresse électronique : *infohabitat@unhabitat.org*

Bureau des Nations Unies pour les services d'appui aux projets (UNOPS)

(www.unops.org)

Le Bureau des Nations Unies pour les services d'appui aux projets offre des services de gestion des projets et d'achat, l'accent étant mis sur les situations d'après crise et sur les pays en développement ou en transition. Parmi ses clients figurent les organismes des Nations Unies, les institutions financières internationales, les gouvernements et les organisations non gouvernementales.

À la demande de ses clients, le Bureau fournit les ressources humaines, les outils et le savoir-faire nécessaires pour exécuter des projets complexes à grande échelle dans diverses situations. Il est particulièrement compétent dans les domaines suivants : construction, recensement et appui électoral, réhabilitation de l'environnement, supervision de fonds et lutte antimines. Il est l'organisme chef de file du système des Nations Unies pour les projets d'infrastructure matérielle dans les situations d'après-conflit.

Ses recettes ont atteint 53,4 millions de dollars en 2006 et les projets exécutés ont été évalués à 706 millions de dollars.

Directeur exécutif : M. Jan Mattsson (Suède)
Siège : Midtermolen 3, P.O. Box 2695, DK-2100 Copenhague (Danemark)
Téléphone : (45-3) 546-7511; télécopie : (45-3) 546-7501
Adresse électronique : *hq@unops.org*

Université des Nations Unies (UNU)

(www.unu.org)

L'Université des Nations Unies regroupe des chercheurs du monde entier qui interviennent dans les domaines de la recherche, des études politiques, du renforcement des capacités institutionnelles et humaines, et de la diffusion des connaissances en vue de poursuivre les objectifs de paix et de progrès des Nations Unies. La Charte de l'Université a été adoptée en 1973 et l'Université a commencé ses travaux à Tokyo en 1975. L'Université compte 13 centres et programmes de recherche et de formation dans le monde et travaille en coopération avec 14 établissements associés à l'UNU, ainsi qu'avec des centaines d'établissements, d'universitaires et de chercheurs de par le monde.

L'UNU est entièrement financée par des contributions volontaires émanant de gouvernements, d'institutions, de fondations et de particuliers et ne reçoit aucun fonds de la part de l'Organisation des Nations Unies. Les fonds qu'elle consacre annuellement aux dépenses de fonctionnement proviennent du revenu des placements de son fonds de dotation. En 2006-2007, le budget de l'UNU s'élevait à 88,0 millions de dollars. À la fin de 2006, l'UNU employait 356 personnes originaires de 68 pays, dont 24 % de ressortissants de pays en développement.

L'UNU est dirigée par un Conseil d'administration de 24 membres qui se réunit une fois par an.

Recteur : M. Konrad Osterwalder (Suisse)
Siège : 53-70 Jingumae 5-chome, Shibuya-ku, Tokyo 150-8925 (Japon)
Téléphone : (81-3) 3499-2811; télécopie : (81-3) 3499-2828
Adresse électronique : *mbox@hq.unu.edu*

Institut international de recherche et de formation pour la promotion de la femme (UN-INSTRAW)

(www. un-instraw.org)

L'Institut international de recherche et de formation pour la promotion de la femme a été fondé en 1976 sur la recommandation de la première Conférence mondiale sur les femmes. Il a pour mission de promouvoir et de mener des activités de recherche et de formation au niveau international avec les objectifs suivants : contribuer à la promotion de la condition féminine, renforcer la participation active des femmes, sur un pied d'égalité, aux activités de développement, mieux faire connaître les questions concernant les femmes, et créer des réseaux mondiaux afin de parvenir à l'égalité des sexes.

L'Institut met en lumière l'importance de la recherche, de la formation et de la gestion du savoir par le biais d'un cycle continu d'analyse, d'apprentissage et d'activités. Ainsi, la recherche mène à l'échange d'informations, à l'élaboration de politiques et à la conception de programmes de formation et de renforcement des capacités.

L'Institut dirige des programmes de recherche appliquée sur la problématique hommes-femmes, la migration, les transferts de fonds et le développement; la problématique hommes-femmes, la paix et la sécurité; et la gouvernance et la participation des femmes à la vie politique. Il a pour objectif de s'appuyer sur les résultats de ces recherches pour élaborer des politiques et des programmes soucieux de l'égalité des sexes, en mettant en application les enseignements tirés et en reproduisant les meilleures pratiques. Cette approche permet de relever les défis actuels, nouveaux et à venir en faisant preuve de discernement.

Directrice : Mme Carmen Moreno (Mexique)
Siège : Calle César Nicolás Penson 102-A, Saint-Domingue (République dominicaine)
Téléphone : (1-809) 685-2111; télécopie : (1-809) 685-2117
Adresse électronique : *info@un-instraw.org*

Institut interrégional de recherche des Nations Unies sur la criminalité et la justice (UNICRI)

(www.unicri.it)

L'Institut interrégional de recherche des Nations Unies sur la criminalité et la justice collecte, analyse et diffuse des données et entreprend des projets de formation et de coopération technique, en vue de favoriser la mise en place de systèmes de justice pénale justes et efficaces.

Fondé en 1968, l'Institut s'emploie à promouvoir la compréhension des problèmes liés à la criminalité, le respect des instruments et normes internationaux, l'assistance juridique, l'échange et la diffusion des informations, et la coopération internationale entre forces de l'ordre.

Il organise ses activités de manière à répondre aux besoins des États Membres. Ses programmes sont centrés sur les priorités recensées en matière de prévention du crime et de justice pénale, notamment en ce qui concerne la sécurité et la lutte contre le terrorisme, le droit pénal international, la réforme de la justice, la justice pour mineurs, la sécurité des grandes manifestations, la corruption, la protection des victimes, la criminalité organisée, la traite des êtres humains, la contrefaçon, la cybercriminalité, les crimes contre l'environnement et les stupéfiants.

L'Institut élabore et exécute aux niveaux international et national des activités de formation dans ces domaines et favorise l'échange d'informations par l'intermédiaire de son centre international de documentation sur la prévention du crime et la justice pénale.

Les activités de l'Institut sont intégralement financées par des contributions volontaires. Il bénéficie de l'appui des États Membres, d'organisations internationales et régionales, et d'organisations et fondations caritatives, ainsi que des contributions financières et en nature émanant d'organisations des secteurs public et privé.

Directeur : M. Sandro Calvani (Italie)
Siège : Viale Maestri del Lavoro 10, 10127 Turin (Italie)
Téléphone : (39-011) 653-7111; télécopie : (39-011) 631-3368
Adresse électronique : *information@unicri.it*

Institut des Nations Unies pour la formation et la recherche (UNITAR)

(www.unitar.org)

Organe autonome des Nations Unies créé en 1965, l'Institut des Nations Unies pour la formation et la recherche a pour mandat de renforcer l'efficacité de l'ONU grâce à la formation et à la recherche. L'UNITAR offre des programmes de formation et de renforcement des capacités visant à aider les pays à relever les défis du XXIᵉ siècle, recherche des méthodes novatrices de formation et de renforcement des capacités, et établie des partenariats avec d'autres organismes des Nations Unies, les gouvernements et les ONG afin de mettre au point et d'organiser des programmes de formation et de renforcement des capacités qui répondent aux besoins de chaque pays.

En 2006, l'Institut a organisé plus de 300 cours, séminaires et ateliers, auxquels ont participé plus de 10 000 personnes, pour la plupart originaires de pays en développement ou en transition. En outre, quelque 30 000 personnes ont suivi ses cours de formation en ligne.

L'UNITAR est administré par un conseil d'administration (*ad personam*). Il est actuellement entièrement financé par des contributions volontaires de gouvernements, d'organisations intergouvernementales, de fondations et d'autres sources non gouvernementales. L'Institut opère depuis son siège sis à Genève et ses bureaux de New York et Hiroshima. L'Institut emploie au total quelque 50 personnes.

Directeur général : M. Carlos Lopes (Guinée-Bissau)
Siège : International Environment House, Chemin des Anémones 11-13,
CH-1219 Châtelaine, Genève, Suisse.
Par courrier : UNITAR, Palais des Nations, CH-1211 Genève 10 (Suisse)
Téléphone : (41-22) 917-8455; télécopie : (41-22) 917-8047

Institut de recherche des Nations Unies pour le développement social

(www.unrisd.org)

Organe autonome des Nations Unies fondé en 1963, l'Institut de recherche des Nations Unies pour le développement social se consacre aux recherches sur les aspects sociaux des problèmes contemporains relatifs au développement. Il aide les gouvernements, les organismes de développement, les organisations de la société civile et les spécialistes à mieux comprendre la façon dont les politiques de développement et l'évolution économique, sociale et écologique touchent les différentes catégories sociales.

L'Institut finance ses activités uniquement au moyen de contributions volontaires et son budget de fonctionnement annuel s'élève à environ 4 millions de dollars. En 2006, il a reçu plus de 2,8 millions de dollars de contributions, ainsi que 1,3 million de dollars au titre de projets spécifiques. Un conseil de 11 membres approuve le budget annuel de l'Institut et son programme de recherche.

Directeur : M. Thandika Mkandawire (Suède)
Siège : Palais des Nations, CH-1211 Genève 10 (Suisse)
Téléphone : (41-0-22) 917-3020; télécopie : (41-0-22) 917-0650
Adresse électronique : *info@unrisd.org*

Institut des Nations Unies pour la recherche sur le désarmement (UNIDIR)

(www.unidir.org)

Créé en 1980, l'Institut des Nations Unies pour la recherche sur le désarmement (UNIDIR) est un organe autonome des Nations Unies qui mène des recherches sur le désarmement et la sécurité, en vue d'aider la communauté internationale à concevoir ses politiques de désarmement et à prendre des décisions et des mesures avisées dans ce domaine.

Grâce à ses projets de recherche, ses publications, ses réunions et son petit réseau d'experts, l'Institut favorise la recherche de solutions novatrices aux enjeux que posent le désarmement et la sécurité, et encourage le dialogue sur ces questions. Ses activités couvrent divers domaines, des arcanes de la diplomatie internationale aux tensions locales profondément enracinées et aux conflits violents.

L'Institut étudie les problèmes de sécurité aussi bien actuels qu'à venir, en examinant des thèmes aussi variés que les armes nucléaires stratégiques, la sécurité des réfugiés, la guerre informatique, les mesures de confiance régionales et les armes légères. Il organise des réunions et débats d'experts, exécute des projets de recherche et publie des ouvrages, rapports et documents, dont la revue trimestrielle *Forum du désarmement* (en ligne et sur papier).

L'Institut est financé principalement par des contributions volontaires provenant des gouvernements et de donateurs privés. En 2006, il a reçu près de 2,8 millions de dollars, dont plus de 2 millions provenant de gouvernements et plus de 500 000 dollars de dons d'origine publique. Le personnel de l'Institut est secondé par des chercheurs invités et des stagiaires.

Directrice : Mme Patricia Lewis (Royaume-Uni de Grande-Bretagne et d'Irlande du Nord)
Siège : Palais des Nations, CH-1211 Genève 10 (Suisse)
Téléphone : (41-0-22) 917-3186 ou 917-4263; télécopie : (41-0-22) 917-0176
Adresse électronique : *unidir@unog.ch*

Institutions spécialisées et autres organisations

Organisation internationale du Travail (OIT)

(www.ilo.org)

L'Organisation internationale du Travail est une institution spécialisée qui s'emploie à promouvoir la justice sociale, les droits fondamentaux et les droits des travailleurs reconnus au plan international. Créée en 1919, elle est devenue la première institution spécialisée du système des Nations Unies en 1946.

L'OIT élabore des politiques et des programmes internationaux visant à améliorer les conditions de travail et les conditions de vie, établit des normes internationales du travail de nature à guider les autorités nationales dans l'application de ces politiques, mène un programme de coopération technique ambitieux afin d'aider les gouvernements à les mettre efficacement en pratique, et s'occupe de formation, d'enseignement et de recherche en vue de promouvoir ces diverses initiatives.

L'OIT se distingue des autres organisations mondiales dans la mesure où des représentants de travailleurs et d'employeurs participent à l'élaboration de ses politiques sur un pied d'égalité avec les représentants des gouvernements. Elle se compose de trois organes :

- La Conférence internationale du Travail réunit chaque année des représentants de gouvernements, d'employeurs et de travailleurs de tous les pays membres. Elle fixe les normes internationales du travail et offre une tribune permettant de débattre des questions sociales et de travail qui intéressent tous les peuples du monde;

- Le Conseil d'administration, qui siège deux fois par an, dirige les opérations de l'OIT, établit le programme et le budget et examine les cas de violation des normes de l'OIT;

- Le Bureau international du Travail est le secrétariat permanent de l'Organisation.

Des stages de formation et de perfectionnement sont organisés au Centre international de formation de Turin (Italie). L'Institut international d'études sociales de l'OIT dispose de plusieurs moyens d'action, notamment des réseaux de recherche, des forums sur les politiques sociales, des cours et séminaires, des programmes d'échanges et de stage, et des publications.

Pour son cinquantième anniversaire, en 1969, l'OIT a reçu le prix Nobel de la paix.

L'OIT compte 2 500 fonctionnaires et experts, représentant plus de 110 nationalités, affectés au siège, à Genève, et dans les 40 bureaux extérieurs de l'Organisation à travers le monde. Son budget-programme pour 2006-2007 s'élevait à 594,3 millions de dollars.

Directeur général : M. Juan Somavía (Chili)
Siège : 4, route des Morillons, CH-1211 Genève 22 (Suisse)
Téléphone : (41-22) 799-6111; télécopie : (41-22) 798-8685
Adresse électronique : *ilo@ilo.org*

Organisation des Nations Unies pour l'alimentation et l'agriculture (FAO)

(www. fao.org)

L'Organisation des Nations Unies pour l'alimentation et l'agriculture est le principal organisme des Nations Unies pour l'agriculture, la sylviculture, la pêche et le développement rural. Elle s'emploie à lutter contre la pauvreté et la faim en encourageant le développement de l'agriculture, une meilleure nutrition et une sécurité alimentaire renforcée. On considère que la sécurité alimentaire est garantie lorsque l'ensemble de la population a physiquement et économiquement accès, à tout moment, à une alimentation saine et suffisante pour satisfaire ses besoins et préférences alimentaires et mener une vie active et saine.

La FAO offre une aide au développement; donne aux gouvernements des conseils en matière d'élaboration de politiques et de planification; collecte, analyse et diffuse des informations; et sert de tribune internationale où débattre des questions relatives à l'alimentation et à l'agriculture. Ses programmes spéciaux visent à aider les pays à se préparer à faire face à des crises alimentaires et permettent de faire parvenir des secours en cas de besoin.

En 2006, la FAO gérait plus de 1 600 projets sur le terrain, financés par des crédits budgétaires d'un montant supérieur à 410 millions de dollars, dont 444 étaient des opérations d'urgence représentant plus de 180 millions de dollars et près de 45 % du volume des activités.

La FAO est dirigée par la Conférence des États membres, qui se réunit tous les deux ans. La Conférence élit les 49 membres du Conseil, qui agit en tant qu'organe directeur entre les sessions de la Conférence. La FAO emploie 3 600 personnes affectées au siège et en d'autres points du monde. Le budget de l'exercice 2006-2007 s'élevait à 765,7 millions de dollars.

Pour commémorer la création de la FAO lors d'une conférence tenue à Québec, le 16 octobre 1945, la Journée mondiale de l'alimentation est célébrée chaque année à cette date.

Directeur général M. Jacques Diouf (Sénégal)
Siège : Viale delle Terme di Caracalla, 00153 Rome (Italie)
Téléphone : (39-06) 5705-1; télécopie : (39-06) 5705-3152
Adresse électronique : *FAO-HQ@fao.org*

Organisation des Nations Unies pour l'éducation, la science et la culture (UNESCO)

(http ://portal.unesco.org/fr)

L'Organisation des Nations Unies pour l'éducation, la science et la culture a été créée en 1946 pour instaurer une paix mondiale durable fondée sur la solidarité intellectuelle et morale de l'humanité. Elle exerce ses activités dans les domaines de l'éducation, des sciences naturelles, des sciences sociales et humaines, de la culture et de la communication.

Les programmes de l'UNESCO visent à promouvoir une culture de la paix et un développement humain durable. Leurs objectifs sont les suivants : assurer l'accès universel à l'éducation, promouvoir la recherche dans les domaines de l'environnement et des sciences sociales grâce à des programmes scientifiques internationaux et intergouvernementaux, encourager l'expression des identités culturelles, préserver et mettre en valeur le patrimoine culturel et naturel mondial, promouvoir la libre circulation de l'information et la liberté de la presse, et renforcer les moyens de communication des pays en développement.

L'UNESCO a mis sur pied un système composé de 192 commissions nationales et est épaulée par quelque 4 000 associations, centres et clubs UNESCO. Elle a noué des relations officielles avec près de 340 organisations non gouvernementales internationales et quelque 25 fondations et institutions similaires. Elle travaille également avec un réseau de 7 900 établissements d'enseignement répartis dans 176 pays.

L'organe directeur de l'UNESCO, la Conférence générale, se compose de représentants des 192 États membres et se réunit tous les deux ans. Le Conseil exécutif, qui comprend 58 membres élus par la Conférence, est chargé de superviser l'exécution du programme adopté par la Conférence.

L'UNESCO emploie 2 160 personnes originaires de quelque 170 pays — dont plus de 680 travaillent dans les bureaux extérieurs de l'UNESCO partout dans le monde. Son budget ordinaire pour 2006-2007 s'élevait à 610 millions de dollars.

Directeur général M. Koïchiro Matsuura (Japon)
Siège : 7, place de Fontenoy, 75352 Paris 07-SP (France)
Téléphone : (33-0-1) 4568-1000; télécopie : (33-0-1) 4567-1690
Adresse électronique : *bpi@unesco.org*

Organisation mondiale de la Santé (OMS)

(http ://www.who.int/fr/index.html)

Créée en 1948, l'Organisation mondiale de la santé s'emploie à promouvoir la coopération technique entre les pays au service de la santé, exécute des programmes visant à lutter contre les maladies et à éradiquer certaines d'entre elles, et s'efforce d'améliorer la qualité de la vie. Elle a pour objectif d'aider à assurer à tous les peuples le meilleur état de santé possible.

Ses orientations stratégiques pour la décennie 2006-2015 sont notamment les suivantes : investir dans la santé pour réduire la pauvreté; assurer la sécurité sanitaire sur les plans individuel et global; promouvoir la mise en place d'une couverture universelle, l'égalité des sexes et les droits fondamentaux relatifs à la santé; s'attaquer aux déterminants de la santé; renforcer les systèmes de santé et l'accès sur un pied d'égalité; tirer parti des connaissances et des sciences et technologies; renforcer la gouvernance, le sens de l'initiative et des responsabilités.

Son organe directeur, l'Assemblée mondiale de la santé, se compose des représentants des 192 États Membres (y compris les Îles Cook) et se réunit chaque année. Ses décisions et politiques sont mises en œuvre par le Conseil exécutif, composé de 34 spécialistes des questions de santé nommés par les gouvernements, qui se réunit deux fois par an.

L'OMS a des bureaux régionaux à Brazzaville (Congo), Washington (États-Unis), Le Caire (Égypte), Copenhague (Danemark), New Delhi (Inde) et Manille (Philippines). L'OMS emploie quelque 3 500 spécialistes de la santé et autres experts et personnel d'appui; son budget ordinaire pour 2006-2007 s'élevait à 3,3 milliards de dollars.

Directrice générale : Mme Margaret Chan (Chine)
Siège : 20, avenue Appia, CH-1211, Genève 27 (Suisse)
Téléphone : (41-22) 791-2111; télécopie : (41-22) 791-3111
Adresse électronique : *inf@who.int*

Fonds monétaire international (FMI)

(http ://www.imf.org/external/french/index.htm)

Créé en 1944 lors de la Conférence de Bretton Woods, le Fonds monétaire international :

- Facilite la coopération monétaire internationale;

- Encourage la stabilité des taux de change et veille au maintien de régimes de change équilibrés;

- Contribue à établir un système multilatéral de règlement des opérations et à éliminer les restrictions de change;

- Aide les membres en mettant temporairement à leur disposition des ressources financières qui leur permettent de corriger les déséquilibres de leur balance des paiements.

Le FMI a le pouvoir de créer et d'allouer à ses membres des réserves financières internationales sous la forme de « droits de tirage spéciaux » (DTS). Ses ressources financières proviennent essentiellement des apports (« quotes-parts ») de ses 185 pays membres, qui s'élevaient à 216,7 milliards de DTS, soit environ 327 milliards de dollars, à la fin du mois de mars 2007. Les quotes-parts sont déterminées par une formule fondée sur le poids économique relatif des membres.

Une des principales responsabilités du FMI consiste à accorder des prêts aux pays dont la balance des paiements est déséquilibrée. Cette assistance financière leur permet de reconstruire leur réserve internationale, de stabiliser leur devise, de continuer à financer leurs importations et de rétablir des conditions propices à une forte croissance économique. En retour, les membres débiteurs s'engagent à entreprendre des réformes pour corriger les déséquilibres à l'origine de leurs difficultés. Les sommes pouvant être empruntées par les membres du FMI sont fonction de leur quote-part. Le FMI offre également une aide à des conditions de faveur aux pays membres à faible revenu.

Son organe directeur, le Conseil des gouverneurs, où sont représentés tous les pays membres, se réunit chaque année. Les affaires courantes sont gérées par un conseil d'administration de 24 membres. Le Comité monétaire et financier international, dont les 24 membres siègent au Conseil des gouverneurs, intervient auprès du Conseil d'administration sur les questions relevant de sa compétence.

Le FMI compte quelque 2 720 employés originaires de plus de 165 pays. Il a à sa tête un directeur général, qui est choisi par le Conseil des gouverneurs. Son budget d'administration pour l'exercice clos en avril 2007 s'élevait à 911,9 millions de dollars net des remboursements estimatifs.

Le FMI publie les *Perspectives de l'économie mondiale* et le *Rapport sur la stabilité financière dans le monde* deux fois par an, ainsi que diverses autres études.

Directeur général : M. Dominique Strauss-Kahn (France)
Siège : 700 19th Street NW, Washington, D.C. 20431 (États-Unis)

Téléphone : (1-202) 623-7300; télécopie : (1-202) 623-6278
Adresse électronique : *publicaffairs@imf.org*

Groupe de la Banque mondiale

(http ://www.banquemondiale.org)

Le Groupe de la Banque mondiale se compose de cinq institutions : la Banque internationale pour la reconstruction et le développement (créée en 1945), la Société financière internationale (1956), l'Association internationale de développement (1960), l'Agence multilatérale de garantie des investissements (1988) et le Centre international pour le règlement des différends relatifs aux investissements (1966). L'appellation « Groupe de la Banque mondiale » englobe les cinq institutions. L'appellation « Banque mondiale » renvoie à deux des cinq institutions : la Banque internationale pour la reconstruction et le développement (BIRD) et l'Association internationale de développement (IDA).

Ces institutions ont pour objectif commun de réduire la pauvreté dans le monde en renforçant les économies des pays pauvres. À cette fin, elles s'emploient à améliorer le niveau de vie des populations, dans le droit fil des objectifs du Millénaire pour le développement, en favorisant la croissance économique et le développement. La Banque mondiale s'attache par ses prêts et ses activités de renforcement des capacités à encourager le développement de deux façons : en instaurant des conditions propices aux investissements, à la création d'emplois et à la croissance à long terme, et en misant sur les pauvres en leur donnant les moyens de devenir des acteurs du développement.

Chacun des 185 États membres de la Banque est représenté au Conseil des gouverneurs. Les opérations générales sont déléguées à un groupe plus restreint, le Conseil des administrateurs, qui est présidé par le Président de la Banque. La Banque mondiale compte quelque 10 000 employés, au siège et dans plus de 100 bureaux extérieurs.

Au cours de l'exercice clos en juin 2007, le Groupe de la Banque mondiale a engagé 34,6 milliards de dollars en prêts, subventions, investissements en actions et garanties en faveur de ses membres et des entreprises privées des pays membres. Chaque année, le Banque publie le *Rapport sur le développement dans le monde,* l'une de ses principales publications.

Président : M. Robert B. Zoellick (États-Unis)
Siège : 1818 H Street NW, Washington, D.C. 20433 (États-Unis)
Téléphone : (1-202) 473-1000; télécopie : (1-202) 477-6391
Adresse électronique : *pic@worldbank.org*

Banque internationale pour la reconstruction et le développement (BIRD)

(www.banquemondiale.org)

La Banque internationale pour la reconstruction et le développement (BIRD), dont les statuts ont été rédigés en 1944, lors de la Conférence de Bretton Woods, a commencé ses opérations en 1946. Elle a pour mission de réduire la pauvreté dans les pays à revenu intermédiaire et dans les pays pauvres solvables en encourageant le développement durable au moyen de prêts, de garanties et de services analytiques et consultatifs. Bien qu'elle ne cherche pas à réaliser des profits, elle a dégagé un revenu net chaque année depuis 1948.

Les fonds de la BIRD, qui compte 185 membres, proviennent presque tous de la vente d'obligations notées AAA et d'autres titres sur les marchés de capitaux internationaux. Les sommes versées par les pays qui deviennent membres de la Banque ne représentent que moins de 5 % des avoirs de la BIRD, mais elles ont permis à celle-ci de consentir des prêts dont le montant total s'élève à quelque 433 milliards de dollars depuis sa création.

Au cours de l'exercice 2007, le montant des nouveaux prêts consentis par la BIRD pour financer 112 nouvelles opérations dans 34 pays a atteint 12,8 milliards de dollars.

Association internationale de développement (IDA)

(www.banquemondiale.org)

L'Association internationale de développement aide les pays les plus pauvres à sortir de la pauvreté en leur octroyant des « crédits », c'est-à-dire des prêts sans intérêts consentis pour une période de 35 à 40 ans, le remboursement du principal ne commençant qu'après une période de franchise de 10 ans. Depuis sa création en 1960, elle a consenti 181 milliards de dollars de prêts sans intérêt aux 82 pays les plus pauvres de la planète, qui regroupent quelque 2,5 milliards d'habitants. Au cours de l'exercice 2007, l'Association a consenti des prêts d'un montant de 11,9 milliards de dollars, montant le plus élevé de l'histoire de l'IDA, qui représente une augmentation de 25 % par rapport à l'exercice précédent. La part la plus importante de ces crédits, environ 50 %, est allée à l'Afrique, qui compte 39 des pays les plus pauvres du monde.

L'Association tire le plus gros de ses revenus des contributions de pays donateurs. Celles-ci sont versées essentiellement par les membres les plus riches mais on compte parmi les donateurs quelques pays auxquels la BIRD prête des fonds. Tous les trois ans, les donateurs sont priés de « reconstituer » les réserves de l'IDA. Il y a eu 14 reconstitutions depuis la création de l'Association. En février 2005, les représentants des donateurs (les « délégués à l'IDA ») ont conclu les négociations concernant la quatorzième reconstitution des réserves et adopté un cadre de travail pour le projet de programme et les besoins de financement correspondants. L'opération, qui représentait l'augmentation des ressources de l'Association la plus importante depuis une vingtaine d'années, a permis de consentir des droits de tirage spéciaux représentant un montant de quelque 32,5 milliards de dollars aux pays les plus pauvres du monde sur une période de trois ans.

Les négociations concernant la quinzième reconstitution des réserves de l'Association ont été lancées à Paris en mars 2007. Une des principales questions examinées porte sur les moyens de faire en sorte que l'aide financière fournie par l'IDA aux pays pauvres ne soit pas réduite à l'avenir du fait de l'annulation de la dette dans le cadre de l'Initiative d'allégement de la dette multilatérale.

Au cours de l'exercice 2007, l'Association a consenti des prêts d'un montant de 11,9 milliards de dollars à 189 nouvelles opérations dans 64 pays. L'Association compte 166 membres.

Société financière internationale (SFI)
(www.ifc.org/french)

La Société financière internationale, institution du Groupe de la Banque mondiale chargée des opérations avec le secteur privé, est la première source multilatérale de financement de prêts et de participation au capital pour des projets du secteur privé menés dans les pays en développement. Outre le financement, elle fournit des conseils aux sociétés exécutant des projets dans les pays en développement en partenariat avec des investisseurs privés et aide les gouvernements, dans le cadre de services consultatifs, à créer des conditions favorables pour attirer les flux d'épargne et d'investissements privés intérieurs et étrangers.

La SFI s'emploie essentiellement à promouvoir le développement économique en encourageant l'essor d'entreprises productives et le développement de marchés de capitaux qui fonctionnent bien dans les pays membres. La SFI ne participe au financement d'investissements que si sa contribution peut compléter le rôle des investisseurs. Elle joue également un rôle catalyseur dans la mesure où elle mobilise des apports de fonds privés pour le financement de projets dans des pays en développement en prouvant par sa participation que ces investissements peuvent être rentables.

La SFI, qui compte 179 membres, est une entité à part entière au sein du Groupe de la Banque mondiale et ses fonds sont distincts de ceux de la BIRD. Depuis sa fondation en 1956, la SFI a accordé des prêts pour son propre compte d'un montant de 64 milliards de dollars et des prêts syndiqués correspondant à un montant de 27 milliards de dollars à 3 760 sociétés dans 140 pays en développement. Au cours de l'exercice 2007, elle a accordé 8,2 milliards de dollars de prêts pour son propre compte et 1,8 milliard de dollars de prêts syndiqués pour financer 299 projets dans 69 pays. À l'échelle mondiale, elle a accordé au total 25,4 milliards de dollars pour son propre compte et 5,5 milliards de dollars de prêts syndiqués.

Agence multilatérale de garantie des investissements (AMGI)
(www.miga.org)

L'Agence multilatérale de garantie des investissements contribue à attirer les investissements étrangers dans les pays en développement en offrant des assurances (garanties) aux investisseurs étrangers privés contre les risques non commerciaux (c'est-à-dire politiques) tels que les risques de transfert de capitaux, les expropriations, les guerres et les conflits civils. Elle offre également une assistance technique aux pays afin de faciliter la diffusion de l'information concernant les possibilités d'investissement.

Le capital de l'Agence est souscrit par les 171 pays membres. L'Agence contribue à promouvoir les flux de capitaux vers les pays en développement. Au cours de l'exercice

2007, elle a émis des garanties d'un montant atteignant 1,4 milliard de dollars. Depuis sa création en 1988, elle a émis près de 900 garanties, représentant un montant supérieur à 17,4 milliards de dollars, pour financer des projets dans 96 pays en développement et incité les investisseurs étrangers à investir directement plusieurs fois cette somme.

Centre international pour le règlement des différends relatifs aux investissements (CIRDI)
(www.worldbank.org/icsid)

Le Centre international pour le règlement des différends relatifs aux investissements offre un dispositif de règlement, par conciliation ou arbitrage, des différends concernant les investissements entre gouvernements et investisseurs privés étrangers. Il a été créé en vertu de la *Convention pour le règlement des différends relatifs aux investissements entre États et ressortissants d'autres États* de 1966, qui, au mois de mai 2007, avait été ratifiée par 144 pays. Les parties sont libres de faire appel au Centre mais une fois qu'elles ont opté pour l'arbitrage, elles ne peuvent se rétracter unilatéralement.

Le Centre est une organisation autonome entretenant des liens étroits avec la Banque mondiale, et tous ses membres sont également membres de la Banque mondiale. Son Conseil administratif, présidé par le Président de la Banque mondiale, est composé d'un représentant de chaque pays partie à la Convention.

Organisation de l'aviation civile internationale (OACI)
(www.icao.int/fr/)

L'Organisation de l'aviation civile internationale a été créée en 1944 pour promouvoir la sécurité et le développement rationnel de l'aviation civile internationale dans le monde entier. Elle établit les normes et règlements nécessaires pour assurer la sécurité, la sûreté, l'efficacité et la régularité des transports aériens, ainsi que la protection de l'environnement aérien. Elle constitue une instance de coopération pour ses 190 États membres dans tous les domaines de l'aviation civile.

L'OACI est administrée par une Assemblée, son organe principal, composée de représentants de tous les États parties, et un Conseil des représentants qui comprend des représentants de 36 pays élus par l'Assemblée. Cette dernière, qui se réunit au moins une fois tous les trois ans, arrête la politique de l'OACI et examine toutes les questions qui ne sont pas expressément portées devant le Conseil. Le Conseil, qui est l'organe exécutif de l'Organisation, exécute les directives de l'Assemblée.

Le budget de l'OACI pour 2007 s'élevait à 66,5 millions de dollars. L'OACI emploie plus de 700 personnes.

Président du Conseil : M. Roberto Kobeh González (Mexique)
Secrétaire général : M. Taïeb Chérif (Algérie)
Siège : 999, rue University, Montréal, Québec H3C 5H7 (Canada)

Téléphone : (1-514) 954-8219; télécopie : (1-514) 954-6077
Adresse électronique : *icaohq@icao.int*

Organisation maritime internationale (OMI)

(www.imo.org)

L'Organisation maritime internationale, qui a commencé à fonctionner en 1959, est chargée d'assurer la sécurité des transports maritimes servant au commerce internationale et de lutter contre la pollution marine causée par les navires.

L'OMI permet aux gouvernements de collaborer à la définition de règles et de pratiques relatives à des questions techniques concernant les transports maritimes internationaux, d'adopter les normes les plus strictes possibles en matière de sécurité maritime et d'efficacité de la navigation, et de protéger le milieu marin en prévenant et en maîtrisant la pollution par les navires.

À ce jour, plus de 40 conventions et accords ainsi qu'un millier de codes et recommandations ont été adoptés et sont entrés en vigueur au niveau mondial.

En 1983, l'OMI a créé à Malmö (Suède) l'Université maritime mondiale, qui offre une formation avancée à des administrateurs, éducateurs et autres personnes s'occupant de transports maritimes à un niveau élevé. L'Institut de droit maritime international de l'OMI a été fondé en 1989 à La Valette (Malte) pour former des juristes spécialisés en droit maritime international. L'Académie maritime internationale de l'OMI a été fondée en 1989 à Trieste (Italie). Elle offre des cours spécialisés sur divers sujets concernant la mer.

L'organe directeur de l'OMI est l'Assemblée. Elle est composée des 167 États membres et se réunit tous les deux ans. Elle élit les 40 membres du Conseil, qui fait fonction d'organe exécutif de l'OMI et se réunit deux fois par an.

Le budget de l'OMI pour 2006-2007 était de 49,7 millions de livres sterling. L'OMI emploie environ 300 personnes.

Secrétaire général : M. Efthimios E. Mitropolous (Grèce)
Siège : 4 Albert Embankment, Londres SE1 7SR (Royaume-Uni)
Téléphone : (44-0-207) 735-7611; télécopie : (44-0-207) 587-3210
Adresse électronique : cliquer sur « Contact Us » sur le site Web de l'OMI.

Union internationale des télécommunications (UIT)

(www.itu.int)

L'Union internationale des télécommunications est une organisation internationale dans le cadre de laquelle les gouvernements et le secteur privé coordonnent les réseaux et les services mondiaux de télécommunication. Fondée à Paris en 1865 sous le nom d'Union télégraphique internationale, l'UIT a pris son nom actuel en 1934 avant de devenir une institution spécialisée des Nations Unies en 1947.

Toutes les activités de l'UIT tendent vers un même objectif : faire en sorte que tout être humain ait matériellement et financièrement accès aux technologies de l'information et des communications (TIC) et contribuer de manière significative au développement économique et social pour tous. Une des principales priorités de l'UIT est de combler le fossé numérique entre pays développés et pays en développement en mettant en place l'infrastructure nécessaire; en encourageant le renforcement des capacités; et en renforçant la confiance dans l'utilisation du cyberespace en améliorant la sécurité des opérations en ligne dans le cadre de son Programme mondial cybersécurité.

Les activités de l'UIT consistent notamment à : développer les normes utilisées pour mettre en place l'infrastructure nécessaire à la fourniture des services de télécommunication à l'échelle mondiale; promouvoir la gestion équitable du spectre des fréquences radioélectriques et des orbites satellites pour faire en sorte que les services de connexion sans fil soient accessibles dans le monde entier; et aider les pays à mettre en œuvre leurs stratégies de développement des télécommunications. Les activités de l'UIT sont également axées sur les communications d'urgence dans le cadre de la prévention des catastrophes naturelles et de l'atténuation de leurs effets, en particulier dans les pays les plus pauvres, qui sont les plus durement frappés par les catastrophes naturelles du fait de la fragilité de leur économie.

L'UIT compte 191 États membres et quelque 750 membres représentant les entreprises industrielles et scientifiques, les opérateurs et radiodiffuseurs publics et privés, et les organisations régionales et internationales. L'organe directeur de l'UIT est la Conférence de plénipotentiaires, qui se réunit tous les quatre ans et élit les 46 membres du Conseil d'administration. Ce dernier siège tous les ans.

L'UIT emploie 822 personnes de quelque 80 nationalités différentes (données mises à jour en janvier 2006). Son budget pour l'exercice biennal 2006-2007 s'est élevé à 339,4 millions de francs suisses (environ 308,5 millions de dollars).

Secrétaire général : M. Hamadoun Touré (Mali)
Siège : Place des Nations, CH-1211 Genève 20 (Suisse)
Téléphone : (41-22) 730-5111; télécopie : (41-22) 733-7256
Adresse électronique : *itumail@itu.int*

Union postale universelle (UPU)

(http ://www.upu.int/fr/index.html)

L'Union postale universelle (UPU) est l'institution spécialisée qui réglemente les services postaux internationaux. Créée en 1874 par le Traité de Berne, elle est devenue une institution spécialisée des Nations Unies en 1948.

L'UPU joue un rôle de chef de file dans la promotion de la revitalisation continue des services postaux. Forte de ses 191 membres, elle est le principal organisme de coopération entre services postaux. Elle conseille, arbitre et dispense une assistance technique. La promotion d'un service postal universel, l'augmentation du volume de courrier grâce à l'offre de produits et services postaux modernisés et à l'amélioration de la qualité des services offerts aux clients font partie de ses principaux objectifs. L'UPU remplit ainsi sa mission fondamentale qui consiste à encourager et à développer les échanges entre tous les peuples du monde.

Le Congrès postal universel est l'autorité suprême de l'UPU. Il se réunit tous les cinq ans pour examiner les questions stratégiques intéressant le secteur postal et établir le programme général des activités de l'Union. Le vingt-quatrième Congrès doit se tenir à Nairobi (Kenya) du 13 août au 3 septembre 2008.

Le budget annuel brut de l'Union est d'environ 37 millions de francs suisses (environ 30,4 millions de dollars). Quelque 230 personnes, originaires de plus de 45 pays, sont employées au Bureau international de l'UPU.

Directeur général M. Eduaordo Dayan (France)
Siège : Weltpoststrasse 4, Case postale 3000, Berne 15 (Suisse)
Téléphone : (41-31) 350-3111; télécopie : (41-31) 350-3110
Adresse électronique : *info@upu.int*

Organisation météorologique mondiale (OMM)

(http ://www.wmo.int/pages/index_fr.html)

L'Organisation météorologique mondiale, institution spécialisée des Nations Unies depuis 1951, communique des informations scientifiques qui font autorité sur l'atmosphère, la météorologie, les ressources en eau douce, le climat et les questions connexes relatives à l'environnement.

Dans le cadre de la collaboration internationale, elle a établi et gère un système mondial d'observation et un réseau de centres mondiaux, régionaux et nationaux, qui fournissent des services de prévisions météorologiques, climatiques et hydrologiques. Ce système d'information permet d'échanger rapidement des données météorologiques et favorise les activités d'hydrologie opérationnelle.

L'OMM gère un certain nombre de grands programmes liés à la météorologie, au climat, aux sciences de l'atmosphère, à la météorologie appliquée, à l'environnement et aux ressources en eau. Ces programmes permettent de mieux prévoir la plupart des catastrophes naturelles — notamment les pluies diluviennes, les vents violents, les cyclones tropicaux, les inondations, les raz-de-marée, les vagues de chaleur, les périodes de sécheresse, El Niño et La Niña — et de mieux s'y préparer. Ils contribuent à sauver des vies et à préserver des biens matériels, ainsi qu'à mieux faire comprendre l'environnement et le climat. L'Organisation appelle par ailleurs l'attention sur des problèmes majeurs tels que la diminution de la couche d'ozone, le réchauffement de la planète et la diminution des ressources en eau.

L'OMM compte 188 membres, 182 États et 6 territoires, qui gèrent tous leurs propres services météorologiques et hydrologiques. L'organe directeur de l'OMM, le Congrès météorologique mondial, se réunit tous les quatre ans. Le Conseil exécutif, qui se compose de 37 membres, siège tous les ans.

L'OMM emploie environ 300 personnes; son budget pour 2008-2011 est de 269,8 millions de francs suisses.

Secrétaire général : Michel Jarraud (France)
Siège : 7 bis, avenue de la Paix, case postale n° 2300, CH-1211 Genève 2 (Suisse)
Téléphone : (41-22) 730-8111; télécopie : (41-22) 730-8181
Adresse électronique : *wmo@wmo.int*

Organisation mondiale de la propriété intellectuelle (OMPI)

(http ://www.wipo.int/portal/index.html.fr)

L'Organisation mondiale de la propriété intellectuelle a été créée en 1970; elle est devenue une institution spécialisée des Nations Unies en 1974. Ses objectifs sont d'encourager la protection de la propriété intellectuelle dans le monde grâce à la coopération de ses 184 États membres et d'assurer la coopération administrative entre les unions créées pour protéger la propriété intellectuelle—principalement l'Union de Paris (« Union internationale pour la protection de la propriété industrielle » et l'Union de Berne (« Union internationale pour la protection des œuvres artistiques et littéraires. »).

Les missions principales de l'OMPI, telles qu'établies dans son budget-programme pour 2006-2007, sont les suivantes : élaborer une législation et des normes internationales relatives à la propriété intellectuelle; fournir des services de protection de la propriété intellectuelle à l'échelle mondiale; encourager l'utilisation de la propriété intellectuelle au service du développement économique; promouvoir une meilleure compréhension de la propriété intellectuelle; et servir de tribune pour débattre des questions relatives à la propriété intellectuelle.

La propriété intellectuelle est composée de deux branches principales : la propriété industrielle, concernant les inventions techniques, marques déposées, plans industriels et appellations d'origine, et les droits d'auteur, notamment sur les œuvres littéraires, musicales, artistiques, photographiques et audiovisuelles. L'OMPI administre 24 traités internationaux sur la propriété industrielle et sur les droits d'auteurs (voir le site *http ://www.wipo.int/treaties/fr/index.jsp*).

Les trois organes directeurs de l'OMPI sont l'Assemblée générale, composée des États membres qui sont aussi membres des Unions de Paris ou de Berne et qui se réunit tous les deux ans, la Conférence, composée de tous les États membres, qui se réunit également tous les deux ans, et le Comité de coordination, composé de 82 membres, qui siège tous les ans.

L'OMPI est en grande partie autofinancée, son budget pour l'exercice biennal 2006-2007 s'élevant à 531 millions de francs suisses. Environ 95 % des recettes budgétaires de l'OMPI proviennent des services que l'Organisation fournit aux utilisateurs de ses systèmes internationaux d'inscription et d'enregistrement. Les autres recettes proviennent des services d'arbitrage et de médiation de l'OMPI, de la vente de publications et des contributions relativement faibles (0,5 %) versées par les États membres. L'Organisation compte quelque 920 employés originaires de 84 pays.

Directeur général : M. Kamil Idris (Soudan)
Siège : 34 Chemin des Colombettes, case postale 18, CH-1211 Genève 20 (Suisse)
Téléphone : (41-22) 338-9111; télécopie : (41-22) 733-5428
Adresse électronique : voir le site *www.wipo.int/tools/en/contacts*

Fonds international de développement agricole (FIDA)

(www.ifad.org)

La faim et la malnutrition chroniques sont presque toujours associées à l'extrême pauvreté; ainsi, 75 % des personnes les plus pauvres de la planète—soit près d'un milliard de femmes, d'enfants et d'hommes—vivent dans des zones rurales et dépendent de l'agriculture et des activités connexes pour leur subsistance. Le FIDA est une institution financière internationale et une institution spécialisée du système des Nations Unies qui a pour mission d'éradiquer la pauvreté dans les zones rurales des pays en développement.

Le Fonds mobilise des ressources auprès de ses 165 États membres pour offrir des prêts à faible taux d'intérêt et des subventions aux pays à revenu intermédiaire ou faible, afin d'assurer le financement de programmes et projets de réduction de la pauvreté dans les collectivités les plus pauvres du monde. En 2007, le FIDA a adopté un cadre de viabilité de la dette fondé sur un modèle établi par l'Association internationale de développement, qui vise à accorder des subventions au lieu de prêts aux pays qui ne peuvent guère supporter le fardeau de la dette. Ce cadre fait partie d'une initiative lancée conjointement par les principales institutions financières multilatérales du monde pour faire en sorte que l'assistance financière indispensable ne pèse pas de manière injuste sur les pays qui ont le plus besoin d'aide.

Les partenariats jouent un rôle fondamental dans le fonctionnement du FIDA. Depuis sa création, le FIDA a toujours travaillé en partenariat avec les autorités nationales et les organisations internationales. Il a également établi des liens solides avec des partenaires nationaux, notamment des organisations d'agriculteurs et des organisations non gouvernementales. Parmi les partenaires du FIDA, figurent d'autres organismes du système des Nations Unies, des institutions financières internationales, des instituts de recherche et des représentants du secteur privé.

Le budget du FIDA est alimenté par les contributions volontaires des gouvernements, les contributions versées à des fins spéciales, les remboursements de prêts et les revenus des placements. Depuis 1978, le Fonds a investi plus de 9,5 milliards de dollars dans 731 projets et programmes dont ont bénéficié plus de 300 millions de pauvres ruraux; les partenaires du Fonds ayant versé 16,1 milliards de dollars de contribution aux fins du cofinancement de ces projets et programmes. À la fin de 2006, le Fonds finançait 186 programmes et projets représentant 6,2 milliards de dollars de dépenses, couvertes à hauteur de 2,9 milliards de dollars par le FIDA et à hauteur d'environ 3,3 milliards de dollars par ses partenaires.

L'organe directeur du FIDA, le Conseil des gouverneurs, comprend les 165 États membres et se réunit une fois par an. Le Conseil d'administration, qui se compose de 18 membres et de 18 suppléants, surveille les opérations du Fonds et approuve les prêts et les dons. À la fin de 2006, le FIDA employait 436 personnes.

Président : M. Lennart Båge (Suède)
Siège : Via del Serafico 107, 00142 Rome (Italie)
Téléphone : (39-06) 504-591; télécopie : (39-06) 504-3463
Adresse électronique : *ifad@ifad.org*

Organisation des Nations Unies
pour le développement industriel (ONUDI)

(www.unido.org)

L'Organisation des Nations Unies pour le développement industriel a pour mission de promouvoir le développement et la coopération industriels. Créée en 1966 par l'Assemblée générale, elle est devenue une institution spécialisée des Nations Unies en 1985.

L'ONUDI contribue à l'amélioration des conditions de vie des populations et à la prospérité mondiale en proposant, pour le développement industriel durable des pays en développement et des pays en transition, des solutions qui correspondent aux conditions locales. Elle coopère avec les gouvernements, les associations professionnelles et le secteur industriel privé en vue de créer un appareil industriel permettant aux pays d'être présents sur les marchés internationaux et de bénéficier de la mondialisation de l'industrie.

Pour cela, l'ONUDI emploie des ingénieurs, des économistes et des spécialistes de la technologie et de l'environnement à Vienne, ainsi que des administrateurs dans les bureaux et antennes du Service de promotion des investissements. Ces antennes sont dirigées par des représentants des bureaux régionaux et des bureaux de pays de l'ONUDI.

Les 172 États membres de l'ONUDI se réunissent une fois tous les deux ans lors de la Conférence générale, qui approuve le budget et le programme de travail. Le Conseil du développement industriel, composé de 53 États membres, fait des recommandations concernant le calendrier et l'exécution du programme et du budget.

L'ONUDI emploie plus de 650 personnes au siège, 16 personnes dans les bureaux de pays et 12 personnes dans les bureaux régionaux. Elle s'appuie également chaque année sur les services de quelque 2 100 experts internationaux et nationaux pour des missions dans le monde entier. En 2006, l'ONUDI a fourni des services de coopération technique dont le coût est estimé à 113,7 millions de dollars. Le coût des activités de coopération technique en cours à la fin de l'année était de 494,6 millions de dollars.

Directeur général : M. Kandeh Yumkella (Sierra Leone)
Siège : Centre international de Vienne, Wagramerstrasse 5, boîte postale 300, A-1400 Vienne (Autriche)
Téléphone : (43-1) 26026-0; télécopie : (43-1) 269-2669
Adresse électronique : *unido@unido.org*

Agence internationale de l'énergie atomique (AIEA)

(www.iaea.org)

L'Agence internationale de l'énergie atomique s'attache à promouvoir l'utilisation pacifique de l'énergie nucléaire pour le bénéfice de l'humanité et à prévenir les détournements de ce type d'énergie à des fins militaires. Il s'agit du principal mécanisme intergouvernemental de coopération scientifique et technique pour l'utilisation pacifique de l'énergie nucléaire, et d'inspection internationale pour l'application des garanties nucléaires concernant les programmes nucléaires civils. L'Agence est également au centre des efforts internationaux visant à promouvoir la coopération internationale dans le domaine de la sûreté et de la sécurité nucléaires.

Créée en 1957 sous l'égide de l'ONU en tant qu'institution autonome, l'Agence compte 144 États membres. Elle propose une aide technique aux États membres et fait porter son action sur l'utilisation des sciences et techniques nucléaires au service du développement durable, en se conformant aux priorités arrêtées par les États eux-mêmes dans des domaines tels que l'alimentation et l'agriculture, la santé, l'industrie, la gestion des ressources en eau, la mise en valeur du milieu marin, la production d'électricité et la sûreté et la sécurité nucléaires.

L'AIEA vérifie que les États se plient aux exigences de non-prolifération prévues dans les accords bilatéraux et dans les traités internationaux conçus pour garantir que les matières et les installations nucléaires ne sont pas détournées à des fins militaires. Plus de 200 inspecteurs effectuent régulièrement des inspections dans plus de 900 installations et autres emplacements visés par le Programme de garanties de l'AIEA.

Les organes directeurs de l'AIEA sont la Conférence générale, composée de tous les États membres et qui se réunit une fois par an, et le Conseil des gouverneurs, qui comprend 35 États membres et qui se réunit plusieurs fois dans l'année. L'AIEA compte 2 200 employés originaires de plus de 90 pays. Le montant total de son budget ordinaire pour 2007 s'élevait à 283,6 millions d'euros; le montant des contributions volontaires et additionnelles pour le Fonds de coopération technique était de 80 millions de dollars.

Directeur général : M. Mohamed ElBaradei (Égypte)
Siège : Boîte postale 100, Wagramerstrasse 5, A-1400 Vienne (Autriche)
Téléphone : (43-1) 2600-0; télécopie : (43-1) 2600-7
Adresse électronique : *Official.Mail@iaea.org*

Commission préparatoire de l'Organisation du Traité d'interdiction complète des essais nucléaires (OTICE)
(www.ctbto.org)

La Commission préparatoire de l'Organisation du Traité d'interdiction complète des essais nucléaires a été créée le 19 novembre 1996 lors d'une réunion des États signataires du Traité, tenue à New York. En tant qu'organisation internationale financée par les États signataires, elle comprend deux organes : un organe plénier composé de tous les États signataires — également appelé Commission préparatoire — et le secrétariat technique provisoire. La Commission préparatoire a pour tâche principale d'établir le régime international de vérification, prévu par le Traité, qui doit être opérationnel avant l'entrée en vigueur du Traité.

Elle est dotée de trois organes subsidiaires : le Groupe de travail A sur les questions administratives et budgétaires, le Groupe de travail B sur les questions de vérification, et le Groupe consultatif sur les questions financières et budgétaires et administratives connexes. Le budget de la Commission pour 2007 s'établissait à 48,3 millions de dollars et 48,6 millions d'euros.

Secrétaire exécutif : M. Tibor Tóth (Hongrie)
Siège : Centre international de Vienne, boîte postale 1200, A-1400 Vienne (Autriche)
Téléphone : (43-1) 26030-6200; télécopie : (43-1) 26030-5823
Adresse électronique : *info@ctbto.org*

Organisation pour l'interdiction des armes chimiques (OIAC)
(http://www.opcw.org/fr)

L'Organisation pour l'interdiction des armes chimiques veille à l'application de la Convention sur l'interdiction de la mise au point, de la fabrication, du stockage et de l'emploi des armes chimiques et sur leur destruction. La Convention, qui est entrée en vigueur le 29 avril 1997, est le premier instrument multilatéral en matière de désarmement et de non-prolifération prévoyant l'élimination à l'échelon mondial d'une catégorie entière d'armes de destruction massive, dans le cadre d'un régime international de vérification très strict assorti d'échéances précises.

L'Organisation se compose de 182 États membres. Depuis 1997, les États membres ont détruit sous vérification plus de 25 020 tonnes métriques d'agents chimiques, soit plus de 35 % de la quantité totale déclarée qui est supérieure à 71 000 tonnes métriques (au mois de septembre 2007). Ce chiffre tient compte de la destruction de plus d'un tiers des 8 millions de munitions déclarées. Plus de 93 % des 65 anciennes usines de production d'armes chimiques déclarées par 12 États parties en vertu de la Convention ont été détruites ou converties pour une utilisation aux fins autorisées.

Les inspecteurs de l'OIAC ont procédé à plus de 3 000 inspections dans des établissements militaires et industriels dans 80 pays. Ces missions visent à s'assurer que les sites de production d'armes chimiques sont inactivés et détruits, ou effectivement convertis à des fins autorisées. Les inspecteurs vérifient également, en se rendant sur les sites de destruction, que les armes chimiques sont bel et bien détruites.

Tous les États membres de l'Organisation sont tenus de venir en aide à tout État partie qui ferait l'objet d'une menace ou d'une attaque chimique. Pour se préparer à de telles situations d'urgence, l'Organisation met régulièrement à l'épreuve, en vue de les renforcer, ses capacités à coordonner une intervention internationale rapide et efficace visant à protéger les vies humaines, ainsi qu'à enquêter sur toute utilisation supposée d'armes chimiques. L'Organisation met également en œuvre toute une série de programmes de coopération internationale afin d'encourager les emplois pacifiques de la chimie.

Le secrétariat technique de l'OIAC, sis à La Haye (Pays-Bas), emploie plus de 500 personnes, représentant quelque 70 nationalités. Son budget annuel pour 2007 était de 75 millions d'euros.

Directeur général : M. Rogelio Pfirter (Argentine)
Siège : Johan de Witlaan 32, 2517 JR, La Haye (Pays-Bas)
Téléphone : (31-70) 416-3300; télécopie : (31-70) 306-3535
Adresse électronique : *media@opcw.org*

Organisation mondiale du tourisme (OMT)
(http ://www.unwto.org/index_f.php)

Créée en 1925, l'Organisation mondiale du tourisme est la principale organisation internationale dans le domaine des voyages et du tourisme. Elle offre une tribune mondiale pour l'examen des questions relatives aux politiques du tourisme et représente une source pratique de connaissances spécialisées. Elle compte parmi ses membres 150 pays, sept territoires en qualité de membres associés, 2 observateurs et plus de 300 membres affiliés représentant les administrations locales, les associations de tourisme et les sociétés privées, y compris les compagnies aériennes, les groupes hôteliers et les voyagistes.

Organe intergouvernemental chargé par l'ONU de la promotion et du développement du tourisme, l'OMT est devenue une institution spécialisée des Nations Unies le 23 décembre 2003, en application de la résolution 58/232 de l'Assemblée générale des Nations Unies. Au moyen du tourisme, elle s'emploie à stimuler la croissance économique et la création d'emplois, à encourager la protection de l'environnement et du patrimoine des destinations touristiques et à promouvoir la paix et la compréhension entre les nations.

L'Assemblée générale, organe suprême de l'OMT, est composée de membres effectifs, des membres associés et des membres affiliés. Elle se réunit tous les deux ans pour adopter le budget et le programme de travail, et pour examiner les principales questions relatives au secteur du tourisme. Le Conseil exécutif est l'organe directeur de l'OMT. Composé de 29 membres élus par l'Assemblée et d'un membre permanent, l'Espagne, il se réunit deux fois par an. Les six commissions régionales — Afrique, Amériques, Asie de l'Est et Pacifique, Europe, Moyen-Orient et Asie du Sud — se réunissent au moins une fois par an.

L'OMT emploie 90 personnes; son budget pour 2006-2007 était de 24,17 millions d'euros.

Secrétaire général : Francesco Frangialli (France)
Siège : Capitán Haya 42, 28020 Madrid (Espagne)
Téléphone : (34-91) 567-8100; télécopie : (34-91) 571-3733
Adresse électronique : *omt@unwto.org*

Organisation mondiale du commerce (OMC)
(http ://www.wto.org/indexfr.htm)

L'Organisation mondiale du commerce a été créée en 1995, en remplacement de l'Accord général sur les tarifs douaniers et le commerce (GATT), comme seule organisation internationale de supervision des règles multilatérales du commerce entre les pays. L'OMC n'est pas une institution spécialisée mais coopère étroitement avec l'ONU et les organismes du système des Nations Unies.

L'objectif de l'OMC est de faciliter les échanges commerciaux dans le cadre d'un système fondé sur des règles multilatérales acceptées par l'ensemble de ses membres, de régler de façon impartiale les différends entre les gouvernements et de servir de tribune pour les négociations commerciales. Les 60 accords de l'OMC constituent les règles de base légales du commerce international et des politiques commerciales. Ces accords sont fondés sur les principes suivants : la non-discrimination (clause de la « nation la plus favorisée » et principe du « traitement national »), des échanges plus libres, une concurrence plus grande et des dispositions spéciales pour les pays moins développés. Un des objectifs de l'OMC est d'ouvrir progressivement les échanges commerciaux pour le bien de tous.

Depuis sa création, l'OMC sert de cadre aux négociations qui ont abouti à l'ouverture des marchés dans les secteurs des télécommunications, du matériel informatique et des services financiers. Elle a contribué au règlement de plus de 370 différends et continue de superviser l'application des accords signés lors des négociations commerciales internationales du Cycle d'Uruguay qui se sont déroulées entre 1986 et 1994. En 2001, l'OMC a convoqué une réunion à Doha (Qatar) afin d'engager un nouveau cycle de négociations commerciales multilatérales, dénommé Programme de Doha pour le développement. Ce cycle est encore en cours.

L'OMC compte 151 États membres. Son organe directeur est la Conférence ministérielle qui se réunit tous les deux ans. Le Conseil général s'occupe des affaires courantes. Le budget de l'OMC était de 182 millions de francs suisses en 2007. L'Organisation compte quelque 664 employés.

Directeur général : M. Pascal Lamy (France)
Siège : Centre William Rappard, 154 rue de Lausanne, CH-1211 Genève 21 (Suisse)
Téléphone : (41-22) 739-5111; télécopie : (41-22) 731-4206;
Adresse électronique : *enquiries@wto.org* (voir en premier *www.wto.org/english/info_e/cont_e.htm*).

PAIX ET SÉCURITÉ INTERNATIONALES

L'un des principaux objectifs de l'Organisation des Nations Unies est le maintien de la paix et de la sécurité internationales. Depuis sa création, l'ONU a souvent été sollicitée pour empêcher que des différends ne dégénèrent en conflit armé, pour convaincre des adversaires de s'asseoir à la table des négociations plutôt que de faire parler les armes ou pour faciliter le retour à la paix après un conflit armé. Au fil des décennies, l'Organisation a contribué à mettre un terme à de nombreux conflits, souvent grâce à l'intervention du Conseil de sécurité, principal organe traitant des questions relatives à la paix et à la sécurité internationales.

Au cours des années 90, la fin de la guerre froide a complètement changé la donne internationale en matière de sécurité, les conflits étant désormais le plus souvent internes plutôt qu'entre États. Au début du XXIᵉ siècle, de nouvelles menaces internationales sont apparues. Les attentats du 11 septembre 2001 contre les États-Unis d'Amérique illustrent parfaitement les dangers du terrorisme international et d'autres événements ont par la suite créé de nouvelles inquiétudes au sujet de la prolifération des armes nucléaires et des risques liés à d'autres armes non classiques qui font planer une menace sur la population de la planète tout entière.

Les organismes des Nations Unies se sont immédiatement mobilisés dans leur domaine de compétence respectif pour lutter plus activement contre le terrorisme. Le 28 septembre, le Conseil de sécurité a adopté une résolution de vaste portée au titre des mesures de coercition prévues par la Charte des Nations Unies afin de prévenir le financement du terrorisme, d'ériger en infraction le fait de recueillir des fonds à cette fin et de geler immédiatement les avoirs financiers des terroristes — créant un Comité contre le terrorisme chargé de veiller à l'application de ladite résolution.

L'Organisation a aussi dû remanier et rendre plus efficaces les divers instruments à sa disposition, en renforçant sa capacité de maintien de la paix pour faire face aux situations nouvelles, en faisant davantage appel aux organisations régionales et en développant sa capacité de consolidation de la paix après les conflits. Les conflits civils soulèvent par ailleurs des questions complexes au sujet de l'action que doit mener la communauté internationale, notamment la question de savoir quel est le meilleur moyen de venir en aide aux victimes civiles de la guerre, conformément au principe de la « responsabilité de protéger » (voir encadré, p. 87).

Pour faire face à des conflits civils, le Conseil de sécurité a donné son aval à des opérations de maintien de la paix complexes et novatrices. Depuis sa création, l'ONU joue un rôle de premier plan dans le règlement des conflits et la promotion de la réconciliation, comme en témoigne le succès des missions en El Salvador et au Guatemala, au Cambodge et au Mozambique, en Sierra Leone et au Libéria, et au Tadjikistan, pour ne citer que quelques exemples.

Cependant, d'autres conflits — notamment en Somalie, au Rwanda et dans l'ex-Yougoslavie au début des années 90 — souvent caractérisés par des violences interethniques et l'absence de structures internes de répartition des pouvoirs pour les questions de sécurité, ont posé de nouveaux défis à l'Organisation en matière de rétablissement et de maintien de la paix.

Face aux problèmes que ces conflits ont suscités, le Conseil de sécurité a décidé de ne pas lancer d'opération entre 1995 et 1997. Néanmoins, peu de temps après, les crises persistantes en République démocratique du Congo, en République centrafricaine, au Timor-Leste, au Kosovo et en Sierra Leone ont démontré, une fois de plus, que l'ONU avait un rôle fondamental à jouer dans le maintien de la paix et conduit le Conseil à créer cinq missions à la fin des années 90.

Le Conseil a créé 28 missions de maintien de la paix depuis 1995, dont la Mission des Nations Unies en Éthiopie et en Érythrée (MINUEE) en 2000; la Mission des Nations Unies au Libéria (MINUL) en 2003; l'Opération des Nations Unies en Côte d'Ivoire (ONUCI), la Mission des Nations Unies pour la stabilisation d'Haïti (MINUSTAH) et l'Opération des Nations Unies au Burundi (ONUB) en 2004; la Mission des Nations Unies au Soudan (MINUS) en 2005; et la Mission intégrée des Nations Unies au Timor-Leste (MINUT) en 2006. Nombre de ces nouvelles missions ont déjà achevé leur mandat, notamment, récemment, les missions en République centrafricaine, au Burundi et en Sierra Leone.

Le 31 juillet 2007, le Conseil a autorisé la mise en place d'une opération hybride Union africaine/Nations Unies au Darfour (MINUAD), chargée de prendre toutes les mesures requises pour faciliter la mise en œuvre de l'Accord de paix pour le Darfour, ainsi que pour protéger le personnel de la Mission et les civils, sans préjudice de la responsabilité du Gouvernement soudanais. La MINUAD devait commencer à exécuter son mandat le 31 décembre 2007 au plus tard.

Le 25 septembre 2007, constatant que la situation dans la zone frontalière entre le Soudan, le Tchad et la République centrafricaine constituait une menace pour la paix et la sécurité internationales, le Conseil a approuvé la mise en place au Tchad et en République centrafricaine, de concert avec l'Union européenne, d'une présence multidimensionnelle destinée à aider à créer les conditions favorables au retour volontaire, sécurisé et durable des réfugiés et des personnes déplacées. Cette présence multidimensionnelle devait inclure une mission des Nations Unies en République centrafricaine et au Tchad (MINURCAT).

Le bilan de ces dernières années a également incité l'ONU à se consacrer plus que jamais à la consolidation de la paix, à savoir les activités visant à éviter qu'un pays ne tombe ou ne retombe dans un conflit en renforçant ses capacités nationales de gestion des conflits et à jeter les bases d'une paix et d'un développement durables. L'expérience montre que, pour instaurer une paix durable, il est indispensable de mobiliser toutes les ressources nécessaires pour aider les pays à promouvoir le développement économique, la justice sociale, le respect des droits de l'homme et la bonne gouvernance.

Aucune autre institution ne dispose de la légitimité universelle, de l'expérience multilatérale, des compétences, de la faculté de coordination et de l'impartialité que l'Organisation des Nations Unies apporte lorsqu'elle prête son concours à la réalisation de ces tâches. Outre ses opérations complexes en Côte d'Ivoire, en Haïti, au Kosovo, au Libéria et en République démocratique du Congo, l'ONU a établi des missions politiques spéciales et des bureaux d'appui à la consolidation de la paix dans un certain nombre d'autres pays, dont l'Afghanistan, le Burundi, la Guinée-Bissau, l'Iraq, la République centrafricaine, la Sierra-Leone et le Timor-Leste. Il existe également des bureaux politiques des Nations Unies pour la Somalie, le Moyen-Orient, le Liban, l'Afrique de l'Ouest et le Népal.

La **Commission de consolidation de la paix,** devenue opérationnelle en 2006, est un nouvel organe intergouvernemental consultatif des Nations Unies qui a pour vocation d'aider les pays à réussir la transition de la guerre à une paix durable. À cette fin, elle s'efforce de rassembler tous ceux qui s'emploient à consolider la paix, notamment les donateurs internationaux, les institutions financières internationales, les autorités nationales, les pays qui fournissent des contingents, et les représentants de la société civile; de proposer des stratégies intégrées de consolidation de la paix et de relèvement après les conflits; d'aider à assurer un financement prévisible pour les premières activités de relèvement et des investissements soutenus à moyen et long termes; de prolonger la période de mobilisation de la communauté internationale en faveur des activités de relèvement après un conflit; et d'élaborer des pratiques optimales dans les domaines qui exigent une collaboration étroite entre les spécialistes des questions politiques, militaires, humanitaires et de développement.

Les résolutions simultanées de l'Assemblée générale et du Conseil de sécurité portant création de la Commission de consolidation de la paix prévoient également l'établissement d'un Fonds pour la consolidation de la paix et d'un Bureau d'appui à la consolidation de la paix (voir l'encadré « La nouvelle structure de consolidation de la paix », à la page suivante, et le site Web *www.un.org/peace/peacebuilding*).

Le Conseil de sécurité, l'Assemblée générale et le Secrétaire général jouent tous trois un rôle essentiel et complémentaire dans la promotion de la paix et de la sécurité. L'Organisation des Nations Unies intervient dans les domaines fondamentaux que sont la prévention des conflits, le rétablissement de la paix, le maintien de la paix, l'imposition de la paix et la consolidation de la paix. Ces activités doivent se recouper ou être réalisées simultanément pour un maximum d'efficacité. (Pour en savoir plus sur le rôle de l'ONU dans le maintien de la paix et de la sécurité, voir le site *www.un.org/french/peace*.)

Le Conseil de sécurité

La Charte des Nations Unies, qui est un traité international, met les États Membres dans l'obligation de régler leurs différends par des moyens pacifiques, de telle manière que ni la paix et la sécurité internationales ni la justice ne soient menacées. Les Membres doivent, en effet, s'abstenir de recourir à la menace ou à l'emploi de la force à l'encontre d'un autre État et peuvent soumettre tout différend au Conseil de sécurité.

La nouvelle structure de consolidation de la paix

Avec la création, en juin 2006, de la Commission de consolidation de la paix, l'Organisation a mis en place une nouvelle structure de consolidation de la paix, qui comprend la Commission de consolidation de la paix, le Fonds pour la consolidation de la paix et le Bureau d'appui à la consolidation de la paix. Ces trois organes s'emploient ensemble à :

- Élaborer et coordonner des stratégies de consolidation de la paix;
- Préserver la paix dans les pays touchés en assurant un appui international aux activités de ces pays axées sur la consolidation de la paix;
- Fournir un appui efficace aux pays lors de la transition de la guerre à une paix durable.

La **Commission de consolidation de la paix**, organe intergouvernemental composé de 31 membres, est chargée de rassembler toutes les parties intéressées pour formuler des conseils et des propositions concernant des stratégies intégrées de consolidation de la paix et de relèvement après les conflits. Son comité d'organisation permanent est composé de membres du Conseil de sécurité, du Conseil économique et social, et de l'Assemblée générale, des États dont les contributions sont les plus élevées et des pays qui fournissent le plus de contingents et de personnels de police civile aux missions des Nations Unies.

Deuxième pilier de la structure de consolidation de la paix, le **Fonds pour la consolidation de la paix**, fonds permanent pluriannuel financé à l'aide de contributions volontaires, a pour objectif de veiller au déblocage immédiat des ressources nécessaires pour entreprendre des activités de consolidation de la paix et à l'obtention d'un financement approprié pour les opérations de relèvement. Le Fonds, qui a pour vocation de fournir le financement de départ pour les activités de consolidation de la paix, avait reçu près de 184 millions de dollars d'engagements au mois de septembre 2007, l'objectif initial étant de 250 millions de dollars.

Le **Bureau d'appui à la consolidation de la paix**, troisième pilier de la structure de consolidation de la paix, gère le Fonds pour la consolidation de la paix, appuie le programme de consolidation de la paix du Secrétaire général et sert d'interlocuteur entre les organismes du système des Nations Unies et la Commission. Ses fonctions consistent notamment à aider la Commission à élaborer des stratégies et à faire en sorte, à l'échelle du système des Nations Unies, que ces stratégies soient mises en œuvre.

Le Conseil de sécurité est l'organe de l'ONU auquel revient la responsabilité principale du maintien de la paix et de la sécurité. En vertu de la Charte, les États Membres sont dans l'obligation d'accepter et d'appliquer les décisions du Conseil. Les recommandations d'autres organes des Nations Unies n'ont pas la force exécutoire des décisions du Conseil mais, du fait qu'elles reflètent l'opinion de la communauté internationale, elles peuvent influencer certaines situations.

Lorsqu'un différend est porté à son attention, le Conseil engage généralement les parties à parvenir à un accord par des moyens pacifiques. Dans certains cas, comme indiqué plus loin, le Conseil lui-même entreprend des enquêtes ou se charge de la médiation. Il peut nommer des représentants spéciaux ou demander au Secrétaire général d'user de ses bons offices. Il peut également faire des recommandations aux parties en vue d'un règlement pacifique.

Quand un différend dégénère en conflit armé, le Conseil cherche à y mettre un terme aussi rapidement que possible. Le Conseil a souvent émis des directives de cessez-le-feu qui ont contribué de manière décisive à circonscrire un conflit. Pour appuyer un processus de paix, le Conseil peut déployer des observateurs militaires ou une force de maintien de la paix dans la zone de conflit.

En vertu du Chapitre VII de la Charte, le Conseil est investi du pouvoir de prendre des mesures pour rendre ses décisions exécutoires. Il peut imposer un embargo et des sanctions ou autoriser le recours à la force pour s'assurer que l'on donne effet à ses décisions.

Il est arrivé au Conseil d'autoriser, en vertu du Chapitre VII, le recours à la force militaire par une coalition d'États Membres ou par une organisation ou entente régionale. Cependant, il s'agit là d'un dernier recours, lorsque les moyens pacifiques de régler un différend ont été épuisés et une fois qu'a été déterminée l'existence d'une menace contre la paix, d'une violation de la paix ou d'un acte d'agression.

Toujours en vertu du Chapitre VII, le Conseil a institué des tribunaux internationaux pour poursuivre les personnes accusées de violations graves du droit international humanitaire et des droits de l'homme, notamment des actes de génocide. Nombre des opérations de maintien de la paix récemment établies ont été autorisées par le Conseil en vertu du Chapitre VII, ce qui signifie que les soldats de la paix peuvent recourir à la force lorsque cela est nécessaire aux fins de l'exécution de leur mandat.

L'Assemblée générale

L'Article 11 de la Charte des Nations Unies investit l'Assemblée générale du pouvoir d'« étudier les principes généraux de coopération pour le maintien de la paix et de la sécurité internationales » et de faire « des recommandations soit aux Membres de l'Organisation, soit au Conseil de sécurité, soit aux Membres de l'Organisation et au Conseil de sécurité ». L'Assemblée offre un moyen de parvenir à un consensus sur des questions difficiles en servant de tribune à l'expression de griefs et aux échanges diplomatiques. Pour favoriser le maintien de la paix, il lui est arrivé de convoquer des sessions extraordinaires ou des sessions extraordinaires d'urgence sur des questions telles que le désarmement, la question de Palestine ou la situation en Afghanistan.

L'Assemblée générale examine les questions relatives à la paix et la sécurité au sein de sa Première Commission (questions du désarmement et de la sécurité internationale) et de sa Quatrième Commission (questions politiques spéciales et décolonisation). Au fil des années, l'Assemblée a aidé à promouvoir des relations pacifiques entre les pays grâce à l'adoption de déclarations sur la paix, au règlement pacifique des différends et à la coopération internationale.

En 1980, l'Assemblée a approuvé la création à San José (Costa Rica) de l'**Université pour la paix,** institut international spécialisé dans l'étude, la recherche et la diffusion des connaissances sur les questions relatives à la paix.

L'Assemblée a proclamé le 21 septembre **Journée internationale de la paix**, célébrée chaque année.

La prévention des conflits

Les principales stratégies visant à empêcher qu'un différend ne dégénère en conflit ou qu'un conflit n'éclate à nouveau sont la diplomatie préventive et le désarmement préventif.

La *diplomatie préventive* est l'ensemble des mesures adoptées pour prévenir les différends, les résoudre avant qu'ils ne dégénèrent en conflit ou pour circonscrire les conflits lorsqu'ils éclatent. Elle peut prendre la forme d'activités de médiation, de conciliation ou de négociation. L'alerte rapide représente un aspect essentiel de la prévention, et l'Organisation des Nations Unies surveille de près l'évolution de la situation politique et autre dans le monde afin de déceler d'éventuelles menaces à la paix et à la sécurité internationales, ce qui permet au Conseil de sécurité et au Secrétaire général de prendre des mesures préventives.

Les envoyés et représentants spéciaux du Secrétaire général mènent des activités de médiation et de diplomatie préventive dans le monde entier. Dans certaines situations difficiles, la seule présence d'un représentant spécial compétent peut empêcher les tensions de monter. Ces activités sont souvent réalisées en étroite collaboration avec les organisations régionales.

Le *désarmement préventif*, qui a pour but de réduire le nombre d'armes légères dans les régions exposées à des conflits, fait pendant à la diplomatie préventive. En El Salvador, en Sierra Leone, au Libéria et ailleurs, il consistait à démobiliser les combattants et à rassembler et détruire leurs armes dans le cadre de la mise en œuvre d'un accord de paix global. La destruction des armes d'hier met à l'abri de leur utilisation dans les guerres de demain.

Rétablissement de la paix

Le rétablissement de la paix se rapporte à l'utilisation de moyens diplomatiques pour convaincre les parties engagées dans un conflit de cesser les hostilités et négocier un règlement pacifique de leur différend. L'Organisation des Nations Unies offre divers moyens de contenir ou de résoudre les conflits et de traiter leurs causes profondes. Le Conseil de sécurité peut recommander des voies à suivre pour résoudre un différend ou solliciter la médiation du Secrétaire général. Ce dernier peut prendre des initiatives diplomatiques pour ouvrir des négociations et en maintenir l'élan.

Le Secrétaire général joue un rôle central dans le rétablissement de la paix, à la fois à titre personnel et en dépêchant des envoyés spéciaux ou des missions pour des tâches spécifiques de négociation ou d'enquête, par exemple. En vertu de la Charte, le Secrétaire général peut porter à l'attention du Conseil de sécurité toute situation qui pourrait menacer le maintien de la paix et de la sécurité internationales.

Responsabilité de protéger

La communauté internationale doit-elle intervenir dans un pays pour mettre fin à des violations flagrantes, systématiques et massives des droits de l'homme ? La question, posée en 1998 par le Secrétaire général Kofi Annan, a suscité un vaste débat. Au lendemain des génocides, des crimes contre l'humanité et des crimes de guerre commis en Afrique centrale, dans les Balkans et ailleurs, le Secrétaire général a préconisé l'adoption de principes fondés en droit et universels, qui s'inscrivent dans le cadre du droit international, afin de protéger les civils des violations massives et systématiques des droits de l'homme. Depuis lors, de toute évidence, la question n'est plus de savoir si la communauté internationale doit intervenir pour protéger les populations civiles contre ces crimes, mais quand et comment elle doit le faire.

Réunis au Sommet mondial de 2005, les chefs d'État et de gouvernement du monde entier ont élaboré un Document final dans lequel ils abordaient la question de **la responsabilité de protéger.** Ils y déclaraient : « C'est à chaque État qu'il incombe de protéger ses populations du génocide, des crimes de guerre, du nettoyage ethnique et des crimes contre l'humanité. Cette responsabilité consiste notamment dans la prévention de ces crimes, y compris l'incitation à les commettre, par les moyens nécessaires et appropriés. **Nous l'acceptons et agirons de manière à nous y conformer.** ».

Ils ajoutaient : « Il incombe également à la communauté internationale, dans le cadre de l'Organisation des Nations Unies, de mettre en œuvre les moyens diplomatiques, humanitaires et autres moyens pacifiques appropriés, conformément aux Chapitres VI et VIII de la Charte, afin d'aider à protéger les populations [de ces crimes].

« Dans ce contexte, nous sommes prêts à mener en temps voulu une action collective résolue, par l'entremise du Conseil de sécurité, conformément à la Charte, notamment son Chapitre VII, au cas par cas et en coopération, le cas échéant, avec les organisations régionales compétentes, lorsque ces moyens pacifiques se révèlent inadéquats et que les autorités nationales n'assurent manifestement pas la protection de leurs populations contre le génocide, les crimes de guerre, le nettoyage ethnique et les crimes contre l'humanité. »

Ils insistaient également sur la nécessité d'aider les États à se doter des moyens de protéger leurs populations de ces crimes et d'apporter une assistance aux pays dans lesquels existaient des tensions avant qu'une crise ou qu'un conflit n'éclate (voir la résolution 60/1 de l'Assemblée générale en date du 16 septembre 2005, ainsi que la résolution 1674 du Conseil de sécurité en date du 28 Avril 2006, relative à la protection des civils en période de conflit armé, qui réaffirme ces principes).

Ces questions doivent être prises en considération lors de l'établissement de nouvelles missions des Nations Unies, telles que l'Opération hybride Union africaine-Nations Unies au Darfour (MINUAD). L'Organisation a également renforcé son dispositif pour les droits de l'homme en instituant en 2006 le **Conseil des droits de l'homme**, en tant qu'organe subsidiaire de l'Assemblée générale chargé d'examiner les violations des droits de l'homme, de s'employer à ce que les activités du système des Nations Unies relatives aux droits de l'homme soient bien coordonnées et à ce que la question des droits de l'homme soit prise en compte systématiquement par tous les organismes du système, et de faire des recommandations dans le sens de l'expansion continue du droit international des droits de l'homme.

Le Secrétaire général Ban Ki-moon a fait part à maintes reprises de sa volonté de traduire en termes opérationnels la responsabilité de protéger à l'échelle du système. À cette fin, en mai 2007, il a nommé M. Francis Deng en tant que son Conseiller spécial pour la prévention du génocide et des atrocités massives et décidé, par la suite, de reclasser ce poste au niveau de Représentant spécial du Secrétaire général. En outre, le 12 décembre 2007, il a annoncé son intention de nommer M. Edward Luck au poste nouvellement créé de Conseiller spécial du Secrétaire général pour la responsabilité de protéger.

Dans le but d'aider à résoudre les différends, le Secrétaire général peut proposer ses « bons offices » ou pratiquer la diplomatie préventive. Son impartialité est l'un des grands atouts de l'Organisation des Nations Unies. Le Secrétaire général a maintes fois contribué de manière décisive à écarter les menaces contre la paix ou à obtenir un accord de paix.

À titre d'exemple, les mesures prises par le Secrétaire général et son envoyé ont permis, en 1996, de mettre un terme au conflit civil qui faisait rage depuis 36 ans au Guatemala. En République démocratique du Congo, le Secrétaire général et son envoyé ont facilité la négociation des accords de 2003 qui ont mis fin à la guerre civile dans ce pays. Des cas comme ceux d'El Salvador, du Mozambique, de la Namibie ou du Tadjikistan illustrent les multiples aspects du rôle que joue le Secrétaire général dans le rétablissement de la paix. Plus récemment, le Secrétaire général a contribué de manière déterminante aux efforts déployés pour régler le conflit au Darfour (Soudan) et y établir une nouvelle mission de maintien de la paix, à savoir la MINUAD.

Maintien de la paix

Les opérations de maintien de la paix des Nations Unies sont un instrument crucial à la disposition de la communauté internationale pour faire progresser la paix et la sécurité internationales. Ce rôle a été reconnu en 1988, lorsque les forces de maintien de la paix des Nations Unies ont obtenu le prix Nobel de la paix.

Bien que le maintien de la paix ne soit pas expressément prévu par la Charte, l'Organisation des Nations Unies a mené une action en ce sens dès 1948 avec la création de l'Organisme des Nations Unies chargé de la surveillance de la trêve au Moyen-Orient. Depuis, elle a créé au total 63 opérations dont 50 depuis 1988[1]. Au 1er octobre 2007, les opérations actives de maintien de la paix étaient au nombre de 17 (voir encadré à la page 90).

Les opérations de maintien de la paix sont déployées avec l'autorisation du Conseil de sécurité et avec le consentement du pays hôte et/ou des principales parties au conflit. Traditionnellement fondées sur le modèle essentiellement militaire d'observation du cessez-le-feu et de séparation des forces à l'issue de guerres entre États, elles ont intégré au fil des ans un ensemble complexe d'éléments, civils et militaires, associant leurs efforts pour jeter les bases d'une paix durable.

---

[1] L'intervention en Corée, en 1950, n'était pas une opération de maintien de la paix des Nations Unies. En juin 1950, les États-Unis et la Commission des Nations Unies pour la Corée ont informé les Nations Unies que la République de Corée avait été attaquée par des forces de la Corée du Nord. Le Conseil de sécurité a alors recommandé que les États Membres fournissent l'assistance nécessaire à la République de Corée pour repousser les assaillants et rétablir la paix et la sécurité. En juillet, le Conseil a recommandé que les États Membres qui fournissaient des forces militaires les mettent à la disposition d'un commandement unifié sous l'autorité des États-Unis : 16 pays ont fourni des troupes. Cette force, connue sous le nom de Commandement des Nations Unies et autorisée par le Conseil à arborer le drapeau des Nations Unies, n'était pas une opération de maintien de la paix des Nations Unies mais une force internationale agissant sous un commandement unifié. L'Union soviétique, qui s'abstenait de siéger au Conseil de sécurité en signe de protestation contre le fait que le Gouvernement de la Chine nationaliste représentait la Chine aux Nations Unies, jugeait illégales les décisions du Conseil puisqu'elles avaient été adoptées en l'absence de deux membres permanents (l'Union soviétique et la Chine). Les combats ont continué jusqu'en juillet 1953, date à laquelle un accord d'armistice a été signé.

Qui commande les opérations de maintien de la paix ?

Les opérations de maintien de la paix sont mises en place par le Conseil de sécurité sous la direction du Secrétaire général, le plus souvent par l'intermédiaire d'un représentant spécial. Selon la nature de la mission, le responsable des aspects militaires peut être le Commandant de la force ou le chef du groupe d'observateurs militaires.

L'Organisation des Nations Unies ne dispose pas de force militaire propre. Ce sont donc les États Membres qui fournissent le personnel militaire et civil que requiert chaque opération. Les soldats de la paix portent l'uniforme de leur pays : ils ne sont identifiés comme agents du maintien de la paix que par un casque ou un béret bleu des Nations Unies et un insigne.

Depuis quelques années, le Conseil a institué la pratique consistant à invoquer les dispositions du Chapitre VII de la Charte des Nations Unies lorsqu'il autorise le déploiement de certaines opérations de maintien de la paix des Nations Unies ou confie à celles-ci un mandat qui nécessite le recours à la force — la protection des civils immédiatement menacés de violences physiques, par exemple. Jusqu'alors, les soldats de la paix des Nations Unies ne pouvaient utiliser leurs armes qu'en cas de légitime défense, mais les mandats plus « musclés » confiés en vertu du Chapitre VII de la Charte les autorisent à recourir à la force, notamment pour protéger les civils.

Le personnel militaire des opérations de maintien de la paix est fourni à titre volontaire et financé par les États au moyen de contributions qui sont versées au budget des opérations de maintien de la paix. Les pays fournissant des contingents sont indemnisés à un taux standard au titre de ce budget.

Les opérations de maintien de la paix devraient coûter quelque 5,28 milliards de dollars pour l'exercice commençant en juillet 2006, ce qui constitue un record historique à la hausse, mais représente moins de 0,5 % des dépenses militaires à l'échelle mondiale. Elles sont financées sur le budget des opérations de maintien de la paix et font intervenir des effectifs de nombreux pays. Ce « partage du fardeau » au niveau mondial peut présenter une efficacité remarquable en termes humains, financiers et politiques.

Au 1er novembre 2007, 82 237 militaires et policiers de 119 pays servaient dans les opérations de maintien de la paix des Nations Unies. Depuis 1948, 2 415 Casques bleus des Nations Unies ont perdu la vie dans l'accomplissement de leur devoir.

Les conflits actuels forment un amalgame complexe : s'ils trouvent souvent leur source au plan interne, ils peuvent cependant être compliqués par l'intervention d'agents externes, qu'il s'agisse d'États, de groupes défendant des intérêts économiques ou d'autres acteurs non étatiques. Les conflits qui ont récemment éclaté en Afrique ont montré les ravages que peuvent causer des troubles civils conjugués à des exportations illicites de ressources naturelles, principalement des diamants, destinées à financer les achats d'armes. En outre, les conflits peuvent rapidement avoir des conséquences à l'échelle internationale : commerce illégal d'armes, terrorisme, trafic de drogues, flux de réfugiés ou dégradation de l'environnement.

Opérations de maintien de la paix des Nations Unies*

- Organisme des Nations Unies chargé de la surveillance de la trêve (ONUST, établi en 1948) au Moyen-Orient (effectif : 152 militaires; 225 civils)

- Groupe d'observateurs militaires des Nations Unies dans l'Inde et le Pakistan (UNMOGIP, 1949) [44 militaires; 73 civils]

- Force des Nations Unies chargée du maintien de la paix à Chypre (UNFICYP, 1964) [872 militaires; 66 agents de la police civile; 145 civils]

- Force des Nations Unies chargée d'observer le dégagement (FNUOD, 1974) sur les hauteurs du Golan syrien (1 047 militaires; 140 civils)

- Force intérimaire des Nations Unies au Liban (FINUL, 1978) [12 341 militaires; 908 civils]

- Mission des Nations Unies pour l'organisation d'un référendum au Sahara occidental (MINURSO, 1991) [214 militaires; 6 policiers; 247 civils; 24 Volontaires des Nations Unies]

- Mission d'administration intérimaire des Nations Unies au Kosovo (MINUK, 1999) [40 militaires; 1 953 policiers; 2 412 civils; 132 Volontaires des Nations Unies]

- Mission de l'Organisation des Nations Unies en République démocratique du Congo (MONUC, 1999) [17 359 militaires; 1 049 policiers; 3 021 civils; 571 Volontaires des Nations Unies]

- Mission des Nations Unies au Libéria (MINUL, 2003) [12 438 militaires; 1 148 policiers; 1 453 civils; 238 Volontaires des Nations Unies]

- Opération des Nations Unies en Côte d'Ivoire (ONUCI, 2004) [8 034 militaires; 1 182 policiers; 989 civils, 284 Volontaires des Nations Unies]

- Mission des Nations Unies pour la stabilisation en Haïti (MINUSTAH, 2004) [7 064 militaires; 1 923 agents de la police civile; 1 663 civils; 199 Volontaires des Nations Unies]

- Mission des Nations Unies au Soudan (MINUS, 2005) [9 288 militaires; 664 policiers; 3 196 civils, 250 Volontaires des Nations Unies]

- Mission intégrée des Nations Unies au Timor-Leste (MINUT, 2006) [33 militaires; 1 546 agents de la police civile; 1 134 civils; 124 Volontaires des Nations Unies]

- Opération hybride Union africaine-Nations Unies au Darfour (MINUAD, 2007) [7 509 militaires; 1 704 policiers; 960 civils; 129 Volontaires des Nations Unies] (effectifs autorisés : 19 555 militaires; 6 432 policiers; 5 034 civils; 548 Volontaires des Nations Unies)

- Mission des Nations Unies en République centrafricaine et au Tchad (MINURCAT, 2007) [14 militaires; 71 policiers; 32 civils; 16 Volontaires des Nations Unies] (effectifs autorisés : « un maximum de 300 policiers et de 50 officiers de liaison militaire, ainsi qu'un effectif approprié de personnel civil »)

---

* À octobre 2009. Pour une liste complète des opérations de maintien de la paix (passées et en cours), voir les pages 364 à 371.

Missions administrées par le Département des opérations de maintien de la paix

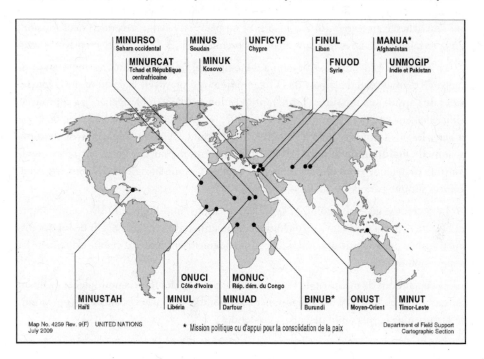

Les opérations des Nations Unies, de par leur caractère universel, offrent une légitimité unique en tant que moyens de règlement des conflits. Leur caractère universel renforce leur légitimité et limite les conséquences pour la souveraineté du pays hôte. Des soldats de la paix extérieurs à un conflit peuvent favoriser le dialogue entre camps opposés tout en appelant l'attention de la communauté internationale sur des préoccupations locales, ouvrant ainsi la voie à des efforts de paix collectifs qui, sans cela, n'auraient pu démarrer.

Certaines conditions semblent désormais indispensables à la réussite d'une opération, notamment le désir profond, chez les parties en présence, de régler leur différend par des moyens pacifiques; un mandat précis; un appui politique ferme de la part de la communauté internationale; et la mise à disposition de ressources financières et humaines suffisantes pour atteindre les objectifs établis. Qui plus est, les opérations de maintien de la paix doivent aller de pair avec un processus politique auquel elles ne doivent ni ne peuvent se substituer (voir le site *www.un.org/french/peace/peace/index.asp*).

La communauté internationale a tiré un certain nombre d'enseignements de ses opérations passées et s'emploie à consolider la capacité de maintien de la paix de l'Organisation des Nations Unies dans plusieurs domaines. Un projet de réforme a été élaboré par le Groupe d'étude sur les opérations de paix de l'Organisation des Nations Unies créé par le Secrétaire général et présidé par l'Ambassadeur Lakhdar Brahimi, qui a présenté son rapport en 2000. Alors que les réformes inspirées du rapport Brahimi visaient à permettre le lancement d'une nouvelle mission de paix multidisciplinaire par an, la période de trois ans qui s'est achevée en février 2007 a vu la mise en place ou l'élargissement de neuf missions sur le terrain, deux autres missions étant aux premiers stades de leur mise en place.

Le Secrétaire général Ban Ki-moon a donc proposé une importante restructuration de l'appareil de maintien de la paix de l'Organisation, qui prévoyait la création du **Département de l'appui aux missions (DAM),** proposition que l'Assemblée générale a approuvée. Officiellement créé par l'Assemblée en juin 2007, le DAM est chargé de planifier, déployer et gérer les missions de maintien de la paix des Nations Unies, le **Département des opérations de maintien de la paix (DOMP)** se concentrant sur des questions telles que le contrôle stratégique et les directives opérationnelles. Ces modifications devaient être échelonnées sur une période de 12 mois.

Le Secrétaire général adjoint à l'appui aux missions, qui dirige le DAM, rend compte au Secrétaire général adjoint aux opérations de maintien de la paix et reçoit de lui des instructions, ce qui garantit une unité de commandement et permet d'établir clairement les responsabilités[2].

Les opérations de maintien de la paix peuvent prendre des formes multiples et évoluent constamment en fonction des circonstances. Au nombre des tâches confiées aux opérations de maintien de la paix au fil des ans, on retiendra :

- *Respect des cessez-le-feu et séparation des forces.* En offrant le « temps de souffler », une opération fondée sur un accord limité entre les parties peut contribuer à créer un climat propice à la négociation;

- *Protection des opérations humanitaires.* Dans de nombreux conflits, les populations civiles sont délibérément prises pour cible à des fins politiques. Dans ce type de situation, les forces de maintien de la paix ont pour mandat d'assurer la protection des opérations humanitaires et de leur fournir un appui. Ces responsabilités risquent toutefois de placer les soldats de la paix dans une situation difficile sur le plan politique et de les mettre en danger;

- *Mise en œuvre d'un règlement pacifique global.* Des opérations multidimensionnelles complexes, déployées sur la base d'accords de paix d'ensemble, peuvent contribuer à l'accomplissement de tâches diverses consistant notamment à fournir une assistance humanitaire, à veiller au respect des droits de l'homme, à observer des élections ou à coordonner les efforts de reconstruction économique.

Il serait impossible de dresser une liste exhaustive de ces fonctions. Les conflits futurs continueront vraisemblablement de présenter des défis complexes à la communauté internationale. Toute intervention efficace supposera l'utilisation courageuse et novatrice des instruments de paix.

---

[2] Les propositions du Secrétaire général sont présentées de manière détaillée dans son « Rapport détaillé sur le renforcement de la capacité de l'Organisation dans le domaine des opérations de maintien de la paix » du 13 avril 2007 (A/61/858).

Coopération avec les organisations régionales et les organisations de sécurité collective. Dans le cadre de l'action qu'elle mène en faveur de la paix, l'Organisation des Nations Unies coopère de plus en plus avec des organismes régionaux ainsi que d'autres acteurs et mécanismes prévus au Chapitre VIII de la Charte.

Elle a œuvré en étroite collaboration avec l'Organisation des États américains (OEA) en Haïti; l'Union européenne (UE) dans l'ex-Yougoslavie et en République démocratique du Congo; la Communauté économique des États de l'Afrique de l'Ouest (CEDEAO) au Libéria et en Sierra Leone; et l'Union africaine (UA) au Sahara occidental, dans la région des Grands Lacs et au Darfour, pour ne citer que quelques exemples[3].

Les observateurs militaires des Nations Unies ont coopéré avec les forces de maintien de la paix de certaines organisations régionales au Libéria, en Sierra Leone, en Géorgie et au Tadjikistan; et les forces de l'Organisation du Traité de l'Atlantique Nord (OTAN) travaillent aux côtés du personnel de l'ONU au Kosovo et en Afghanistan.

Cette coopération est d'autant plus précieuse que la demande en matière d'opérations de paix est telle qu'aucun acteur, pas même l'ONU, ne peut y faire face seul. Les efforts déployés par les acteurs régionaux pour renforcer leurs propres capacités à planifier, gérer et déployer de telles opérations ouvrent de nouvelles perspectives. Il est ainsi envisageable de mettre en place un système d'intervention plus souple et plus réactif, mieux adapté aux défis complexes que posent les conflits internes.

Imposition de la paix

En vertu du Chapitre VII de la Charte, le Conseil de sécurité peut prendre des mesures coercitives pour maintenir ou rétablir la paix et la sécurité internationales. Ces mesures vont des sanctions économiques à l'action militaire internationale.

Sanctions

Le Conseil recourt aux sanctions obligatoires comme mesures coercitives lorsque la paix est menacée et que les efforts diplomatiques ont échoué. Des sanctions ont été imposées contre l'Iraq, l'ex-Yougoslavie, la Libye, Haïti, le Libéria, le Rwanda, la Somalie, les forces de l'UNITA en Angola, le Soudan, la Sierra Leone, la République fédérale de Yougoslavie (y compris le Kosovo), l'Afghanistan, l'Éthiopie et l'Érythrée, l'Iran et la République populaire démocratique de Corée. Les sanctions peuvent être générales (sanctions économiques et commerciales globales) ou plus spécifiques (embargos sur les armes, interdictions de voyager, restrictions diplomatiques, etc.).

---

[3] L'Organisation de l'unité africaine, créée en 1963 pour promouvoir l'unité, la solidarité et la coopération internationales entre les États nouvellement indépendants d'Afrique, est devenue l'Union africaine le 10 juillet 2002 (*www.african-union.org*). Inspirée de l'Union européenne (*http ://europa.eu*), elle compte 53 membres et a son siège en Éthiopie.

Missions politiques et de consolidation de la paix des Nations Unies*

- Bureau politique des Nations Unies pour la Somalie (UNPOS, 1995) [28 civils];
- Bureau d'appui des Nations Unies pour la consolidation de la paix en Guinée-Bissau (BANUGBIS, 1999) [2 conseillers militaires; 1 conseiller pour les questions de police; 26 civils; 1 Volontaire des Nations Unies];
- Bureau du Coordonnateur spécial des Nations Unies pour le processus de paix au Moyen-Orient (UNSCO, 1999) [50 civils];
- Bureau d'appui des Nations Unies pour la consolidation de la paix en République centrafricaine (BANUCA, 2000) [5 conseillers militaires; 6 policiers; 79 civils; 3 Volontaires des Nations Unies];
- Bureau du Représentant spécial du Secrétaire général pour l'Afrique de l'Ouest (2001) [17 civils];
- Mission d'assistance des Nations Unies en Afghanistan (MANUA, 2002) [14 observateurs militaires; 3 policiers; 1 291 civils, 35 Volontaires des Nations Unies];
- Mission d'assistance des Nations Unies pour l'Iraq (MANUI, 2003) [basée en Iraq, en Jordanie et au Koweït] (224 militaires; 632 civils) [effectif autorisé : 1 014]
- Bureau intégré des Nations Unies en Sierra Leone (BINUSIL, 2006) [14 observateurs militaires; 21 policiers; 277 civils; 23 Volontaires des Nations Unies];
- Bureau intégré des Nations Unies au Burundi (BINUB, 2007) [8 observateurs militaires; 10 policiers; 358 civils, 49 Volontaires des Nations Unies];
- Mission des Nations Unies au Népal (MINUNEP, 2007) [146 observateurs militaires; 4 policiers; 459 civils; 247 Volontaires des Nations Unies];
- Coordonnateur spécial du Secrétaire général pour le Liban (2007) [31 civils];
- Centre régional des Nations Unies pour la diplomatie préventive en Asie centrale (2007) [effectif proposé : 19 personnes].

---

* Au 1er avril 2008.

Le recours aux sanctions a pour but de faire pression sur un État ou une entité pour les forcer à se conformer aux objectifs fixés par le Conseil de sécurité sans employer la force. Les sanctions constituent donc un outil important à la disposition du Conseil pour rendre ses décisions exécutoires. Parce qu'elle a un caractère universel, l'ONU est bien placée pour adopter de telles mesures et veiller à leur application.

Néanmoins, de nombreux États et organisations humanitaires ont exprimé leurs préoccupations au sujet des effets préjudiciables possibles sur les groupes les plus vulnérables de la population civile, notamment les personnes âgées, les handicapés, les réfugiés, les femmes et les enfants, et des répercussions économiques, sociales et même politiques que les sanctions peuvent avoir sur les pays tiers ou voisins, lorsqu'ils se voient obligés de geler leurs relations commerciales et économiques avec l'État visé.

On reconnaît de plus en plus qu'il est nécessaire d'améliorer la conception et l'application des sanctions. Les effets préjudiciables de celles-ci peuvent être atténués en prévoyant des dérogations à titre humanitaire dans les résolutions du Conseil de sécurité ou en ciblant davantage les sanctions. Les « sanctions intelligentes », qui cherchent à faire pression sur les dirigeants plutôt que sur l'ensemble de la population, réduisant ainsi le coût humanitaire, recueillent une adhésion de plus en plus large. Elles peuvent consister à geler les avoirs financiers ou à faire opposition aux opérations financières des dirigeants ou des entités dont le comportement illicite a été à l'origine des sanctions.

Autorisation de l'emploi de la force armée

Lorsque les tentatives de maintien de la paix ont échoué, une action plus radicale des États Membres peut être envisagée au titre du Chapitre VII de la Charte. Le Conseil de sécurité a autorisé des coalitions d'États Membres à entreprendre « toute action jugée nécessaire », dont l'emploi de la force armée, en cas de conflit, ce qui a été le cas lorsqu'il s'est agi de rétablir la souveraineté du Koweït après son invasion par l'Iraq (1991); d'instaurer un climat de sécurité permettant aux organisations humanitaires de mener à bien leurs activités en Somalie (1992); de contribuer à la protection des populations civiles en danger au Rwanda (1994); de rétablir le gouvernement démocratiquement élu en Haïti (1994); d'assurer le bon déroulement des opérations humanitaires en Albanie (1997); ou de restaurer la paix et la sécurité au Timor-Leste (1999 et 2006).

Ces interventions avaient certes été entérinées par le Conseil de sécurité mais elles étaient entièrement sous le contrôle des États participants. Il ne s'agissait pas d'opérations de maintien de la paix des Nations Unies qui, elles, sont mises en place par le Conseil de sécurité et placées sous la direction du Secrétaire général.

Consolidation de la paix

Pour l'Organisation des Nations Unies, la consolidation de la paix consiste à aider les pays et les régions à effectuer la transition entre la guerre et la paix, au moyen notamment d'activités et de programmes visant à soutenir et appuyer cette transition. Le processus de consolidation de la paix commence généralement par la signature d'un accord de paix entre les anciens belligérants dans l'application duquel l'Organisation des Nations Unies intervient, au besoin en continuant de jouer un rôle diplomatique de façon à ce que les problèmes soient réglés par le biais de la négociation et non des armes.

La consolidation de la paix peut consister à fournir différents types d'aide et notamment à déployer des forces militaires en vue du maintien de la paix; à assurer le rapatriement et la réinsertion des réfugiés; à organiser des élections; à procéder au désarmement, à la démobilisation et à la réinsertion des soldats. Son but principal est de faire naître un État légitime qui aura les moyens de régler les différends par la voie pacifique, de protéger sa population civile et d'assurer le respect des droits de l'homme.

Elle fait intervenir un large éventail d'organisations du système des Nations Unies — dont la Banque mondiale — d'organisations régionales, économiques et autres, d'organisations non gouvernementales (ONG) et d'associations locales. Elle a joué un rôle de premier

MISSIONS POLITIQUES ET MISSIONS D'APPUI POUR LA CONSOLIDATION DE LA PAIX EN COURS

UNOWA 2000 –
BONUCA 2000 –
UNSCO 1999 –
UNRCCA 2008 –
MINUNEP 2007 –
UNPOS 1995 –
MANUI 2003 –
MANUA* 2002 –
BINUCSIL 2008 –
BANUGBIS 1999 –
BINUB* 2007 –
UNSCOL 2007 –

Map No. 4147(F) Rev. 30   UNITED NATIONS
October 2008

* Mission gérée et soutenue par le Département
des opérations de maintien de la paix

Department of Field Support
Cartographic Section

plan dans les opérations des Nations Unies au Cambodge, en El Salvador, au Guatemala, au Mozambique, au Libéria, en Bosnie-Herzégovine, au Kosovo et, plus récemment, en Afghanistan, au Burundi, en Iraq et en Sierra Leone. C'est ce qui s'est produit, par exemple, au niveau inter-États lors de la Mission des Nations Unies en Éthiopie et en Érythrée.

Assistance électorale

L'ONU a fait œuvre de pionnier en 1989, lorsqu'elle a surveillé la totalité du processus électoral qui a conduit à l'indépendance de la Namibie. Depuis lors, elle a, à la demande des gouvernements concernés, prêté son assistance pour assurer le bon déroulement des élections dans les pays suivants : Nicaragua (1990), Angola (1992), Cambodge (1993), El Salvador, Afrique du Sud et Mozambique (1994), Slavonie orientale (Croatie) (1997), République centrafricaine (1998 et 1999), Afghanistan (2004 et 2005), Iraq et Libéria (2005) et Haïti et République démocratique du Congo (2006). Elle a également observé le déroulement du référendum de 1993 en Érythrée et préparé et organisé la consultation populaire de 1999 au Timor oriental et les élections de 2001 et 2002 qui ont conduit à l'indépendance du territoire sous le nom de Timor-Leste, ainsi que les élections de 2007.

L'ampleur et la nature de l'engagement des Nations Unies varient en fonction de divers facteurs, à savoir les demandes des gouvernements, les dispositions des accords de paix ou les mandats émanant de l'Assemblée générale ou du Conseil de sécurité. Ainsi ont-elles été amenées à jouer différents rôles—depuis l'assistance technique jusqu'à la conduite effective de processus électoraux. Le plus souvent, elles coordonnent les activités des observateurs internationaux. Habituellement, ceux-ci surveillent l'inscription des électeurs, la campagne électorale et l'organisation des scrutins.

Un administrateur intérimaire

Les Nations Unies sont parfois amenées à aider à administrer des pays en transition. Lorsque l'intervention de l'ONU est sollicitée au lendemain d'un conflit, l'Organisation s'acquitte de tâches multiples et variées qui s'inscrivent dans le cadre de cette nouvelle forme de consolidation de la paix, exerçant, dans certains cas, l'ensemble des attributions gouvernementales tout en œuvrant de concert avec les responsables politiques du pays et les représentants de la société civile à la mise en place d'un gouvernement autonome.

Cela s'est notamment produit au Cambodge en 1992-93, après des années de guerre civile. Conformément à l'accord de paix de 1991, le Conseil de sécurité a établi l'Autorité provisoire des Nations Unies au Cambodge, qui était chargée d'assurer le fonctionnement des secteurs clefs de l'administration du pays. Après la tenue des élections en 1993, la mission a transféré ses pouvoirs au nouveau gouvernement.

Dans le cadre d'une autre opération de maintien de la paix assortie de responsabilités administratives, l'Administration transitoire des Nations Unies pour la Slavonie orientale, la Baranja et le Srem occidental a été déployée de 1996 à 1998 pour faciliter l'intégration pacifique de cette région au sein de la Croatie.

En 1999, le Conseil de sécurité a créé la Mission d'administration intérimaire des Nations Unies au Kosovo, qu'il a dotée de pouvoirs législatifs, exécutifs et judiciaires. Cette mission est chargée d'administrer la province, tout en confiant progressivement cette responsabilité aux autorités du Kosovo, dans l'attente de son statut définitif.

En 1999 également, le Conseil a établi l'Administration transitoire des Nations Unies au Timor oriental, qui est aussi dotée de pouvoirs législatifs et exécutifs. La mission a contribué au développement des services sociaux et participé à la reconstruction et à la mise en place de capacités pour aider le Timor oriental à devenir une nation. Le territoire est devenu indépendant en mai 2002 sous le nom de Timor-Leste.

Depuis 1992, les Nations Unies ont dispensé une assistance électorale sous diverses formes — notamment services consultatifs, soutien logistique, formation, instruction civique, applications informatiques et observation à court terme — à plus de 107 pays. La **Division de l'assistance électorale** du Département des affaires politiques (*www.un.org/Depts/dpa/ead*) est chargée de la coordination de l'assistance électorale à l'échelle du système des Nations Unies.

Depuis quelques années, elle est de plus en plus sollicitée pour apporter soutien et conseils en vue de la tenue d'élections prévues dans le cadre de négociations de paix menées sous les auspices des Nations Unies, ou dans le contexte d'activités de maintien ou de consolidation de la paix. Le Programme des Nations Unies pour le développement (PNUD) apporte un appui technique au processus électoral, aide les pays à mettre en place les structures nécessaires et coordonne l'assistance électorale offerte par l'ONU sur le terrain. Le Haut-Commissariat des Nations Unies aux droits de l'homme (HCDH) contribue à la formation des agents électoraux, à l'établissement de directives concernant l'élaboration des lois et procédures électorales, ainsi qu'à l'organisation d'activités d'information sur les droits de l'homme et les élections.

Consolidation de la paix grâce au développement

L'assistance au développement est un outil fondamental des Nations Unies pour la consolidation de la paix. De nombreux organismes des Nations Unies, dont le PNUD, le Fonds des Nations Unies pour l'enfance (UNICEF), le Programme alimentaire mondial (PAM) et le Haut-Commissariat des Nations Unies pour les réfugiés (HCR), jouent un rôle dans la phase de relèvement, qui est fondamentale pour ouvrir des possibilités aux personnes déplacées et rétablir la confiance dans les institutions nationales et locales.

L'ONU peut aider à rapatrier des réfugiés, à procéder au déminage, à réparer les infrastructures, à mobiliser des ressources et à stimuler la relance économique. S'il est vrai que la guerre est le pire ennemi du développement, un développement sain et équilibré est le meilleur moyen de prévenir les conflits.

Action des Nations Unies en faveur de la paix

Afrique

Afrique australe

À la fin des années 80, alors que se terminait la guerre froide, les Nations Unies ont pu recueillir les fruits des efforts menés des années durant pour mettre un terme aux guerres qui n'avaient cessé de ravager l'Afrique australe. Le déclin du régime de l'apartheid en Afrique du Sud, dont l'influence s'étendait aux États frontaliers de « première ligne », et qui avait soutenu les forces d'opposition en Angola et au Mozambique, a été un autre facteur déterminant.

En 1988, l'Afrique du Sud a accepté de coopérer avec le Secrétaire général pour assurer l'accession à l'indépendance de la **Namibie**. En 1992, le Gouvernement mozambicain et la Résistance nationale mozambicaine (RENAMO) ont signé un accord de paix mettant fin à une guerre civile prolongée aux effets débilitants. Dans le cadre de cet accord, l'Opération des Nations Unies au **Mozambique**, déployée en 1993, est parvenue à surveiller le cessez-le-feu, à démobiliser les troupes et à organiser en 1994 les premières élections pluripartites dans ce pays.

Angola. Le Gouvernement angolais et l'Union nationale pour l'indépendance totale de l'Angola (UNITA), étaient engagés dans une guerre civile intermittente mais néanmoins dévastatrice depuis que le pays avait obtenu son indépendance du Portugal en 1975. Les

Nations Unies ont joué un rôle important dans les efforts faits pour mettre fin au conflit, notamment par le biais de la médiation du Secrétaire général et de ses envoyés, de l'organisation de pourparlers de paix, de l'imposition par le Conseil de sécurité d'un embargo sur les armes et le pétrole et d'une interdiction de voyager à l'encontre des membres de l'UNITA, et de la surveillance des élections nationales.

Le Conseil de sécurité a décidé l'envoi de plusieurs missions de maintien de la paix et missions politiques successives. La première, en 1989, était destinée à veiller au retrait de l'Angola des troupes cubaines progouvernementales. La deuxième, qui avait commencé en 1991, avait pour but de surveiller un cessez-le-feu, de vérifier la démobilisation des combattants et d'observer les élections de 1992, dont les résultats avaient été rejetés par l'UNITA, ce qui avait eu pour effet de plonger à nouveau le pays dans la guerre.

Les efforts de médiation du Représentant spécial du Secrétaire général, Alioune Blondin Beye, avaient abouti à la conclusion de l'Accord de paix de Lusaka de 1994 et à l'instauration d'une paix précaire. Cet accord prévoyait un cessez-le-feu, ainsi que l'intégration de l'UNITA au sein du Gouvernement et des forces armées. À l'appui de cet accord et pour aider les parties à réaliser la paix et la réconciliation nationale, une troisième mission avait été mise en place.

Le Secrétaire général s'est rendu en Angola en 1997 pour encourager la réconciliation et promouvoir l'installation d'un gouvernement d'unité et de réconciliation nationales, qui a été mis sur pied en avril 1997. La même année, la **Mission d'observation des Nations Unies en Angola (MONUA)** était créée pour contribuer au rétablissement de la paix et faciliter la transition. Néanmoins, après quatre années de paix relative, le conflit a repris en décembre 1998, faisant de nombreuses victimes parmi la population civile. Le Conseil de sécurité a alors renforcé les sanctions contre l'UNITA qui avait failli aux obligations que lui imposait l'Accord de paix de Lusaka.

Le 26 décembre 1998, un appareil affrété par l'ONU s'est écrasé dans une zone d'opérations militaires; une semaine plus tard, un deuxième avion affrété par l'ONU a été pris pour cible dans le même secteur et s'est écrasé au sol. L'ensemble des 15 passagers et 8 membres d'équipage ont été tués. Le Conseil de sécurité a alors rappelé que la responsabilité de la détérioration du processus de paix incombait au premier chef à l'UNITA. En février 1999, il a laissé le mandat de la MONUA venir à expiration. En octobre 1999, il a toutefois créé le Bureau des Nations Unies en Angola (BUNUA), tandis qu'un représentant spécial du Secrétaire général était nommé pour explorer les moyens de rétablir la paix et de contribuer au renforcement des capacités, à l'assistance humanitaire et à la promotion des droits de l'homme.

Cette guerre interminable a brusquement pris fin lorsque le fondateur et chef de l'UNITA, Jonas Savimbi, a été tué lors de combats avec les forces gouvernementales le 22 février 2002. En mars, l'UNITA et les forces armées gouvernementales ont conclu un cessez-le-feu avant de signer, en avril, un mémorandum d'entente en vue d'achever de mettre en œuvre les dispositions du Protocole de Lusaka.

L'Afrique : une priorité pour les Nations Unies

L'Afrique reste au cœur des préoccupations et de l'action de l'ONU. L'Organisation s'est attaquée, au niveau le plus élevé, au problème posé par les conflits tenaces et les différends de longue date qui affligent ce continent, en faisant appel à des formules novatrices. Dans la Déclaration du Millénaire, adoptée en septembre 2000, les dirigeants du monde entier se sont engagés à apporter leur plein appui à l'Afrique, notamment par l'adoption de mesures spéciales, afin de l'aider à surmonter les problèmes qu'elle rencontre dans les domaines de la paix et du développement. L'action menée par les Nations Unies au fil des années va de la campagne contre l'apartheid en Afrique du Sud au soutien actif à l'indépendance de la Namibie, en passant par la mise en place de quelque 25 opérations de maintien de la paix dans divers pays du continent.

Parmi ces opérations, une mission des Nations Unies en Éthiopie et en Érythrée contribue au maintien de la paix entre ces deux pays. Les forces des Nations Unies déployées en Côte d'Ivoire depuis 2003 veillent au respect de l'accord de paix entre les régions divisées du pays. Une mission déployée en 2005 s'efforce d'appuyer l'Accord de paix global entre le nord et le sud du Soudan. En République démocratique du Congo, une importante mission de maintien de la paix a contribué à unifier cet immense pays, où se sont tenues en 2006 les premières élections démocratiques depuis l'indépendance. Au Libéria, une opération des Nations Unies aide le pays à rétablir la stabilité et à se réconcilier après 14 années de guerre civile. De nouvelles opérations de maintien de la paix ont également été autorisées pour le Darfour, la République centrafricaine et le Tchad.

Dans son rapport sur les causes des conflits en Afrique, publié en 1998, le Secrétaire général engageait les nations africaines à : rechercher des solutions politiques plutôt que militaires aux problèmes; encourager la bonne gouvernance, le respect des droits de l'homme, la démocratisation et la responsabilisation dans la gestion des affaires publiques; et mettre en œuvre des réformes pour promouvoir la croissance économique. Le Conseil de sécurité a, par la suite, adopté plusieurs résolutions sur les effets déstabilisateurs que les mouvements illicites d'armes légères ont sur les embargos sur les armes et sur la prévention des conflits en Afrique. En janvier 2000, il a tenu pendant un mois une série de réunions sur l'Afrique afin d'examiner des questions telles que le règlement des conflits, le VIH/sida, les réfugiés et les personnes déplacées, et les efforts de paix déployés par les Nations Unies.

Le Secrétaire général et ses représentants, conseillers et envoyés spéciaux continuent de participer activement à l'action que mène l'ONU en faveur de l'Afrique et l'Organisation continue d'agir en étroite collaboration avec l'Union africaine et d'autres organisations sous-régionales, telles que la Communauté économique des États de l'Afrique de l'Ouest (CEDEAO) et Communauté de développement de l'Afrique australe (CDAA).

Depuis 2003, le Bureau du Conseiller spécial pour l'Afrique s'efforce de consolider l'appui de la communauté internationale au développement et à la sécurité de l'Afrique, de mieux coordonner l'aide accordée par le système des Nations Unies et de faciliter les délibérations internationales consacrées à l'Afrique, en particulier en ce qui concerne le Nouveau Partenariat pour le développement de l'Afrique (NEPAD), cadre stratégique adopté par les dirigeants africains en 2001.

(Pour plus d'informations, voir le site *www.un.org/africa/osaa*).

Il en est résulté une légère augmentation de la présence politique des Nations Unies avec la création d'une **Mission des Nations Unies en Angola (MINUA)** en août pour aider les parties à s'acquitter des dernières tâches prévues par le Protocole de Lusaka et aider le Gouvernement à organiser des élections, à promouvoir les droits de l'homme, à renforcer l'état de droit, à soutenir la réinsertion des soldats démobilisés et à favoriser la reprise économique.

En décembre 2002, le Conseil de sécurité a levé toutes les sanctions prises contre l'UNITA au cours des neuf années précédentes. Au début de 2003, les dernières conditions fixées par le Protocole de Lusaka avaient été remplies. Le mandat de la MINUA a été annulé et la responsabilité de toutes les activités restant à mener a été confiée au bureau du Coordonnateur résident des Nations Unies dont les effectifs avaient été renforcés.

Région des Grands Lacs d'Afrique

Rwanda. L'engagement des Nations Unies au Rwanda a débuté en 1993, lorsque le Rwanda et l'Ouganda ont demandé le déploiement d'observateurs militaires le long de leur frontière commune afin d'empêcher l'utilisation militaire de cette zone par le Front patriotique rwandais (FPR). En réponse, le Conseil de sécurité a décidé de mettre en place la **Mission d'observation des Nations Unies Ouganda-Rwanda (MONUOR).**

Des combats avaient éclaté au Rwanda en 1990 entre le gouvernement à majorité hutue et le FPR dirigé par les Tutsis, dont la base d'opérations se trouvait en Ouganda. Un accord de paix prévoyant la constitution d'un gouvernement de transition et l'organisation d'élections a été conclu en 1993. À la demande des parties, le Conseil de sécurité a mis en place la **Mission des Nations Unies pour l'assistance au Rwanda (MINUAR),** chargée de les aider à appliquer l'accord. Au début d'avril 1994, la mort des Présidents du Rwanda et du Burundi lors d'un accident d'avion provoqué par un tir de roquettes a mis le feu aux poudres et déclenché au cours des semaines suivantes plusieurs vagues importantes de massacres systématiques commis par les forces armées et les milices à majorité hutue pour exterminer les Tutsis et les Hutus modérés.

La MINUAR s'est efforcée en vain d'établir un cessez-le-feu et, après le retrait unilatéral des troupes de certains pays, le Conseil de sécurité a réduit de 2 548 à 270 militaires les effectifs de la Mission qui est néanmoins parvenue à offrir un abri à des milliers de Rwandais. En mai, le Conseil de sécurité a imposé un embargo sur les livraisons d'armes au Rwanda et porté les effectifs de la MINUAR à 5 500 soldats, mais près de six mois se sont écoulés avant que les États Membres mettent ces troupes à disposition. En juillet, les forces du FPR ont pris le contrôle du Rwanda, mettant ainsi un terme à la guerre civile, et constitué un gouvernement largement représentatif.

Sur une population de 7,9 millions d'habitants, près de 800 000 personnes avaient été tuées, 2 millions s'étaient réfugiées dans d'autres pays et jusqu'à 2 millions avaient été déplacées à l'intérieur du pays. Un appel de fonds lancé par l'ONU a permis de réunir la somme de 762 millions de dollars et de relever cet énorme défi humanitaire.

En novembre 1994, le Conseil de sécurité a institué le **Tribunal pénal international pour le Rwanda (TPIR)** afin de poursuivre ceux qui s'étaient rendus coupables de génocide et de crimes de guerre. En janvier 2007, le Tribunal avait inculpé 90 personnes, rendu 25 jugements concernant 31 accusés; 28 détenus passaient de jugement, neuf étaient en instance de jugement, sept dans l'attente d'un jugement en appel et 18 en fuite. L'ancien Président Jean Kambanda, était condamné à la prison à perpétuité. Le Tribunal a prévu d'achever ses travaux en 2008.

En 1996, à la demande du Rwanda, le Conseil de sécurité a mis fin au mandat de la MINUAR. En 1999, à l'issue d'une enquête indépendante menée à la demande du Secrétaire général, il a été conclu que le Secrétariat de l'ONU, le Conseil de sécurité et les États Membres portaient tous une part de responsabilité pour n'avoir pas su arrêter le génocide. Le Secrétaire général a exprimé son profond remord face à l'incapacité de l'ONU de mettre fin au génocide et s'est engagé une nouvelle fois à prendre toutes les dispositions voulues pour que l'Organisation ne faillisse plus jamais à son devoir en laissant commettre des massacres.

En 2003, une nouvelle constitution a été adoptée par référendum, Paul Kagame a remporté une victoire éclatante aux élections présidentielles et son parti, le RPF, a obtenu une large majorité aux premières élections parlementaires multipartites depuis l'indépendance en 1962. Pour marquer le dixième anniversaire du génocide, en 2004, l'Assemblée générale a proclamé le 7 avril Journée internationale de réflexion sur le génocide au Rwanda.

Au niveau régional, la fin de la guerre civile au Rwanda avait poussé un grand nombre de Hutus originaires du Rwanda, à se réfugier dans l'est du Zaïre—l'actuelle République démocratique du Congo (RDC). Parmi ces réfugiés se trouvaient des éléments ayant participé au génocide et qui n'ont pas tardé à lancer des attaques contre l'Ouest du Rwanda.

En fin de compte, l'Ouganda et le Rwanda sont intervenus dans la nouvelle RDC citant des raisons de sécurité et s'inquiétant de ce que des membres des anciennes milices hutues (Interahamwe) et des Forces armées rwandaises (ex-FAR) responsables du génocide de 1994 avaient trouvé refuge dans ce pays. En 1999, après des efforts diplomatiques intensifs de l'ONU, de l'OUA et des pays de la région, l'Accord de cessez-le-feu de Lusaka pour la RDC a été signé. Le Conseil de sécurité a ensuite établi la Mission de l'Organisation des Nations Unies en République démocratique du Congo (MONUC).

En juillet 2002, le Président Kagame et le Président de la République démocratique du Congo, M. Joseph Kabila, se sont entendus sur le retrait des troupes rwandaises de la RDC et le démantèlement des ex-FAR et des forces Interahamwe, ce qui a marqué un tournant dans le processus d'instauration de la paix et de la stabilité dans la région des Grands Lacs. Le Rwanda a achevé de retirer ses troupes le 7 octobre. À la fin de 2003, la MONUC a procédé au rapatriement librement consenti de près de 900 combattants rwandais et membres de leur famille.

Burundi. Le Bureau des Nations Unies au Burundi a participé aux efforts faits par la communauté internationale pour aider à résoudre la crise dans ce pays, où un conflit interne déjà ancien a abouti en 1993 à une tentative de coup d'État au cours de laquelle le premier président démocratiquement élu, un Hutu, et six ministres ont trouvé la mort. Au cours des trois années qui ont suivi, les combats entre factions ont provoqué la mort d'au moins 150 000 personnes.

En 1996, le Gouvernement et le Président, mis en place en 1994 à la suite d'un accord entre la majorité hutue et la minorité tutsie, ont été déposés par un coup d'État militaire fomenté par les Tutsis. Le Conseil de sécurité a condamné le renversement du Gouvernement et demandé instamment aux dirigeants militaires de rétablir l'ordre constitutionnel. Les pays voisins ont imposé un embargo économique contre le Burundi. Les combats entre l'armée dominée par les Tutsis et les rebelles hutus s'intensifiant, quelque 500 000 personnes ont été transférées de force dans des « camps de regroupement » et 300 000 autres se sont enfuies en Tanzanie.

L'ancien Président tanzanien, M. Julius Nyerere, a entamé des efforts de médiation qui ont débouché en 1998 sur l'adoption d'une constitution intérimaire prévoyant un partenariat politique entre Hutus et Tutsis. En 2000, au lendemain du décès de M. Nyerere, l'ancien Président sud-africain, M. Nelson Mandela, lui a succédé en tant que facilitateur du processus de paix. Le Gouvernement provisoire a pris ses fonctions en novembre 2001, suivi par l'Assemblée nationale de transition et le Sénat. Au début de 2003, des accords de cessez-le feu avaient été conclus avec trois des principales factions.

En avril 2003, l'Union africaine a autorisé le déploiement de la **Mission africaine au Burundi (MIAB)** composée de 3 500 hommes au maximum, dont 120 observateurs militaires. Le 30 avril, à la fin de la première moitié de la période de transition, un président hutu et un vice-président tutsi ont prêté serment marquant ainsi la passation du pouvoir exécutif de la minorité tutsie à la majorité hutue.

Néanmoins, à la fin du mois de juin, quatre députés ont été enlevés par les rebelles du Conseil national pour la défense de la démocratie-Forces pour la défense de la démocratie (CNDD/FDD) et des attaques meurtrières ont secoué Bujumbura, la capitale du Burundi. Des affrontements ont également été signalés entre les forces gouvernementales et la faction Palipehutu-Forces nationales de libération (Palipehutu-FNL). Seize des 17 provinces du Burundi étaient alors le théâtre de combats sporadiques, de pillages et d'actes de banditisme armé. L'ONU a retiré son personnel non essentiel de Bujumbura.

Toutefois, les efforts ininterrompus du Président sud-africain, Thabo Mbeki, et d'autres dirigeants régionaux ont conduit à la signature, par le Gouvernement de transition et le CNDD/FDD, d'un accord global de cessez-le-feu en novembre 2003, le CNDD/FDD rejoignant ainsi les institutions de transition. Le Conseil de sécurité a engagé le Palipehutu-FNL (Rwasa), dernier mouvement armé à ne pas l'avoir fait, à adhérer à l'Accord d'Arusha.

Les chances de voir un Burundi démocratique naître d'une décennie de guerre civile qui avait fait entre 250 000 et 300 000 morts n'avaient jamais été aussi réelles et la présence de la Mission africaine au Burundi y était pour beaucoup. Néanmoins, la Mission manquait gravement de moyens financiers et d'appui logistique. Dans la perspective des élections législatives prévues le 31 octobre 2004, l'UA a demandé que la Mission soit prise en main par les Nations Unies.

En mai 2004, agissant au titre des mesures de coercition prévues par la Charte des Nations Unies, le Conseil de sécurité a autorisé le déploiement, le 1er juin, de l'**Opération des Nations Unies au Burundi (ONUB),** qui devait être initialement constituée des forces de la MIAB existantes. Le 1er juin, plus de 2 000 soldats de la MIAB ont été transférés sous le commandement de l'ONU.

En 2005, un référendum sur la constitution pour l'après-transition a été organisé en février, avant la tenue d'élections locales en juin et l'élection de Pierre Nkurunziza, premier Président de l'après-transition, en août. En juin 2006, le Gouvernement et les Forces nationales de libération ont signé un Accord de principes qui a abouti, en septembre, à un accord de cessez-le-feu dont l'ONU a proposé de faciliter l'application.

Le 1er janvier 2007, l'ONUB a été remplacée par le Bureau intégré des Nations Unies au Burundi (BINUB), entité de taille modeste chargée d'appuyer le processus de consolidation de la paix et les efforts déployés par le Gouvernement dans des domaines tels que le renforcement de la capacité des institutions nationales, la formation des effectifs de police, la professionnalisation des forces nationales de défense, l'achèvement de la mise en œuvre du programme de démobilisation et de réintégration des ex-combattants, la protection des droits de l'homme, la réforme du secteur de la justice, et la promotion de la croissance économique et de la réduction de la pauvreté.

République démocratique du Congo.   À la suite du génocide commis au Rwanda en 1994 et de l'établissement d'un nouveau gouvernement dans ce pays, quelque 1,2 million de Hutus originaires du Rwanda, y compris des éléments ayant pris part au génocide, ont fui vers la province du Kivu située à l'est du Zaïre, région habitée entre autres par l'ethnie tutsie. Une rébellion y a éclaté en 1996, opposant les forces rebelles dirigées par Laurent Désiré Kabila, à l'armée du Président Mobutu Sese Seko. Les forces de Kabila, aidées par le Rwanda et l'Ouganda, ont pris Kinshasa, la capitale, en 1997 et rebaptisé le pays République démocratique du Congo.

En 1998, une rébellion contre le Gouvernement de Kabila a éclaté dans le Kivu et, en l'espace de quelques semaines, les rebelles se sont emparés d'une grande partie du pays. L'Angola, la Namibie, le Tchad et le Zimbabwe se sont engagés à fournir un appui militaire au Président Kabila mais les rebelles ont maintenu leur emprise sur les régions de l'est. Le mouvement rebelle, le Rassemblement congolais pour la démocratie (RCD) était appuyé par le Rwanda et l'Ouganda. Le Conseil de sécurité a appelé à un cessez-le-feu et au retrait des troupes étrangères en exhortant les États à ne pas s'ingérer dans les affaires intérieures du Congo.

En juillet 1999, la République démocratique du Congo, ainsi que l'Angola, la Namibie, l'Ouganda, le Rwanda et le Zimbabwe, ont signé l'Accord de cessez-le-feu de Lusaka qui prévoyait également l'ouverture d'un dialogue intercongolais. Les factions du Rassemblement congolais pour la démocratie (RCD) et les rebelles du Mouvement de libération du Congo (MLC) l'ont signé en août. En novembre, le Conseil a mis en place la **Mission de l'Organisation des Nations Unies en République démocratique du Congo (MONUC)**, chargée de faciliter l'application de l'Accord.

Le Président Kabila a été assassiné le 16 janvier 2001; son fils, Joseph Kabila, a pris sa succession.

En avril, un groupe d'experts mis en place par le Conseil de sécurité a indiqué que le conflit en RDC avait pour principal enjeu l'accès des forces armées étrangères aux richesses minérales du pays. Ainsi, les cinq grandes ressources minérales que sont les diamants, le cuivre, le cobalt, l'or et le colombotantalite (qui sert à la fabrication des composants électroniques utilisés dans les téléphones portables et les ordinateurs portatifs) étaient systématiquement exploitées par ces armées tandis que plusieurs sociétés se livraient au commerce des armes en échange de ressources naturelles ou facilitaient le financement de l'achat d'armes. La RDC a aussi des gisements de pierres précieuses, du bois d'œuvre et de l'uranium.

En mai, le Président Kabila a annoncé la levée de l'interdiction qui frappait les partis politiques en RDC et, en octobre, le dialogue intercongolais tant attendu commençait à Addis-Abeba.

En juillet 2002, un accord a été signé par les gouvernements de la RDC et du Rwanda en vue du retrait des troupes rwandaises de la RDC et du démantèlement des ex-FAR et des Interahamwe qui s'y trouvaient (voir la section consacrée au Rwanda). En septembre, un accord similaire a été signé par la RDC et l'Ouganda. Mais en octobre, la reprise des combats dans la partie est de la RDC menaçait de déstabiliser le pays tout entier.

En décembre 2002, les parties au conflit ont accepté, grâce à la médiation de l'ONU et de l'Afrique du Sud, de former un gouvernement de transition. Le Conseil de sécurité a porté les effectifs de la MONUC à 8 700 soldats et renforcé la présence de la Mission à l'est, mais de nouveaux affrontements n'ont pas tardé à éclater dans la province du Sud-Kivu provoquant des mouvements massifs de réfugiés.

Finalement, en mai 2003, les parties ont signé un accord de cessez-le-feu dans l'Ituri. La MONUC a continué de patrouiller à Bunia s'efforçant de réduire les tensions ethniques et de rassurer la population locale terrifiée — la brutale lutte interethnique pour le pouvoir se caractérisait par un recours systématique au viol, au meurtre et au « cannibalisme devant témoins » en tant que torture psychologique. Le 30 mai, le Conseil de sécurité a autorisé le déploiement jusqu'au 1er septembre d'une **Force multinationale intérimaire d'urgence** à Bunia en vue de contribuer à y stabiliser les conditions de sécurité.

Le 29 juin, le Gouvernement et les principales factions d'opposition du pays ont signé un accord sur des arrangements sur les questions militaires et de sécurité et, le 17 juillet, un gouvernement d'unité nationale et de transition, doté de quatre Vice-Présidents et dirigé par le Président Kabila, était mis en place conformément aux accords de partage du pouvoir. Le Conseil a porté les effectifs de la MONUC à 10 800 soldats. Agissant en vertu du Chapitre VII de la Charte des Nations Unies, le Conseil a autorisé la Mission à employer tous les moyens nécessaires, y compris la force, pour s'acquitter de son mandat en Ituri et dans les provinces du Nord et du Sud-Kivu. Le 5 septembre, la Force multinationale intérimaire d'urgence a transféré ses responsabilités en matière de sécurité à la MONUC.

Les premières élections libres et régulières organisées depuis 46 ans, tenues le 30 juillet 2006, ont abouti à l'institution d'une Assemblée nationale composée de 500 députés. À l'issue du deuxième tour des élections présidentielles organisé le 29 octobre et après règlement d'un litige, le Président Joseph Kabila a été déclaré vainqueur. Il s'agissait d'un des processus électoraux les plus complexes que l'ONU ait jamais été amenée à organiser.

Par l'intermédiaire de la MONUC, l'ONU continue de participer activement aux efforts déployés pour régler le conflit qui oppose l'armée nationale aux forces loyales à un ancien général dissident dans la province du Nord-Kivu. En novembre 2007, l'ONU a facilité la signature d'un accord entre les gouvernements de la RDC et du Rwanda en vue de lever la menace que faisaient peser sur la région les groupes armés illégaux, locaux et étrangers, encore présents dans l'est de la RDC, notamment les anciennes milices hutues (Interahamwe) et les anciennes Forces armées rwandaises (ex-FAR).

République centrafricaine. Le conflit en République centrafricaine a éclaté lorsque les forces armées ont organisé une série de mutineries au milieu des années 90. En 1998, à la suite de l'intervention de la France, ancienne puissance coloniale, puis d'une force multinationale africaine, la Mission interafricaine de surveillance des Accords de Bangui (MISAB), l'ONU a créé la **Mission des Nations Unies en République centrafricaine (MINURCA),** opération de maintien de la paix chargée de contribuer à améliorer la sécurité dans la capitale, Bangui. Plus tard, les Nations Unies ont également facilité la préparation des élections qui ont eu lieu l'année suivante. Le **Bureau d'appui des Nations Unies pour la consolidation de la paix en République centrafricaine (BONUCA)** a été créé en février 2000, après le retrait de la MINURCA.

Néanmoins, les troubles se sont poursuivis et une tentative de coup d'État militaire a été déjouée en mai 2001. Deux ans plus tard, en mars 2003, un groupe dirigé par le général François Bozizé a pris le pouvoir à la suite d'un coup d'État contre le Président élu, Ange-Félix Patassé. Le Conseil de sécurité a condamné le coup d'État, insistant pour que les autorités de Bangui élaborent un plan en vue de l'organisation d'un dialogue national comprenant un calendrier pour la tenue d'élections dans les meilleurs délais.

À la fin du mois de juin, le Secrétaire général de l'ONU a rapporté que les nouvelles autorités envisageaient de mettre en place un processus de dialogue national. Ce dialogue a abouti à la tenue d'élections législatives et présidentielles à deux tours en mars et mai 2005. Le général Bozizé a été élu Président avec 64,6 % des voix. L'Assemblée nationale nouvellement élue a tenu sa première session ordinaire du 1er mars au 30 mai 2006.

Conférence internationale sur la Région des Grands Lacs. Compte tenu de l'importance de la dimension régionale des conflits mettant en cause des pays des Grands Lacs et au lendemain du génocide survenu en 1994 au Rwanda, le Conseil de sécurité a demandé que soit convoquée une conférence internationale sur la région. Créé à la fin des années 90, le Bureau du Représentant spécial du Secrétaire général pour la région des Grands Lacs, sis à Nairobi (Kenya), a joué un rôle essentiel dans la promotion du dialogue. Il a également fait office de secrétariat conjoint avec l'Union africaine pour la Conférence. La première Conférence internationale sur la Région des Grands Lacs s'est tenue à Dar es-Salaam (République-Unie de Tanzanie) en novembre 2004.

Réunis une nouvelle fois en décembre 2006, les 11 chefs d'État et de gouvernement des pays de la région qui avaient participé à la Conférence ont signé un Pacte sur la sécurité, la stabilité et le développement dans la région des Grands Lacs, aboutissement de quatre années d'activités diplomatiques. Le Pacte donne aux 11 États signataires, à savoir : l'Angola, le Burundi, le Congo, le Kenya, l'Ouganda, la République centrafricaine, la République démocratique du Congo, la République-Unie de Tanzanie, le Rwanda, le Soudan et la Zambie, un cadre juridique pour recenser collectivement les principaux problèmes auxquels se heurte la région et élaborer des plans pour y faire face.

Les signataires ont également créé un mécanisme politique régional de suivi, un secrétariat dirigé par un secrétaire exécutif [sis à Bujumbura (Burundi)] et un Fonds spécial pour la reconstruction et le développement. En mars 2007, la responsabilité du processus ayant été transférée aux États de la région, le Conseil de sécurité a mis un terme au mandat du Représentant spécial du Secrétaire général pour la région des Grands Lacs.

Afrique de l'Ouest

Bureau du Représentant spécial du Secrétaire général pour l'Afrique de l'Ouest (UNOWA) [*www.un.org/unowa*]. Une mission interinstitutions des Nations Unies s'est rendue dans 11 pays d'Afrique de l'Ouest en mars 2001. Ses membres ont estimé que la meilleure façon de s'attaquer aux graves problèmes politiques, économiques et sociaux interdépendants auxquels se heurtaient les pays d'Afrique de l'Ouest était d'adopter une stratégie sous-régionale intégrée faisant intervenir l'ONU et ses partenaires. En novembre 2001, le Secrétaire général a décidé d'établir le Bureau du Représentant spécial du Secrétaire général pour l'Afrique de l'Ouest en vue de promouvoir une telle démarche. Sis à Dakar (Sénégal), il est opérationnel depuis septembre 2002.

L'UNOWA est le premier bureau régional de consolidation de la paix des Nations Unies dans le monde. Il exerce également ses bons offices et s'acquitte de fonctions spéciales dans les pays d'Afrique de l'Ouest, assure la liaison avec les organisations sous-régionales et rend compte au Siège de l'ONU des événements nouveaux d'importance sous-régionale. Le Représentant spécial a été étroitement associé aux efforts internationaux visant à régler les conflits, notamment en Côte d'Ivoire et au Libéria.

Le Bureau s'occupe de problèmes transfrontières tels que : les mercenaires, les enfants soldats, la prolifération des armes légères, la réforme du secteur de la sécurité, la démocratisation, l'intégration économique, le chômage des jeunes et la coopération transfrontière. Il a organisé des réunions régionales visant à harmoniser les programmes de désarmement, démobilisation et réintégration (DDR) des ex-combattants d'Afrique de l'Ouest.

Le Représentant spécial est également Président de la **Commission mixte Cameroun-Nigéria** que le Secrétaire général a établie à la demande des Présidents du Nigéria et du Cameroun et chargée d'examiner tous les aspects de la mise en œuvre de l'arrêt relatif à la frontière terrestre et maritime entre les deux pays que la Cour internationale de Justice a rendu.

Depuis un certain temps, les relations étaient tendues entre le Cameroun et le Nigéria, en raison de problèmes concernant leur frontière terrestre longue de 1 600 kilomètres, qui s'étend du lac Tchad à la péninsule de Bakassi, le golfe de Guinée constituant une frontière maritime. Les droits sur les terres riches en pétrole et les réserves marines ainsi que le sort des populations locales faisaient partie des questions à l'origine de la discorde. Les tensions ont dégénéré en un affrontement militaire à la fin de 1993, lorsque des soldats nigérians ont été déployés sur les 1 000 kilomètres carrés de la péninsule de Bakassi. En 1994, le Cameroun a porté le différend frontalier devant la Cour internationale de Justice.

La Cour a rendu son arrêt le 10 octobre 2002 et la Commission mixte a tenu sa première réunion en décembre, avant de se réunir tous les deux mois alternativement à Yaoundé (Cameroun) et à Abuja (Nigéria). Les années qui suivirent ont été marquées par la lenteur des progrès et de multiples retards, jusqu'au 12 juin 2006, date à laquelle les Présidents des deux pays ont signé un accord mettant fin au différend relatif à la péninsule de Bakassi, après d'importants efforts de médiation de la part du Secrétaire général. Le 14 août, le Nigéria avait retiré toutes ses troupes et officiellement transféré au Cameroun l'autorité sur la région. En octobre, le Secrétaire général a fait part des progrès constants accomplis dans la délimitation de la frontière commune aux deux pays, sous la supervision de la Commission mixte.

Côte d'Ivoire. En décembre 1999, un groupe d'officiers et de soldats dirigé par le général Robert Gueï a renversé le gouvernement de la Côte d'Ivoire. De nouvelles élections présidentielles étaient prévues pour octobre 2000. Prenant conscience qu'il était devancé dans les sondages par Laurent Gbagbo, chef du Front populaire ivoirien, Gueï a déclaré victoire le 23 octobre. Alassane Ouattara, chef du Rassemblement démocratique des Républicains, avait été empêché de se présenter aux élections en vertu des dispositions d'une nouvelle constitution controversée.

Alors que des milliers de personnes manifestaient contre l'initiative de Gueï à Abidjan, Gbagbo s'est autoproclamé président et Gueï a quitté la ville. Des affrontements violents se sont alors produits dans les rues de la capitale entre les partisans de Gbagbo, ceux de Ouattara et les forces de maintien de l'ordre. Des centaines de personnes y ont trouvé la mort. Une commission indépendante établie par le Secrétaire général a conclu plus tard que les forces de maintien de l'ordre avaient réprimé les manifestations et étaient impliquées dans les massacres.

Un processus national de réconciliation a été lancé sous la présidence de l'ancien Premier Ministre Seydou Diarra et, en août 2002, le Président Gbagbo a formé un nouveau gouvernement largement représentatif. Néanmoins, les tensions ont persisté et, le 19 septembre, des militaires mécontents ont fait une tentative de coup d'État et occupé le nord du pays. La tentative de coup d'État a entraîné une partition de fait du pays entre le Gouvernement au sud, un groupe rebelle au nord et au nord-est, et deux autres groupes rebelles à l'ouest. Les combats ont provoqué des déplacements massifs de population.

La Communauté économique des États de l'Afrique de l'Ouest (CEDEAO) a créé une force de maintien de la paix, chargée de contrôler l'application d'un accord de cessez-le-feu entre le Gouvernement et un des groupes rebelles. Le 11 janvier 2003, le Gouvernement et les autres groupes rebelles ont conclu un accord de cessez-le-feu.

Le Gouvernement et les forces rebelles, réunis à Linas-Marcoussis (France) du 15 au 23 janvier 2003, sont parvenus à un accord de paix, qui prévoyait la nomination d'un Gouvernement de réconciliation nationale. Le 13 mars, conformément à l'Accord de Linas-Marcoussis, le Président Gbagbo a créé un gouvernement de réconciliation nationale dont le poste de Premier Ministre aux pouvoirs élargis était occupé par Seydou Diarra. Le 3 mai, les Forces armées nationales de Côte d'Ivoire et les Forces nouvelles — composées des trois groupes rebelles — ont signé un accord de cessez-le-feu pour l'ensemble du territoire.

Le 13 mai 2003, le Conseil de sécurité a créé la **Mission des Nations Unies en Côte d'Ivoire (MINUCI),** dotée d'un effectif maximal de 76 officiers de liaison et d'une composante civile, chargée de faciliter l'application de l'Accord de Linas-Marcoussis. Néanmoins, en septembre, les Forces nouvelles, qui contestaient le choix des ministres de la défense et de la sécurité intérieure nommés par le Président Gbagbo, ont quitté le Gouvernement. Elles dénonçaient par ailleurs l'insuffisance des pouvoirs délégués par le Président Gbagbo au Premier Ministre et au Gouvernement de réconciliation nationale. Une fois de plus, le pays était confronté à une montée des tensions.

Au vu de cette situation, le 27 février 2004, le Conseil de sécurité a créé l'**Opération des Nations Unies en Côte d'Ivoire (ONUCI),** prié le Secrétaire général de transférer l'autorité de la MINUCI et des forces de la CEDEAO à l'ONUCI et autorisé les forces françaises à user de tous les moyens nécessaires pour soutenir cette nouvelle Mission, dotée d'un effectif maximum de 6 240 militaires et d'un large mandat.

En dépit des difficultés, des événements encourageants sont survenus. En avril 2005, le Gouvernement et les rebelles des Forces nouvelles ont commencé à retirer leurs armes de la ligne de front, zone contrôlée par les forces de maintien de la paix de l'ONUCI et les forces françaises dont la présence était autorisée par l'ONU. En juin, le Conseil de sécurité a prolongé le mandat de l'ONUCI pour éviter que la situation dans le pays ne dégénère. En octobre 2005, le Président Gbagbo a accepté de nommer un Premier Ministre par intérim aux pouvoirs élargis, conformément à la proposition présentée par l'Union africaine et entérinée par le Conseil.

Le Président Gbagbo et le Secrétaire général des Forces nouvelles, Guillaume Soro, ont franchi un pas décisif en signant, le 4 mars 2007, l'« Accord de Ouagadougou » qui prévoit la création d'un gouvernement de transition, la tenue d'élections présidentielles libres et régulières, l'unification des Forces nouvelles et des forces nationales de défense et de sécurité, le démantèlement des milices, le désarmement des ex-combattants, et le remplacement de la zone dite de confiance qui sépare le sud, contrôlé par le Gouvernement, du nord, contrôlé par les rebelles, par une ligne verte sous contrôle de l'ONUCI.

M. Sono a été nommé premier ministre, étant entendu qu'il assumerait ces fonctions jusqu'aux élections présidentielles, auxquelles il n'était pas autorisé à se présenter. Le processus de désarmement a été officiellement lancé le 30 juillet, lors d'une cérémonie au cours de laquelle le Président Gbagbo et le Premier Ministre Soro ont mis le feu aux armes qui avaient été déposées. En novembre, les principaux partis politiques du pays ont adopté un code de bonne conduite dans la perspective des prochaines élections générales.

Libéria. En 1997, après huit ans de guerre civile, un gouvernement démocratiquement élu a été mis en place au Libéria et le **Bureau d'appui des Nations Unies pour la consolidation de la paix au Libéria (BANUL)** a été créé. Néanmoins, en 1999, des combats ont éclaté entre les forces gouvernementales et les rebelles du mouvement Libériens unis pour la réconciliation et la démocratie (LURD). Au début de 2003, un nouveau groupe armé est apparu dans l'ouest du pays : le Mouvement pour la démocratie au Libéria (MODEL). En mai, 60 % du territoire national était aux mains des rebelles.

Alors que les parties étaient réunies à Accra (Ghana) dans le cadre de pourparlers de paix organisés par la CEDEAO le 4 juin, le Tribunal spécial pour la Sierra Leone appuyé par les Nations Unies a annoncé qu'il avait inculpé le Président Charles Taylor de crimes de guerre commis en Sierra Leone au cours de la guerre civile longue de 10 ans. Le Président a proposé de se retirer du processus de paix. À peine deux semaines plus tard, le Gouvernement, le LURD et le MODEL ont signé un accord de cessez-le-feu prévoyant l'ouverture immédiate d'un dialogue en vue de parvenir à un accord de paix global dans un délai de 30 jours et la formation d'un gouvernement de transition sans le Président Taylor.

Néanmoins, les hostilités ont continué et, le 23 juillet, dans la capitale pilonnée par les tirs de mortier des rebelles, des centaines de réfugiés affamés et terrifiés se sont précipités dans l'enceinte du complexe des Nations Unies pour y trouver refuge. La CEDEAO a décidé d'envoyer une force d'avant-garde de 1 000 à 1 500 personnes. À leur arrivée, des renforts des États-Unis d'Amérique et d'autres pays devaient préparer la voie à une mission des Nations Unies.

Le 1er août, le Conseil de sécurité a autorisé la mise en place d'une force multinationale de la CEDEAO au Libéria. Trois jours plus tard, l'ONU a transporté par avion jusqu'à l'aéroport principal du Libéria le premier des deux bataillons envoyés. Profitant d'une accalmie, les Nations Unies et les autres organismes de secours ont commencé d'acheminer au plus vite des vivres et des fournitures médicales à l'intention des centaines de milliers de Libériens désespérés massés dans les rues de Monrovia.

Le 11 août, le Président Taylor a démissionné de ses fonctions et s'est exilé au Nigéria. Son Vice-Président, Moses Blah, lui a succédé à la tête d'un gouvernement provisoire. Quelques jours plus tard, le Représentant spécial du Secrétaire général a obtenu la signature par les parties d'un accord garantissant l'accès libre et sans entraves des agents humanitaires à tous les territoires sous leur contrôle et la sécurité de tout le personnel humanitaire international. Ils ont également signé un accord de paix complet.

Le 19 septembre 2003, le Conseil de sécurité a créé la **Mission des Nations Unies au Libéria (MINUL)**, dotée d'un effectif maximum de 15 000 militaires et plus de 1 000 agents de la police civile, chargée de reprendre les fonctions de la force de la CEDEAO à partir du 1er octobre et de remplacer le BANUL. Son mandat consistait notamment à surveiller l'application de l'accord de cessez-le-feu; soutenir le désarmement, la démobilisation, la réinsertion et le rapatriement de toutes les parties armées; sécuriser les infrastructures publiques de base et autres infrastructures vitales; assurer la protection du personnel et des installations des Nations Unies et des civils; et apporter un soutien à l'aide humanitaire et en matière de droits de l'homme. La MINUL était également chargée d'aider le gouvernement de transition du Libéria à mettre au point une stratégie de consolidation des institutions publiques de façon à tenir des élections libres et régulières d'ici à octobre 2005.

Comme prévu, 3 500 soldats de la CEDEAO ont revêtu le béret de soldat de la paix des Nations Unies. Moins de deux semaines plus tard, les parties déclaraient Monrovia « zone exempte d'armes ». Le 14 octobre, le Gouvernement national de transition était mis en place avec à sa tête le Président Gyude Bryant. Le 17 octobre, l'ancien Président Blah a remis une grande quantité d'armes aux soldats de la paix des Nations Unies en exprimant sa volonté de ne plus se battre.

Le processus de désarmement, démobilisation et réintégration a été lancé le 1er décembre. Au cours des 12 mois qui suivirent, près de 100 000 Libériens ont rendu leurs armes à feu, munitions, roquettes et autres armes. Le 3 novembre 2004, les milices combattantes libériennes ont été officiellement dissoutes lors d'une cérémonie organisée au quartier général de la MINUL à Monrovia. À la fin du mois de février 2006, plus de 300 000 Libériens déplacés à l'intérieur de leur pays avaient regagné leurs villages d'origine.

Avec l'assistance de l'ONU, les Libériens ont pu se rendre aux urnes pour la première fois depuis la fin d'un conflit long de 15 ans. Ils se sont mobilisés en masse le 12 octobre 2005, puis lors du deuxième tour entre les deux candidats ayant reçu le plus de voix, pour élire Mme Ellen Johnson-Sirleaf Présidente du Libéria avec 59,4 % des voix. Mme Johnson-Sirleaf a pris ses fonctions le 16 janvier 2006 et mis en place une Commission de vérité et de réconciliation pour aider le pays à panser ses plaies.

Bien que des problèmes importants subsistent, le Libéria est en bonne voie pour retrouver la paix nationale. Par conséquent, le 20 septembre 2007, le Conseil a approuvé la proposition du Secrétaire général Ban Ki-moon visant à organiser un retrait en plusieurs phases de la MINUL—de 15 200 à 9 750 militaires et policiers à la fin de 2010. Le 4 octobre, le Secrétaire général a annoncé que le Libéria pouvait prétendre à l'assistance du Fonds pour la consolidation de la paix des Nations Unies.

Guinée-Bissau.   Après une période de conflit, un gouvernement d'unité nationale a été mis en place en Guinée-Bissau en février 1999. En mars, l'ONU a créé le **Bureau d'appui des Nations Unies pour la consolidation de la paix en Guinée-Bissau (BANUGBIS)**

en vue de contribuer à l'instauration d'un climat favorable au rétablissement et à la consolidation de la paix, de la démocratie et de l'état de droit, et à l'organisation d'élections libres et transparentes. Cependant, en mai, l'accord de paix a été rompu et les rebelles ont renversé le Président João Bernardo Vieira. Au lendemain des élections parlementaires et présidentielles de novembre 1999 et de janvier 2000, le Gouvernement de transition a passé la main à un gouvernement civil dirigé par le nouveau Président Koumba Yala.

Bien que le Bureau ait continué d'aider le nouveau gouvernement pendant la période de transition, la consolidation de la paix et la reprise économique ont été gravement entravées par l'instabilité politique, qui a incité les donateurs à limiter leurs contributions et exacerbé les tensions sociales. En novembre 2002, le Président Yala a dissous l'Assemblée nationale et nommé un nouveau gouvernement intérimaire. Les élections parlementaires prévues pour mai 2003 ont été reportées à plusieurs reprises. Le 14 septembre 2003, le Président Yala était renversé par un coup d'État sans effusion de sang.

Faisant rapport au Conseil de sécurité quelques mois plus tard, le Secrétaire général a déclaré que la destitution du Président démocratiquement élu, certes répréhensible, était intervenue à la suite de nombreuses violations des normes constitutionnelles. Décrivant le coup militaire comme « l'aboutissement d'une situation intenable », il a engagé la communauté internationale à examiner comment elle pouvait intervenir à titre préventif dans des situations postérieures à un conflit où les gouvernements, bien que démocratiquement élus, bafouaient les règles élémentaires de la conduite des affaires publiques.

Le 28 septembre, une charte de transition politique a été signée par les militaires et 23 des 24 partis nationaux reconnus. Elle prévoyait une passation des pouvoirs à un gouvernement civil de transition dirigé par un président et un premier ministre transitoires civils et la tenue d'élections parlementaires dans un délai de six mois et celle d'élections présidentielles dans les 12 mois suivant la prestation de serment des nouveaux députés. Le 6 octobre, tous les mécanismes de transition étaient en place et le Président de transition, Henrique Perreira Rosa, économiste et homme d'affaires, prêtait serment.

En mars 2004, ont eu lieu des élections législatives, que les observateurs internationaux ont jugées libres, régulières et transparentes. En juin et septembre 2005, à l'issue d'élections à deux tours qui s'étaient déroulées dans le calme, João Bernardo « Nino » Vieira à été élu Président. Toutefois, les tensions politiques entre les différents partis ont continué de peser sur les efforts de réconciliation nationale et sur le bon fonctionnement des principales institutions publiques. Néanmoins, les trois principaux partis politiques ont signé un pacte de stabilité politique nationale, qui a abouti à la prise de fonctions, le 17 avril 2007, du Gouvernement du Premier Ministre Martinho Dafa Cabi. Le Secrétaire général Ban Ki-moon a déclaré que la Guinée-Bissau pouvait compter sur le soutien de l'ONU pour l'organisation et le suivi des élections parlementaires prévues en 2008.

Sierra Leone. En 1991, le Front révolutionnaire uni (RUF) a déclenché une guerre pour renverser le Gouvernement sierra-léonais, qui a finalement été renversé en 1992 par l'armée nationale. En 1995, le Secrétaire général a nommé un envoyé spécial qui, en collaboration avec l'OUA et la Communauté économique des États de l'Afrique de l'Ouest (CEDEAO), a négocié un retour au régime civil. Après les élections de 1996, auxquelles le RUF n'a pas participé, l'armée a transféré le pouvoir au vainqueur, Ahmad Tejan Kabbah. L'envoyé spécial a ensuite facilité les négociations entre le Gouvernement et le RUF qui ont abouti à l'Accord de paix d'Abidjan de 1996. Néanmoins, en 1997, lors d'un nouveau coup d'État, l'armée s'est alliée au RUF pour former une junte et prendre le pouvoir. Le Président Kabbah s'est exilé et le Conseil de sécurité a décrété un embargo sur le pétrole et les armes et chargé le Groupe de contrôle de la CEDEAO (ECOMOG) d'en vérifier l'application.

En 1998, à la suite d'une attaque perpétrée par les partisans de la junte, l'ECOMOG a lancé une opération militaire qui s'est terminée par la chute de la junte. Le Président Kabbah est revenu au pouvoir et le Conseil a levé l'embargo. En juin, le Conseil a institué la **Mission d'observation des Nations Unies en Sierra Leone (MONUSIL)** chargée de suivre l'évolution de la situation sur le plan de la sécurité, de superviser le désarmement des ex-combattants et de restructurer les forces de sécurité. Des inspecteurs de la MONUSIL non armés, travaillant sous la protection de l'ECOMOG, ont enquêté sur les atrocités et les violations des droits de l'homme commises.

La coalition rebelle a rapidement gagné le contrôle de plus de la moitié du territoire sierra-léonais; en janvier 1999, elle marchait sur Freetown, la capitale, et s'emparait de la quasi-totalité de la ville. Quelques semaines plus tard, les soldats de l'ECOMOG reprenaient Freetown et remettaient le pouvoir au Gouvernement. Le conflit a entraîné le déplacement de quelque 700 000 civils à l'intérieur du pays et l'exode de 450 000 autres civils. En concertation avec les États d'Afrique de l'Ouest, le Représentant spécial a engagé des négociations pour ouvrir le dialogue avec les rebelles. Ces négociations ont abouti à la signature, en juillet, de l'Accord de paix de Lomé, qui mettait fin aux combats et prévoyait la formation d'un gouvernement d'union nationale

En octobre, le Conseil de sécurité a remplacé la MONUSIL par la **Mission des Nations Unies en Sierra Leone (MINUSIL),** aux effectifs plus fournis, pour aider les parties à appliquer l'Accord de paix et à désarmer, démobiliser et réintégrer quelque 45 000 combattants. En février 2000, après l'annonce du retrait du Groupe de contrôle de la CEDEAO, les effectifs de la MINUSIL ont été portés à 11 000 soldats. Néanmoins, en avril, alors que des ex-combattants s'étaient déjà présentés pour rendre les armes, le RUF a lancé une offensive contre les forces des Nations Unies, au cours de laquelle quatre soldats de la paix ont été tués et près de 500 membres du personnel de l'ONU pris en otage.

En mai, des soldats britanniques déployés dans le cadre d'un accord bilatéral ont repris la capitale et son aéroport, et aidé la police à arrêter le chef du RUF, Foday Sankoh. À la fin du mois, près de la moitié des otages avaient été relâchés. Le Conseil de sécurité a porté l'effectif de la MINUSIL à 13 000 soldats afin d'accélérer le rétablissement de la paix; en juillet, la Mission a libéré les derniers otages détenus par les rebelles. En août, le Conseil a commencé à préparer la création d'un tribunal spécial chargé de juger les auteurs de crimes de guerre.

La MINUSIL a achevé de se déployer dans l'ensemble du pays en novembre 2001 et le processus de désarmement s'est terminé en janvier 2002. Après les élections présidentielles et parlementaires de mai 2002, la Mission a concentré ses efforts sur l'élargissement de l'autorité de l'État à tout le territoire, la réintégration des ex-combattants et la réinstallation des déplacés et réfugiés. La réinstallation des déplacés a été achevée en décembre et le rapatriement des quelque 280 000 réfugiés sierra-léonais en juillet 2004. La Commission Vérité et réconciliation et le Tribunal spécial pour la Sierra Leone ont commencé leurs travaux au second semestre de 2002.

Lorsque la MINUSIL a quitté le pays en décembre 2005, à l'issue d'un processus de réduction progressive des effectifs militaires sur trois ans, le sentiment de stabilité semblait de plus en plus fort et les services de base étaient mieux assurés. La MINUSIL a été remplacée en janvier 2006 par le **Bureau intégré des Nations Unies en Sierra Leone (BINUSIL)**, premier bureau de ce type mis en place pour appuyer un processus de consolidation de la paix (voir le site *www.uniosil.org*).

En avril 2006, Charles Taylor, ancien Président du Libéria, est comparu devant le Tribunal spécial pour répondre de 11 chefs d'accusation pour crimes de guerre, crimes contre l'humanité et autres violations du droit international. En juin, le Conseil de sécurité a approuvé la demande du Tribunal visant à juger Taylor à La Haye, estimant que sa présence constituait « une menace pour la paix au Libéria et en Sierra Leone ». Le procès a commencé le 4 juin 2007 avant d'être reporté à janvier 2008. S'il est jugé coupable, Taylor sera incarcéré au Royaume-Uni.

Le développement de la Sierra Leone a fait un grand bon en avant lorsque la Commission de consolidation de la paix des Nations Unies, nouvellement établie, a fait du pays une de ses priorités, avec le Burundi. Le 1er mars 2007, sur recommandation de la Commission, le Secrétaire général Ban Ki-moon a mis à la disposition de la Sierra Leone 35 millions de dollars prélevés sur le Fonds pour la consolidation de la paix, créé en octobre 2006 pour aider les pays qui relèvent d'un conflit à se reconstruire et à éviter tout nouvelle effusion de sang.

Le Tribunal spécial, appuyé par les Nations Unies, a rendu ses premiers jugements le 20 juin 2007 et déclaré trois anciens chefs rebelles coupables de multiples chefs d'accusation pour crimes de guerre et crimes contre l'humanité, en particulier pour actes de terrorisme, meurtre, viol, asservissement et recrutement forcé d'enfants âgés de moins de 15 ans dans des groupes armés. Les coupables ont par la suite été condamnés à des peines allant de 45 à 50 ans d'emprisonnement.

La campagne électorale en vue des élections présidentielles et législatives a commencé le 10 juillet. Le soutien du BINUSIL s'est notamment traduit par la formation de 49 fonctionnaires de district aux procédures de vote et de dépouillement, les consignes ainsi dispensées devant être transmises aux 37 000 agents électoraux. Les élections ont eu lieu le 11 août dans un climat généralement pacifique et avec un taux de participation élevé. Ernest Bai Koroma, candidat du All People's Congress, a été élu au second tour des élections présidentielles avec 54,6 % des voix. Il a pris ses fonctions le 15 novembre.

Afrique de l'Est

Le Soudan et la crise au Darfour.   Depuis son indépendance, obtenue le 1ᵉʳ janvier 1956, le Soudan n'a été épargné par la guerre civile que pendant 11 années. Depuis 1983, le Gouvernement et le Mouvement/Armée populaire de libération du Soudan (SPLM/A), principal mouvement rebelle du sud, s'affrontent au sujet des ressources, du partage du pouvoir, du rôle de la religion dans l'État et de l'autodétermination.

En 2002, une initiative de l'Autorité intergouvernementale pour le développement (IGAD) appuyée par l'ONU a abouti à la signature du Protocole de Machakos, à Machakos (Kenya). En 2004, ont été créées une **Mission de l'Union africaine au Soudan (MUAS)** faisant office de mission d'observation et une **Mission préparatoire des Nations Unies au Soudan** chargée de préparer le lancement d'une opération de maintien de la paix.

Le bilan des affrontements s'élevait à plus de 2 millions de morts, 4 millions de personnes déracinées et quelque 600 000 exilés avant la signature de l'**Accord de paix global**, le 9 janvier 2005. Cet Accord prévoyait des mesures de sécurité, le partage du pouvoir dans la capitale, un certain degré d'autonomie pour le sud et une répartition plus équitable des ressources économiques, notamment le pétrole. Il prévoyait également une période de transition de six ans et demi, durant laquelle le pays serait régi par des institutions de transition et des mécanismes de contrôle internationaux seraient mis en service. À la fin de cette période, un référendum serait organisé sous la supervision de la communauté internationale pour permettre à la population du Sud-Soudan de voter, soit pour l'unité du Soudan, soit pour la sécession.

Le 24 mars 2005, le Conseil de sécurité a établi la **Mission des Nations Unies au Soudan (MINUS)**, chargée d'appuyer l'application de l'Accord, de faciliter et coordonner l'assistance humanitaire et le retour librement consenti des réfugiés et des personnes déplacées, et d'aider les parties dans la lutte antimines. La Mission était également chargée de contribuer à la protection et à la promotion des droits de l'homme et de coordonner l'action de la communauté internationale en faveur de la protection des civils, en accordant une importance particulière aux groupes vulnérables.

Au cours de la même période, l'Union africaine (UA) a porté les effectifs de la MUAS à 6 171 militaires et 1 560 agents de la police civile « pour promouvoir un environnement plus sûr et des mesures de confiance, ainsi que pour protéger les civils et les opérations humanitaires ».

Un Gouvernement d'unité nationale a été établi en septembre 2005. Les parties respectaient dans l'ensemble la lettre de l'Accord, mais adhéraient moins que prévu à l'esprit de coopération, d'ouverture et de transparence. Le fait que la crise au Darfour perdure avait également un effet direct et négatif sur l'application de l'Accord.

Le rôle de l'ONU au Darfour.   Depuis longtemps, les tensions ethniques, économiques et politiques, associées aux rivalités relatives à l'exploitation de ressources peu abondantes, alimentent la violence au Darfour. En 2003, après la décision du Gouvernement de déployer les forces armées nationales et de mobiliser les milices locales en réponse aux attaques du Mouvement/Armée de libération du Soudan (M/ALS) et du Mouvement pour la justice et l'égalité (MJE), la violence a atteint un niveau sans précédent. Les bombardements aériens aveugles lancés par les forces armées soudanaises et les attaques perpétrées par les milices janjaouid et autres milices ont rayé de la carte plusieurs villages de la région. Ces combats ont provoqué la mort de civils et donné lieu à des viols de femmes et de filles, à des enlèvements d'enfants et à la destruction de sources d'alimentation et d'approvisionnement en eau.

En juillet 2004, l'Union africaine (UA) a lancé des négociations dans le cadre des pourparlers de paix intersoudanais d'Abuja, tout en déployant au Darfour 60 observateurs militaires et 310 militaires chargés de la protection pour contrôler le respect d'un accord de cessez-le-feu humanitaire que le Gouvernement, le M/ALS et le MJE avaient signé en avril. Parallèlement, l'ONU et les organisations non gouvernementales ont lancé une opération humanitaire de grande envergure.

En janvier 2005, une commission d'enquête établie à la demande du Conseil de sécurité a indiqué que si le Gouvernement soudanais n'avait pas mené une politique de génocide au Darfour, les forces gouvernementales et les milices janjaouid alliées s'étaient livrées à « des attaques aveugles, tuant des civils, commettant des actes de torture, procédant à des enlèvements, détruisant des villages, commettant des viols et autres actes de violence sexuelle, se livrant au pillage et procédant à des transferts forcés de populations ». Déclarant que les crimes de guerre et les crimes contre l'humanité n'étaient sans doute pas moins abominables que le crime de génocide, la Commission a conclu que les forces rebelles étaient responsables d'actes pouvant être considérés comme des crimes de guerre, notamment le pillage et le meurtre de civils.

Le Conseil a renvoyé le rapport de la Commission à la **Cour pénale internationale** qui, le 7 juin 2007, a délivré un mandat d'arrêt à l'encontre de deux personnes devant répondre de 51 chefs de crimes de guerre et crimes contre l'humanité.

Après trois années de conflit intense, une initiative menée par l'UA a abouti, le 5 mai 2006, à la signature de l'**Accord de paix pour le Darfour**, qui prévoyait le partage du pouvoir et des richesses, un accord de cessez-le-feu et des mesures de sécurité. Toutes les parties au conflit étaient présentes, mais seuls le Gouvernement et le M/ALS ont signé l'Accord.

Le 31 août 2006, par sa résolution 1706, le Conseil a décidé d'élargir le mandat de la MINUS pour permettre son déploiement au Darfour et invité le Gouvernement d'unité nationale à consentir à ce déploiement. Néanmoins, en septembre, le Secrétaire général a fait savoir que le Gouvernement avait une position très négative au sujet de ladite résolution.

En novembre, le Gouvernement soudanais a donné son approbation de principe à la création d'une mission hybride Union africaine-Nations Unies au Darfour. Après plusieurs mois de négociation, le 31 juillet 2007, le Conseil de sécurité a établi l'**Opération hybride Union africaine-Nations Unies au Darfour (MINUAD)** afin d'aborder la situation au Darfour de façon globale. Il s'agissait de la première force hybride à laquelle l'ONU participait et de la plus importante opération de maintien de la paix jamais lancée par l'ONU (voir encadré).

L'Opération hybride Union africaine-Nations Unies au Darfour : première mission de maintien de la paix hybride de l'histoire de l'Organisation

Au début de 2007, le bilan du conflit dans la région du Darfour (Soudan) s'élevait à plus de 200 000 morts et 2,5 millions de déplacés, sur fond de crimes de guerre et de crimes contre l'humanité.

Alors que la Cour pénale internationale commençait à examiner la question, le Conseil de sécurité a établi, le 31 juillet 2007, la première force hybride de l'histoire de l'Organisation, à savoir l'**Opération hybride Union africaine-Nations Unies au Darfour (MINUAD)**. L'Opération rassemble des forces des Nations Unies et de l'ancienne Mission de l'Union africaine au Soudan (MUAS) au sein d'une nouvelle opération intégrée destinée à amener la paix dans cette région troublée du monde.

Une fois pleinement déployée, la MINUAD sera la plus importante opération de maintien de la paix jamais établie, forte de 19 555 militaires et 3 772 policiers, ainsi que de 19 unités de police constituées, comportant chacune un effectif maximum de 140 personnes (soit un total de 2 660 personnes). La MINUAD devait prendre le relais de la MUAS le 31 décembre 2007 au plus tard en vue de se doter le plus vite possible, à partir de cette échéance, de toutes les capacités opérationnelles et de tous les effectifs nécessaires. Son mandat consiste notamment à :

- Faciliter un accès sans entrave de l'aide humanitaire à tout le Darfour;

- Contribuer à la protection des populations civiles immédiatement menacées de violences physiques;

- Cérifier l'application des divers accords de cessez-le-feu;

- Apporter une aide à la mise en application de l'Accord de paix pour le Darfour;

- Apporter une aide à la recherche d'une solution politique de manière que celle-ci n'exclue aucune partie;

- Apporter un appui à l'équipe conjointe Union africaine-Nations Unies d'appui à la médiation dans les efforts qu'elle déploie pour élargir et affermir l'engagement en faveur du processus de paix;

- Contribuer à instaurer un environnement favorable à la reconstruction économique et au développement, ainsi qu'au retour durable des déplacés et des réfugiés dans leurs foyers;

- Œuvrer pour le respect et la protection des droits de l'homme et des libertés fondamentales au Darfour;

- Aider à promouvoir l'état de droit au Darfour, notamment en appuyant le renforcement d'un système judiciaire et pénitentiaire indépendant;

- Faciliter la mise en place du cadre juridique, en collaboration avec les autorités soudanaises;

- Suivre la situation en ce qui concerne la sécurité aux frontières du Soudan avec le Tchad et la République centrafricaine et en rendre compte.

Le 28 août, le Secrétaire général Ban Ki-moon a annoncé qu'il se rendrait prochaine-ment au Soudan, au Tchad et en Jamahiriya arabe libyenne, pour faciliter le déploiement rapide et efficace de la MINUAD, la livraison de l'aide humanitaire et de l'assistance au développement, et le maintien de l'élan en faveur du processus de paix. Son objectif était de faire fond sur les progrès accomplis jusqu'alors pour faire en sorte que cette terrible crise cesse un jour. Le 4 septembre, il a profité de son séjour dans la région pour annoncer la no-mination de son nouveau Représentant spécial pour le Soudan, M. Ashraf Jehangir Qazi.

Trois semaines plus tard, le 25 septembre, le Conseil de sécurité approuvait l'établis-sement d'une présence multidisciplinaire au Tchad et en République centrafricaine, de concert avec l'Union européenne, présence qui comprendrait une mission des Nations Unies en République centrafricaine et au Tchad(MINURCAT). Ayant établi que la si-tuation à la frontière entre le Soudan, le Tchad et la République centrafricaine présentait une menace pour la paix et la sécurité internationales, le Conseil a pris cette décision pour faciliter la création de conditions de sécurité propices au retour librement consenti, sûr et durable des réfugiés et personnes déplacées.

Auparavant, en janvier 2007, le Secrétaire général avait nommé M. Jan Eliasson, ancien Ministre suédois des affaires étrangères et Président de l'Assemblée générale, Envoyé spécial pour le Darfour, en vue de relancer le processus politique et de parvenir à un règlement pacifique du conflit au Darfour.

M. Eliassion a coopéré avec M. Salim Ahmed Salim, Envoyé spécial de l'Union africaine pour le Darfour à la préparation de la relance des négociations. Ils ont ainsi consulté les re-présentants du Gouvernement, les différents mouvements rebelles, les acteurs régionaux et d'autres parties prenantes essentielles pour faire en sorte que les pourparlers de paix soient ouverts au plus grand nombre et aboutissent à un accord qui tienne compte des principales revendications de la population du Darfour touchée par le conflit. Les négociations ont commencé le 27 octobre 2007 et se sont poursuivies en 2008.

Somalie.   Les 6,8 millions d'habitants que compte la Somalie vivent dans l'anarchie depuis le renversement du Gouvernement du Président Siad Barre en 1991 et l'éclatement d'une guerre civile qui a divisé le pays en plusieurs fiefs contrôlés par des chefs de guerre rivaux, tandis qu'armes, munitions et explosifs passent librement les frontières en dépit de l'embargo imposé par l'ONU.

En avril 1992, des pourparlers organisés par le Secrétaire général ayant abouti à un cessez-le-feu dans la capitale, Mogadishu, le Conseil de sécurité a établi l'Opération des Nations Unies en Somalie (ONUSOM I), chargée de surveiller le cessez-le-feu; d'assu-rer la protection et la sécurité du personnel, du matériel et des fournitures de l'ONU; et d'escorter les convois d'aide humanitaire. Néanmoins, en décembre 1992, la détérioration des conditions de sécurité a amené le Conseil à autoriser les États Membres à former une Force d'intervention unifiée pour assurer la livraison en toute sécurité de l'aide humani-taire. En mars 1993, le Conseil a établi l'UNOSOM II chargée d'appuyer l'action de la Force d'intervention unifiée en faveur de la paix, mais l'intensification des combats entre clans a confirmé qu'il n'y avait pas de paix à maintenir. L'UNOSOM II s'est donc retirée en mars 1995.

En avril, le Secrétaire général a établi un Bureau politique des Nations Unies pour la Somalie (UNPOS), chargé de l'aider à œuvrer en faveur de la paix et de la réconciliation en établissant des contacts avec les dirigeants somaliens, les organisations de la société civile, et les États et organisations concernés. Le Bureau a appuyé l'initiative de Djibouti qui a abouti à la formation, en 2000, d'un gouvernement national de transition, dont l'autorité a cependant été remise en cause par les dirigeants somaliens du sud et par les administrations régionales du « Puntland », au nord-est, et du « Somaliland », au nord-ouest[4].

En 2002, une conférence de réconciliation nationale, organisée sous les auspices de l'Autorité intergouvernementale pour le développement (IGAD), a abouti à un accord de cessation des hostilités portant également sur les structures et principes régissant le processus national de réconciliation. Ce processus a porté ses fruits, lorsqu'en janvier 2004 les dirigeants somaliens ont convenu d'établir un Gouvernement fédéral de transition, doté d'un mandat quinquennal, et un Parlement fédéral de transition, composé de 275 membres, dont 12 % de femmes.

Le Président du « Puntland », Abdullahi Yusuf Ahmed, a été élu Président du Gouvernement fédéral de transition somalien en octobre 2004, l'ensemble des 25 candidats aux élections présidentielles promettant de l'appuyer et de démobiliser leurs milices. Toutefois, en mai 2006, des milices lourdement armées de l'Alliance pour la restauration de la paix et contre le terrorisme et des Tribunaux de la charia livraient combats à Mogadishu.

En juin 2006, le Gouvernement fédéral de transition et l'Union des tribunaux islamiques ont affirmé leur attachement à la reconnaissance mutuelle et à la poursuite du dialogue et se sont engagés à s'abstenir de mener toute action susceptible d'exacerber les tensions. Néanmoins, le 11 juillet, le Représentant spécial du Secrétaire général a déclaré que les partisans de la ligne dure au sein des Tribunaux islamiques présentaient une menace pour le processus de paix, en particulier pour les Institutions fédérales de transition, dont le siège provisoire est à Baidoa. Le 20 juillet, les forces loyales aux Tribunaux islamiques ont avancé sur une ville située à une soixantaine de kilomètres de Baidoa.

Le 6 décembre, le Conseil de sécurité a autorisé l'IGAD et tous les États Membres de l'Union africaine à établir une mission de protection et de formation en Somalie. Son mandat consistait notamment à : suivre les progrès réalisés par les parties dans l'application des accords passés; maintenir la sécurité à Baidoa; protéger les membres et les infrastructures des Institutions fédérales de transition et du Gouvernement; former les forces de sécurité des Institutions fédérales de transition pour qu'elles soient en mesure d'assurer leur propre sécurité; et contribuer à faciliter le rétablissement des forces de sécurité nationales somaliennes.

---

[4] Le « Somaliland » s'est autoproclamé république indépendante en 1991, mais la communauté internationale ne lui reconnaît pas un tel statut. Il existe une forte rivalité entre le « Somaliland » et le « Puntland », qui a déclaré son autonomie mais pas son indépendance.

Alors que des centaines de milliers de personnes fuyaient les combats de Mogadishu, le 20 février 2007, le Secrétaire général a autorisé l'Union africaine à établir une opération élargie, appelée AMISOM, pour une période initiale de six mois. L'AMISOM, qui remplaçait l'IGAD, était autorisée à prendre toutes les mesures nécessaires pour s'acquitter de son mandat, qui consistait notamment à : assurer les déplacements en toute sécurité et la protection de tous ceux qui prenaient part au processus de dialogue et de réconciliation nationale; protéger les Institutions fédérales de transition; aider au rétablissement et à la formation des forces de sécurité somaliennes sans exclusive; et concourir à créer les conditions de sécurité nécessaires à l'acheminement de l'aide humanitaire.

Le 20 août, le Conseil a prolongé le mandat de l'AMISOM de six mois et approuvé la poursuite de la préparation en vue du déploiement éventuel d'une opération de maintien de la paix des Nations Unies. Néanmoins, en novembre, le Secrétaire général Ban Ki-moon a indiqué que le déploiement d'une telle mission n'était ni réaliste, ni viable, compte tenu de la nette détérioration de la situation politique et des conditions de sécurité. En attendant qu'un tel déploiement soit possible, l'ONU continuerait de privilégier l'établissement d'un dialogue entre le Gouvernement fédéral de transition et les groupes d'opposition, ainsi que le renforcement de l'AMISOM.

S'agissant de la situation humanitaire, le Haut-Commissariat des Nations Unies pour les réfugiés a annoncé que le récent climat de violence avait provoqué le déplacement d'un million de personnes, dont 600 000 en provenance de Mogadishu (voir également le site Web de l'UNPOS : *www.un-somalia.org*).

Éthiopie-Érythrée. Après la chute du gouvernement militaire éthiopien en 1991, le Front populaire de libération de l'Érythrée avait annoncé la formation d'un gouvernement provisoire et son intention de consulter les Érythréens par voie de référendum sur leur futur statut par rapport à l'Éthiopie. Faisant suite à la demande de sa Commission référendaire, l'Assemblée générale a créé la **Mission d'observation des Nations Unies chargée de la vérification du référendum en Erythrée (ONUVER)** qui devait observer l'organisation et le déroulement du référendum de 1993. Quatre-vingt-dix-neuf pour cent des électeurs ayant voté en faveur de l'indépendance, l'Érythrée a peu après déclaré son indépendance et rejoint l'ONU.

En mai 1998, le différend frontalier qui opposait l'Éthiopie et l'Érythrée a dégénéré en conflit armé. Le Conseil de sécurité a exigé la fin des hostilités et offert son assistance technique pour délimiter et tracer la frontière. En juin 2000, à l'issue de pourparlers indirects tenus sous les auspices de l'OUA, les belligérants ont signé à Alger un accord de cessez-le-feu.

En juillet, le Conseil de sécurité a créé la **Mission des Nations Unies en Éthiopie et en Érythrée (MINUEE)** afin d'appuyer la mise en œuvre de l'accord, et déployé des officiers de liaison dans chacune des deux capitales et des observateurs militaires le long de la frontière. En septembre, le Conseil a autorisé l'envoi de 4 200 soldats au maximum pour vérifier la cessation des hostilités et s'assurer du respect des engagements pris par les deux parties en matière de sécurité.

Avec l'arrivée des soldats de la paix des Nations Unies, les forces éthiopiennes et érythréennes ont été redéployées et une zone de sécurité temporaire créée. La MINUEE avait pour mandat de surveiller la zone et d'y patrouiller. Les parties ont poursuivi leurs négociations facilitées par l'Algérie et signé, en décembre 2000, un accord mettant définitivement fin aux hostilités et prévoyant la libération des prisonniers de guerre. Il prévoyait également la constitution d'une commission indépendante chargée de tracer et aborner la frontière sur la base des traités coloniaux pertinents et du droit international applicable.

En avril 2002, les cinq membres de la Commission du tracé de la frontière entre l'Érythrée et l'Éthiopie ont rendu une décision finale ayant force obligatoire sur l'abornement de la frontière. Le Conseil de sécurité a modifié le mandat de la MINUEE pour y inclure le déminage en vue de l'abornement et le soutien administratif et logistique aux bureaux de la Commission sur le terrain.

En 2003, en dépit d'une situation militaire globalement stable, le processus de paix est resté dans l'impasse du fait du refus de l'Éthiopie d'accepter les recommandations de la Commission du tracé de la frontière. Pendant un certain temps, les parties ont continué de respecter la zone temporaire de sécurité. Néanmoins, l'application de la décision de la Commission du tracé de la frontière n'a pas progressé et l'Érythrée a commencé à se livrer à des actes que le Secrétaire général a qualifiés de « violations massives » de la zone, des « obstacles humiliants étant dressés sans ménagement » aux opérations de la Mission, les hélicoptères de l'ONU étant notamment interdits de vol. Les effectifs autorisés de la MINUEE ont donc été réduits de manière significative, passant de 4 200 hommes au départ à 2 300 en mai 2006, puis à 1 700 en janvier 2007.

Le 1er novembre 2007, le Secrétaire général Ban Ki-moon s'est déclaré gravement préoccupé par le dernier renforcement en date de la présence militaire dans la zone temporaire de sécurité, notant que l'Érythrée avait déplacé plus de 2 500 soldats et du matériel militaire lourd dans la zone, et que les deux pays avaient procédé à des exercices militaires le long de leur frontière commune. Bien que l'Éthiopie ait déclaré qu'elle acceptait la décision relative à l'abornement de la frontière, les conditions de sécurité nécessaires à sa mise en œuvre n'étaient pas réunies.

Le 13 novembre, le Conseil de sécurité a exhorté les deux parties à appliquer la décision de 2002 relative à l'abornement de la frontière sans délai et sans condition préalable. Par ailleurs, le Secrétaire général leur a demandé de s'abstenir de recourir à la force, de régler leur différends par des moyens pacifiques et de normaliser leurs relations.

Les Amériques

L'ONU a joué un rôle décisif dans le retour de la paix en Amérique centrale grâce à l'une de ses opérations de rétablissement et de maintien de la paix les plus complexes et les plus réussies.

L'ONU a été appelée à intervenir en Amérique centrale en 1989, lorsque le Costa Rica, El Salvador, le Guatemala, le Honduras et le Nicaragua ont demandé son assistance pour mettre en œuvre l'accord qu'ils avaient conclu en vue de mettre fin aux conflits qui déstabilisaient la région, de préparer les élections démocratiques et de favoriser la démocratisation et le dialogue. Le Conseil de sécurité a créé le **Groupe d'observateurs des Nations Unies en Amérique centrale (ONUCA)** chargé de veiller au respect de l'engagement qui avait été pris de cesser d'aider les forces irrégulières et les mouvements insurrectionnels et d'interdire que le territoire de tout pays soit utilisé pour mener des actes d'agression contre d'autres États.

Nicaragua. Les cinq pays sont convenus également d'élaborer un plan de démobilisation de la résistance nicaraguayenne, plus connue sous le nom de « contras », et le Gouvernement du Nicaragua a annoncé la tenue d'élections sous contrôle de la communauté internationale et de l'ONU. La **Mission d'observation des Nations Unies chargée de la vérification du processus électoral au Nicaragua (ONUVEN)** a ainsi surveillé la préparation et le déroulement du scrutin de 1990. Pour la première fois de son histoire, l'ONU supervisait des élections dans un pays indépendant. L'action de l'ONUVEN a contribué à créer des conditions favorables à la démobilisation volontaire des « contras » qui a été surveillée par l'ONUCA en 1990.

El Salvador. En El Salvador, les négociations, auxquelles participaient le Secrétaire général et son Envoyé personnel en qualité de médiateurs, ont abouti aux accords de paix de 1992, mettant fin à un conflit qui avait duré 12 ans et fait quelque 75 000 morts. La **Mission d'observation des Nations Unies en El Salvador (ONUSAL)** a surveillé l'application des accords, notamment les dispositions relatives à la démobilisation des combattants et au respect des droits de l'homme. Elle a également contribué à l'adoption des mesures nécessaires, telles que la réforme de la justice et la mise en place d'une nouvelle police civile, pour s'attaquer aux causes profondes de la guerre civile. À la demande du Gouvernement, elle a observé les élections de 1994. Son mandat s'est achevé en 1995.

Guatemala. À la demande du Gouvernement et de l'Unité révolutionnaire nationale guatémaltèque (URNG), à partir de 1991 l'ONU a facilité la tenue de pourparlers visant à mettre fin à une guerre civile qui durait depuis plus de 30 ans et avait fait quelque 200 000 morts ou disparus. Aux termes des accords signés par les parties en 1994, l'ONU devait vérifier le respect des engagements souscrits et dépêcher sur place une mission pour les droits de l'homme. En conséquence, l'Assemblée générale a créé la **Mission de vérification des Nations Unies pour les droits de l'homme au Guatemala (MINUGUA).**

En décembre 1996, après avoir conclu un accord de cessez-le-feu, les belligérants ont signé un accord de paix qui mettait fin au plus ancien et dernier conflit d'Amérique centrale. Pour la première fois en 36 ans, la région était en paix. La MINUGUA est demeurée sur place jusqu'en novembre 2004 pour vérifier le respect des accords, tandis que les organismes des Nations Unies continuaient de lutter dans toute la région contre les causes sociales et économiques à l'origine des conflits.

Haïti. En 1990, après le départ du « Président à vie » Jean-Claude Duvalier et une succession de gouvernements éphémères, le gouvernement provisoire d'Haïti a demandé à l'ONU d'observer le processus électoral prévu pour la même année. Le **Groupe d'observateurs des Nations Unies pour la vérification des élections en Haïti (ONUVEH)** a donc assisté à la préparation et au déroulement du scrutin, qui a porté Jean-Bertrand Aristide à la présidence de la République. Le coup d'État militaire de 1991 a mis fin au régime démocratique et contraint le président Aristide à l'exil. La situation ne cessant de se dégrader, une mission commune ONU/OEA appelée **Mission civile internationale en Haïti (MICIVIH)** a été déployée en 1993 pour surveiller la situation des droits de l'homme et enquêter sur les cas de violation.

Afin de favoriser le rétablissement de l'ordre constitutionnel, le Conseil de sécurité a imposé un embargo sur le pétrole et les armes en juin 1993, puis un embargo commercial en 1994. Il a par la suite autorisé la création d'une force multinationale pour faciliter le retour au régime démocratique. Peu de temps avant l'envoi de cette force, les États-Unis et les putschistes ont conclu un accord afin d'éviter de nouveaux affrontements. La force multinationale sous commandement américain a ainsi pu être déployée sans incident, le Président Aristide est rentré d'exil et l'embargo a été levé. En 1995, la force multinationale a été remplacée par une mission de maintien de la paix des Nations Unies, chargée d'aider le Gouvernement à maintenir l'ordre et la stabilité et de concourir à la création de la première police civile nationale de l'histoire du pays.

Néanmoins, le 1ᵉʳ janvier 2004, alors qu'Haïti célébrait son bicentenaire, un grave blocage politique a mis en péril la stabilité du pays. Les milices progouvernementales et antigouvernementales se sont livrées à des affrontements meurtriers, qui ont entraîné une spirale de la violence. Le 29 février, le Président Aristide quittait le pays, alors que diverses sources annonçaient qu'il avait démissionné de ses fonctions. Le Conseil de sécurité a reçu une lettre de démission.

Quelques heures plus tard, le Conseil adoptait la résolution 1529 dans laquelle il autorisait le déploiement immédiat d'une force multinationale intérimaire, à l'appui de la demande d'assistance adressée par le nouveau Président haïtien, M. Boniface Alexandre. Une force menée par les États-Unis a aussitôt commencé à être déployée en Haïti. Le 30 avril, le Conseil adoptait sa résolution 1542 établissant la **Mission des Nations Unies pour la stabilisation en Haïti (MINUSTAH)** pour faciliter la poursuite d'un processus politique pacifique et constitutionnel dans des conditions de sécurité et de stabilité.

En mars 2005, alors que commençait le processus de démobilisation, 325 anciens membres des forces armées du pays rendaient les armes. En octobre, plus de 3 millions de citoyens s'étaient inscrits sur les listes électorales. Lors des élections présidentielles et parlementaires du 7 février 2006, la population s'est rendue nombreuse aux urnes pour réélire l'ancien Président René Préval Président de la République. Au second tour des élections législatives, tenu en avril, 27 sénateurs et 83 députés ont été élus. Le Président Préval a pris ses fonctions en mai.

En août 2006, le Conseil de sécurité a prorogé le mandat de la MINUSTAH, en priant la Mission de réorienter son action en mettant en œuvre un programme complet de lutte contre la violence adapté aux conditions locales. À la fin décembre, la MINUSTAH et la Police nationale d'Haïti ont lancé la première phase d'une campagne de répression contre les bandes armées présentes dans la capitale, qui s'est achevée à la fin février. Le nombre de membres de bandes arrêtés s'élevait à 400 personnes au 27 mars et atteignait 850 personnes en juillet.

En août 2007, prenant la parole lors d'une conférence de presse conjointe avec le Président Préval, le Secrétaire général Ban Ki-moon a invité Haïti à confirmer les progrès accomplis sur le front de la sécurité en renforçant l'état de droit, en réformant la justice et en luttant contre la corruption.

Le 15 octobre 2007, le Conseil de sécurité a prorogé le mandat de la Mission pour une période d'un an. Il a également décidé de réduire la composante militaire de la Mission et d'augmenter les effectifs de la composante policière pour tenir compte de l'évolution de la situation. En effet, la violence des bandes armées était en net recul, mais les risques de troubles civils demeuraient, le fossé socio-économique étant encore très profond. En effet, les difficultés auxquelles se heurte Haïti, pays le plus pauvre des Amériques, étaient exacerbées par des conditions économiques et sociales désastreuses.

Asie et Pacifique

Le Moyen-Orient

La question du Moyen-Orient est depuis toujours l'un des sujets de préoccupation majeurs de l'ONU. Au fil des années, l'Organisation a énoncé un certain nombre de principes pour le règlement pacifique du conflit, dépêché dans la région plusieurs missions de maintien de la paix et appuyé les efforts déployés pour résoudre de manière équitable, durable et globale les problèmes politiques qui sont à l'origine de la crise.

La question du Moyen-Orient s'est posée pour la première fois à propos du statut de la Palestine. En 1947, la Palestine était en effet un territoire administré par le Royaume-Uni en vertu d'un mandat de la Société des Nations. Sa population d'environ 2 millions d'habitants était composée pour les deux tiers d'Arabes et pour un tiers de Juifs. Cette année-là, l'Assemblée générale a entériné le plan de partage présenté par le Comité spécial des Nations Unies sur la Palestine, qui prévoyait la création d'un État arabe et d'un État juif, Jérusalem étant dotée d'un statut international. Le plan a été rejeté par les Arabes palestiniens, les pays arabes et d'autres États.

Le 14 mai 1948, le Royaume-Uni a renoncé à son mandat et l'Agence juive proclamé la création de l'État d'Israël. Dès le lendemain, les Arabes palestiniens aidés par les pays arabes se sont soulevés contre le nouvel État. Le calme est revenu à la faveur d'une trêve demandée par le Conseil de sécurité et supervisée par un médiateur nommé par l'Assemblée générale, avec l'assistance d'un groupe d'observateurs militaires qui a pris le nom d'**Organisme des**

Nations Unies chargé de la surveillance de la trêve (ONUST), devenant ainsi la première mission d'observation des Nations Unies.

Mais le conflit a transformé en réfugiés quelque 750 000 Arabes palestiniens qui ont perdu leur toit et leurs moyens de subsistance. Pour leur venir en aide, en 1949, l'Assemblée générale a créé l'**Office de secours et de travaux des Nations Unies pour les réfugiés de Palestine dans le Proche-Orient (UNRWA)** qui accomplit depuis lors une importante mission d'assistance et représente un facteur de stabilité pour la région.

Le différend israélo-arabe n'étant toujours pas réglé sur le fond, de nouvelles guerres ont éclaté en 1956, 1967 et 1973; à chaque fois, les États Membres ont réclamé la médiation de l'ONU et le déploiement de missions de maintien de la paix. La guerre de 1956 a abouti au déploiement de la première force de maintien de la paix à part entière, la **Force d'urgence des Nations Unies (FUNU I)** qui a supervisé le retrait des troupes et contribué à la paix et à la stabilité dans la région.

En 1967, une guerre a éclaté entre Israël et trois de ses voisins, l'Égypte, la Jordanie et la Syrie, et Israël a conquis et occupé le Sinaï, la bande de Gaza et la Cisjordanie, dont Jérusalem-Est, ainsi qu'une partie du plateau syrien du Golan. Le Conseil a demandé et obtenu un cessez-le-feu, puis dépêché des observateurs pour contrôler le respect de l'accord dans le secteur Égypte-Israël.

Dans sa **résolution 242 (1967),** le Conseil a énoncé les principes d'une paix juste et durable au Moyen-Orient, à savoir : « le retrait des forces armées israéliennes des territoires occupés lors du récent conflit » et « la cessation de toute revendication et de toute force de belligérance ainsi que la reconnaissance et le respect de la souveraineté, de l'intégrité terri- toriale et de l'indépendance politique de chaque État de la région et de son droit de vivre en paix à l'intérieur de frontières sûres et reconnues, à l'abri de menaces ou d'actes de force ». Il y a également réaffirmé la nécessité de résoudre équitablement le problème des réfugiés.

En 1973, un nouveau conflit opposant Israël à l'Égypte et à la Syrie, le Conseil a adopté sa **résolution 338 (1973),** dans laquelle il a réaffirmé les principes énoncés dans la réso- lution 242 (1967) et recommandé l'ouverture de négociations afin d'instaurer « une paix juste et durable ». Ces résolutions restent le fondement de tout règlement global de la question du Moyen-Orient.

Le Conseil a créé deux forces de maintien de la paix pour contrôler le respect du ces- sez-le-feu de 1973. La première, appelée **Force des Nations Unies chargée d'observer le dégagement (FNUOD),** a été chargée de superviser l'application de l'accord de retrait israélo-syrien. Elle est toujours stationnée sur les hauteurs du Golan. La seconde, dite Se- conde force d'urgence des Nations Unies (FUNU II), a été déployée dans le Sinaï.

L'Assemblée générale a par la suite recommandé à plusieurs reprises l'organisation d'une conférence internationale sur la paix au Moyen-Orient sous les auspices de l'ONU. En 1974, elle a invité l'Organisation de libération de la Palestine (OLP) à participer à ses travaux en qualité d'observateur et créé, en 1975, le **Comité pour l'exercice des droits inaliénables du peuple palestinien** qui poursuit ses travaux en qualité d'organe subsidiaire de l'Assemblée générale œuvrant en faveur des droits du peuple palestinien et du règlement pacifique de la question de Palestine.

Avec la médiation des États-Unis, Israël et l'Égypte se sont engagés dans un processus de négociations bilatérales qui a abouti aux accords de Camp David de 1978 et au traité de paix israélo-égyptien de 1979. Israël s'est retiré du Sinaï, qui a été restitué à l'Égypte. Il a également signé un traité de paix avec la Jordanie en 1994.

Liban. D'avril 1975 à octobre 1990, le Liban était déchiré par la guerre civile. Très vite, le Sud-Liban est devenu le théâtre de violents affrontements entre certains groupes palestiniens et l'armée israélienne appuyée par des milices libanaises pro-israéliennes. Israël a pris position dans la région en 1978 à la suite d'une série de raids de commandos palestiniens en territoire israélien. Le Conseil de sécurité a adopté les résolutions 425 (1978) et 426 (1978) dans lesquelles il demandait à Israël de retirer ses troupes et décidait de déployer la **Force intérimaire des Nations Unies au Liban (FINUL)** pour superviser cette opération, rétablir la paix et la sécurité internationales, et aider le Liban à reprendre le contrôle de sa zone sud.

En 1982, à la suite d'échanges de tirs nourris dans le Sud-Liban et de part et d'autre de la frontière israélo-libanaise, les forces armées israéliennes ont pénétré au Liban jusqu'à Beyrouth et encerclé la ville. Elles se sont retirées d'une grande partie du pays en 1985, mais n'ont pas totalement évacué la région du sud. Les soldats israéliens et leurs auxiliaires libanais locaux sont donc restés stationnés dans cette zone, qui chevauchait partiellement la zone de déploiement de la FINUL. Les accrochages entre commandos libanais et soldats israéliens appuyés par leurs supplétifs locaux se sont poursuivis.

En mai 2000, les forces israéliennes se sont retirées, conformément aux résolutions que le Conseil de sécurité avait adoptées en 1978; en juin, le Secrétaire général s'est assuré que le retrait été complet. Le Conseil a alors entériné le plan opérationnel du Secrétaire général destiné à aider le Liban à rétablir son autorité dans la région. Par la suite, le Conseil a félicité le Gouvernement libanais des mesures qu'il avait prises pour « veiller à ce que son autorité soit effectivement rétablie dans tout le sud ». Néanmoins, la situation sur le long de la « Ligne bleue » qui devait confirmer le retrait d'Israël du Sud du Liban demeurait précaire.

L'assassinat du Premier Ministre libanais, Rafik Hariri, le 14 février 2005, a provoqué une escalade de la tension. En novembre, le Conseil de sécurité a approuvé la création d'un tribunal spécial chargé de poursuivre les personnes responsables de l'assassinat. En avril, l'ONU a vérifié le retrait des troupes, du matériel militaire et des services de renseignement syriens du Liban. En mai et juin, des élections parlementaires ont été organisées avec l'aide de l'ONU.

De nouvelles graves violations de la « Ligne bleue » ont été observées tout au long de 2005 et 2006. Les forces israéliennes ont violé l'espace aérien libanais, y compris en survolant Beyrouth, tandis que le Hezbollah lançait des tirs de mortiers, de missiles et de roquettes vers les positions des Forces de défense israéliennes dans la zone des fermes de Chebaa située dans le Golan syrien, occupé par Israël depuis 1967 et que le Hezbollah revendique comme territoire libanais.

Des militants du Hezbollah ont capturé deux soldats israéliens le 12 juillet 2006; Israël a riposté par des attaques aériennes intensives, auxquelles le Hezbollah a réagi en tirant des roquettes en direction du nord d'Israël. À la fin des combats, le bilan s'élevait à quelque 1 200 morts — presque tous civils — et 4 100 blessés du côté libanais et, côté israélien, plus de 40 morts parmi les civils et 120 parmi les soldats. Plus d'un quart des Libanais ont été contraints de quitter leur foyer. Le coût des dégâts matériels infligés au Liban, notamment la destruction partielle ou totale de 30 000 habitations était estimé à 3,6 milliards de dollars.

Les combats ont pris fin le 14 août 2006, les parties appliquant ainsi la résolution 1701, dans laquelle le Conseil lançait un appel en faveur de la cessation immédiate des hostilités, puis du déploiement des troupes libanaises, du renforcement de la présence de la FINUL dans le sud du Liban et du retrait des forces israéliennes de cette zone. La mise en œuvre progressive de la résolution est allée de pair avec l'apport d'une aide d'un montant considérable de la part de l'ONU. Parallèlement, pour la première fois depuis des années, des contingents européens ont rejoint les forces de maintien de la paix des Nations Unies, des casques bleus allemands, espagnols, français et italiens se joignant aux contingents ghanéens, indiens et indonésiens déjà présents sur le terrain.

Un des graves problèmes auxquels la FINUL est confrontée tient aux risques que les restes explosifs de guerre font peser sur la population civile. Ainsi, la guerre de 34 jours a laissé sur le territoire libanais environ un million de munitions non explosées, soit une densité plus élevée qu'au Kosovo et en Iraq. Les activités de déminage menées par la FINUL ont coûté la vie à de nombreux soldats de la paix.

En mars 2007, l'effectif de la FINUL était proche de l'effectif maximum autorisé de 15 000 hommes, 13 000 soldats et marins originaires de 30 pays patrouillant sur terre et en mer. Les démineurs de la FINUL avaient déjà détruit plus de 25 000 engins explosifs. Les soldats de la Force fournissaient également chaque jour une aide humanitaire, notamment des soins médicaux et dentaires.

En avril, préoccupé par les allégations de violation de l'embargo sur les armes à la frontière libano-syrienne, le Conseil de sécurité a invité le Secrétaire général à envoyer une mission indépendante pour évaluer la surveillance de la frontière, qui faisait défaut. Le Secrétaire général a proposé des mesures pour remédier à la situation.

À la fin de 2007, le Liban se trouvait face à une situation que le Secrétaire général Ban Ki-moon qualifiait de « crise politique débilitante ». Parmi les incidents les plus préoccupants, on citera : les combats survenus entre militants du groupe Fatah al-Islam et les forces de sécurité libanaises, combats internes les plus graves depuis la guerre civile ayant pris fin en 1990; l'explosion d'une série de bombes aux alentours de Beyrouth, dont une a tué un membre du Parlement libanais et neuf autres personnes; et un attentat à la bombe dirigé contre un convoi de la FINUL qui a fait six morts parmi les soldats de la paix. Il convient également de citer les roquettes Katyusha tirées à partir du Sud du Liban vers Israël, et les multiples survols, quasi quotidiens, du territoire libanais par l'aviation israélienne.

Dans un rapport présenté au Conseil de sécurité en juillet 2007, le Secrétaire général soulignait que davantage de progrès devaient être accomplis dans différents domaines, tels que l'application de l'embargo sur les armes, la libération des soldats israéliens enlevés et celles des prisonniers libanais, l'arrêt des violations de l'espace aérien libanais par des appareils israéliens et la question des fermes de Chebaa.

En vertu de la Constitution libanaise, des élections présidentielles devaient se tenir avant le 24 novembre, à la fin du mandat du Président en exercice. Malheureusement, les différents groupes politiques libanais n'ont pu parvenir à un accord, laissant le pays sans chef d'État (pour plus de renseignements sur les événements ultérieurs, voir le site *www. un.org/News*).

Le processus de paix au Moyen-Orient. En 1987, les Palestiniens des territoires occupés de Cisjordanie et de la bande de Gaza ont déclenché une insurrection (*Intifada*) pour réclamer un État indépendant et, en 1988, le Conseil national palestinien a proclamé la création de l'État de Palestine, que l'Assemblée générale a reconnu, appelant l'Organisation de libération de la Palestine (OLP) « Palestine », sans préjudice de son statut d'observateur.

Le 10 septembre 1993, au lendemain des pourparlers de Madrid et des négociations engagées par la suite avec la médiation de la Norvège, Israël et l'OLP ont échangé des lettres de reconnaissance mutuelle. Trois jours plus tard, les deux parties signaient à Washington la Déclaration de principes sur les arrangements intérimaires d'autonomie. L'ONU a créé une équipe spéciale pour le développement économique et social de Gaza et de Jéricho et nommé un Coordonnateur spécial des Nations Unies, dont le mandat a été élargi en 1999 pour inclure une assistance sous forme de bons offices en vue du processus de paix au Moyen-Orient.

La passation des pouvoirs d'Israël à l'Autorité palestinienne dans la bande de Gaza et à Jéricho a commencé en 1994. En 1995, Israël et l'OLP ont signé un accord sur l'extension de l'autonomie à la Cisjordanie, qui prévoyaient le retrait de l'armée israélienne de certains territoires et le transfert de l'autorité civile à un conseil palestinien élu. Yasser Arafat a été élu Président de l'Autorité palestinienne en 1996.

En 1999 était signé un accord intérimaire prévoyant de nouveaux retraits de l'armée israélienne de Cisjordanie, des accords sur les prisonniers, l'ouverture de passages sûrs entre la bande de Gaza et la Cisjordanie, et la reprise des négociations sur le statut permanent. Toutefois, des pourparlers de paix de haut niveau tenus sous la médiation des États-Unis à Camp David en juillet 2000 n'ont donné aucun résultat. Parmi les questions en suspens figuraient le statut de Jérusalem, le sort des réfugiés palestiniens, la sécurité, le tracé des frontières et les colonies de peuplement israéliennes.

En septembre 2000, les manifestations et la violence ont repris dans le territoire palestinien occupé. Le Conseil de sécurité a lancé de nombreux appels pour que la violence prenne fin et exprimé son attachement à la vision de deux États, Israël et la Palestine, vivant côte à côte, à l'intérieur de frontières reconnues et sûres. Cependant, entre octobre 2000 et janvier 2003, près de 10 000 personnes ont perdu la vie dans le conflit.

Les efforts internationaux visant à ramener les deux parties à la table des négociations étaient de plus en plus déployés par le biais d'un mécanisme connu sous le nom de « Quatuor » et composé des États-Unis d'Amérique, de la Fédération de Russie, de l'Union européenne et de l'Organisation des Nations Unies. En avril 2003, le Quatuor a présenté sa « Feuille de route » pour un règlement permanent du conflit israélo-palestinien prévoyant deux États—plan comprenant différentes phases et échéances, qui demandait aux deux parties d'adopter des mesures parallèles et réciproques afin de mettre un terme au conflit d'ici à 2005. La Feuille de route prévoyait également le règlement global du conflit du Moyen-Orient, y compris des contentieux israélo-syrien et israélo-libanais. Dans sa résolution 1515 (2003), le Conseil a approuvé la Feuille de route que les deux parties ont accepté.

Néanmoins, le second semestre de 2003 a été marqué par une brusque escalade de la violence. Le Coordonnateur spécial des Nations Unies pour le processus de paix au Moyen-Orient a déclaré qu'aucune des deux parties n'avait réellement cherché à tenir compte des préoccupations de l'autre, à savoir : pour Israël, la sécurité et la fin des attentats terroristes et pour la Palestine la création d'un État viable et indépendant sur la base des frontières d'avant la guerre de 1967. Les attentats-suicides palestiniens se sont multipliés et Israël a poursuivi la construction d'une « barrière de séparation » en Cisjordanie, que la Cour internationale de Justice a par la suite déclarée contraire au droit international dans un avis consultatif rendu à la demande de l'Assemblée générale.

En février 2004, le Premier Ministre israélien, Ariel Sharon, a annoncé qu'Israël retirerait ses troupes et ses colonies de la bande de Gaza. En novembre 2004, le Président de l'Autorité palestinienne, Yasser Arafat, est décédé; Mahmoud Abbas lui a succédé en janvier 2005, à la suite d'élections menées avec le soutien technique et logistique de l'ONU. En février, le Premier Ministre Sharon et le Président Abbas se sont rencontrés en Égypte et ont annoncé une série de mesures visant à mettre un terme à la violence. Ils se sont à nouveau rencontrés en juin, à Jérusalem et, en septembre, Israël avait retiré l'ensemble de ses troupes. Une solution négociée semblait enfin possible, jusqu'à ce que deux événements politiques majeurs ne viennent changer la donne.

Le 4 janvier 2006, le Premier Ministre Sharon, victime d'une crise cardiaque, est tombé dans le coma. Par ailleurs, le 25 janvier, lors d'élections législatives, le peuple palestinien a confié le pouvoir à la faction Hamas. En dépit des appels lancés par le Quatuor et d'autres, le Hamas n'a pas reconnu formellement le droit à l'existence d'Israël.

Le Gouvernement israélien, désormais dirigé par Ehud Olmert, élu Premier Ministre le 15 avril, a décidé que l'Autorité palestinienne, y compris sa Présidence, était devenue une entité terroriste et a imposé le gel des recettes fiscales palestiniennes. Tout au long de l'année, la violence s'est aggravé, des tirs de roquettes étant même lancé contre Israël à partir de Gaza, ce qui a donné lieu à de lourdes représailles de la part d'Israël.

Les donateurs internationaux ont décidé de cesser d'apporter une aide financière au Gouvernement dirigé par le Hamas tant que celui-ci ne s'engagerait pas à renoncer à la violence, à reconnaître le droit d'existence d'Israël et à respecter les engagements signés précédemment. La situation humanitaire en Cisjordanie et dans la bande de Gaza n'a fait qu'empirer. Après avoir approuvé, en mai, un mécanisme temporaire visant à acheminer l'aide directement au peuple palestinien, en juin le Quatuor a demandé à la communauté internationale d'appuyer une proposition de l'Union européenne en ce sens.

Le 11 septembre, le Président Abbas a annoncé au Secrétaire général de l'ONU qu'un accord de principe avait été obtenu avec le Hamas sur la formation d'un gouvernement d'unité qui accepterait le programme de l'OLP et tous les accords signés précédemment. Les négociations relatives au gouvernement d'unité nationale ont été achevée en mars 2007.

Néanmoins, en mai, militants du Hamas et membres de l'exécutif se sont heurtés à diverses reprises aux forces de sécurité de l'Autorité palestinienne et aux groupes armés du Fatah, affrontements qui ont fait 68 morts et plus de 200 blessés. Les tirs de roquettes lancés depuis Gaza vers le sud d'Israël se sont multipliés et ont donné lieu à des attaques de l'aviation israélienne visant les militants et leurs installations.

Le Président des États-Unis, George W. Bush, ayant lancé en juillet 2007 un appel en faveur de la tenue d'une réunion internationale sur le Moyen-Orient, une conférence a été organisée à Annapolis (Maryland, États-Unis) à partir du 27 novembre 2007. Une entente israélo-palestinienne a été annoncée, les deux parties exprimant leur volonté de « s'engager dans des négociations dynamiques et ininterrompues » et de tout mettre en œuvre pour parvenir à un accord avant la fin de 2008. Un comité directeur a été chargé à cette fin d'élaborer un plan de travail conjoint et d'établir et superviser les activités des équipes de négociations de manière à ce qu'elles examinent toutes les questions (pour plus de renseignements sur les événements ultérieurs, voir le site *www.un.org/News*).

Afghanistan

Le dernier chapitre de l'histoire de la présence des Nations Unies en Afghanistan remonte à septembre 1995 lorsque les Taliban, partie à la guerre civile touchant l'Afghanistan, après s'être emparés de presque tout le pays, ont pris sa capitale, Kaboul. Le Président Burhannu-din Rabbani s'était enfui rejoignant l'Alliance du Nord qui ne détenait que la partie nord du pays.

Au fil des ans, le Conseil de sécurité s'est à plusieurs reprises déclaré préoccupé par le fait que le conflit afghan offrait un terrain propice au terrorisme et au trafic de drogues. Le 7 août 1998, des attentats terroristes à la bombe dirigés contre les ambassades des États-Unis à Nairobi (Kenya) et à Dar es-Salaam (République-Unie de Tanzanie) ont fait des centaines de morts. Par sa résolution 1193 (1998), le Conseil de sécurité s'est déclaré profondément préoccupé par la présence persistante de terroristes sur le territoire afghan. Par sa résolution 1214 (1998) du 8 décembre, il a exigé que les Taliban cessent d'offrir un refuge et un entraînement aux terroristes internationaux et à leurs organisations.

Considérant le refus des Taliban de satisfaire à cette exigence, le 15 octobre 1999, le Conseil de sécurité a appliqué des sanctions générales au titre des mesures de coercition prévues par la Charte des Nations Unies. Il a noté, dans sa résolution 1267 (1999), qu'Oussama ben Laden était poursuivi par la justice des États-Unis d'Amérique pour les attentats à la bombe commis contre les ambassades de ce pays et exigé que les Taliban qui n'avaient jamais été reconnus comme étant le Gouvernement légitime de l'Afghanistan le remettent sans plus tarder aux autorités compétentes pour qu'il soit traduit en justice.

Le 22 octobre, le Conseil a déclaré avoir pris connaissance avec une profonde consternation d'informations faisant état de la participation aux combats en Afghanistan, du côté des forces des Taliban, de milliers de non-Afghans. Il s'est déclaré particulièrement alarmé par les déplacements forcés de civils, les exécutions sommaires, les mauvais traitements et la détention arbitraire de civils, la violence à l'encontre de la population féminine et les bombardements aveugles.

L'intolérance religieuse des Taliban a également soulevé un tollé international. En mars 2001, les Taliban ont détruit au moyen d'explosifs deux statues du Bouddha, dont la plus grande au monde, sculptées dans une falaise de calcaire dans la vallée de Bamiyan près de 1 300 ans auparavant. En mai, un décret a ordonné aux femmes hindoues de se voiler comme leurs sœurs musulmanes et tous les non-musulmans ont été obligés de porter des signes distinctifs. En août, huit agents humanitaires internationaux chrétiens ont été arrêtés et jugés pour « prosélytisme ».

Leur procès avait commencé lorsque, le 11 septembre, aux États-Unis, quatre avions commerciaux ont été détournés par des membres de l'organisation Al-Qaida d'Oussama ben Laden, et que deux d'entre eux se sont écrasés contre le World Trade Center à New York, un autre contre le Pentagone dans la capitale américaine et le quatrième dans un champ de Pennsylvanie lorsque ses passagers ont tenté de s'interposer. Près de 3 000 personnes sont mortes. Les jours suivants, le Gouvernement américain a lancé un ultimatum aux Taliban : soit ils livraient ben Laden et mettaient fin aux opérations terroristes en Afghanistan, soit ils s'exposaient à une attaque militaire massive. Les Taliban ont refusé de s'exécuter.

Le 7 octobre, les forces des États-Unis d'Amérique et du Royaume-Uni de Grande-Bretagne et d'Irlande du Nord ont déclenché des attaques aux missiles contre des cibles militaires des Taliban et des camps d'entraînement de ben Laden en Afghanistan. Après deux semaines de bombardements, les forces terrestres américaines se sont déployées. En décembre, des miliciens afghans, avec l'aide de bombardiers américains, ont lancé une offensive contre un bastion supposé de ben Laden et des forces d'Al-Qaida dans les montagnes de Tora Bora dans l'est de l'Afghanistan près de la frontière avec le Pakistan.

Pendant les semaines qui ont suivi le 11 septembre, le Conseil de sécurité a exprimé son appui aux efforts du peuple afghan visant à remplacer le régime des Taliban, l'ONU poursuivant ses efforts pour encourager le dialogue entre les parties afghanes en vue de la création d'un gouvernement largement représentatif et ouvert à tous. L'ONU a organisé, à Bonn, une réunion des dirigeants politiques afghans à l'issue de laquelle, le 5 décembre, les parties se sont entendues sur un arrangement provisoire en attendant le rétablissement d'institutions étatiques permanentes. Dans un premier temps, l'Autorité intérimaire afghane a été créée.

Par sa résolution 1386 (2001) du 20 décembre 2001, le Conseil a autorisé la constitution d'une **force internationale d'assistance à la sécurité** pour aider l'Autorité intérimaire afghane à maintenir la sécurité à Kaboul et dans ses environs. Le 22 décembre, le gouvernement internationalement reconnu du Président Rabbani a passé le pouvoir à la nouvelle Autorité intérimaire afghane dirigée par le Président Hamid Karzaï, et les premiers contingents de la force internationale d'assistance se sont déployés.

En janvier 2002, une Conférence internationale sur l'aide à la reconstruction de l'Afghanistan, tenue à Tokyo, a abouti à des annonces de contribution de plus de 4,5 milliards de dollars. La Conférence a également été marquée par l'annonce de la convocation de la Loya Jirga d'urgence (« le grand conseil » en pashtoune), instance traditionnelle au sein de laquelle les anciens des tribus se réunissent et règlent leurs affaires, qui devait élire le chef d'État de l'Administration transitoire et approuver les propositions concernant la structure de celle-ci ainsi que les nominations aux postes importants. Le Conseil de sécurité, se félicitant des changements positifs intervenus en Afghanistan à la suite de l'effondrement du régime taliban, a révisé les sanctions pour tenir compte de l'évolution de la situation et viser spécifiquement Al-Qaida et ses partisans.

Le 28 mars, le Conseil a approuvé la création de la **Mission d'assistance des Nations Unies en Afghanistan (MANUA)** chargée de s'acquitter des tâches confiées à l'ONU aux termes de l'Accord de Bonn dans des domaines tels que les droits de l'homme, l'état de droit et l'égalité des sexes. Dirigée par le Représentant spécial du Secrétaire général, elle avait également pour mission d'encourager la réconciliation nationale, tout en gérant les activités humanitaires des Nations Unies en Afghanistan en coordination avec l'Autorité intérimaire et ses successeurs (par sa résolution 1746, du 23 mars 2007, le Conseil a décidé de proroger une nouvelle fois le mandat de la MANUA).

En avril 2002, le processus de sélection des membres de la Loya Jirga d'urgence avait commencé. Le 11 juin, Zahir Shah, l'ancien roi de l'Afghanistan avait inauguré la réunion de neuf jours et désigné Hamid Karzaï pour diriger la nation. Le 13 juin, M. Karzaï avait été élu à la tête de l'État afghan pour diriger le gouvernement de transition pendant les deux années suivantes. Le 4 janvier 2004, la Loya Jirga est parvenue à un accord sur un texte portant création de la Constitution afghane.

Le 9 octobre 2004, plus de 8 millions d'Afghans — 70 % de la population était inscrite sur les listes électorales, dont 40 % de femmes — se sont rendus aux urnes pour élire Hamid Karzaï, qui devint ainsi le premier Président démocratiquement élu de l'histoire du pays. Le 18 septembre 2005, le peuple Afghan a élu les membres de l'Assemblée nationale et des conseils provisoires, malgré une série d'attentats meurtriers perpétrés pendant la campagne. Le nouveau Parlement a été mis en place à la fin de décembre.

Lutte contre la drogue, reconstruction et développement. À la fin des années 90, l'Afghanistan était connu pour assurer près de 80 % de la production illicite mondiale d'opium, substance qui sert à la fabrication d'héroïne. En 2007, le commerce de l'opium représentait 3 milliards de dollars de recettes pour le pays et 90 % de la production illicite mondiale, selon un rapport de l'Office des Nations Unies contre la drogue et le crime (ONUDC). La culture de l'opium était essentiellement concentrée dans le sud, où les Taliban tiraient profit du commerce de la drogue. Au centre et au nord, où le Gouvernement exerçait de plus en plus son autorité et sa présence, la culture diminuait.

Le 31 janvier 2006, un groupe de haut niveau, réuni à Londres, a lancé le « Pacte pour l'Afghanistan », programme quinquennal visant à consolider les institutions démocratiques, réduire l'insécurité, contrôler le trafic de stupéfiants, stimuler l'économie, instaurer l'état de droit, fournir les services de base au peuple afghan et protéger les droits fondamentaux. Le 15 février, le Conseil de sécurité a approuvé à l'unanimité le Pacte, qui devait servir de cadre pour le partenariat entre le Gouvernement afghan et la communauté internationale.

Toutefois, les problèmes de sécurité étaient un obstacle de taille au développement. Dans un rapport présenté en 2007, le PNUD indiquait que 6,6 millions d'Afghans, soit un tiers de la population, n'avaient pas de quoi se nourrir suffisamment, et que le taux de mortalité infantile chez les moins de cinq ans et le taux de mortalité de la mère à l'accouchement étaient parmi les plus élevés au monde.

Sécurité. En 2006, plus de 4 400 Afghans, dont 1 000 civils, soit deux fois plus qu'en 2005, ont été victimes d'attaques dirigées contre le Gouvernement. À la fin de l'année, une importante insurrection menée par les Taliban s'est installée, essentiellement dans le sud marqué par l'instabilité. Il s'agissait des cas de violence les plus graves constatés depuis la chute des Taliban en 2001.

Le 27 septembre 2007, le Conseil de sécurité a fait part de ses préoccupations face à la montée de la violence et du terrorisme, alors qu'il décidait de proroger d'un an le mandat de la Force internationale d'assistance à la sécurité. Le Secrétaire général Ban Ki-moon déclarait au sujet de la situation en Afghanistan, qu'un facteur déterminant du maintien des acquis en matière de sécurité à long terme était le renforcement des moyens, de l'autonomie et de l'intégrité des forces de sécurité nationales afghanes, en particulier de la police nationale.

Iraq

La riposte de l'ONU à l'invasion du Koweït par l'Iraq en 1990 et la situation qui a suivi la chute du régime de Saddam Hussein en 2003 illustrent la diversité des difficultés auxquelles l'Organisation doit faire face pour rétablir la paix et la sécurité internationales.

Par ses résolutions 660 du 2 août 1990 et 661 du 6 août 1990, le Conseil de sécurité a immédiatement condamné l'invasion du Koweït, demandé à l'Iraq de se retirer et imposé des sanctions à ce dernier, y compris un embargo sur les échanges commerciaux et le pétrole.

Le 29 novembre, le Conseil a donné à l'Iraq jusqu'au 15 janvier 1991 pour appliquer la résolution 660 (1990) et autorisé les États Membres à « user de tous les moyens nécessaires » pour rétablir la paix et la sécurité internationales. Le 16 janvier 1991, les forces multinationales autorisées par le Conseil mais n'agissant pas sous l'autorité ou la supervision de l'ONU ont lancé une opération militaire contre l'Iraq. Les combats ont cessé en février, dès que les troupes iraquiennes se sont retirées du Koweït. Par sa résolution 687 du 8 avril 1991, le Conseil a établi les conditions d'un cessez-le-feu.

Ayant décidé que les armes de destruction massive de l'Iraq devaient être détruites, le Conseil a créé la **Commission spéciale des Nations Unies (CSNU)** sur le désarmement de l'Iraq, habilitée à procéder à des inspections sans préavis, et chargé l'**Agence internationale de l'énergie atomique (AIEA)** de mener à bien, avec l'aide de la CSNU, des activités similaires dans le domaine nucléaire. Le Conseil a également établi une zone démilitarisée le long de la frontière entre l'Iraq et le Koweït. Par sa résolution 689, le Conseil a créé la **Mission d'observation des Nations Unies pour l'Iraq et le Koweït (MONUIK)** chargée de contrôler ladite zone.

Le Conseil a par ailleurs établi une **Commission de démarcation de la frontière entre l'Iraq et le Koweït**, dont l'Iraq a accepté les décisions en 1994, ainsi qu'une **Commission d'indemnisation des Nations Unies** chargée d'examiner les réclamations et de régler les montants dus au titre de tout dommage ou préjudice subi par des États étrangers et des personnes physiques et morales étrangères du fait de l'invasion du Koweït par l'Iraq et ce par prélèvement d'un pourcentage du produit de la vente de pétrole iraquien. À ce jour, la Commission a approuvé le versement de 52,4 milliards de dollars d'indemnités au total, dont 22,5 milliards ont déjà été réglés. Elle continue d'effectuer des paiements, l'Iraq continuant quant à lui de verser 5 % de ses recettes pétrolières au Fonds de compensation.

Préoccupé par les graves conséquences humanitaires que les sanctions économiques imposées à l'Iraq avaient pour la population, le Conseil a créé, le 17 décembre 1995, un programme appelé « pétrole contre nourriture » pour soulager quelque peu les Iraquiens. Le programme, créé en application de la résolution 986 du Conseil, visait à contrôler la vente de pétrole par le Gouvernement iraquien en vue de financer l'achat de denrées alimentaires et de fournitures humanitaires et gérait la distribution de vivres dans le pays. Il constituait l'unique moyen de subsistance de 60 % de la population iraquienne, qui était estimée à 27 millions de personnes.

Lors de leurs inspections, les experts de la CSNU et de l'AIEA ont trouvé et détruit l'essentiel des programmes et capacités de production d'armements interdits de l'Iraq, dont tout un arsenal de guerre nucléaire, chimique ou biologique. En 1998, déclarant qu'il n'y avait plus d'armements interdits sur le territoire iraquien, l'Iraq a demandé au Conseil de lever l'embargo sur le pétrole. La CSNU a estimé n'avoir aucune preuve que l'Iraq avait pleinement respecté les dispositions de la résolution 687. En octobre, l'Iraq a cessé de coopérer avec la CSNU, qui a effectué sa dernière mission en décembre. Le même mois, les États-Unis et le Royaume-Uni ont lancé des frappes aériennes contre l'Iraq.

Par sa résolution 1284 du 17 décembre 1999, le Conseil a créé la **Commission de contrôle, de vérification et d'inspection des Nations Unies (COCOVINU)** qui remplaçait la CSNU, en déclarant avoir l'intention de lever les sanctions économiques sous réserve que l'Iraq coopère de manière satisfaisante avec la Commission et l'AIEA.

Par sa résolution 1441 du 8 novembre 2002, le Conseil a décidé d'instituer un régime d'inspection renforcé et d'accorder à l'Iraq une dernière possibilité de s'acquitter des obligations qui lui incombaient en vertu des résolutions pertinentes du Conseil. Le 27 novembre, les inspecteurs des Nations Unies sont retournés en Iraq. Le Conseil de sécurité a à maintes reprises entendu le Président exécutif de la Commission, Hans Blix, et le Directeur général de l'AIEA, Mohamed El Baradei, mais ses membres demeuraient divisés quant aux moyens de s'assurer du respect par l'Iraq de ses obligations internationales.

Alors que se tenaient des négociations et agissant en dehors du cadre du Conseil de sécurité, les États-Unis d'Amérique, le Royaume-Uni de Grande-Bretagne et d'Irlande du Nord et l'Espagne ont donné à l'Iraq jusqu'au 17 mars 2003 pour procéder à un désarmement complet. Face à l'imminence d'une attaque militaire, le Secrétaire général a ordonné le retrait du personnel des Nations Unies recruté sur le plan international le 17 mars au plus tard et suspendu toutes les opérations. Une coalition dirigée par les États-Unis d'Amérique et le Royaume-Uni de Grande-Bretagne et d'Irlande du Nord a lancé une opération militaire trois jours plus tard.

Par sa résolution 1483 du 22 mai 2003, au lendemain de la chute du régime de Saddam Hussein, le Conseil de sécurité a souligné le droit du peuple iraquien de déterminer librement son avenir politique. Il a par ailleurs reconnu les pouvoirs, responsabilités et obligations spécifiques de la Coalition (l'« Autorité »), en attendant qu'un gouvernement reconnu par la communauté internationale prête serment. Le Conseil a modifié le programme pétrole contre nourriture en autorisant la reprise des livraisons de denrées alimentaires et articles humanitaires pendant une période de transition de six mois. Il a également levé les sanctions internationales et jeté les bases juridiques d'une reprise des opérations de l'ONU en Iraq.

Mission d'assistance des Nations Unies. Le 27 mai, le Secrétaire général a nommé Sergio Vieira de Mello son Représentant spécial pour l'Iraq. Par sa résolution 1500 du 14 août 2003, le Conseil de sécurité a établi la **Mission d'assistance des Nations Unies pour l'Iraq (MANUI),** chargée de coordonner l'aide humanitaire et les efforts de reconstruction et de faciliter le processus politique en faveur de la formation d'un gouvernement internationalement reconnu qui exercerait la souveraineté de l'Iraq. Il s'est félicité de la création du Conseil de gouvernement de l'Iraq, qui marquait une étape importante dans cette direction.

Cinq jours plus tard, le 19 août 2003, le bureau des Nations Unies à Bagdad a été la cible d'un attentat terroriste qui a fait 22 morts et plus de 150 blessés. Quinze des victimes étaient des fonctionnaires de l'Organisation. Parmi elles se trouvait le chef de la Mission, Sergio Vieira de Mello. Au lendemain de l'attentat, le Secrétaire général a décidé de retirer l'essentiel des fonctionnaires en poste à Bagdad, ne maintenant sur place qu'une équipe réduite, composée essentiellement d'Iraquiens, chargée de fournir l'aide humanitaire indispensable, notamment de la nourriture, de l'eau et des soins de santé dans l'ensemble du pays.

Par sa résolution 1511 du 16 octobre 2003, le Conseil a autorisé une force multinationale, sous commandement unifié, à prendre toutes les mesures nécessaires pour contribuer au maintien de la sécurité et de la stabilité en Iraq, ainsi que pour contribuer à la sécurité de la Mission d'assistance des Nations Unies pour l'Iraq et des institutions de l'administration provisoire iraquienne. Le 15 novembre, le Conseil de gouvernement de l'Iraq et l'Autorité provisoire de la Coalition (l'Autorité) sont parvenus à un accord sur le rétablissement de la souveraineté de l'Iraq le 30 juin 2004 au plus tard.

En réponse à une requête du Conseil de gouvernement de l'Iraq et de l'Autorité visant à obtenir une assistance des Nations Unies dans le cadre de la transition vers la souveraineté, le Secrétaire général a déployé une équipe d'assistance électorale chargée d'évaluer les mesures à prendre pour assurer la tenue d'élections fiables le 31 janvier 2005 au plus tard. Il a par ailleurs demandé à son Conseiller spécial pour l'Iraq, Lakhdar Brahimi, de travailler en collaboration avec les Iraquiens sur ces questions.

Arrivé en Iraq le 4 avril 2004, M. Brahimi a entamé une série de consultations de vaste portée avec un large groupe représentatif de la société iraquienne. Le 28 mai, le Conseil de gouvernement de l'Iraq a décidé de nommer Iyad Allawi au poste de Premier Ministre de l'Iraq. Le 8 juin, le Conseil de sécurité a adopté à l'unanimité sa résolution 1546 dans laquelle il approuvait la formation du nouveau gouvernement intérimaire. Le 28 juin, l'Autorité provisoire de la Coalition a officiellement transféré la souveraineté au nouveau Gouvernement intérimaire de l'Iraq.

La Commission électorale indépendante a été établie le 4 juin 2004. En à peine plus de 18 mois elle a organisé, avec l'aide de l'ONU, deux élections nationales et un référendum constitutionnel en dépit de conditions de sécurité extrêmement difficiles. Le 31 janvier 2005, des millions d'Iraquiens ont élu les membres d'une assemblée nationale provisoire. Néanmoins, les membres de la communauté sunnite sont restés largement à l'écart des élections.

L'Assemblée nationale de transition a tenu sa première réunion le 16 mars 2006. Le 31 mai, son Président a demandé officiellement à l'ONU de l'aider à élaborer le texte de la nouvelle Constitution nationale et à établir un consensus autour dudit texte. Le 15 octobre, les Iraquiens ont adopté le projet de constitution nationale par référendum. Le taux de participation a été élevé à l'échelle nationale, mais certaines communautés ont marqué leur vive opposition à ce document. Le Secrétaire général a rendu hommage au courage extraordinaire des Iraquiens qui, en dépit des problèmes de sécurité, avaient été nombreux à se rendre aux urnes.

Les élections parlementaires iraquiennes, tenues le 15 décembre 2005, ont mobilisé des millions d'électeurs de toutes les communautés et des centaines de milliers d'observateurs et agents électoraux. Le 8 juin 2006, le nouveau gouvernement était formé. Ashraf Qazi, Représentant spécial du Secrétaire général, a annoncé que l'ONU aiderait le peuple et le Gouvernement iraquiens à promouvoir le dialogue et la réconciliation à l'échelle nationale.

Parmi les premières initiatives prises par le nouveau gouvernement, on retiendra le Pacte international pour l'Iraq, dirigé conjointement par l'ONU et le Gouvernement iraquien, avec l'appui de la Banque mondiale. Le Pacte a pour objectif de mobiliser la communauté internationale et les organismes multilatéraux, sur une période de cinq ans, afin d'aider l'Iraq à réaliser ses ambitions, sur la base de priorités, de repères et d'engagements clairement établis.

Bien que le calendrier proposé dans la résolution 1546 pour la transition politique de l'Iraq ait été respecté, les conditions de sécurité ont continué de se détériorer, comme en témoigne la terrible vague de violence sectaire et de représailles qui a suivi l'attentat perpétré contre le mausolée d'Al-Askari, à Samarra, en février 2006. À la fin de 2007, quelque 2,2 millions d'Iraquiens avaient fui le pays et près de 2,4 millions étaient déplacés à l'intérieur de leur propre pays.

Les participants à la réunion ministérielle élargie entre l'Iraq et ses voisins, qui s'est tenue le 4 mai 2007 à Charm el-Cheikh (Égypte), ont décidé de créer trois groupes de travail sur des questions d'intérêt commun, notamment l'énergie, la sécurité des frontières et les réfugiés et déplacés iraquiens. L'ONU a été invitée à fournir une assistance et des conseils techniques à ces groupes de travail. Les participants à la réunion ministérielle élargie tenue en novembre 2007 à Istanbul ont entériné la création d'un mécanisme d'appui spécial à Bagdad chargé de coordonner et de faciliter le dialogue régional. Ce mécanisme devait être dirigé par le Gouvernement iraquien et bénéficier d'un large soutien de l'ONU.

Bien que les conditions de sécurité se soient améliorées depuis le second trimestre de 2007, attentats, bombes placées au bord des routes, tirs depuis des véhicules en mouvement, échanges de tirs entre bandes rivales ou entre la police et les insurgés, enlèvements, opérations militaires, meurtres et violences policières ont continué de faire des victimes parmi la population civile iraquienne, notamment des femmes et des enfants. Les arrestations massives effectuées par les forces de sécurité iraquiennes et les forces multinationales au cours d'opérations militaires menées sous la juridiction de ces dernières ont fait un grand nombre de détenus. Les conditions de vie quotidiennes sont devenues particulièrement difficiles, marquées par un approvisionnement intermittent en eau et en électricité, une malnutrition chronique chez les enfants et des taux records d'analphabétisme chez les jeunes.

Néanmoins, un certain nombre d'événements positifs sont survenus en 2007. Ainsi, le 3 mars, le **Pacte international pour l'Iraq** a été officiellement lancé, les dirigeants du monde entier, réunis à Charm el-Cheikh (Égypte), s'engageant à verser plus de 30 milliards de dollars aux fins du financement du plan quinquennal iraquien pour la paix et le développement, notamment sous forme d'allègement de la dette. Par sa résolution 1770 du 10 août 2007, le Conseil a décidé, à l'unanimité, de proroger et d'élargir le mandat de la MANUI pour permettre à l'ONU de renforcer son rôle dans des domaines essentiels, tels que la réconciliation nationale, le dialogue régional, l'assistance humanitaire et les droits de l'homme. Néanmoins, la situation en matière de sécurité a continué de limiter la présence de l'ONU sur le terrain.

Auparavant, le 29 juin 2007, le Conseil de sécurité, exprimant sa gratitude à la COCOVINU et à l'AIEA pour la contribution générale importante qu'elles avaient apportée, a officiellement mis fin à leurs mandats respectifs en Iraq.

« Pétrole contre nourriture » : réalité et fiction

De décembre 1995 à novembre 2003, le programme « pétrole contre nourriture » des Nations Unies a fourni une aide humanitaire à quelque 27 millions d'iraquiens. Il s'agissait d'un cas unique : un programme autonome d'une portée et d'une complexité immenses, seule source de subsistance pour 60 % de la population. L'apport calorique quotidien a très nettement augmenté pendant la durée du programme, le taux de malnutrition chez les enfants de moins de cinq ans diminuant de moitié entre 1996 et 2002 dans le centre et le sud de l'Iraq. Le Conseil de sécurité, qui a créé le programme, a également établi un comité chargé de contrôler tous les contrats accordés dans le cadre du programme.

À la fin du programme, le montant des recettes provenant de la vente de pétrole dans le cadre du programme, y compris les intérêts perçus sur les placements et les gains de change, s'élevait à 69,5 milliards de dollars. Ces recettes ont permis de financer des dépenses d'un montant de 47,6 milliards de dollars au titre des activités humanitaires et d'indemniser, à hauteur de 18 milliards de dollars et par l'intermédiaire de la Commission d'indemnisation des Nations Unies, les victimes de l'invasion du Koweït par l'Iraq en 1990. Environ 500 millions de dollars ont été consacrés au financement des activités de la CSNU et de la COCOVINU, qui contrôlaient les systèmes d'armes et matériels d'armement, et vérifiaient la destruction de tous les engins interdits aux termes de l'accord de cessez-le-feu entre l'Iraq et le Koweït.

En 2004, des allégations de corruption et de mauvaise gestion des activités du programme ont commencé à faire surface. Face à ces allégations, le Secrétaire général Kofi Annan a nommé Paul Volcker, ancien Président du Système de la réserve fédérale des États-Unis, à la présidence d'une commission d'enquête indépendante. Les autres membres du groupe d'experts étaient le juge Richard Goldston (Afrique du Sud) et le professeur de droit pénal Mark Pieth (Suisse). La Commission, qui était chargée de mener une enquête approfondie et indépendante sur l'exécution du programme, avait accès à tous les dossiers et témoins et bénéficiait de la pleine coopération de l'ONU. Après plus d'un an et demi de travaux, elle a publié cinq rapports intérimaires qui dressaient un bilan général du programme en insistant sur les défaillances en matière de gestion et de contrôle. Le rapport définitif a été publié en octobre 2005.

Le groupe d'experts a découvert que 2 200 sociétés de 60 pays différents avaient bénéficié de paiements illicites **en dehors** du cadre du mécanisme de contrôle du programme pétrole contre nourriture. Alors qu'un fonctionnaire de l'ONU était accusé d'avoir détourné 147 000 dollars, le Gouvernement iraquien aurait au total perçu **10,9 milliards** de dollars de paiements illicites d'août 1990 à mars 2003, d'après la Central Intelligence Agency (CIA). Cette somme tenait compte des quelque 8 milliards de dollars de recettes provenant d'exportations effectuées dans le cadre de protocoles commerciaux connus des États membres du Conseil de sécurité et, parfois, condamnés par ceux-ci. Le montant des recettes tirées du trafic, en dehors du cadre du programme ou avant sa mise en place, était estimé à 1,74 milliards de dollars.

S'agissant de la manière dont le Secrétariat avait géré le programme, le groupe d'experts a estimé que le chef du Bureau chargé du Programme Iraq avait commis des irrégularités de gestion. Selon le groupe d'experts dirigé par M. Volcker, l'ancien chef du Bureau aurait en effet perçu 147 000 dollars de pots-de-vin au cours de son mandat, accusation que l'intéressé réfute. Quoi qu'il en soit, le Secrétaire général a immédiatement levé l'immunité dudit fonctionnaire. Le groupe d'experts a également examiné des allégations concernant le Secrétaire général avant de conclure que celui-ci n'avait pas pris part aux décisions relatives à la passation de contrats.

> Depuis la publication du rapport Volcker, plusieurs initiatives en faveur de la réforme du système de gestion des programmes ont été prises pour assurer le respect des règles de déontologie, renforcer les mécanismes de contrôle interne et la responsabilisation, et pour améliorer la transparence, notamment sur le plan des opérations financières, et la protection de ceux qui signalent des irrégularités.

Inde et Pakistan

L'ONU s'emploie à promouvoir l'établissement de relations harmonieuses entre l'Inde et le Pakistan, qui s'opposent depuis des décennies sur la question du Cachemire. Le contentieux a éclaté dans les années 40, lorsque l'État du Jammu-et-Cachemire, essentiellement peuplé de musulmans, s'est vu offrir le choix d'être rattaché soit à l'Inde soit au Pakistan, conformément au plan de partage et à l'Acte d'indépendance de l'Inde en 1947. Le maharadjah, de confession hindoue, a choisi l'Inde et signé l'instrument de rattachement du Cachemire en 1947.

Le Conseil de sécurité a examiné la question pour la première fois en 1948 à la demande de l'Inde, qui affirmait que les membres de certaines tribus et d'autres éléments étaient en train d'envahir le Jammu-et-Cachemire avec l'appui et la participation du Pakistan, et que des troubles avaient éclaté dans la région. Le Pakistan avait rejeté ces accusations et déclaré par la même occasion que le rattachement du Jammu-et-Cachemire à l'Inde était illégal.

Le Conseil de sécurité a recommandé une série de mesures, dont le déploiement d'observateurs des Nations Unies. Il a créé la Commission des Nations Unies pour l'Inde et le Pakistan, laquelle a présenté des propositions de cessez-le-feu et de retrait des forces armées, et recommandé que la question fasse l'objet d'un plébiscite. Les deux parties ont accepté ces propositions sans parvenir à s'entendre sur les modalités de la consultation. Depuis 1949, en application d'un accord de cessez-le-feu signé par les deux parties, le **Groupe d'observateurs militaires des Nations Unies dans l'Inde et le Pakistan (UNMOGIP)** contrôle la ligne de cessez-le-feu au Jammu-et-Cachemire.

Aux termes d'un accord conclu en 1972, les deux parties se sont entendues pour régler leur différend par des voies pacifiques mais des tensions persistaient. Un espoir de sortir de l'impasse est né en avril 2003 lorsque le Premier Ministre indien et le Président pakistanais ont pris une série de mesures réciproques visant à améliorer les relations bilatérales. Le Secrétaire général a exprimé l'espoir que la normalisation des relations diplomatiques et le rétablissement des liaisons ferroviaires, routières et aériennes ainsi que les mesures de confiance prises par les deux parties contribuent à la reprise durable du dialogue.

En novembre, le Pakistan a offert d'appliquer, le long de la ligne de contrôle au Jammu-et-Cachemire, un cessez-le-feu unilatéral prenant effet le 25 novembre, premier jour de la fête musulmane de l'Aïd al-Fitr. L'Inde a accepté cette offre. À terme, tous ces efforts ont débouché sur la tenue d'une réunion au sommet, les 4 et 5 janvier 2004, à Islamabad, entre le Premier Ministre indien Atal Bihari Vajpayee et le Président pakistanais Pervez Masharraf et son Premier Ministre Zafarullah Khan Jamali.

Le Secrétaire général a salué les efforts des deux dirigeants ajoutant que le réchauffement des relations entre les deux pays était d'une grande importance pour toute la région de l'Asie du Sud, non seulement en termes de réduction des tensions mais aussi sur les plans économique et social. Il a vivement engagé les deux parties à poursuivre leurs efforts en vue de promouvoir un dialogue durable et authentique. L'ouverture, en avril 2005, d'un service d'autobus à travers la Ligne de contrôle a constitué, selon les propres termes du Secrétaire général, un fait historique et un geste fort en faveur de la paix, qui a permis de réunir des familles séparées depuis près de 60 ans.

Plus récemment, l'attentat perpétré en février 2007 contre le « train de l'amitié » (« Friendship Express ») qui relie Delhi à Lahore a fait 67 morts et près de 20 blessés. Dans une déclaration reprise par le Conseil de sécurité, le Secrétaire général Ban Ki-moon a vivement condamné cet acte terroriste et demandé que ses auteurs soient traduits en justice. Le Secrétaire général s'est également félicité du fait que les dirigeants indien et pakistanais aient réaffirmé leur détermination à continuer sur la voie du dialogue au lendemain de l'attentat.

Tadjikistan

Après l'éclatement de l'Union soviétique, le Tadjikistan est devenu une république indépendante en 1991. Le pays a rapidement été confronté à une crise économique et sociale aiguë et à des tensions régionales et politiques, encore aggravées par les différends entre laïques et traditionalistes pro-islamiques, qui ont plongé le Tadjikistan dans une guerre civile qui a fait plus de 50 000 morts. En 1994, les pourparlers engagés sous les auspices du Représentant spécial du Secrétaire général ont conduit à un accord de cessez-le-feu; le Conseil de sécurité a créé la **Mission d'observation des Nations Unies au Tadjikistan (MONUT)** chargée d'aider à surveiller la mise en œuvre de l'accord.

Des négociations conduites sous l'égide des Nations Unies ont abouti à la signature d'un accord de paix en 1997. La MONUT a contribué à sa mise en œuvre en étroite coopération avec une force de maintien de la paix de la Communauté d'États indépendants (CEI) et une mission de l'Organisation pour la sécurité et la coopération en Europe (OSCE). Les premières élections parlementaires multipartites du pays ont eu lieu en février 2000. La MONUT s'est retirée en mai et a été remplacée par le Bureau d'appui des Nations Unies pour la consolidation de la paix au Tadjikistan (UNTOP), qui avait pour mission de consolider la paix et de promouvoir la démocratie. Le mandat du Bureau s'est achevé le 31 juillet 2007.

La fermeture du Bureau a marqué la fin d'un chapitre de l'assistance politique fournie par l'ONU à l'Asie centrale et le début d'un autre, qui s'est ouvert en décembre 2007 avec l'inauguration du **Centre régional des Nations Unies pour la diplomatie préventive en Asie centrale.** Basé à Achkhabad, capitale du Turkménistan, le Centre a été créé en vue d'aider les gouvernements de la région à régler ensemble et de manière pacifique divers défis et dangers communs, notamment le terrorisme, le trafic de stupéfiants, la criminalité organisée et la dégradation de l'environnement.

Le Centre, qui est l'aboutissement de plusieurs années de consultations entre l'ONU et les cinq pays d'Asie centrale, offrira son assistance aux gouvernements dans un certain nombre de domaines, parmi lesquels : le renforcement des capacités en matière de prévention des conflits; la promotion du dialogue; et la mobilisation de la communauté internationale en faveur de projets et initiatives spécifiques. Le Centre travaillera en étroite collaboration avec les programmes et organismes des Nations Unies existants en Asie centrale, ainsi qu'avec les organisations régionales.

Cambodge

Avant l'application des accords de paix signés à Paris en 1991 sous les auspices des Nations Unies, le Cambodge était en proie à un grave conflit interne et relativement isolé du reste du monde. Depuis son affranchissement du colonialisme français dans les années 50, le pays avait souffert de l'extension du conflit des années 60 et 70 au Viet Nam, puis de conflits civils dévastateurs et du régime totalitaire génocidaire de Pol Pot. Sous le régime des « Khmers rouges » que ce dernier a dirigé de 1975 à 1979, les assassinats, la maladie et la faim ont fait près de deux millions de morts, souvent dans les tristement célèbres « champs de la mort ».

En 1993, avec l'aide de l'**Autorité provisoire des Nations Unies au Cambodge (APRONUC),** le Cambodge a tenu ses premières élections démocratiques. Depuis lors, les organismes et programmes des Nations Unies soutiennent les efforts que le Gouvernement déploie en faveur de la réconciliation et du développement, tandis que le Haut-Commissariat des Nations Unies aux droits de l'homme et le Représentant spécial du Secrétaire général l'aident à promouvoir et protéger les droits de l'homme, pierres angulaires de l'état de droit et du développement démocratique.

En mai 2003, le Gouvernement cambodgien et l'ONU ont signé un accord qui prévoyait que l'Organisation aide le Gouvernement à créer et gérer un tribunal spécial chargé de juger les dirigeants des Khmers rouges pour les crimes commis sous leur régime. Les juges et procureurs qui composent le Tribunal, créé le 29 avril 2005, ont prêté serment en juillet 2006 et adopté le règlement intérieur du Tribunal le 13 juin 2007. Dès juillet, les formations extraordinaires des tribunaux cambodgiens dressaient les premiers actes d'accusation pour crimes contre l'humanité et plaçaient plusieurs accusés en détention provisoire (voir également la section du chapitre 6 consacrée aux tribunaux internationaux).

Myanmar

Depuis que les dirigeants militaires du Myanmar ont annulé les résultats des élections démocratiques de 1990, l'ONU s'efforce de favoriser un retour à la démocratie et d'améliorer la situation des droits de l'homme dans le pays au moyen d'un processus national de réconciliation ouvert à tous. En 1993, l'Assemblée générale a demandé un retour rapide à la démocratie et prié le Secrétaire général d'aider le Gouvernement du Myanmar à cette fin. Usant de ses « bons offices », le Secrétaire général a désigné trois envoyés spéciaux successifs chargés d'engager le dialogue avec toutes les parties intéressées.

L'Assemblée a renouvelé la mission de bons offices du Secrétaire général chaque année depuis 1993. L'ONU espère ainsi encourager les progrès dans quatre domaines essentiels : la libération des prisonniers politiques, l'instauration d'un processus politique plus ouvert, la fin des hostilités aux zones frontalières et l'instauration de conditions plus propices à la fourniture d'une assistance humanitaire.

Alors que la période de 2004 au début de 2006 avait été marquée par l'absence de tout dialogue de haut niveau entre l'ONU et le Gouvernement du Myanmar, la mission de bons offices du Secrétaire général a repris en mai 2006 et le Secrétaire général adjoint aux affaires politiques, Ibrahim Gambari, s'est rendu au Myanmar. En septembre 2006, le Conseil de sécurité a inscrit la question de la situation au Myanmar à son ordre du jour; en novembre, M. Gambari a effectué une deuxième visite dans le pays.

En mai 2007, le Secrétaire général Ban Ki-moon a nommé M. Gambari son Conseiller spécial pour le Myanmar. En septembre, le pays étant en situation de crise, M. Gambari s'est rendu une nouvelle fois au Myanmar, où il est retourné en novembre, à l'invitation du Gouvernement. Le Conseiller spécial a rencontré de hauts responsables du Myanmar, ainsi que la dirigeante de l'opposition, Daw Aung San Suu Kyi, placée en détention, et des représentants de son parti, la Ligue nationale pour la démocratie (LND). Il a également mené une série de consultations de haut niveau avec les principaux États Membres intéressés, notamment des pays d'Europe et d'Asie. En octobre, dans une déclaration de son président, le Conseil de sécurité a réaffirmé son soutien ferme et sans faille à la mission de bons offices du Secrétaire général.

Parallèlement à la mission de bons offices du Secrétaire général, la Commission des droits de l'homme a désigné en 1992 un rapporteur spécial chargé de contrôler la situation des droits de l'homme au Myanmar et d'en rendre compte, dont le mandat a par la suite été reconduit par le Conseil des droits de l'homme. À l'invitation du Gouvernement, le Rapporteur spécial s'est rendu au Myanmar à plusieurs reprises, la dernière en date ayant eu lieu en novembre 2007.

Népal

Après dix années de conflit, l'alliance de partis politiques au pouvoir et les insurgés maoïstes, qui étaient en guerre dans ce pays d'Asie du Sud depuis 1996, ont signé un Accord de paix global en novembre 2006, six mois après le renversement d'un régime monarchique autoritaire par un mouvement populaire vaguement coordonné par les maoïstes. Au milieu de ces bouleversements et de leurs conséquences, l'ONU a joué un rôle important, à la demande du Népal, en aidant le pays à améliorer la situation des droits de l'homme et à consolider la paix.

Les activités de l'ONU au Népal ont été mises en relief en 2005 lorsque le Haut-Commissaire des Nations Unies aux droits de l'homme a établi un bureau de taille importante dans le pays, chargé de veiller au respect des engagements relatifs aux droits de l'homme inscrits dans le code de conduite pendant le cessez-le-feu, ainsi que de toutes les dispositions ayant trait aux droits de l'homme énoncées dans l'accord de paix. Par l'intermédiaire de ses rapports et déclarations, le bureau s'efforce activement de convaincre les forces de sécurité népalaises et les Maoïstes de faire preuve de retenue et d'éviter de s'en prendre délibérément aux populations civiles.

L'ONU participe depuis plusieurs années aux efforts politiques menés pour mettre fin aux hostilités au Népal et trouver une solution politique négociée. En juillet 2006, faisant suite à une demande d'assistance émanant du Gouvernement, le Secrétaire général a envoyé une mission d'évaluation au Népal. En août, le Gouvernement et les Maoïstes ont adressé au Secrétaire général des lettres identiques dans lesquelles ils demandaient l'assistance de l'ONU pour surveiller l'application du code de conduite pendant le cessez-le-feu; observer l'élection de l'Assemblée constituante; déployer du personnel civil qualifié pour surveiller et vérifier le cantonnement des combattants maoïstes et de leurs armes dans les zones désignées à cet effet; et veiller à ce que l'armée népalaise reste cantonnée dans ses casernes et que ses armes ne soient pas utilisées en faveur ou au préjudice de l'une ou l'autre des parties.

En août 2006, le Secrétaire général nommait Ian Martin son Représentant personnel au Népal, chargé d'appuyer le processus de paix. M. Martin et son équipe ont aidé les parties à trouver un terrain d'entente sur les questions essentielles, notamment l'organisation des élections de l'Assemblée constituante, la gestion des armes et des armées, et la recherche d'un consensus sur le rôle des Nations Unies dans le processus de paix.

En novembre, le Gouvernement a renouvelé la demande d'assistance de l'ONU de la part des deux parties. Le Secrétaire général a demandé au Conseil de sécurité d'envoyer une mission d'évaluation technique au Népal, en vue d'établir un concept des opérations complet. L'opération devait comprendre une mission politique des Nations Unies chargée de fournir l'assistance demandée par les parties, ainsi qu'un premier déploiement de 35 observateurs civils et de 25 conseillers électoraux. Dans une déclaration de son président, en date du 1er décembre, le Conseil a approuvé cette demande. Par sa résolution 1740 du 23 janvier 2007, il a créé la Mission des Nations Unies au Népal (MINUNEP). M. Martin a par la suite été nommé Représentant spécial du Secrétaire général.

Depuis sa création, la MINUNEP est active sur plusieurs fronts. Les contrôleurs des armements de la Mission ont supervisé l'enregistrement des combattants maoïstes et de leurs armes, processus qui devait être achevé avant la fin de 2007. Ses experts électoraux ont aidé la Commission électorale népalaise en lui fournissant un appui technique pour la planification, la préparation et la conduite des élections de l'Assemblée constituante. Une petite équipe d'agents électoraux des Nations Unies indépendants de la MINUNEP ont participé à l'examen de tous les aspects techniques du processus électoral et à l'élaboration de rapports sur le déroulement des élections. Parallèlement, les spécialistes des affaires civiles de la MINUNEP ont donné à la Mission les moyens de mobiliser les communautés vivant en dehors de Katmandou et d'aider à faire en sorte que les élections se déroulent dans un climat pacifique.

À la fin de 2007, le Népal était sur la voie d'un retour à la paix et l'ONU continuait d'appuyer ce processus, en dépit des difficultés rencontrées dans l'application de certains aspects de l'Accord de paix global et malgré le fait que l'élection de l'Assemblée constituante ait été reportée à deux reprises.

Bougainville/Papouasie-Nouvelle-Guinée

Au début de 1998, après de 10 ans de conflit armé sur la question de l'indépendance de l'île de Bougainville, le Gouvernement de la Papouasie-Nouvelle-Guinée et les dirigeants de Bougainville ont conclu l'Accord de Lincoln qui jetait les bases d'un processus de paix. Aux termes de cet accord, le groupe de surveillance de la trêve composé d'observateurs de l'Australie, de la Nouvelle-Zélande, des Fidji et de Vanuatu est devenu le Groupe de surveillance de la paix.

En application de l'Accord de Lincoln, le Gouvernement de la Papouasie-Nouvelle-Guinée attendait du Conseil de sécurité qu'il entérine l'accord, ce qu'il a fait, et qu'il constitue une mission restreinte d'observation des Nations Unies. Le **Bureau politique des Nations Unies à Bougainville,** première mission politique des Nations Unies dans le Pacifique Sud, est devenu opérationnel le 1er août 1998.

Le 30 août 2001, après plus de deux ans de pourparlers facilités et présidés par le Bureau, les parties ont signé l'Accord de paix de Bougainville qui comportait un plan en vue de l'élimination des armes et prévoyait l'autonomie et l'organisation d'un référendum. Le Bureau a pris la direction des activités de surveillance de l'exécution du plan d'élimination des armes. L'achèvement de la phase II du plan, certifié par le Bureau, a ouvert la voie à l'adoption d'une constitution et à l'élection d'un gouvernement autonome à Bougainville.

Le 1er janvier 2004, compte tenu de cette plus grande stabilité, les Nations Unies ont remplacé le Bureau par une mission plus restreinte, la **Mission d'observation des Nations Unies à Bougainville.** L'élection du premier gouvernement autonome de la province de Bougainville de Papouasie-Nouvelle-Guinée s'est tenue du 20 mai au 9 juin 2005. Le 15 juin, les membres du nouveau gouvernement autonome de l'île, y compris le Président et les membres de la Chambre des représentants, ont prêté serment. La Mission d'observation des Nations Unies à Bougainville s'était donc pleinement acquittée de son mandat.

Bien qu'elle soit passée quasiment inaperçue, la guerre sur l'île de Bougainville fut meurtrière, faisant 15 000 morts dans les années 80 et 90. L'ONU a contribué au retour à la paix, notamment en participant à des négociations, à des activités de médiation et à la recherche d'une solution au conflit. L'Organisation a également entrepris la collecte et la destruction de quelque 2 000 armes, encouragé les parties prenantes à respecter le calendrier convenu pour les élections et à faciliter le bon déroulement de celles-ci.

Timor-Leste

Le 20 mai 2002, le territoire du Timor oriental a déclaré son indépendance et pris le nom de Timor-Leste, après des années de lutte pour l'autodétermination avec le soutien actif de l'ONU (voir le chapitre 7). L'Assemblée constituante du Timor-Leste est devenue parlement national et, depuis le 27 septembre 2002, le Timor-Leste est le 191e État Membre de l'ONU.

Au lendemain de la déclaration d'indépendance, le 20 mai, le Conseil de sécurité a créé la **Mission des Nations Unies au Timor oriental (MINUTO)** dont le mandat consistait à : aider le nouvel État à établir les structures administratives essentielles; assurer provisoirement le maintien de l'ordre et la sécurité publique; aider à la mise en place du nouveau service de police national; et contribuer au maintien de la sécurité extérieure et intérieure du pays. La MINUTO ayant achevé l'exécution de son mandat en mai 2005, elle a été remplacée par un **Bureau des Nations Unies au Timor-Leste (BUNUTIL)** qui, au cours de l'année suivante, s'est efforcé de faciliter la mise en place des principales institutions publiques, notamment la police et l'Unité des gardes frontière, et de dispenser une formation sur la démocratie et les droits de l'homme.

Néanmoins, le renvoi, en mars 2006, de près de 600 membres des Forces armées timoraises a déclenché une crise violente qui a connu son apogée en mai 2006 et fait plusieurs victimes. Le Gouvernement a demandé, et obtenu, que le Conseil de sécurité approuve le déploiement des forces de police internationales et la fourniture d'une assistance militaire pour assurer la sécurité des sites et installations sensibles. Le Secrétaire général a dépêché son Envoyé spécial au Timor-Leste pour aider à atténuer la crise et à trouver une solution pacifique. Après d'intenses négociations entre les différents acteurs politiques, un nouveau gouvernement a été formé en juillet 2006, des élections étant prévues pour mai 2007, conformément à la Constitution.

Le 25 août 2007, le Conseil de sécurité a créé une nouvelle opération élargie, la **Mission intégrée des Nations Unies au Timor-Leste (MINUT),** chargée d'appuyer le Gouvernement « en vue de consolider la stabilité, de promouvoir une culture de gouvernance démocratique et de faciliter le dialogue politique entre les parties prenantes timoraises». Depuis lors, la stabilité est largement rétablie dans le pays, où des élections présidentielles et parlementaires se sont tenues en mai et août 2007, respectivement, dans un climat généralement calme.

Europe

Chypre

La **Force des Nations Unies chargée du maintien de la paix à Chypre (UNFICYP)** a été créée en 1964 afin de prévenir toute reprise des combats entre les communautés chypriote grecque et chypriote turque et de contribuer au maintien et au rétablissement de l'ordre public, ainsi qu'au retour à une situation normale.

En 1974, un coup d'État mené par des Chypriotes grecs et des éléments grecs favorables à l'union du pays à la Grèce a été suivi d'une intervention militaire de la Turquie, qui a conduit à une division de fait de l'île. Depuis 1974, l'UNFICYP surveille le cessez-le-feu de facto déclaré le 16 août 1974, ainsi que la zone tampon entre les lignes de la Garde nationale de Chypre et des forces turques et chypriotes turques. En l'absence d'un règlement politique à la question de Chypre, l'UNFICYP a maintenu sa présence dans l'île.

Le Secrétaire général a usé de ses bons offices pour parvenir à un règlement global de la question invitant les dirigeants des deux communautés à des pourparlers indirects en 1999 et en 2000, puis à des pourparlers intensifs directs à partir de janvier 2002. En novembre, il a soumis une proposition d'ensemble pour rapprocher leurs points de vue divergents. Il n'a cependant pas été possible d'obtenir l'accord des dirigeants des deux communautés pour soumettre cette proposition à référendum auprès de chaque partie à temps pour qu'une Chypre unifiée signe le traité d'adhésion à l'Union européenne le 16 avril.

Les pourparlers ont été suspendus en mars 2003. En avril, les autorités chypriotes turques ont commencé d'autoriser le passage des Chypriotes grecs vers le Nord de l'île et celui des Chypriotes turcs vers le Sud de l'île pour la première fois depuis près de 30 ans. Alors que les ingénieurs des Nations Unies s'employaient à remettre les routes en état, le Conseil de sécurité a autorisé l'augmentation des effectifs de la composante police civile de la Force pour assurer le passage en toute sécurité et en bon ordre des personnes et des véhicules. Au 2 novembre, près de 2 millions de déplacements entre les deux parties de l'île avaient été effectués.

Le Secrétaire général s'est félicité de cette initiative tout en soulignant qu'elle ne saurait remplacer un règlement global. Le 10 février 2004, le dirigeant chypriote grec et le dirigeant chypriote turc ont repris les négociations à New York, en présence des puissances garantes, la Grèce, la Turquie et le Royaume-Uni, et sur la base des propositions détaillées du Secrétaire général.

Après six semaines de pourparlers, alors qu'aucun accord n'avait encore été conclu, le Secrétaire général est intervenu pour achever le « Règlement global du problème de Chypre », qui prévoyait la création d'une République-Unie de Chypre composée d'un État constitutif chypriote grec et d'un État constitutif chypriote turc placés sous l'égide d'un gouvernement fédéral. Le 24 avril, 76 % des électeurs se sont opposés au plan lors du référendum chypriote grec, tandis que 65 % des électeurs ont voté pour lors du référendum chypriote turc.

En l'absence de l'approbation des deux communautés, le plan a été rejeté et le 1er mai, Chypre est entrée dans l'Union européenne en étant divisée et militarisée.

Le 8 juillet 2006, le dirigeant chypriote grec et le dirigeant chypriote turc ont engagé des pourparlers directs, sous les auspices du Secrétaire général adjoint aux affaires politiques des Nations Unies. Ils ont adopté un « ensemble de principes » et une « décision des deux dirigeants » aux termes desquels ils se sont engagés à faciliter l'unification de Chypre, sur la base d'une fédération bizonale et bicommunautaire et de l'égalité politique, comme le prévoyaient les résolutions du Conseil de sécurité sur la question, et à mettre en œuvre des moyens nécessaires pour y parvenir. Ils se sont également rencontrés le 5 septembre 2007, dans la résidence officielle du Représentant spécial du Secrétaire général à Chypre, où ils sont convenus de la nécessité d'entamer le processus le plus rapidement possible. Néanmoins, en novembre 2007, ledit processus n'avait pas encore démarré.

Géorgie

Les relations entre Abkhazes et Géorgiens sont tendues depuis plusieurs décennies. En 1990, les nouvelles tentatives menées par les autorités locales d'Abkhazie (région du nord-ouest de la Géorgie) pour faire sécession de la République de Géorgie, devenue indépendante en 1991, ont provoqué une série d'affrontements armés en 1992. Des centaines de personnes ont péri dans les combats et quelque 30 000 autres se sont réfugiées en Fédération de Russie. Un envoyé du Secrétaire général, nommé en 1993, a entrepris une mission de médiation entre les parties, qui a abouti quelques mois plus tard à un accord de cessez-le-feu.

Le Conseil de sécurité a mis en place la **Mission d'observation des Nations Unies en Géorgie (MONUG)** pour en surveiller l'application. Mais les combats ont repris, dégénérant en guerre civile. À Moscou, en 1994, les parties ont conclu un nouvel accord de cessez-le-feu dont le respect devait être vérifié par une force de maintien de la paix de la Communauté d'États indépendants (CEI). La MONUG devait surveiller l'application de l'accord et observer les opérations de la force de la CEI.

Au fil des ans, les représentants spéciaux successifs du Secrétaire général ont poursuivi les négociations et le Conseil de sécurité a souligné la nécessité d'un règlement d'ensemble, mais la grande question politique qui se pose, celle du futur statut de l'Abkhazie au sein de l'État géorgien, n'a toujours pas été réglée.

Les Balkans

Ex-Yougoslavie. La République fédérale de Yougoslavie était un Membre fondateur des Nations Unies. En 1991, deux républiques de la Fédération, la Slovénie et la Croatie, ont déclaré leur indépendance. Les Serbes de Croatie, soutenus par l'armée nationale, s'y sont opposés et la guerre a éclaté entre la Croatie et la Serbie. Le Conseil de sécurité a réagi en imposant un embargo sur les armes à destination de la Yougoslavie et le Secrétaire général a nommé un envoyé spécial pour soutenir les efforts de paix de la Communauté européenne.

En 1992, afin d'instaurer les conditions nécessaires à la négociation d'un règlement, le Conseil de sécurité a créé la **Force de protection des Nations Unies (FORPRONU)** qui a initialement été déployée en Croatie. Mais la guerre s'est étendue à la Bosnie-Herzégovine, qui a également déclaré son indépendance (décision appuyée par les Croates et les musulmans de Bosnie, mais dénoncée par les Serbes de Bosnie). Les armées serbe et croate sont intervenues et le Conseil de sécurité a imposé des sanctions économiques contre la République fédérale de Yougoslavie, qui n'était plus composée à ce stade que de la Serbie et du Monténégro.

Les combats se sont intensifiés générant des flux de réfugiés d'une ampleur sans précédent en Europe depuis la Seconde Guerre mondiale. Sur la base de nombreuses informations faisant état d'un nettoyage ethnique, en 1993, le Conseil de sécurité a créé pour la première fois un tribunal international pour poursuivre les auteurs de crimes de guerre. Il a également déclaré certains secteurs « zones de sécurité » pour éviter qu'ils ne soient gagnés par le conflit.

En Bosnie, la FORPRONU s'est efforcée de sécuriser l'acheminement de l'aide humanitaire et de protéger Sarajevo, la capitale, et les autres « zones de sécurité «, mais alors que le commandement de la Mission de maintien de la paix demandait 35 000 hommes, le Conseil de sécurité en a accordé 7 600. Pour décourager les attaques persistantes contre Sarajevo, à la demande du Secrétaire général, l'Organisation du Traité de l'Atlantique Nord (OTAN) a décidé en 1994 d'autoriser des frappes aériennes. Les forces serbes de Bosnie ont riposté en s'emparant de près de 400 observateurs de la FORPRONU et en utilisant certains d'entre eux comme « boucliers humains ».

Les combats se sont encore intensifiés en 1995, année où la Croatie a lancé de grandes offensives dans les régions du pays peuplées de Serbes. L'OTAN a riposté par des raids aériens massifs aux bombardements de Sarajevo par les Serbes de Bosnie. Ceux-ci ont envahi les « zones de sécurité » de Srebrenica et Zepa, tuant plus de 7 000 hommes et garçons non armés à Srebrenica et perpétrant ainsi le plus grand massacre qu'ait connu l'Europe depuis la Seconde Guerre mondiale. Dans un rapport publié en 1999, le Secrétaire général a reconnu les erreurs commises par les Nations Unies et les États Membres face à la campagne de nettoyage ethnique qui avait entraîné le massacre de Srebrenica et déclaré : « Cette tragédie nous hantera à tout jamais ».

Lors des pourparlers organisés à Dayton (Ohio, États-Unis) en 1995, la Bosnie-Herzégovine, la Croatie et la Yougoslavie ont conclu un accord mettant fin à une guerre de 42 mois. Pour faciliter l'application de cet accord, le Conseil de sécurité a autorisé le déploiement d'une Force militaire multinationale de mise en œuvre dirigée par l'OTAN et comptant 60 000 soldats.

Le Conseil a mis en place un Groupe international de police, qui a par la suite été intégré à une force plus importante, la **Mission des Nations Unies en Bosnie-Herzégovine (MINUBH)**, qui a facilité le retour des réfugiés et des déplacés, contribué à promouvoir la paix et la sécurité, et aidé à la mise en place des institutions publiques. En 1996, le Conseil a également créé la **Mission d'observation des Nations Unies à Prevlaka (MONUP)** afin de surveiller la démilitarisation de la péninsule de Prevlaka, région d'intérêt stratégique située en Croatie et revendiquée par la Yougoslavie. La MINUBH et la MONUP ont achevé leurs activités à la fin de 2002.

Kosovo.   En 1989, la République fédérale de Yougoslavie a retiré son autonomie au Kosovo, province du sud de la Yougoslavie, peuplée à plus de 90 % par des Albanais de souche, qui présentait un intérêt historique pour les Serbes. Les Albanais du Kosovo ont résisté, réclamant le retour à l'autonomie en boycottant les institutions et l'autorité de l'État serbe.

Les tensions se sont aggravées et, en 1996, l'Armée de libération du Kosovo (ALK) a appelé à prendre les armes pour obtenir l'indépendance et lancé des attaques contre les fonctionnaires serbes et les Albanais qui collaboraient avec eux, ce à quoi les autorités serbes ont répondu en procédant à des arrestations massives. Les combats ont éclaté en mars 1998 alors que la police serbe ratissait la région de la Drenica, à la recherche de membres de l'ALK. Le Conseil de sécurité a imposé un embargo sur la livraison d'armes à la Yougoslavie, y compris au Kosovo mais la situation a tourné au conflit ouvert.

En mars 1999, après avoir adressé des avertissements à la Yougoslavie et face à l'offensive serbe au Kosovo, l'OTAN a lancé une campagne de frappes aériennes contre la Yougoslavie. Le Secrétaire général a vivement déploré l'échec de la diplomatie, faisant observer que s'il était parfois légitime de recourir à la force dans l'intérêt de la paix, le Conseil de sécurité n'en devait pas moins être associé à toute décision prise dans ce sens.

La Yougoslavie a lancé une grande offensive contre l'ALK et entrepris de déporter massivement les Albanais de souche du Kosovo, condamnant à l'exil forcé quelque 850 000 réfugiés, fait sans précédent. Le Haut-Commissariat des Nations Unies pour les réfugiés (HCR) et les autres organismes humanitaires se sont hâtés de porter assistance aux réfugiés qui se trouvaient en Albanie et dans l'ex-République yougoslave de Macédoine.

En juin, la Yougoslavie a accepté le plan de paix proposé par le G-8 (composé des sept grands pays industriels et de la Russie). Le Conseil de sécurité a entériné le plan et autorisé les États Membres à mettre en place une présence internationale de sécurité afin de prévenir la reprise des hostilités, de démilitariser l'ALK et de faciliter le retour des réfugiés. Il a par ailleurs demandé au Secrétaire général d'établir une administration civile internationale provisoire sous laquelle la population du Kosovo pourrait jouir d'une autonomie substantielle et s'auto-administrer. À la suite du retrait des forces yougoslaves du Kosovo, l'OTAN a interrompu ses frappes aériennes et une force multinationale de 50 000 hommes, la **Force internationale de sécurité au Kosovo (KFOR),** a été déployée dans la province pour assurer une présence de sécurité.

La **Mission d'administration intérimaire des Nations Unies au Kosovo (MINUK)** s'est immédiatement installée sur le terrain. Par sa complexité, comme par l'ampleur de son mandat, cette mission était sans précédent. Le Conseil de sécurité a conféré à la MINUK tous pouvoirs sur le territoire et la population du Kosovo, notamment l'intégralité des pouvoirs législatifs et exécutifs, administratifs et judiciaires.

Au moins 841 000 des quelque 850 000 réfugiés qui avaient fui pendant la guerre sont rentrés chez eux; il a donc fallu les équiper en priorité pour qu'ils puissent surmonter les rigueurs de l'hiver. Cela fait, la MINUK a notablement contribué au rétablissement de conditions de vie normales et à la reconstruction économique à long terme. La démilitarisation de l'ALK s'est achevée en septembre 1999, tandis que la réintégration de ses membres dans la vie civile se poursuivait. Pour assurer leur retour en toute sécurité, un Comité mixte pour les retours a été créé en mai 2000. Au cours des mois qui ont suivi le cessez-le-feu, environ 210 000 Kosovars non albanais ont quitté le Kosovo pour la Serbie et le Monténégro. Les minorités ethniques, autres que les Albanais, restées dans la région se sont regroupées dans plusieurs enclaves isolées, gardées par la KFOR.

En avril 2001, le Tribunal pénal international pour l'ex-Yougoslavie a mis en accusation l'ancien Président Slobodan Milosevic et quatre autres personnes pour crimes contre l'humanité s'inscrivant dans le cadre d'une « offensive systématique dirigée contre la population civile albanaise du Kosovo ». Alors que la défense avait pratiquement achevé ses travaux, Slobodan Milosevic est mort de cause naturelle en détention, le 11 mars 2006. Il était sous le coup de 66 chefs d'accusation pour génocide, crimes contre l'humanité et crimes de guerre en Croatie, en Bosnie-Herzégovine et au Kosovo.

Le Conseil de sécurité a levé l'embargo sur les armes en septembre 2001. En novembre, les Kosovars ont élu les 120 membres de l'Assemblée du Kosovo qui, en mars 2002 ont élu à leur tour pour la première fois le Président et le Premier Ministre de la province. En décembre, la MINUK a achevé le transfert de certaines responsabilités aux institutions provisoires locales, tout en gardant le contrôle de la sécurité, des relations étrangères, de la protection des droits des minorités et de l'énergie, en attendant que soit déterminé le statut définitif de la province.

En 2006, l'Envoyé spécial du Secrétaire général, l'ancien Président finnois, Martti Ahtisaari, a mené quatre cycles de négociations directes entre les parties et organisé la première réunion de haut niveau entre les deux principaux dirigeants serbe et kosovar, mais les positions du Gouvernement kosovar composé d'Albanais de souche et de la Serbie demeuraient diamétralement opposées. En février 2007, l'Envoyé spécial du Secrétaire général a présenté son plan pour le statut définitif de la province, qualifié de solution de compromis, mais les parties sont restées sur leur position. Il a par la suite déclaré que la seule solution viable pour le Kosovo était l'indépendance, à laquelle la Serbie s'était toujours opposée.

En août 2007, le Secrétaire général Ban Ki-moon s'est félicité de la signature d'un accord visant à charger une troïka composée de l'Union européenne, de la Fédération de Russie et des États-Unis de poursuivre les négociations sur le futur statut du Kosovo (voir le site *www. unmikonline.org*).

Désarmement

(http ://disarmament.un.org)

Depuis la création de l'Organisation, les objectifs du désarmement multilatéral et de la limitation des armements sont au centre des efforts qu'elle fait pour maintenir la paix et la sécurité internationales. Elle a donné la priorité absolue à la réduction, puis à l'élimination des armes nucléaires, à la destruction des armes chimiques et au renforcement des interdictions dirigées contre les armes biologiques, toutes armes qui font peser la menace la plus lourde sur l'humanité. Son objectif n'a pas changé au fil des ans, mais la portée des délibérations et des négociations a évolué en fonction des réalités politiques et de la situation internationale.

La communauté internationale, qui s'intéresse davantage aujourd'hui à la prolifération excessive et déstabilisatrice des armes légères, s'est mobilisée pour lutter contre le déploiement massif de mines, engins qui menacent la vie économique et sociale des nations et tuent et mutilent des civils, trop souvent des femmes et des enfants. Elle envisage également de mettre en place des normes négociées sur le plan multilatéral pour lutter contre la prolifération de la technologie des missiles balistiques et des restes explosifs de guerre et étudie les effets que les nouvelles technologies de l'information et des télécommunications peuvent avoir sur la sécurité internationale.

Les événements tragiques survenus le 11 septembre 2001 aux États-Unis d'Amérique et les attentats terroristes qui ont suivi dans plusieurs pays, ont bien mis en évidence les risques que peuvent présenter les armes de destruction massive entre les mains d'acteurs non étatiques. Ces attentats auraient pu avoir des conséquences encore bien plus dévastatrices si les terroristes avaient pu se procurer des armes chimiques, biologiques ou nucléaires et s'en servir. C'est pourquoi en 2002, à sa cinquante-septième session, l'Assemblée générale a pour la première fois adopté une résolution portant sur les mesures visant à empêcher les terroristes d'acquérir des armes de destruction massive et leurs vecteurs.

En 2004, le Conseil de sécurité a pris pour la première fois une décision officielle sur le danger de la prolifération des armes de destruction massive, en particulier entre les mains d'acteurs non étatiques. Agissant en vertu des mesures de coercition prévues par la Charte des Nations Unies, le Conseil a adopté à l'unanimité la résolution 1540 par laquelle il a décidé que tous les États devaient s'abstenir d'apporter un appui, quelle qu'en soit la forme, à des acteurs non étatiques qui tenteraient de mettre au point, de se procurer, de fabriquer, de posséder, de transporter, de transférer ou d'utiliser des armes nucléaires, chimiques ou biologiques ou leurs vecteurs. Ladite résolution impose également à tous les États des obligations considérables pour qu'ils prennent des mesures destinées à prévenir la prolifération des armes nucléaires, chimiques ou biologiques ou de leurs vecteurs, y compris la mise en place de dispositifs de contrôle appropriés pour les éléments connexes.

L'Assemblée générale a par la suite adopté la *Convention internationale pour la répression des actes de terrorisme nucléaire*, ouverte à la signature en septembre 2005.

Outre la part qu'elle prend dans l'élimination physique des armements et dans le contrôle du respect des engagements pris, l'ONU joue un rôle déterminant dans le désarmement multilatéral en aidant les États membres à élaborer de nouvelles normes et à renforcer et consolider les accords existants. L'un des moyens les plus efficaces d'éviter que des terroristes utilisent ou menacent d'utiliser des armes de destruction massive est de renforcer les systèmes multilatéraux existants pour interdire ces armes et empêcher leur prolifération.

Mécanisme de désarmement

La Charte confie à l'**Assemblée générale** la responsabilité d'étudier « les principes généraux de coopération pour le maintien de la paix et de la sécurité internationales, y compris ceux régissant le désarmement et la réglementation des armements » (Article 11). L'Assemblée est dotée de deux organes subsidiaires qui s'occupent des questions de désarmement : la Commission des questions de désarmement et de la sécurité internationale (Première Commission), qui se réunit pendant la session ordinaire et est saisie de toutes les questions de désarmement inscrites à l'ordre du jour de l'Assemblée, et la Commission du désarmement, organe délibérant spécialisé qui s'occupe de questions spécifiques et se réunit pendant trois semaines tous les ans.

Accords multilatéraux de désarmement et de réglementation des armements

On trouvera ci-après une chronologie abrégée des principales mesures adoptées dans le secteur du désarmement et de la réglementation des armements par des instances multilatérales et régionales de négociation :

- 1959 : *Traité sur l'Antarctique* : démilitarise le continent et y interdit tout essai d'arme

- 1963 : *Traité interdisant les essais d'armes nucléaires dans l'atmosphère, dans l'espace extra-atmosphérique et sous l'eau (Traité sur l'interdiction partielle des essais d'armes nucléaires)* : limite les essais nucléaires à des sites souterrains

- 1967 : *Traité visant l'interdiction des armes nucléaires en Amérique latine et dans les Caraïbes (Traité de Tlatelolco)* : interdit les essais, l'utilisation, la fabrication, le stockage ou l'acquisition d'armes nucléaires par les pays de la région

- 1967 : *Traité sur les principes régissant les activités des États en matière d'exploration et d'utilisation de l'espace extra-atmosphérique, y compris la Lune et les autres corps célestes (Traité sur l'espace extra-atmosphérique)* : stipule que l'espace ne peut être utilisé qu'à des fins pacifiques et que l'on ne peut placer des armes nucléaires dans l'espace ni y procéder à des essais nucléaires

- 1968 : *Traité sur la non-prolifération des armes nucléaires (TNP)* : les États non détenteurs d'armes nucléaires s'engagent à ne jamais en acquérir, en échange de quoi on leur promet l'accès aux technologies civiles de l'énergie nucléaire; les États détenteurs d'armes nucléaires s'engagent à mener des négociations sur la cessation de la course aux armements nucléaires et le désarmement nucléaire et à ne faciliter en aucune façon le transfert d'armes nucléaires à des États qui n'en possèdent pas

- 1971 : *Traité interdisant de placer des armes nucléaires sur le fond des mers et des océans ainsi que dans leur sous-sol (Traité relatif au fond des mers)* : interdit de placer des armes nucléaires ou toute autre arme de destruction massive sur le fond des mers et des océans et dans leur sous-sol

- 1972 : *Convention sur les armes bactériologiques (biologiques) (CIAB)* : interdit la mise au point, la fabrication et le stockage des armes bactériologiques (biologiques) ou à toxines et prévoit leur destruction et celle de leurs vecteurs

- 1980 : *Convention sur certaines armes classiques (Convention sur les armes inhumaines) (CCAC)* : interdit certaines armes classiques pouvant être considérées comme produisant des effets traumatiques excessifs ou comme frappant sans discrimination. Le *Protocole I* interdit les armes explosives dont les fragments ne sont pas localisables par rayons X dans le corps humain; le *Protocole II amendé* (1995) limite l'emploi de certains types de mines, pièges et autres dispositifs; le *Protocole III* interdit les armes incendiaires et *le Protocole IV* interdit l'utilisation d'armes laser aveuglantes

- 1985 : *Traité sur la zone dénucléarisée du Pacifique Sud (Traité de Rarotonga)* : interdit l'implantation, l'acquisition ou les essais de dispositifs explosifs nucléaires et le déversement de déchets nucléaires à l'intérieur de la zone

- 1990 : *Traité sur les forces armées conventionnelles en Europe (Traité FCE)* : limite le nombre de diverses armes classiques dans une zone s'étendant de l'océan Atlantique aux montagnes de l'Oural

- 1992 : *Traité Ciel Ouvert* : autorise chaque État Partie à effectuer des vols d'observation au-dessus du territoire de tout autre État Partie, selon les principes de la coopération et de l'ouverture. Les dispositions de ce traité ont été appliquées aux fins de la vérification de plusieurs accords de maîtrise des armements et d'autres mécanismes de surveillance
- 1993 : *Convention sur les armes chimiques (CIAC)* : interdit la mise au point, la fabrication, le stockage et l'utilisation des armes chimiques dans le monde entier et fait obligation de les détruire
- 1995 : *Traité portant création d'une zone exempte d'armes nucléaires en Asie du Sud-Est (Traité de Bangkok)* : interdit la mise au point ou l'implantation d'armes nucléaires sur le territoire des États parties au traité
- 1996 : *Traité sur une zone exempte d'armes nucléaires en Afrique (Traité de Pelindaba)* : interdit la mise au point ou l'implantation d'armes nucléaires sur le continent africain
- 1996 : *Traité d'interdiction complète des essais nucléaires (TICE)* : interdit dans le monde entier toute explosion expérimentale nucléaire dans tout environnement
- 1997 : *Convention sur les mines antipersonnel* : interdit l'emploi, le stockage, la production et le transfert de mines antipersonnel et prévoit leur destruction
- 2005 : *Convention internationale pour la répression des actes de terrorisme nucléaire (Convention sur le terrorisme nucléaire)* : définit certains actes de terrorisme nucléaire, vise à protéger un large éventail de cibles éventuelles, à traduire les coupables en justice et à promouvoir la coopération internationale
- 2006 : *Traité portant création d'une zone exempte d'armes nucléaires en Asie centrale* : englobant les cinq pays d'Asie centrale, à savoir le Kazakhstan, le Kirghizistan, l'Ouzbékistan, le Tadjikistan et le Turkménistan

(Pour l'état de la ratification de ces instruments, voir le site
http ://disarmament.un.org/TreatyStatus.nsf)

La **Conférence du désarmement** est la seule instance multilatérale de négociation d'accords de désarmement de la communauté internationale. Elle a mené à bien les négociations relatives à la Convention sur les armes chimiques et au Traité d'interdiction complète des essais nucléaires. Étant donné qu'elle aborde toutes les questions qui ont trait aux intérêts des États en matière de sécurité nationale, elle fonctionne exclusivement sur la base du consensus. Elle ne compte que 65 États membres et a une relation atypique avec l'Assemblée générale : c'est la Conférence qui fixe ses propres règles et son ordre du jour, mais elle tient compte des recommandations de l'Assemblée et lui fait rapport chaque année. Depuis 1997, elle n'a pas été en mesure d'adopter un programme de travail de fond, ses membres ne pouvant s'entendre sur l'ordre de priorité des questions de désarmement.

Au Secrétariat de l'Organisation des Nations Unies, c'est le **Bureau des affaires de désarmement** qui applique les décisions de l'Assemblée relatives aux questions de désarmement. L'**Institut des Nations Unies pour la recherche sur le désarmement (UNIDIR)** mène des travaux de recherche indépendants sur le désarmement et des questions connexes telles que la sécurité internationale. Le **Conseil consultatif pour les questions de désar-**

mement offre au Secrétaire général des conseils sur les questions ayant trait à la limitation des armements et au désarmement et fait office de Conseil d'administration de l'UNIDIR. Il donne également des avis sur la mise en œuvre des recommandations du **Programme d'information des Nations Unies sur le désarmement.**

Armes de destruction massive

Armes nucléaires

Grâce à des efforts soutenus, la communauté internationale a conclu de nombreux accords multilatéraux visant à réduire les arsenaux nucléaires, à interdire le déploiement des armes nucléaires dans certaines régions et certains milieux (tels que l'espace extra-atmosphérique ou le fond des mers), à limiter la prolifération de ces armes et à mettre fin aux essais nucléaires. Malgré ces réalisations, les armes nucléaires et leur prolifération demeurent un grand danger pour la paix et restent au premier plan des préoccupations de la communauté internationale.

Dans ce domaine, les principaux sujets de préoccupation sont notamment la réduction du nombre d'armes nucléaires, la viabilité du régime de non-prolifération nucléaire et la prévention de la mise au point de systèmes de missiles balistiques et de systèmes de défense antimissiles et de leur prolifération.

Accords bilatéraux relatifs aux armes nucléaires. Les efforts internationaux visant à limiter les armes nucléaires se poursuivent dans différentes instances, mais il est généralement admis que les puissances détentrices d'armes nucléaires ont une responsabilité particulière en ce qui concerne le maintien de la stabilité de l'environnement international en matière de sécurité. Pendant et après la guerre froide, les deux superpuissances ont conclu des accords qui ont sensiblement réduit la menace d'un conflit nucléaire.

Accords multilatéraux relatifs aux armes nucléaires et à la non-prolifération. Le *Traité sur la non-prolifération des armes nucléaires (TNP),* qui est le plus universellement accepté de tous les traités multilatéraux de désarmement, a été ouvert à la signature en 1968 et est entré en vigueur en 1970. Il est la pierre angulaire du régime de non-prolifération des armes nucléaires dans le monde. La Conférence des Parties chargée d'examiner le Traité en 2000 a adopté un document final dans lequel les États dotés d'armes nucléaires ont pris « l'engagement sans équivoque [...] de parvenir à l'élimination complète de leurs armes nucléaires ».

La Conférence a décidé qu'il devrait y avoir une plus grande transparence pour ce qui est de la capacité de produire des armes nucléaires et qu'il faudrait réduire le rôle de ces armes dans les politiques relatives à la sécurité. La décision de la République populaire démocratique de Corée de se retirer du Traité en janvier 2003, premier retrait depuis l'entrée en vigueur du Traité 33 ans auparavant, préoccupait profondément la communauté internationale. Les participants à la Conférence des Parties chargée d'examiner le TNP en 2005 ne sont pas parvenus à se mettre d'accord sur des recommandations de fond.

Accords bilatéraux

Le *Traité de 1972 sur la limitation des systèmes antimissiles balistiques (Traité ABM)* limite le nombre de systèmes antimissiles balistiques des États-Unis et de l'ex-Union soviétique à un seul par pays. Un accord de « démarcation » conclu en 1997 entre les États-Unis et la Fédération de Russie établit une distinction entre les ABM « stratégiques », ou à longue portée, qui sont toujours interdits, et « non stratégiques », ou à portée plus courte, qui ne le sont pas. Il a cessé d'être en vigueur le 13 juin 2002 date du retrait des États-Unis d'Amérique.

Le *Traité de 1987 entre les États-Unis d'Amérique et l'Union des Républiques socialistes soviétiques sur l'élimination de leurs missiles à portée intermédiaire et à plus courte portée (Traité sur les forces nucléaires à portée intermédiaire)* élimine une catégorie entière d'armes nucléaires, qui inclut tous les missiles balistiques et de croisière terrestres d'une portée de 500 à 5 500 kilomètres. À la fin de 1996, toutes les armes devant être détruites en application du Traité avaient été éliminées.

Le *Traité américano-soviétique de 1991 sur la réduction et la limitation des armements stratégiques offensifs (START I)* établit de part et d'autre, pour 2001, un plafond maximum de 6 000 ogives pour 1 600 missiles nucléaires à longue portée, réduisant ainsi de 30 % environ les stocks de 1991.

Le *Protocole de Lisbonne de 1992 se rapportant à START I* oblige la Fédération de Russie, le Bélarus, le Kazakhstan et l'Ukraine, en tant qu'États successeurs de l'Union soviétique, à respecter le traité START I; le Bélarus, le Kazakhstan et l'Ukraine devaient adhérer au TNP en tant qu'États non dotés d'armes nucléaires. En 1996, ces trois États avaient éliminé toutes les armes nucléaires de leur territoire.

Le *Traité de 1993 sur de nouvelles réductions et limitations des armements stratégiques offensifs (START II)* oblige les deux parties à ramener à 3 500 chacun avant la fin de 2003 le nombre d'ogives sur des missiles nucléaires à longue portée, et élimine les MBI (missiles balistiques intercontinentaux) munis de MIRV (véhicules de rentrée à têtes multiples indépendamment guidées). Un accord conclu en 1997 reporte à la fin de 2007 la date limite fixée pour la destruction des systèmes de lancement (silos à missiles, bombardiers et sous-marins).

Le 24 mai 2002, les Présidents de la Fédération de Russie et des États-Unis d'Amérique ont signé le *Traité sur la réduction des armements stratégiques offensifs ou Traité de Moscou* par lequel ils se sont engagés à ne pas déployer plus de 1 700 à 2 200 ogives nucléaires stratégiques. Le traité demeurera en vigueur jusqu'en décembre 2012 et peut être prorogé ou remplacé sur accord des parties.

Pour que le respect des obligations assumées en application du TNP puissent être vérifié, les États parties sont tenus d'accepter le système de garanties nucléaires de l'Agence internationale de l'énergie atomique (AIEA). En mars 2007, des accords de garanties avaient été conclus avec 166 États, dont environ 140 accords de garanties généralisées conclus en application du TNP. Outre le Traité sur la non-prolifération, les Traités de Tlatelolco, Rarotonga, Bangkok et Pelindaba exigent des États non dotés de l'arme nucléaire qu'ils appliquent le régime de garanties de l'AIEA.

En 1996, le *Traité d'interdiction complète des essais nucléaires (TICE)* a été adopté à l'immense majorité des membres de l'Assemblée générale dans le but d'interdire toute explosion expérimentale où que ce soit. Proposé à l'origine en 1954, il a fallu attendre quatre décennies avant qu'il soit adopté et avant de pouvoir étendre à tous les environnements l'interdiction partielle qui avait été adoptée en 1963. Ouvert à la signature en 1996, le *Traité n'est pas encore entré en vigueur. Sur les 44 États dont les noms figurent à l'annexe II* du Traité et qui doivent le ratifier avant qu'il puisse entrer en vigueur, 10 ne l'ont pas encore signé ou ratifié.

Le Secrétaire général de l'ONU, en sa qualité de dépositaire du Traité, a convoqué cinq conférences pour favoriser son entrée en vigueur — en 1999, 2001, 2003, 2005 et 2007 respectivement. Les participants à la Conférence de septembre 2007, tenue à Vienne, ont adopté une déclaration dans laquelle ils soulignaient combien il importait de parvenir à une adhésion universelle au Traité et présentaient des mesures spécifiques pour promouvoir son entrée en vigueur.

Avec près de 177 États signataires participant à la Commission préparatoire de l'Organisation du *Traité d'interdiction complète des essais nucléaires,* à Vienne, des préparatifs sont en cours au secrétariat technique provisoire, créé en 1997, afin qu'un système de contrôle international soit en place au moment de l'entrée en vigueur du Traité. L'Accord devant régir les relations entre l'ONU et la Commission préparatoire a été signé en 2000.

Zones exemptes d'armes nucléaires.   La signature en 1967 du *Traité visant l'interdiction des armes nucléaires en Amérique latine et dans les Caraïbes (Traité de Tlatelolco)* établissait pour la première fois une zone exempte d'armes nucléaires dans une zone habitée du monde. Après le dépôt de l'instrument de ratification de Cuba en 2002, la zone exempte d'armes nucléaires de l'Amérique latine et des Caraïbes a été étendue à tous les États de la région.

Depuis lors, quatre autres zones exemptes d'armes nucléaires ont été établies : dans le Pacifique Sud (*Traité de Rarotonga,* 1985), en Asie du Sud-Est (*Traité de Bangkok,* 1995), en Afrique (*Traité de Pelindaba,* 1996) et en Asie centrale (*Traité portant création d'une zone exempte d'armes nucléaires en Asie centrale,* 2006). Des zones analogues ont été proposées pour l'Europe centrale et l'Asie du Sud, et une zone exempte d'armes de destruction massive a été proposée pour le Moyen-Orient. La communauté internationale a souscrit, en 1998, à la notion de zone exempte d'armes nucléaires constituée par un seul État, lorsque l'Assemblée générale s'est félicitée que la Mongolie ait déclaré son territoire zone exempte d'armes nucléaires.

Lutte contre la prolifération nucléaire.   L'AIEA joue un rôle de premier plan dans les efforts faits par la communauté internationale pour prévenir la prolifération des armes nucléaires — en servant de corps d'inspection mondial en ce qui concerne l'application des garanties nucléaires et les mesures de vérification applicables aux programmes nucléaires civils.

Aux termes d'accords conclus avec les États, les inspecteurs de l'AIEA se rendent régulièrement dans les installations nucléaires pour vérifier la comptabilité des matières nucléaires, contrôler les instruments et le matériel de surveillance installé par l'Agence et confirmer les inventaires de matières nucléaires. Venant s'ajouter à d'autres mesures de garanties, ces dispositions permettent à la communauté internationale de vérifier indépendamment que les gouvernements honorent les engagements qu'ils ont pris concernant les utilisations pacifiques de l'énergie nucléaire.

Pour vérifier l'application des 238 accords de garanties actuellement en vigueur dans 155 États (ainsi que dans la province chinoise de Taiwan), les experts de l'Agence ont mené 1 733 inspections en 2006. Leur objectif était de s'assurer que les matières nucléaires utilisées dans quelque 900 installations nucléaires de plus de 70 pays n'étaient pas détournées de leurs utilisations pacifiques légitimes pour servir à des fins militaires. Grâce à ces inspections annuelles, l'Agence contribue à la sécurité internationale et renforce les efforts faits pour mettre fin à la prolifération des armes et progresser vers un monde exempt d'armes nucléaires.

Différents types d'accord peuvent être conclus avec l'AIEA. Aux termes de ceux qui sont conclus dans le cadre du TNP, du *Modèle de protocole additionnel aux accords de garanties en vigueur,* du *Traité de Tlatelolco,* du *Traité de Pelindaba* et du *Traité de Rarotonga,* les États non dotés de l'arme nucléaire sont tenus de soumettre au système de garanties de l'AIEA toutes leurs activités touchant tous les aspects du cycle du combustible nucléaire. D'autres types d'accord portent sur les garanties applicables à une installation particulière. Les garanties de l'Agence dans le cadre du TNP font partie intégrante du régime international de non-prolifération et jouent un rôle essentiel dans l'application du Traité (voir le site *www. iaea.org*).

Éliminer la menace des armes chimiques et biologiques

L'entrée en vigueur en 1997 de la *Convention sur les armes chimiques* a été une nouvelle étape dans un processus entamé en 1925, date à laquelle le *Protocole de Genève* a interdit l'utilisation d'armes au gaz toxique. La Convention a créé, pour la première fois dans l'histoire de la maîtrise internationale des armements, un régime strict de vérification internationale (comprenant la collecte d'informations concernant les installations chimiques et des inspections régulières au niveau mondial) afin de vérifier que les États parties s'acquittent des obligations découlant du Traité. Créée à cette fin à La Haye (Pays-Bas), l'**Organisation pour l'interdiction des armes chimiques (OIAC)** avait effectué, en août 2007, près de 3 000 inspections dans 1 080 sites répartis dans 79 États parties. Par ses inspections, elle a pu confirmer la désactivation ou la conversion à des fins pacifiques de 61 des 65 installations de fabrication d'armes chimiques qui avaient été déclarées aux termes de la Convention. La première session extraordinaire de la Conférence des États parties chargée d'examiner le fonctionnement de la Convention sur les armes chimiques s'est tenue en 2003. L'Accord destiné à régir les relations entre l'ONU et l'Organisation pour l'interdiction des armes chimiques (OIAC) a été signé en 2000 (voir le site *www.opcw.org*).

Contrairement à la Convention sur les armes chimiques (CIAC), la *Convention sur les armes biologiques (CIAB)* de 1972, entrée en vigueur en 1975, ne prévoit pas de mécanisme de vérification. Les États parties échangent toutefois, dans le cadre de mesures de confiance, des informations détaillées sur des points comme leurs installations de recherche biologique à hauts risques. Les participants à la sixième Conférence des États Parties chargée de l'examen de la Convention sur l'interdiction des armes biologiques, tenue en décembre 2006, ont décidé de créer une Unité de soutien à la mise en œuvre de la Convention afin d'aider les États parties à accélérer l'application de la Convention.

Contrairement aux traités de non-prolifération des armes nucléaires et chimiques, qui sont appuyés par l'AIEA et l'OIAC, la Convention sur les armes biologiques ne bénéficiait jusqu'alors d'aucun mécanisme d'appui. L'Unité a été inaugurée le 20 août 2007, à Genève, dans le cadre du Bureau des affaires de désarmement. Elle sera financée par les États parties à la Convention.

L'application universelle de la Convention sur les armes biologiques, ainsi que de la Convention sur les armes chimiques, et la prévention de la prolifération de ces armes aux États non parties constituent un défi majeur pour la communauté internationale. En outre, un groupe d'experts gouvernementaux créé en application d'une résolution de l'Assemblée générale examine la question des missiles sous tous ses aspect.

Armes classiques, mesures de confiance et transparence

(http :/disarmament.un.org/cab)

Armes légères et désarmement pratique.   Lorsque la guerre froide a pris fin, la communauté internationale a assisté à une multiplication des conflits internes dans les pays de nombreuses régions du monde où les armes légères étaient l'armement de choix. Bien qu'elles ne soient pas à l'origine des conflits en question, ces armes contribuent à l'escalade de la violence, encouragent le recours aux enfants soldats, entravent l'acheminement de l'aide humanitaire et retardent la reconstruction après les conflits et le développement.

Au moins 640 millions d'armes à feu autorisées sont en circulation dans le monde, dont environ deux tiers sont entre les mains de civils et plus de 225 millions entre celles de soldats d'armées régulières et de fonctionnaires de police. Les estimations relatives à la plupart des autres types d'armes légères demeurent vagues. Le commerce légal de ces armes génère plus de 4 milliards de dollars de recettes par an, le commerce illicite représentant 1 milliard de dollars par an d'après les estimations. La lutte contre la prolifération de ce trafic est donc un élément clef de l'action menée pour mieux maîtriser, aux niveaux international, régional ou national, tous les aspects de la question des armes légères.

Une Conférence des Nations Unies sur le commerce illicite des armes légères sous tous ses aspects s'est tenue au Siège de l'Organisation en 2001. Aux termes du Programme d'action issu de la Conférence, les États participants ont décidé de veiller à ce que les fabricants autorisés procèdent dorénavant, en cours de production, à un marquage fiable de chacune des armes légères; veiller également à ce que des registres complets et exacts soient gardés concernant la fabrication, la possession et le transfert d'armes légères dans les zones sous la juridiction nationale; renforcer la capacité des États à coopérer pour identifier et suivre les armes légères illicites; et s'assurer que les armes légères confisquées, saisies ou rassemblées soient détruites.

Dans le cadre de la mise en œuvre de ce programme d'action, les gouvernements ont multiplié les mesures destinées à lutter contre le trafic. Dans les cinq années qui ont suivi l'adoption du programme d'action, près de 140 pays ont signalé des cas de trafic d'armes à feu et un tiers de l'ensemble des États ont pris des initiatives pour confisquer les armes détenues illégalement. On a également constaté un renforcement de la coopération entre les régions et entre les pays d'une même région destinée à réduire le trafic transfrontières. Du 26 juin au 7 juillet 2006, plus de 2 000 représentants de gouvernements, d'organisations internationales et régionales et de la société civile ont participé à une manifestation de deux semaines organisée au Siège de l'ONU pour évaluer la mise en œuvre du programme d'action et appeler davantage l'attention de la communauté internationale sur ce sujet.

Étant donné que la prolifération sans frein des armes légères illicites a des répercussions sur de nombreux domaines d'activité des Nations Unies — de l'action en faveur de l'enfance, à la santé en passant par les réfugiés et le développement — un mécanisme appelé « Mécanisme de coordination de l'action concernant les armes légères » a été créé en 1998 pour que les organismes des Nations Unies s'attaquent de manière coordonnée aux nombreux problèmes que pose la maîtrise des armes légères. Une campagne mondiale d'action contre les armes légères a également été lancée et menée par la société civile par le biais de la recherche, de la promotion de mesures coordonnées au niveau national et de pressions mondiales en faveur de l'adoption d'une convention internationale sur le commerce des armes.

Mines antipersonnel.   La prolifération croissante et l'utilisation aveugle de mines antipersonnel partout dans le monde a reçu une attention spéciale. En 1995, l'examen de la *Convention sur certaines armes classiques (CCAC),* également appelée Convention sur les armes inhumaines, a débouché sur l'élaboration d'un *Protocole II amendé,* entré en vigueur le 3 décembre 1998, qui renforce les restrictions concernant certains usages, certains types (autodestructeurs et détectables) et certains transferts de mines antipersonnel et qui lie aujourd'hui 86 États.

Insatisfaits de ce qu'ils jugeaient être une réponse inadaptée à une grave crise humanitaire, plusieurs États avaient mis au point un accord sur une interdiction totale de toutes les mines terrestres antipersonnel, la *Convention sur l'interdiction de l'emploi, du stockage, de la production et du transfert des mines antipersonnel,* qui avait été ouverte à la signature en 1997 et était entrée en vigueur le 1er mars 1999. En août 2007, 155 États étaient parties à la Convention.

La bonne application de ces deux instruments a permis la destruction des arsenaux, le déminage des pays touchés et la réduction du nombre de victimes. D'après le *Rapport de 2006 de l'Observatoire des mines,* en juillet 2006, 138 des États parties ne semblaient pas être en possession de stocks de mines antipersonnel (voir le site *www.icbl.org*) et, au total, les États parties avaient détruit plus de 39,5 millions de mines antipersonnel.

Restes explosifs de guerre et mines autres que les mines antipersonnel. Certes, des mesures importantes ont été prises pour lutter contre les mines antipersonnel, mais de nombreux civils sont tués ou blessés par d'autres types de mines qui peuvent présenter un danger pour les populations qui les manipulent, soit accidentellement soit volontairement, notamment parce qu'elles ne sont pas au courant des risques qu'elles courent. Les mines autres que les mines antipersonnel même lorsqu'elles sont en petit nombre peuvent provoquer de graves pertes; placée dans un endroit stratégique, une seule mine peut entraîner la fermeture d'une route entière et perturber les activités routinières. Avec les dispositifs divers, d'antidésamorçage notamment, dont elles sont munies et leur teneur minimale en métal, elles peuvent avoir des répercussions très graves sur la situation humanitaire.

Lutte contre les mines terrestres

Depuis les années 80, les Nations Unies se sont attaquées aux problèmes posés par les millions de mines dispersées dans quelque 78 pays. Chaque année, elles tuent 15 000 à 20 000 personnes, pour la plupart des enfants, des femmes et des personnes âgées, les survivants étant souvent gravement mutilées. Des années, parfois même plusieurs dizaines d'années après la fin des conflits, les mines terrestres continuent de semer la désolation parmi les populations civiles. Pourtant, les mines terrestres sont encore utilisées comme armes de guerre.

Sur le plan juridique, la *Convention de 1980 sur les armes inhumaines*, parrainée par les Nations Unies, a été renforcée en 1996 pour élargir son application à l'emploi des mines dans les conflits internes et exiger que toutes les mines soient détectables. En 1997, une convention historique, appelée *Convention sur l'interdiction de l'emploi, du stockage, de la production et du transfert des mines antipersonnel et sur leur destruction. interdisant la production, l'emploi et l'exportation de mines terrestres antipersonnel* a interdit la production, l'emploi et l'exportation de ces armes.

Sur le terrain, 14 organismes, programmes, départements et fonds des Nations Unies participent activement à la lutte antimines. Ils recherchent et détruisent les mines terrestres et restes explosifs de guerre; prêtent assistance aux victimes; apprennent aux populations à rester saines et sauves dans des zones minées; détruisent les stocks de mines; et plaident en faveur de la participation universelle aux accords internationaux, tels que la Convention sur l'interdiction de l'emploi, du stockage, de la production et du transfert des mines antipersonnel et sur leur destruction.

Le Service de la lutte antimines (SLAM) coordonne toutes les activités relatives aux mines entreprises par le système des Nations Unies. Il met au point des mesures et des normes, évalue et contrôle la menace que représentent les mines et les engins non explosés; recueille et diffuse des informations; mobilise des ressources et plaide en faveur d'une interdiction complète des mines antipersonnel. Il est également chargé de fournir une aide à la lutte antimines dans les situations d'urgence humanitaire et dans les opérations de maintien de la paix (voir le site *www.mineaction.org*).

Un groupe d'experts gouvernementaux des États parties à la *Convention sur certaines armes classiques* négocie actuellement un instrument sur les mesures correctives générales à prendre après les conflits pour réduire les risques découlant des restes explosifs de guerre et étudie la question des mines autres que les mines antipersonnel et les moyens les plus appropriés de réduire les risques que pose l'emploi irresponsable de tels engins.

Registre des armes classiques.   Pour renforcer la confiance et la sécurité entre les États, l'Assemblée générale a créé en 1992 le *Registre des armes classiques.* Dans le cadre de ce mécanisme, les gouvernements communiquent volontairement des informations sur les exportations et importations de sept catégories d'armes majeures, telles que les navires de guerre, y compris les sous-marins, les chars d'assaut, les véhicules blindés de combat, les avions de combat, les hélicoptères d'attaque, les pièces d'artillerie de gros calibre et les missiles et lanceurs de missiles, y compris les systèmes portables de défense aérienne à courte portée.

Les États Membres sont également invités à fournir des données sur les transferts d'armes légères, les achats provenant de la production nationale, et les stocks militaires. Ces données sont compilées et publiées chaque année par les Nations Unies comme documents officiels, accessibles au public notamment sur le site Web de l'ONU. À ce jour, plus de 170 États ont communiqué au moins une fois des données à inclure dans le Registre. Selon les estimations dont on dispose, plus de 95 % des échanges commerciaux d'armes classiques à l'échelle mondiale seraient consignés dans le Registre.

Transparence des dépenses militaires.   Il existe un autre mécanisme mondial conçu pour promouvoir la transparence dans le domaine militaire : le *Système des Nations Unies pour l'établissement de rapports normalisés sur les dépenses militaires*, créé en 1980. Dans le cadre de ce dispositif, les États communiquent volontairement des informations sur les dépenses nationales consacrées au personnel, aux opérations, à l'entretien, aux achats, à la construction et à la recherche-développement dans le domaine militaire. À ce jour, plus de 124 États ont communiqué au moins une fois des informations à ce titre.

Prévention d'une course aux armements dans l'espace.   Les questions liées à l'espace ont été examinées dans des instances internationales selon deux axes différents : les questions liées aux utilisations pacifiques de la technologie spatiale et les questions liées à la prévention d'une course aux armements dans cet environnement. Ces questions ont été examinées par l'Assemblée générale, par le Comité des utilisations pacifiques de l'espace extra-atmosphérique et ses organes subsidiaires et par la Conférence du désarmement. Ces discussions ont contribué à la conclusion de plusieurs accords internationaux portant aussi bien sur les aspects pacifiques que militaires de l'utilisation de l'espace.

Consciente de l'importance de la prévention de la militarisation de l'espace, lors de sa première session extraordinaire sur le désarmement (1978), l'Assemblée générale a demandé la tenue de négociations internationales sur cette question. Depuis 1982, un point intitulé « Prévention d'une course aux armements dans l'espace » est inscrit à l'ordre du jour de la Conférence du désarmement, la négociation d'un accord multilatéral a néanmoins peu progressé, en raison des divergences de vue entre les membres de la Conférence.

Liens entre désarmement et développement. L'utilisation à des fins de promotion du développement économique et social, notamment dans les pays moins développés, des ressources obtenues par le désarmement général dans le cadre d'un contrôle international efficace est examinée depuis longtemps par les États Membres. Une conférence internationale sur les liens entre désarmement et développement a finalement eu lieu en 1987. Dans sa résolution 61/53 du 6 décembre 2006, l'Assemblée générale a invité instamment la communauté internationale à consacrer au développement économique et social une partie des ressources obtenues grâce à l'application d'accords de désarmement et de limitation des armements, afin de réduire l'écart entre pays développés et pays en développement.

Approches régionales du désarmement. Les Nations Unies apportent leur soutien à des initiatives de désarmement prises aux niveaux régional et sous-régional, encourageant la sécurité et les mesures de confiance entre les États d'une même région et prêtant assistance aux États Membres pour la mise en œuvre des directives et des recommandations des approches régionales du désarmement dans le contexte de la sécurité mondiale, adoptées par la Commission du désarmement en 1993. Pour faciliter le désarmement régional, l'ONU collabore avec des organisations et des arrangements gouvernementaux, tels que l'Union africaine, l'Union européenne, le Conseil de partenariat euroatlantique, la Ligue des États arabes, l'Organisation des États américains, l'Organisation de la Conférence islamique, l'Organisation pour la sécurité et la coopération en Europe et le Pacte de stabilité pour l'Europe du Sud-Est, mais aussi avec des organisations non gouvernementales internationales, régionales et locales.

Information et éducation en matière de désarmement. En 2002, l'Assemblée générale a adopté le rapport d'un groupe d'experts sur l'éducation en matière de désarmement et de non-prolifération, réaffirmant que l'éducation en matière de désarmement faisait partie intégrante de l'éducation pour la paix et était un aspect important de la formation que devait recevoir chaque citoyen pour pouvoir participer à la vie de la société civile. En 2003 et 2004, l'ONU a, en partenariat avec l'Appel de La Haye pour la paix, exécuté un projet d'éducation pour la paix et sur les armes légères conçu pour les enfants et pour les jeunes dans quatre pays (Albanie, Cambodge, Niger et Pérou).

L'ONU entreprend des activités d'information et d'éducation en matière de désarmement multilatéral dans le cadre de son Programme d'information sur le désarmement par le biais de publications, manifestations spéciales, réunions, séminaires, débats, expositions ainsi que d'un site Web exhaustif. Le Programme de bourses d'études sur le désarmement, lancé par l'Assemblée générale en 1978, a dispensé une formation à plus de 600 fonctionnaires d'environ 150 pays; la plupart d'entre eux occupent maintenant des postes de responsabilité dans le domaine du désarmement au sein de leur propre gouvernement.

Intégration de l'égalité hommes-femmes. La façon dont on fait la guerre a évolué ces dernières années et les femmes et les filles sont de plus en plus touchées par les conflits soit en tant que victimes soit en tant que combattantes. L'ONU œuvre en faveur d'une plus grande reconnaissance de l'importance que revêt l'adoption d'une perspective tenant compte des différences entre les sexes dans tous les aspects du désarmement que ce soit dans la remise et la destruction des armes, dans le déminage, dans l'envoi de missions d'enquête ou dans la participation à la prise des décisions et aux processus de paix. À titre d'exemple, l'adoption d'une telle perspective suppose notamment d'examiner comment la prolifération des armes légères touche plus particulièrement les femmes et d'envisager les mesures à prendre pour y remédier.

Utilisations pacifiques de l'espace

(www.unoosa.org)

L'ONU veille à ce que l'espace soit utilisé à des fins pacifiques et que toutes les nations se partagent les fruits de la recherche spatiale. Cet intérêt pour l'utilisation de l'espace à des fins pacifiques s'est manifesté peu après le lancement de Spoutnik (premier satellite fabriqué par l'homme) par l'Union soviétique en 1957. Il n'a cessé de grandir avec les progrès de la technique spatiale. L'ONU a joué un rôle important en instituant un droit international de l'espace et en favorisant la coopération internationale dans le domaine des sciences et techniques spatiales.

Le principal organisme intergouvernemental s'intéressant à ces questions est le **Comité des utilisations pacifiques de l'espace extra-atmosphérique**. Il évalue le niveau de la coopération internationale en ce qui concerne les utilisations pacifiques de l'espace, élabore des programmes et dirige les activités de coopération technique de l'ONU dans ce secteur, encourage la recherche et la diffusion de l'information et contribue au développement du droit international de l'espace. Créé par l'Assemblée générale en 1959, il est composé de 69 États Membres. Un certain nombre d'organisations internationales, aussi bien intergouvernementales que non gouvernementales, sont dotées du statut d'observateur auprès du Comité.

Ce comité est doté de deux sous-comités :

- Le **Sous-Comité scientifique et technique** coordonne la coopération internationale dans le domaine de la technologie et de la recherche spatiales;
- Le **Sous-Comité juridique** s'efforce d'établir un cadre juridique qui suive l'évolution rapide de la technologie spatiale.

Le Comité et ses deux sous-comités se réunissent une fois par an pour examiner les questions dont ils ont été saisis par l'Assemblée générale, les rapports qui leur ont été communiqués et les questions soulevées par les États Membres. Le Comité fonctionne sur la base du consensus et adresse des recommandations à l'Assemblée générale.

Conférences des Nations Unies sur l'exploration et les utilisations pacifiques de l'espace extra-atmosphérique

L'ONU a organisé trois conférences mondiales majeures sur l'exploration et les utilisations pacifiques de l'espace extra-atmosphérique, qui se sont toutes tenues à Vienne. La première Conférence (1968) a examiné le profit pratique à tirer de la recherche et de l'exploration de l'espace et le degré auquel les nations non spatiales, et spécialement les pays en développement, pouvaient en bénéficier. La deuxième Conférence (UNISPACE'82) a reflété l'engagement croissant de toutes les nations dans les activités de l'espace extra-atmosphérique. Elle a évalué la science et la technologie spatiales, considéré les applications de la technologie spatiale pour le développement et discuté des programmes internationaux de coopération spatiale.

La troisième Conférence (UNISPACE III), tenue en 1999, a souligné une vaste gamme de mesures visant à protéger l'environnement mondial et gérer les ressources naturelles; augmenter l'utilisation des applications spatiales pour la sécurité humaine, le développement et le bien-être social; protéger l'environnement spatial; augmenter l'accès des pays en développement aux sciences de l'espace et à leurs fruits; et améliorer les possibilités de formation et d'éducation, en particulier pour les jeunes.

L'UNISPACE III a également appelé à la mise en œuvre d'un système mondial visant à gérer l'atténuation des effets des catastrophes naturelles, l'assistance et la prévention, l'amélioration des programmes de formation et de l'infrastructure par satellite pour promouvoir l'alphabétisation; et la coordination internationale des activités liées aux objets à faible distance de la Terre. Un Forum de la génération spatiale, organisé par et pour les jeunes professionnels et les étudiants, a contribué aux résultats de la Conférence. Cette manifestation a rassemblé des gouvernements, des organismes intergouvernementaux, la société civile et, pour la première fois, le secteur privé.

En 2004, l'Assemblée générale a entrepris un examen quinquennal des progrès réalisés dans la mise en œuvre des recommandations d'UNISPACE III. Elle a également approuvé un plan d'action proposant de nouvelles mesures dans les domaines suivants : exploitation des applications spatiales en vue de la réalisation des objectifs généraux de développement durable au niveau mondial; coordination des capacités spatiales au niveau mondial; exploitation des applications spatiales en vue de la réalisation d'objectifs spécifiques destinés à répondre aux besoins du développement humain au niveau mondial; et développement général des capacités.

Les recommandations d'UNISPACE III sont mises en œuvre par divers organismes dont les efforts ont notamment abouti à la création du Programme des Nations Unies pour l'exploitation de l'information d'origine spatiale aux fins de la gestion des catastrophes et des interventions d'urgence (UN-SPIDER) et du Comité international sur les systèmes mondiaux de navigation par satellite.

Instruments juridiques

Les travaux du Comité et de son sous-comité juridique ont abouti à l'adoption par l'Assemblée générale de cinq instruments juridiques, qui sont tous en vigueur :

- Le *Traité sur les principes régissant les activités des États en matière d'exploration et d'utilisation de l'espace extra-atmosphérique, y compris la Lune et les autres corps célestes* (1966), qui stipule que l'exploration de l'espace doit se faire dans l'intérêt de tous les pays, quel que soit le stade de leur développement. Il maintient que l'espace est le domaine de l'humanité tout entière, qu'il peut être exploré et utilisé librement par tous les États à des fins exclusivement pacifiques et ne peut faire l'objet d'une appropriation nationale;

- L'*Accord sur le sauvetage des astronautes, le retour des astronautes et la restitution des objets lancés dans l'espace extra-atmosphérique* (1967), qui prévoit les moyens de secourir les équipages des engins spatiaux en cas d'accident ou d'atterrissage forcé et fixe les procédures de restitution à l'autorité qui les a lancés d'un objet spatial trouvé au-delà des limites territoriales de cette autorité;

- La *Convention sur la responsabilité internationale pour les dommages causés par des objets spatiaux* (1971), qui stipule que l'État auteur du lancement d'un objet spatial a la responsabilité des dommages causés par cet objet à la surface de la Terre ou aux aéronefs en vol, ainsi qu'aux objets spatiaux d'un autre État ou aux personnes ou biens se trouvant à bord de ces objets;

- La *Convention sur l'immatriculation des objets lancés dans l'espace extra-atmosphérique* (1974), qui prévoit que les États de lancement doivent tenir un registre des objets lancés dans l'espace et fournir aux Nations Unies des informations sur ces objets. Conformément à la Convention, le Bureau des affaires de l'espace extra-atmosphérique tient un registre des objets lancés dans l'espace. Ces informations ont été fournies par tous les États et organisations de lancement. Le registre des objets lancés dans l'espace que tient à jour le Bureau est consultable en ligne, en anglais, à partir du site Web du Bureau (*www.oosa.unvienna.org*);

- L'*Accord régissant les activités des États sur la Lune et les autres corps célestes (Accord sur la Lune)* [1979], qui précise les principes énoncés dans le Traité de 1966 au sujet de la Lune et des autres corps célestes et jette les bases d'une réglementation future de l'exploration et de l'exploitation de leurs ressources naturelles.

Sur la base des travaux du Comité et de son sous-comité juridique, l'Assemblée générale a également adopté l'ensemble de principes suivants relatifs à la conduite des activités spatiales :

- Les *Principes régissant l'utilisation par les États de satellites artificiels de la Terre aux fins de la télévision directe* (1982), qui reconnaissent que l'exploitation de ces satellites a des répercussions dans le monde aux niveaux politique, économique, social et culturel. Ces activités devraient respecter les droits souverains des États, y compris le principe de la non-intervention, favoriser la diffusion et l'échange d'informations et de connaissances et encourager le développement;

- Les *Principes sur la télédétection* (1986), qui stipulent que cette activité doit être menée dans l'intérêt de tous les pays, dans le respect de la souveraineté de tous les États et peuples sur leurs propres ressources naturelles et dans le respect des droits et des intérêts d'autres États. La télédétection doit être utilisée pour protéger l'environnement et atténuer l'impact des catastrophes naturelles;

- Les *Principes relatifs à l'utilisation de sources d'énergie nucléaire dans l'espace* (1992), qui reconnaissent que de telles sources d'énergie sont essentielles pour l'accomplissement de certaines missions mais que leur utilisation doit se fonder sur une étude exhaustive des conditions de sécurité. Ces Principes énoncent également des règles de sécurité sur l'emploi des sources d'énergie nucléaire et des recommandations concernant la notification au cas où le mauvais fonctionnement d'objets spatiaux risquerait de faire entrer des matériaux radioactifs dans l'atmosphère terrestre;

- La *Déclaration sur la coopération internationale en matière d'exploration et d'utilisation de l'espace au profit et dans l'intérêt de tous les États, compte tenu en particulier des besoins des pays en développement* (1996), qui précise que les États sont libres de déterminer tous les aspects de leur participation à la coopération internationale en matière d'activités spatiales, sur une base équitable et mutuellement acceptable, et que cette coopération devrait être conduite de la manière que les pays concernés considèrent comme la plus efficace et la plus appropriée.

Bureau des affaires spatiales

Le **Bureau des affaires spatiales**, dont le siège est à Vienne, fait office de secrétariat du Comité des utilisations pacifiques de l'espace extra-atmosphérique et de ses sous-comités, et aide les pays en développement à utiliser la technologie spatiale au service du développement.

Le Bureau fournit aux États Membres des données relatives à l'espace, par l'intermédiaire de son Service international d'information spatiale, et gère le registre des objets lancés dans l'espace extra-atmosphérique. Grâce à son *Programme d'application des techniques spatiales*, le Bureau s'efforce d'améliorer l'utilisation des sciences et techniques de l'espace au service du développement économique et social de toutes les nations, en particulier les pays en développement. Dans le cadre de ce programme, le Bureau fournit également des services consultatifs techniques aux États Membres dans la conduite de projets pilotes et prend en charge des programmes de formation et de bourses d'enseignement universitaire dans des secteurs comme la télédétection, la communication par satellite, la météorologie par satellite, la navigation par satellite, la science fondamentale de l'espace et le droit de l'espace.

Il est également un des organes coopérants de la Charte internationale Espace et catastrophes majeures, mécanisme par le biais duquel les organismes des Nations Unies peuvent demander des images satellites pour planifier leurs interventions en cas de catastrophe. Le Bureau fait également office de secrétariat du Comité international sur les systèmes mondiaux de navigation par satellite, organe officieux chargé de promouvoir la coopération sur les services civils de positionnement, de navigation, de mesure du temps par satellite, et les services de valeur ajoutée, ainsi que sur la compatibilité et la connectivité des systèmes mondiaux de navigation par satellite, tout en multipliant leur utilisation au service du développement durable, en particulier dans les pays en développement.

Exploitation de l'information d'origine spatiale aux fins de la gestion des catastrophes. Le Bureau des affaires spatiales gère le nouveau Programme des Nations Unies pour l'exploitation de l'information d'origine spatiale aux fins de la gestion des catastrophes et des interventions d'urgence (UN-SPIDER). Créé par l'Assemblée générale en décembre 2006, UN-SPIDER est chargé de garantir à tous les pays et à toutes les organisations internationales et régionales compétentes l'accès à tous les types d'information et de service d'origine spatiale pour faciliter le cycle complet de la gestion des catastrophes. Il contribue à faire en sorte qu'un plus grand nombre de pays bénéficient d'une assistance en ce qui concerne les activités de planification de la gestion des catastrophes, de réduction des risques et d'intervention d'urgence qui utilisent les techniques spatiales, ainsi que l'élaboration de mesures relatives à l'utilisation des techniques spatiales.

Le Bureau fournit une assistance technique aux centres régionaux pour l'éducation scientifique et technique dans le domaine spatial et aux réseaux d'instituts de formation et de recherche dans le domaine des sciences et techniques spatiales qui sont affiliés aux Nations Unies. Ces centres aident les États Membres à renforcer leurs capacités en matière de sciences et techniques spatiales au niveau local. Ils aident également les scientifiques et les chercheurs à étendre leurs connaissances et leur savoir-faire en ce qui concerne l'utilisation des sciences et techniques spatiales au service du développement durable. Il existe actuellement quatre centres régionaux : le centre régional pour l'Asie et le Pacifique, en Inde; les centres régionaux au Maroc et au Nigéria; et le centre pour l'Amérique latine et les Caraïbes au Mexique et au Brésil.

Réunions interinstitutions consacrées à l'espace extra-atmosphérique. Les organismes du système des Nations Unies utilisent de plus en plus les techniques spatiales et leurs applications. Le Bureau des affaires spatiales fait office de secrétariat de la Réunion interorganisations sur les activités spatiales, qui se tient chaque année depuis 1975 en vue de renforcer la coopération entre les organismes des Nations Unies sur les questions ayant trait à l'espace, coordonner les activités, créer des synergies, et envisager de nouvelles initiatives. De plus, la Réunion présente au Secrétaire général un rapport sur la coordination des activités spatiales des organismes du système des Nations Unies et publie des documents de vulgarisation, dont la brochure intitulée « Solutions spatiales aux problèmes mondiaux : comment les organismes des Nations Unies utilisent la technologie spatiale pour atteindre les objectifs de développement ».

Dernières nouvelles

Dans une publication comme celle-ci, il est impossible de rendre compte des derniers changements survenus sur le plan politique ou en matière de sécurité. Pour plus d'informations sur les faits nouveaux ayant trait à ces domaines ou à tout domaine relevant de la compétence de l'ONU, veuillez consulter le site Web de l'ONU *(www.un.org/french)* et en particulier le Centre d'actualités *(www.un.org/french/newscentre)*.

Développement
économique et social

DÉVELOPPEMENT ÉCONOMIQUE ET SOCIAL

Bien que, dans l'esprit du public, l'Organisation des Nations Unies soit généralement associée aux questions de paix et de sécurité, l'essentiel des ressources de l'Organisation est consacré à l'engagement pris dans la Charte de favoriser le « relèvement des niveaux de vie, le plein emploi et les conditions de progrès et de développement dans l'ordre économique et social ». Les activités que mène l'ONU dans le domaine du développement ont de profondes répercussions sur l'existence de millions de personnes dans le monde. La conviction selon laquelle une paix et une sécurité internationales durables ne sont possibles que si le bien-être économique et social de tous est assuré est à la base même de l'action de l'Organisation.

Nombre des transformations économiques et sociales opérées dans le monde depuis 1945 ont été influencées de manière notable, dans leur orientation et leur forme, par le travail des Nations Unies. Lieu de débat où la communauté internationale peut parvenir à des consensus, l'ONU fixe les priorités et les objectifs de la coopération internationale pour aider les pays à assurer leur développement et créer un environnement économique mondial stimulant et porteur.

Depuis les années 90, l'ONU facilite l'élaboration et la promotion de nouveaux objectifs essentiels pour la communauté internationale dans le cadre de conférences mondiales. Elle a fait valoir qu'il était nécessaire de tenir compte de questions comme la promotion de la femme, les droits fondamentaux, le développement durable, la protection de l'environnement et la bonne gouvernance dans le cadre du développement.

Cette communauté de vue s'est également exprimée dans une série de décennies internationales pour le développement, dont la première a commencé en 1961. Par ces déclarations générales de politiques et d'objectifs, la communauté internationale n'a cessé de mettre l'accent sur certains problèmes particulièrement préoccupants et de souligner qu'il fallait progresser dans tous les domaines du développement, qu'il soit social ou économique, et réduire l'écart entre pays industrialisés et pays en développement. À la fin du XXᵉ siècle, l'attention s'est portée sur le respect de ces engagements et l'adoption d'une stratégie intégrée et coordonnée à cette fin.

À l'occasion du Sommet du Millénaire (2000), les États Membres ont adopté une série d'**objectifs du Millénaire pour le développement (OMD)** assortis de cibles spécifiques et possible à atteindre. Ensemble, ces objectifs et buts visent à : éliminer la pauvreté extrême et la famine; assurer l'éducation primaire universelle; promouvoir l'égalité des sexes et l'autonomisation des femmes; réduire la mortalité infantile; améliorer la santé maternelle; combattre le VIH/sida, le paludisme et autres maladies; préserver l'environnement; et développer un partenariat mondial pour le développement. La communauté internationale a réaffirmé ses engagements en la matière au Sommet mondial de 2005, qui visait à examiner les textes issus du Sommet du Millénaire et à y donner suite.

La mondialisation au service de tous

Dans la *Déclaration du Millénaire*, adoptée en septembre 2000, les dirigeants du monde entier ont souligné que le principal défi que devait relever la communauté internationale consistait à faire en sorte que la mondialisation devienne une force positive pour l'humanité tout entière. Comme le Secrétaire général Kofi Annan l'a souligné dans son Rapport du Millénaire*, si l'on veut que la mondialisation réussisse, il faut éviter qu'elle ne fasse des exclus.

De l'avis du Secrétaire général, les avantages de la mondialisation sont manifestes : croissance économique soutenue, niveau de vie plus élevé, nouvelles perspectives pour les individus comme pour les pays. On assiste cependant à un retour de bâton parce que ces avantages sont très inégalement répartis et parce que le marché mondial n'est pas encore étayé par des règles fondées sur des objectifs sociaux partagés.

Les entreprises mondiales doivent être guidées par la notion de « civisme mondial » et appliquer là où elles opèrent des pratiques raisonnables : promotion de normes de travail équitables, respect des droits de l'homme et protection de l'environnement.

De son côté, l'ONU doit « faire en sorte que la mondialisation profite à tous et non pas à quelques-uns; […] que des perspectives s'ouvrent, non seulement pour les privilégiés, mais pour tous les êtres humains, où qu'ils soient ». L'Organisation doit « aplanir les différends » qui opposent les États et forger des « coalitions pour le changement » en s'ouvrant davantage à la participation des nombreux acteurs intervenant dans la mondialisation — organisations de la société civile, secteur privé, parlementaires, autorités locales, associations scientifiques, et établissements d'enseignement.

Selon M. Annan, « le plus important, c'est que l'être humain soit au centre de tout ce que nous faisons. […] Ce n'est que lorsque chacun pourra jouir de ses fruits que la mondialisation aura réalisé tout son potentiel. ».

---

* *Nous, les peuples : le rôle des Nations Unies au XXIe siècle*. Nations Unies, 2000, ISBN 92-1-100844-1, F.00.1.16. Également disponible sur le site Web de l'ONU : *www.un.org/french/millenaire/sg/report/full.htm*.

Le débat international sur les questions économiques et sociales de ces dernières années reflète de plus en plus nettement la communauté d'intérêts entre pays riches et pays pauvres dans la recherche de solutions aux nombreux problèmes qui se posent au niveau mondial. Des questions telles que les réfugiés, la criminalité organisée, le trafic de drogues et le sida sont considérées comme des problèmes mondiaux qui exigent une action coordonnée. Les répercussions de la pauvreté et du chômage dans une région donnée peuvent être rapidement ressenties dans une autre et se traduire par des migrations de population, des perturbations de l'ordre social et des conflits. De même, en une période de mondialisation de l'économie, l'instabilité financière d'un pays a des conséquences immédiates sur les marchés d'autres pays.

Par ailleurs, on s'accorde de plus en plus à reconnaître le rôle de la démocratie, des droits de l'homme, de la participation populaire, de la bonne gouvernance et de l'émancipation des femmes, en tant que facteurs de développement économique et social (pour plus d'informations sur les activités de l'ONU consacrées au développement économique et social, voir le site *www.un.org/french/esa*).

Coordination des activités pour le développement

En dépit des progrès accomplis sur de nombreux fronts, le monde se caractérise encore par de flagrantes disparités de richesse et de conditions de vie. Réduire la pauvreté et corriger les inégalités, dans les pays et entre les pays, demeurent parmi les objectifs fondamentaux de l'ONU.

Le système des Nations Unies joue sur différents tableaux pour faciliter la réalisation de ses objectifs économiques et sociaux : il formule des politiques, conseille les gouvernements sur leurs plans de développement, établit des normes internationales et réunit des fonds pour les programmes de développement. C'est grâce au travail de ses divers fonds et programmes et de ses institutions spécialisées dans des secteurs aussi variés que l'éducation, la sécurité aérienne, la protection de l'environnement et les conditions de travail que l'Organisation touche la vie de tout être humain.

En 2005, le système des Nations Unies a consacré 13,7 milliards de dollars au financement de ses activités opérationnelles de développement. Un montant supplémentaire de 13,6 milliards de dollars a été alloué au financement de l'aide humanitaire mondiale, dont près de la moitié a servi à aider les victimes du tsunami survenu dans l'océan Indien et celles du tremblement de terre en Asie du Sud.

Le **Conseil économique et social** est le principal organe de coordination des activités économiques et sociales menées par l'ONU et ses entités opérationnelles. Il est aussi l'instance principale où sont examinées les questions économiques et sociales internationales et formulées les recommandations en matière de politique (voir le site *www.un.org/docs/ecosoc*).

Relevant du Conseil économique et social, le **Comité des politiques de développement,** composé de 24 experts intervenant ès qualités, agit comme un organe consultatif sur les nouveaux problèmes économiques, sociaux et environnementaux. Il fixe en outre les critères selon lesquels un pays est considéré comme appartenant au groupe des pays les moins avancés. Cette catégorie de pays a été créée par l'Assemblée générale dans les années 70, sur la base des travaux que la CNUCED avait effectués sur les caractéristiques et niveaux de développement des différents pays en développement.

Le **Groupe des Nations Unies pour le développement** est un organe exécutif qui comprend les organes du Secrétariat ainsi que les fonds et programmes de développement et qui aide à la gestion et à la coordination des activités relatives au développement dans l'Organisation (voir le site *www.undg.org*). Il s'emploie à améliorer la coordination et la coopération entre les entités directrices et les différents programmes opérationnels. Le **Comité exécutif pour les affaires économiques et sociales,** composé des organes du Secrétariat et des commissions régionales, intervient également dans l'élaboration et la gestion des politiques (voir le site *www.un.org/esa/ecesa*).

Au sein du Secrétariat de l'Organisation, le **Département des affaires économiques et sociales (DAES)** collecte et analyse des données; il procède à l'analyse et à la coordination des politiques et offre un appui fonctionnel et technique aux États Membres dans les domaines économique et social (voir le site *www.un.org/esa/desa*). Le soutien fondamental qu'il apporte aux mécanismes intergouvernementaux facilite la tâche des États Membres qui s'efforcent de fixer des normes et des règles en arrêtant une stratégie commune face aux problèmes mondiaux. Le Département joue ainsi un rôle crucial en assurant le lien entre les politiques élaborées au niveau mondial et les activités menées à l'échelle nationale et en facilitant les activités ayant trait à la recherche, à la formulation de politiques et aux opérations.

Les cinq **commissions régionales** facilitent l'échange de données économiques et sociales et l'analyse des politiques dans les régions d'Asie et du Pacifique, d'Asie occidentale, d'Afrique, d'Amérique latine et des Caraïbes et d'Europe (voir aussi le site *www.un.org/issues/reg-comm.html*).

Les divers **programmes et fonds des Nations Unies** agissent en faveur du développement dans les pays qui bénéficient de leur aide, tandis que les **institutions spécialisées des Nations Unies** s'emploient à soutenir les activités entreprises par les pays afin d'assurer leur propre développement. En cette période de restrictions qui touche aussi bien les ressources humaines que les moyens financiers, il est indispensable d'améliorer la coordination et la coopération entre les différentes composantes du système pour atteindre les objectifs de développement.

Développement économique

Ces dernières décennies, le monde a connu un développement économique extraordinaire, mais la production de richesse et la prospérité ont été très inégales, à tel point que les déséquilibres économiques risquent d'exacerber les problèmes sociaux et d'accentuer l'instabilité politique dans presque toutes les régions du monde. La fin de la guerre froide et l'intégration accélérée de l'économie mondiale n'ont pas résolu les problèmes persistants de la misère, de l'endettement, du sous-développement et du déséquilibre des échanges commerciaux.

L'un des principes fondateurs des Nations Unies est la conviction selon laquelle le développement économique de tous les peuples est la manière la plus sûre de parvenir à la sécurité politique, économique et sociale. Le fait que quelque 3 milliards de personnes, soit la moitié des habitants de la planète, pour la plupart en Afrique, en Asie et en Amérique latine et aux Caraïbes, vivent avec moins de 2 dollars par jour est un des principaux soucis de l'Organisation. Près de 781 millions d'adultes, dont deux tiers de femmes, sont analphabètes, 117 millions d'enfants ne sont pas scolarisés, 1,2 milliard de personnes sont privées d'eau potable et 2,6 milliards de personnes n'ont pas accès à des services d'assainissement adaptés. À la fin de 2006, 195,2 millions de travailleurs étaient sans emploi, tandis que le nombre de travailleurs pauvres, c'est-à-dire ceux qui gagnent moins de 2 dollars par jour, était passé à 1,37 milliard.

Avantage compétitif des Nations Unies

Le système des Nations Unies possède des atouts incomparables pour faire progresser le développement :

Son *universalité :* tous les pays peuvent faire entendre leur voix lors des décisions politiques;

Son *impartialité :* il ne représente aucun intérêt national ou commercial, et peut ainsi nouer des relations de confiance avec les pays et les populations en vue de fournir une aide sans contrepartie;

Sa *présence universelle :* il dispose du plus vaste réseau de bureaux nationaux du monde pour l'acheminement de l'aide au développement;

Son *mandat global :* il s'occupe du développement, de la sécurité, de l'assistance humanitaire, du respect des droits fondamentaux et de l'environnement;

Son *engagement* en faveur des « peuples des Nations Unies ».

L'ONU demeure la seule institution qui s'emploie à ce que la croissance économique et la mondialisation soient guidées par des politiques visant à assurer le bien-être des populations, le développement durable, l'élimination de la pauvreté, des échanges commerciaux équitables et l'allégement de dettes accablantes.

L'Organisation encourage vivement l'adoption de politiques macroéconomiques qui corrigent les déséquilibres existants, en particulier le fossé qui ne cesse de se creuser entre le Nord et le Sud, les problèmes persistants des pays les moins avancés et les besoins sans précédent des pays qui passent d'une économie centralisée à une économie de marché. Partout, les programmes d'assistance des Nations Unies visent à promouvoir la réduction de la pauvreté, la survie des enfants, la protection de l'environnement, la promotion de la femme et les droits fondamentaux. Pour des millions d'habitants des pays pauvres, ces programmes sont les Nations Unies.

Aide publique au développement

De par leurs politiques et leurs prêts, les organismes de prêt des Nations Unies exercent ensemble une influence considérable sur les économies des pays en développement. Ceci est particulièrement vrai pour les pays les moins avancés (PMA), 50 nations maintenues à l'écart de la croissance économique et du développement par leur pauvreté extrême et leur endettement. Ces pays, dont 34 se trouvent en Afrique, sont considérés comme prioritaires dans plusieurs programmes d'assistance des Nations Unies.

Les petits États insulaires en développement, les pays en développement sans littoral et des pays en transition sur le plan économique souffrent eux aussi de problèmes cruciaux qui exigent une attention particulière de la part de la communauté internationale. Le système des Nations Unies leur accorde également une priorité élevée dans ses programmes et les États Membres en font de même dans le cadre de l'aide publique au développement (APD).

Seize des 31 pays en développement sans littoral appartiennent à la catégorie des pays les moins avancés, tandis que 10 des 38 petits États insulaires en développement font partie des pays les moins avancés.

En 1970, l'Assemblée générale a fixé l'aide publique au développement à 0,7 % du produit national brut (PNB) — désormais appelé revenu national brut (RNB)[1]. Pendant des années, l'aide consentie à titre collectif par les membres du Comité d'aide au développement de l'Organisation pour la coopération et le développement économiques — qui se compose actuellement de 22 pays industrialisés, a avoisiné la moitié de ce pourcentage.

Dans les années 90, l'APD a chuté brutalement, atteignant son niveau le plus bas jamais enregistré. Si l'APD a globalement diminué, la proportion destinée aux services sociaux de base a néanmoins augmenté, passant de 4 % en 1995 à 14 % en 2000 (près de 4 milliards de dollars). En outre, plus de 80 % de l'aide avait été dissociée de l'achat de biens et de services dans le pays donateur.

Le niveau de l'APD a commencé à remonter au cours du siècle présent. Le montant total versé par les membres du Comité d'aide au développement a progressé, représentant jusqu'à 0,30 % de la somme de leurs revenus nationaux bruts en 2006, soit 103,9 milliards de dollars. À ce jour, seuls cinq pays — le Danemark, le Luxembourg, la Norvège, les Pays-Bas et la Suède — ont atteint l'objectif de 0,7 %.

La Conférence internationale sur le financement du développement, tenue à Monterrey (Mexique) en 2002, a incité les principaux donateurs à accroître l'APD, afin d'enrayer le déclin constaté dans les années 90, et à l'axer davantage sur l'atténuation de la pauvreté, l'éducation et la santé (voir encadré).

L'APD versée par le système des Nations Unies provient de deux sources : les subventions provenant des institutions spécialisées et des fonds et programmes des Nations Unies et l'aide consentie par les institutions de prêt du système des Nations Unies, telles que la Banque mondiale et le Fonds international de développement agricole (FIDA).

La Banque mondiale a accordé des prêts dont le montant a atteint 24,7 milliards de dollars au cours de l'exercice budgétaire 2007 et a travaillé avec plus d'une centaine de pays en développement. À la fin de 2006, le FIDA finançait 186 programmes et projets représentant un investissement total de 6,2 milliards de dollars, dont environ 2,9 milliards fournis par le FIDA et quelque 3,3 milliards par ses partenaires. En outre, le Fonds monétaire international (FMI) s'attache à garantir la viabilité financière du système monétaire et financier international en encourageant la concertation, en formulant des avis, en apportant une assistance technique et en octroyant des prêts.

---

[1] Le PIB est égal à la somme des valeurs ajoutées de tous les producteurs résidents, plus les impôts (diminués des subventions) non inclus dans la valeur de la production. Le RNB est égal au PIB, plus les recettes nettes des revenus primaires (compensation des employés et revenu de la propriété) à recevoir des unités non résidentes.

Conférence internationale sur le financement du développement

(www.un.org/esa/ffd)

La Conférence internationale sur le financement du développement s'est déroulée du 18 au 22 mars 2002 à Monterrey (Mexique). Organisée sous les auspices des Nations Unies, elle a réuni 50 chefs d'État et de gouvernement et plus de 200 ministres, ainsi que des représentants du secteur privé, de la société civile et des principaux organismes intergouvernementaux dans les domaines financier, commercial, économique et monétaire.

La Conférence de Monterrey a également été l'occasion pour les gouvernements, la société civile, le monde des affaires et les partenaires institutionnels de procéder à leurs premiers échanges de vues quadripartites sur les questions économiques. Plus de 800 personnes ont pris part à 12 tables rondes présidées par des chefs de gouvernement, les dirigeants de la Banque mondiale, du Fonds monétaire international, de l'Organisation mondiale du commerce et des banques régionales de développement et des ministres des finances, du commerce et des affaires étrangères. Le document final issu de la Conférence, le Consensus de Monterrey, fixe de nouvelles orientations en matière de financement du développement.

L'Assemblée générale a décidé par la suite de relancer son dialogue de haut niveau sur le renforcement de la coopération internationale au service du développement afin d'examiner au niveau intergouvernemental la suite donnée aux questions soulevées lors de la Conférence. Les séances devaient se tenir les années impaires à partir de 2003 et compter avec la participation de toutes les parties prenantes intéressées, qui examineraient les mesures prises dans le prolongement de la Conférence et s'assureraient que les mécanismes monétaires, financiers et commerciaux mondiaux étayent le développement.

L'Assemblée a également décidé que les représentants du Conseil économique et social, les directeurs des conseils d'administration de la Banque mondiale et du Fonds monétaire international et les représentants de l'organe intergouvernemental compétent de l'Organisation mondiale du commerce continueraient à tenir une réunion au printemps chaque année. La réunion d'avril 2002 a été élargie afin que les représentants de la société civile et du monde des affaires puissent participer aux tables rondes.

La quatrième Conférence ministérielle de l'Organisation mondiale du commerce, tenue à Doha (Qatar) en 2001 a également porté sur les moyens de parvenir au développement durable. Les conférences ministérielles suivantes se sont tenues à Cancún en 2003 et à Hong Kong en 2005. Une Conférence internationale de suivi sur le financement du développement a eu lieu à Doha au second semestre de 2008.

Le financement des activités de développement menées par les organismes des Nations Unies a atteint 15,54 milliards de dollars en 2005, soit près du double du montant de 8,55 milliards de dollars enregistré en 2001. L'APD émanant des institutions, fonds et programmes des Nations Unies est largement répartie entre les nombreux pays qui en ont besoin.

Promotion du développement dans le monde entier

Chargé du développement des pays en développement, le **Programme des Nations Unies pour le développement (PNUD)** s'est engagé à apporter une contribution décisive pour que la pauvreté dans le monde soit réduite de moitié d'ici à 2015. Le PNUD donne à ces pays des conseils sur l'action à mener et les aide à se doter de moyens institutionnels de nature à encourager une croissance économique équitable.

Fort d'un réseau mondial composé de 166 bureaux de pays, le PNUD est présent sur le terrain et aide les populations à assurer elles-mêmes leur développement. Il s'attache à aider les pays à trouver et à partager des solutions dans les domaines suivants : réduction de la pauvreté et réalisation des objectifs du Millénaire pour le développement; gouvernance démocratique, y compris en matière de lutte contre le VIH/sida; prévention des crises et relèvement; environnement et développement durable. Dans chacun de ces domaines, le PNUD plaide en faveur de la protection des droits fondamentaux et de la promotion de la condition féminine. Il mène son action sur le terrain, et la grande majorité de son personnel travaille dans des pays dont les populations ont besoin d'aide.

La majeure partie des ressources de base que le PNUD consacre aux programmes sont investies dans des pays où habitent les populations les plus pauvres du monde. En 2005, 2,5 milliards de personnes, soit 40 % de la population mondiale, vivaient avec moins de deux dollars par jour et quelque 1,7 milliard de personnes avec moins d'un dollar par jour. La même année, le montant des dépenses du PNUD consacrées aux activités opérationnelles du système des Nations Unies est passé à 3,65 milliards de dollars. Le PNUD reçoit des contributions volontaires de la quasi-totalité des pays du monde. Les pays qui bénéficient de l'aide du PNUD contribuent au financement des projets en mettant à la disposition du Programme du personnel, des installations, du matériel et des fournitures.

Pour que les ressources consacrées au développement portent véritablement leurs fruits, le PNUD coordonne ses activités avec d'autres fonds et programmes des Nations Unies et avec les institutions financières internationales, dont la Banque mondiale et le FMI. En outre, le Programme tire parti des compétences des nationaux et des ONG des pays en développement qui bénéficient de ses programmes de pays ou de ses programmes régionaux. Soixante-quinze pour cent des projets appuyés par le PNUD sont exécutés par des organisations locales.

Au niveau des pays, le PNUD favorise une démarche concertée concernant l'octroi de l'aide des Nations Unies pour le développement. Dans plusieurs pays en développement, il a établi un **Plan-cadre des Nations Unies pour l'aide au développement (PNUAD)**, auquel participent les équipes des Nations Unies placées sous la direction du Coordonnateur résident des Nations Unies, qui est souvent le représentant résident du PNUD. Le Plan-cadre vise à apporter une réponse coordonnée aux principales priorités de développement recensées par les gouvernements à l'intention des Nations Unies. Les coordonnateurs résidents sont chargés de coordonner l'assistance humanitaire en cas de catastrophe d'origine humaine ou naturelle et de situation d'urgence complexes.

L'Afrique : une priorité pour les Nations Unies

Faisant écho à la communauté internationale, l'Organisation des Nations Unies se préoccupe au plus haut point de la précarité des conditions socioéconomiques de l'Afrique. Fermement résolue à appuyer le développement de la région, elle a mis au point des programmes spéciaux visant à apporter une réponse durable aux problèmes de la dette extérieure et du service de la dette, à accroître les investissements étrangers directs, à intensifier le renforcement des capacités nationales, à remédier à l'insuffisance des ressources intérieures aux fins du développement, à favoriser l'intégration des pays africains au commerce international et à combattre le VIH/sida.

En 1996, l'Assemblée générale a lancé l'Initiative spéciale du système des Nations Unies pour l'Afrique. Le programme de l'OIT « Des emplois pour l'Afrique », qui fait partie intégrante de l'Initiative, vise à développer et à renforcer les capacités nationales et régionales en vue de lutter contre la pauvreté en créant des emplois. L'initiative Afrique 2000 du PNUD aide les femmes des zones rurales à entreprendre des activités de développement durable, tandis que les mesures prises par l'UNESCO, l'UNICEF et la Banque mondiale consistent principalement à améliorer l'enseignement primaire dans des pays où le taux de scolarisation dans le primaire est faible.

L'Initiative spéciale s'est achevée en 2002 à l'issue d'un examen de l'Assemblée générale, laquelle a ensuite adopté le Nouveau Partenariat pour l'Afrique (NEPAD). Dirigé et exécuté par les pays africains, le NEPAD a été lancé par l'Organisation de l'unité africaine (l'actuelle Union africaine) en juillet 2001 en tant que cadre régissant les initiatives internationales en faveur du développement de l'Afrique (voir le site *www.nepad.org*).

Le système des Nations Unies apporte son concours au NEPAD aux niveaux national, régional et mondial, dans le cadre d'initiatives telles que le Plan-cadre des Nations Unies pour l'aide au développement et de programmes dirigés par la Commission économique pour l'Afrique en vue d'intensifier la coordination et la collaboration aux niveaux sous-régional et régional. Le Bureau du Conseiller spécial pour l'Afrique rend compte de l'appui apporté par le système des Nations Unies et la communauté internationale et coordonne les activités de mobilisation en faveur du Nouveau Partenariat (voir le site *www.un.org/africa/osaa*).

Le Programme commun des Nations Unies sur le VIH/sida (ONUSIDA) a intensifié la campagne de lutte contre le VIH/sida qu'il mène en Afrique. Cherchant à créer une assise aussi large que possible, ONUSIDA a réuni, dans le cadre du Partenariat international contre le sida en Afrique, des gouvernements, des organismes régionaux, des organismes de développement, des organisations non gouvernementales et des représentants du secteur privé, notamment des entreprises pharmaceutiques.

Le Secrétaire général de l'ONU et les organismes des Nations Unies ont engagé les pays industrialisés à aider l'Afrique à surmonter ses problèmes économiques en continuant à alléger la dette des pays africains, en réduisant les tarifs douaniers qui pénalisent les exportations africaines et en augmentant l'aide publique au développement. L'action du système des Nations Unies s'ajoute à d'autres initiatives en faveur du développement, comme celles de la Conférence internationale de Tokyo sur le développement de l'Afrique, l'Initiative des pays pauvres très endettés et l'Alliance pour l'industrialisation en Afrique.

Outre ses programmes ordinaires, le PNUD administre plusieurs fonds constitués à des fins spéciales, dont le **Fonds d'équipement des Nations Unies (FENU),** qui fournit des capitaux d'investissement, des activités de renforcement des capacités et des services consultatifs techniques dans le but de promouvoir la microfinance et le développement local dans les pays les moins avancés. Les **Volontaires des Nations Unies (VNU)** coordonnent les activités de bénévolat et encouragent son utilisation au service du développement. Pour sa part, le **Fonds de développement des Nations Unies pour la femme (UNIFEM)** est chargé de favoriser l'autonomisation des femmes et l'égalité des sexes à tous les niveaux de la planification du développement et des activités pratiques en faveur du développement.

Le PNUD, en association avec la Banque mondiale et le Programme des Nations Unies pour l'environnement (PNUE), est l'un des partenaires qui gère le **Fonds pour l'environnement mondial** (voir le site *www.gefweb.org*) et l'un des responsables du **Programme commun des Nations Unies sur le VIH/sida (ONUSIDA)**.

Des prêts au service du développement

La **Banque mondiale,** qui comprend la **Banque internationale pour la reconstruction et le développement (BIRD)** et l'**Association internationale de développement (IDA),** aide plus d'une centaine de pays en développement à lutter contre la pauvreté en leur apportant des ressources financières et une expertise technique. Les projets de la Banque mondiale couvrent actuellement l'Amérique latine et les Caraïbes, le Moyen-Orient et l'Afrique du Nord, l'Europe et l'Asie centrale, l'Asie de l'Est et le Pacifique, l'Afrique et l'Asie du Sud.

La Banque participe à plus de 1 800 projets dans pratiquement tous les secteurs et tous les pays en développement. Elle intervient dans des domaines aussi divers que l'octroi de microcrédits en Bosnie-Herzégovine, la sensibilisation aux moyens de prévention du VIH/sida en Guinée, l'appui à l'éducation des filles au Bangladesh, l'amélioration des services de santé au Mexique, l'aide à la reconstruction au Timor-Leste depuis la proclamation de l'indépendance et l'aide à la reconstruction en Inde après le séisme meurtrier qui a frappé le Gujarat.

La Banque est l'une des principales sources d'aide au développement. Elle apporte son concours aux gouvernements des pays en développement, qu'il s'agisse de la construction d'écoles et de dispensaires, du raccordement des populations aux réseaux électriques et d'alimentation en eau, de la lutte contre les maladies ou de la protection de l'environnement. Elle accorde une aide sous forme de prêts aux pays en développement, et ces prêts sont remboursés. Les pays en développement souscrivent des prêts auprès de la Banque parce qu'ils ont besoin de capitaux, d'assistance technique et de conseils.

Les prêts de la Banque mondiale sont de deux types. Ceux de la première catégorie sont destinés aux pays en développement dont les revenus sont relativement élevés, certains d'entre eux étant en mesure d'emprunter sur les marchés, moyennant généralement des taux d'intérêt élevés. Les pays qui reçoivent des prêts de la BIRD disposent de plus de temps pour les rembourser, 15 à 20 ans avec une période de franchise comprise entre 3 et 5 ans avant qu'ils ne commencent à rembourser le principal. Le montant des prêts est consacré à des programmes de lutte contre la pauvreté, aux services sociaux, à la protection de l'environnement et à la croissance économique. Au cours de l'exercice budgétaire 2007, le montant des prêts octroyés par la BIRD a atteint 12,8 milliards de dollars à l'appui de

112 nouveaux projets dans 34 pays. La Banque, dont la cote de crédit est AAA, se procure des fonds en vendant des obligations sur les marchés financiers internationaux.

Les prêts de la seconde catégorie sont consentis aux pays les plus pauvres, qui ne sont généralement pas solvables sur les marchés financiers internationaux et ne sont pas à même de rembourser les sommes empruntées à des taux d'intérêt voisins de ceux du marché. Les prêts accordés aux pays les plus pauvres sont gérés par une filiale de la Banque mondiale : l'**Association internationale de développement (IDA)**. Financée en grande partie par les 40 États membres les plus riches, l'Association aide les pays les plus pauvres en leur octroyant des subventions et des crédits. Les « crédits » correspondent à des prêts qui ne portent pas intérêt et sont assortis d'une période de franchise de 10 ans. Leur durée est comprise entre 35 et 40 ans. Pendant l'exercice budgétaire 2007, l'IDA a octroyé 11,9 milliards de dollars à 64 pays à faible revenu pour les aider à financer 189 nouveaux projets. Il s'agit de la principale source d'aide à des conditions de faveur pour les pays les plus pauvres du monde.

Conformément à son statut, la Banque ne prête qu'aux gouvernements, mais elle collabore étroitement avec les collectivités locales, les ONG et les entreprises privées. Ses projets ont pour objectif d'aider les couches les plus pauvres de la population. Le développement n'est véritable que si les gouvernements et les collectivités ont la maîtrise de leurs projets de développement. La Banque encourage les gouvernements à coopérer étroitement avec les ONG et la société civile afin de renforcer la participation des populations directement touchées par les projets qu'elle finance. Environ la moitié de ces projets bénéficient de la coopération d'ONG établies dans les pays emprunteurs.

La Banque mondiale encourage la croissance du secteur privé en préconisant l'adoption de politiques économiques stables, l'assainissement des finances publiques et l'adoption de modes de gestion axés sur l'ouverture, la franchise et la transparence. Elle apporte son soutien à de nombreux domaines d'activité dans lesquels le secteur privé se développe rapidement : la finance, l'énergie, les télécommunications, l'informatique, le pétrole, le gaz et l'industrie. Si, en raison de son statut, la Banque ne peut accorder de prêts directement au secteur privé, l'une de ses filiales, la **Société financière internationale (SFI),** a précisément pour vocation d'encourager les investissements dans le secteur privé en soutenant les secteurs et les pays à haut risque. Un autre organisme affilié à la Banque, l'**Agence multilatérale de garantie des investissements (AMGI),** propose une assurance contre les risques politiques à ceux qui investissent dans les pays en développement ou qui consentent des prêts à des entités opérant dans ces pays.

La Banque mondiale est loin de se borner à l'octroi de prêts; elle apporte aussi très souvent une aide technique dans le cadre des projets qu'elle finance. Il peut s'agir de conseils portant, par exemple, sur le montant global d'un budget national et l'allocation des crédits, ou encore sur l'ouverture d'un dispensaire dans un village ou sur le matériel nécessaire à la construction d'une route. La Banque finance chaque année quelques projets exclusivement destinés à fournir des conseils spécialisés et à dispenser des cours de formation. Elle apprend aussi à des nationaux des pays emprunteurs à élaborer des programmes de développement et à les mettre en œuvre.

La BIRD soutient des projets de développement durable dans des domaines tels que le reboisement, la lutte contre la pollution, l'aménagement de l'espace foncier, l'eau, les services d'assainissement, l'agriculture et la protection des ressources naturelles. Elle est le principal contributeur au Fonds pour l'environnement mondial (FEM), ainsi que la plus grande source de financement à long terme des programmes de lutte contre le VIH/sida, auxquels elle a consacré environ 4 milliards de dollars depuis 1988. Elle accorde également d'importantes ressources à l'Initiative en faveur des pays pauvres très endettés (PPTE), qui vise à alléger la dette des pays pauvres pour un montant de 41 milliards de dollars.

Réunis en juillet 2005, les dirigeants du « Groupe des huit » pays les plus développés ont proposé d'annuler la totalité de la dette de certains des pays les plus pauvres du monde, essentiellement des pays d'Afrique et d'Amérique latine, à l'IDA, au FMI et au Fonds africain de développement. Le montant de l'allègement de la dette prévu dans l'Initiative d'allégement de la dette multilatérale (IADM), adoptée par la suite, est évalué à environ 50 milliards de dollars, dont 37 milliards au titre de l'IDA, qui a commencé à appliquer l'initiative au début de l'exercice budgétaire 2007.

Des prêts au service de la stabilité

De nombreux pays font appel au **Fonds monétaire international (FMI)**, institution spécialisée des Nations Unies, lorsque des facteurs internes ou externes compromettent dangereusement la stabilité de leur balance des paiements, leur équilibre budgétaire ou leur aptitude à assurer le service de leur dette. Le FMI formule des conseils et des recommandations sur les politiques à adopter pour remédier à ces problèmes; il aide souvent les pays membres à financer des programmes de réforme économique.

Lorsque leur balance des paiements est en difficulté, les États membres peuvent faire appel au FMI en « achetant » des instruments de réserve—des devises d'autres membres et des droits de tirage spéciaux—en échange d'un montant équivalent dans leur monnaie nationale. Le FMI perçoit une commission sur ces prêts et pose pour condition que les membres remboursent les sommes empruntées en rachetant leurs propres devises dans un délai déterminé.

Les principaux mécanismes d'intervention du FMI sont les suivants :

- Les *accords de confirmation,* qui visent à remédier à court terme aux déficits de nature temporaire ou cyclique de la balance des paiements; le remboursement doit s'effectuer dans les cinq ans qui suivent.

- Le *mécanisme élargi de crédit,* qui sert à financer des programmes à moyen terme visant à combler les déficits de la balance des paiements causés par des problèmes macroéconomiques et structurels; le remboursement doit s'effectuer dans les 10 ans qui suivent.

- La *Facilité pour la réduction de la pauvreté et pour la croissance* (FRPC), mécanisme préférentiel expressément destiné à réduire la pauvreté dans les pays membres à faible revenu.

Les membres qui y ont droit ont la possibilité d'emprunter sur trois ans des sommes pouvant atteindre 140 % du quota qui leur est attribué (185 % dans des circonstances exceptionnelles). Les prêts sont assortis d'un taux d'intérêt annuel de 0,5 %; le remboursement commence cinq ans et demi après le décaissement et prend fin dix ans plus tard. En août 2006, 78 pays à faible revenu remplissaient les conditions requises pour bénéficier de cette aide.

- La *Facilité de protection contre les chocs exogènes,* qui fournit une aide, dans des conditions équivalentes à celle d'un accord FRPC, aux pays à faible revenu dans lesquels aucun programme FRPC n'est mis en place, en cas de chocs exogènes tels qu'une évolution défavorable des prix des produits de base (y compris le pétrole), une catastrophe naturelle ou encore une perturbation des échanges commerciaux consécutive à un conflit ou à une crise dans des pays voisins.

- La *Facilité de financement compensatoire,* qui permet d'aider les pays aux prises avec un déficit inattendu des recettes d'exportation ou à une hausse exceptionnelle du prix d'importation des céréales.

- Les *lignes de crédit pour imprévus,* qui visent à empêcher qu'une crise ne se propage en permettant aux pays ayant mis en œuvre des politiques saines de disposer de moyens de financement dès les premiers signes de crise.

- La *Facilité de réserve supplémentaire,* qui permet de fournir, en situation de crise, une aide financière afin de remédier aux difficultés exceptionnelles de la balance des paiements qui apparaissent lorsqu'un brusque mouvement de défiance vis-à-vis des marchés crée d'importants besoins de financement à court terme. Les remboursements doivent s'effectuer dans un délai de deux ans et demi, qui peut être porté à trois ans.

En vue d'alléger la dette des pays pauvres très endettés qui suivent des politiques saines, le FMI et la Banque mondiale apportent ensemble, dans le cadre de l'Initiative des pays pauvres très endettés, une aide exceptionnelle aux pays satisfaisant à certaines conditions afin de ramener le poids de leur dette extérieure à un niveau viable. Ils participent également désormais à l'**Initiative d'allégement de la dette multilatérale** (voir plus haut), mise au point pour étayer l'Initiative en faveur des pays pauvres très endettés.

La surveillance est le procédé qu'utilise le FMI pour évaluer les politiques de change des pays membres. Il procède pour cela à une analyse approfondie de la situation économique d'ensemble et des politiques de chacun de ses membres. Consultations annuelles avec les pays, surveillance multilatérale deux fois par an, surveillance régionale en consultation avec des groupements régionaux, accords de précaution, surveillance accentuée et suivi de programmes, tels sont les moyens auxquels le Fonds a recours pour suivre de près la situation des membres qui ne font pas appel à ses ressources.

Le FMI apporte à ses membres une assistance technique dans plusieurs grands domaines : l'élaboration et la mise en œuvre de politiques budgétaires et monétaires, le renforcement des institutions (mise en place de banques centrales ou d'un Trésor public, par exemple), et la collecte et l'affinement de données statistiques. Il organise aussi, dans ses instituts d'Abu Dhabi, de Brasilia, de Dalian (Chine), de Singapour, de Tunis, de Vienne et de Washington, D.C., des stages de formation à l'intention de fonctionnaires des pays membres.

Investissement et développement

Les pays en développement s'ouvrent de plus en plus à l'investissement étranger direct (IED), dont l'essor reste toujours spectaculaire, et investissent également davantage dans d'autres pays en développement. Plusieurs organismes des Nations Unies — notamment la FAO, le PNUD et l'ONUDI — suivent et évaluent la situation et aident les gouvernements de pays en développement à attirer vers eux des capitaux.

Deux institutions affiliées à la Banque mondiale — la Société financière internationale et l'Agence multilatérale de garantie des investissements — contribuent à promouvoir les investissements dans les pays en développement. Grâce à ses services consultatifs, la **Société financière internationale (SFI)** aide les gouvernements à instaurer des conditions propres à stimuler les flux d'épargne et d'investissement privés, intérieurs et étrangers. Elle encourage les investissements privés dans les pays en développement en prouvant qu'ils peuvent être rentables. De 1956, année de la fondation de la SFI, jusqu'en 2007, 3 760 entreprises de 140 pays en développement ont reçu 64 milliards de dollars versés directement par la Société et 27 milliards alloués grâce aux consortiums bancaires qu'elle a institués.

Affiliée à la Banque, l'**Agence multilatérale de garantie des investissements (AMGI)** se charge d'assurer les investissements. Elle a pour objectif de faciliter les investissements privés réalisés à des fins productives dans des pays en développement membres en conseillant les investisseurs et en leur offrant une assurance à long terme contre les risques d'ordre politique — expropriation, transfert de devises, guerres et troubles civils. L'Agence organise des programmes de promotion, diffuse des informations sur les possibilités d'investissements et apporte une assistance technique afin d'aider les pays concernés à attirer vers eux des capitaux. Depuis sa création en 1988, elle a émis près de 900 garanties, représentant un montant supérieur à 17,4 milliards de dollars, pour financer des projets dans 96 pays en développement et incité les investisseurs étrangers à investir directement plusieurs fois cette somme.

La **Conférence des Nations Unies sur le commerce et le développement (CNUCED)** aide les pays en développement et en transition à attirer des investissements étrangers directs et à instaurer un climat propice à l'investissement, en vue d'atténuer les effets négatifs de ces investissements et d'en tirer le meilleur parti sur le plan du développement. La CNUCED aide les gouvernements à comprendre les incidences de l'IED et à élaborer et appliquer en conséquence les mesures qui s'imposent.

La CNUCED s'efforce de faire mieux comprendre les liens entre investissement, commerce, développement des entreprises et renforcement des capacités techniques, et mène des recherches sur les tendances mondiales en matière d'IDE. Elle présente chaque année les résultats de ses travaux dans le *Rapport sur l'investissement dans le monde*, les *Examens de la politique d'investissement*, l'*Annuaire des investissements dans le monde* et d'autres études.

Investissement étranger direct et développement

L'investissement étranger direct (IED) demeure l'une des principales forces motrices de l'économie mondiale. La croissance soutenue des flux d'investissements met en évidence le rôle central que jouent les sociétés transnationales, tant dans les pays industrialisés que dans les pays en développement. D'après le *Rapport sur l'investissement dans le monde* publié en 2007 par la CNUCED* :

- En 2006, les flux d'IED ont augmenté pour la troisième année consécutive atteignant 1 300 milliards de dollars, soit une augmentation de 38 %. Le niveau record de 1 400 milliards de dollars a donc failli être égalé, chacune des principales sous-régions bénéficiant de cette croissance.

- Les sociétés transnationales (STN) englobent quelque 78 000 sociétés mères dotées de plus de 780 000 filiales étrangères, qui employaient environ 73 millions de travailleurs en 2006. Les filiales ont également exporté des biens et services dont la valeur était supérieure à 4 000 milliards de dollars.

- Le secteur des STN demeure dominé par des sociétés sises en Union européenne, au Japon et aux États-Unis. Le classement mondial des 100 premières STN est resté relativement stable, General Electric, Vodafone et General Motors représentant la plus grande portion des actifs étrangers. Bien que le montant des actifs étrangers des 100 premières STN n'ait quasiment pas changé depuis 2004, les ventes à l'étranger et l'emploi ont augmenté d'environ 10 % en 2005.

- Le nombre de sociétés de pays en développement parmi les 100 plus grandes STN au monde (en dehors du secteur financier) est passé de cinq en 2004 à sept en 2005, ce qui correspond à l'augmentation générale du nombre de STN de pays du Sud.

---

* Le *Rapport sur l'investissement dans le monde* présente une analyse des tendances mondiales, régionales et nationales relatives à l'IED, ainsi que les nouvelles mesures prises pour améliorer sa contribution au développement.

Commerce et développement

En 2007, pour la cinquième année consécutive, le commerce mondial devait poursuivre sur sa lancée et la croissance générale de la production atteindre 3,6 %, selon les estimations publiées dans le *Rapport sur le commerce et le développement (2007)* de la Conférence des Nations Unies sur le commerce et le développement (CNUCED).

Dans les pays en développement, en particulier, le produit intérieur brut (PIB) par habitant a augmenté de près de 30 % de 2003 à 2007 contre 10 % dans les pays très industrialisés, selon la CNUCED. En Asie de l'Est et du Sud, essentiellement grâce aux très bons résultats de la Chine et de l'Inde, la croissance économique a été telle que le PIB par habitant a plus que doublé en 14 ans.

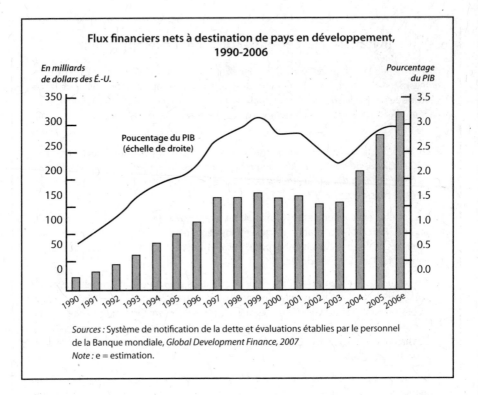

Flux financiers nets à destination de pays en développement, 1990-2006

Sources : Système de notification de la dette et évaluations établies par le personnel de la Banque mondiale, *Global Development Finance, 2007*
Note : e = estimation.

L'Afrique devait afficher une croissance d'environ 6 % en 2007, tandis que les taux de croissance en Amérique latine et en Asie de l'Ouest devaient être proches de 5 %, ce qui laissait espérer de grands progrès vers la réalisation des objectifs du Millénaire pour le développement (OMD). Toutefois, les disparités continuent de se creuser, certains s'en inquiètent tandis que d'autres estiment qu'il s'agit là des conséquences naturelles et sans danger de l'évolution de l'économie mondiale, qui est de plus en plus intégrée.

La **Conférence des Nations Unies sur le commerce et le développement (CNUCED)** œuvre à l'intégration de tous les pays au commerce mondial. Elle est chargée dans le système des Nations Unies de la coordination des questions relatives au développement dans les domaines du commerce, des finances, de la technologie, des investissements et du développement durable. La CNUCED s'attache à multiplier les possibilités des pays en développement en matière de commerce, d'investissement et de développement et les aide à relever les défis de la mondialisation et à occuper la place qui leur revient dans l'économie mondiale. Elle s'efforce d'atteindre ces objectifs en procédant à des recherches et à des analyses, en organisant des débats intergouvernementaux, en encourageant la coopération technique et les consultations avec la société civile et le secteur privé. La CNUCED s'emploie en particulier à :

- Examiner les tendances de l'économie mondiale et en évaluer les incidences sur le développement;

- Aider les pays en développement, particulièrement les pays les moins avancés, à s'intégrer au système commercial international et prendre une part active aux négociations commerciales internationales;

- Examiner les tendances mondiales des investissements étrangers directs et leurs incidences dans le domaine du commerce, de la technologie et du développement;

- Aider les pays en développement à attirer des capitaux;

- Aider les pays en développement à faire fructifier leurs entreprises et stimuler l'esprit d'entreprise;

- Aider les pays en développement et les pays en transition à améliorer l'efficacité de leurs services d'appui commercial.

Les activités de la CNUCED permettent de mieux comprendre l'évolution des liens entre commerce et développement dans le contexte de la mondialisation et facilitent l'élaboration de mesures adaptées. La CNUCED permet également aux pays en développement de participer activement au commerce international des biens, services et produits de base. À l'origine, avec d'autres entités, du concept de traitement spécial et différencié pour les pays en développement, elle a joué un rôle déterminant dans son intégration dans l'Accord général sur les tarifs douaniers et le commerce, puis son adoption par l'Organisation mondiale du commerce. La CNUCED coordonne également les activités du système des Nations Unies ayant trait à la logistique des échanges commerciaux. En fournissant des solutions institutionnelles, juridiques et opérationnelles pour réduire les coûts de transaction et améliorer l'interconnexion des moyens de transport, elle contribue à faciliter l'accès des pays en développement aux marchés internationaux.

Les travaux de recherche que mène actuellement la CNUCED appellent l'attention sur l'émergence d'une mondialisation dite « de deuxième génération » fondée sur le commerce et caractérisée par la multipolarité économique et par le rôle important des nouveaux échanges commerciaux dans les pays du Sud et entre ces pays. Néanmoins, la CNUCED a soulevé la question de savoir comment le système commercial international pourrait être réformé de manière à faire face à l'expansion du commerce et à la nouvelle donne géographique, tout en s'attaquant au spectre de l'aggravation de la pauvreté et du sous-développement dans certains pays.

La CNUCED encourage le développement du secteur privé, en particulier celui des petites et moyennes entreprises. Pour cela, elle organise régulièrement des débats intergouvernementaux et propose sa coopération technique. Les programmes de coopération technique de la CNUCED, qui englobent près de 300 projets exécutés dans une centaine de pays, bénéficient chaque année d'un budget global d'environ 31 millions de dollars, dont 37 % sont consacrés aux pays les moins avancés. Parmi ces activités figurent :

- Le *Système douanier automatisé*, qui aide les gouvernements à moderniser les procédures et la gestion de leurs douanes, grâce à des technologies de pointe. En service dans plus de 80 pays, ce système s'impose rapidement comme la référence internationale en matière d'informatisation des services douaniers. Il a également vocation à améliorer la gouvernance économique;
- Le *Programme EMPRETEC*, qui vise à favoriser le développement des petites et moyennes entreprises. Un réseau d'information permet aux entrepreneurs de consulter des bases de données commerciales.

Le **Centre du commerce international CNUCED/OMC (CCI)** coordonne, dans le système des Nations Unies, les activités de coopération technique avec les pays en développement afin de promouvoir les échanges commerciaux. En collaboration avec les pays en développement et les pays en transition, il met en place des programmes de promotion du commerce visant à accroître les exportations et à améliorer la gestion des importations *(voir le site www.intracen.org)*.

Le Centre exécute des programmes dans les sept domaines essentiels que sont : l'analyse des marchés; les services de conseil aux entreprises; la gestion de l'information commerciale; la formation à l'exportation; le développement des produits et des marchés; le commerce des services; l'approvisionnement international et la gestion de la chaîne logistique.

Les projets de coopération technique dans le domaine de la promotion des échanges commerciaux sont exécutés par des spécialistes du CCI, qui coopèrent étroitement avec les responsables locaux des questions commerciales. Les projets nationaux englobent souvent un ensemble de services très variés visant à accroître les exportations et à améliorer la gestion des importations d'un pays.

Développement agricole

Aujourd'hui encore, la majorité de la population de la planète vit en milieu rural et, directement ou indirectement, tire la plupart de ses moyens de subsistance de l'agriculture. De surcroît, la course à l'industrialisation s'est soldée par des investissements insuffisants dans le secteur agricole. Cependant, au cours des dernières décennies, la pauvreté s'est aggravée et a gagné du terrain dans les zones rurales. Le système des Nations Unies entreprend de porter remède à ce déséquilibre de plusieurs manières.

L'**Organisation des Nations Unies pour l'alimentation et l'agriculture (FAO)** est l'institution chef de file pour l'agriculture, les ressources forestières, la pêche et le développement rural. Elle offre une aide pratique aux pays en développement au moyen d'une vaste panoplie de projets d'assistance technique. L'un de ses objectifs prioritaires consiste à encourager le développement rural et l'agriculture écologiquement viable, en tant que stratégie à long terme d'accroissement de la production et de la sécurité alimentaires qui vise en outre à faciliter la conservation et la mise en valeur des ressources naturelles.

Promotion du commerce équitable
pour un développement sans laissés pour compte

Les négociations intergouvernementales et les activités de recherche et d'assistance techniques menées sous les auspices de la CNUCED ont eu les résultats suivants :

- L'adoption du Système généralisé de préférences (1971), qui permet aux pays en développement d'exporter, à des conditions préférentielles, plus de 70 milliards de dollars de marchandises par an sur les marchés des pays industrialisés;

- La signature de l'accord relatif au Système global de préférences commerciales entre pays en développement (1989);

- La conclusion d'accords internationaux sur les produits, notamment le cacao, le café, le sucre, le caoutchouc naturel, le jute et les articles en jute, les bois tropicaux, l'étain, l'huile d'olive et le blé;

- La création du Fonds commun pour les produits de base, qui apporte un soutien financier à la gestion des stocks internationaux et aux projets de recherche-développement concernant les produits de base;

- L'adoption par l'Assemblée générale, en 1980, de l'Ensemble de principes et de règles équitables convenus au niveau multilatéral pour le contrôle des pratiques commerciales restrictives, seul code facultatif relatif à la concurrence d'application universelle, qui fait l'objet d'un examen quinquennal dont le plus récent remonte à 2005;

- La mise au point en 2007 par les pays d'Afrique de l'Est d'une norme relative aux produits biologiques, deuxième norme régionale adoptée dans le monde après celle de l'Union européenne;

- Le Système d'analyse et d'information sur le commerce (TRAINS), base de données internationale accessible au public la plus complète sur le commerce et les mesures tarifaires et non tarifaires.

Pour promouvoir le développement agricole durable, la FAO encourage l'adoption d'une démarche raisonnée qui tienne compte des impératifs écologiques, sociaux et économiques lors de l'élaboration des projets de développement. Dans certains secteurs, par exemple, le fait de combiner plusieurs cultures peut améliorer la fertilité des sols et les rendements agricoles, offrir de nouvelles sources de bois de feu aux villageois et réduire les effets de l'érosion.

La FAO gère en permanence plus d'un millier de projets sur le terrain, qui vont de la gestion intégrée des sols à des secours d'urgence, en passant par des conseils en matière de politiques et de planification à l'usage des gouvernements dans des secteurs aussi variés que la sylviculture et les stratégies de commercialisation. D'ordinaire, la FAO exerce l'une ou l'autre des fonctions suivantes : la mise en œuvre de ses propres programmes, l'exécution d'un programme au nom d'autres agences et donateurs, la prestation de services consultatifs et d'aide dans le cadre de la gestion de projets nationaux.

Le Centre d'investissement de la FAO aide les pays en développement à formuler des projets d'investissement en faveur du développement agricole et rural, en partenariat avec les institutions financières internationales. Chaque année, le Centre mène plus de 600 missions sur le terrain dans le cadre de quelque 140 programmes et projets d'investissement exécutés dans une centaine de pays. Il dépense quelque 25 millions de dollars par an (dont environ 9 millions fournis par la FAO) pour aider à mobiliser le montant d'environ 3 milliards de dollars par an correspondant aux engagements de financement pour les projets d'investissement approuvés.

La FAO intervient dans la mise en valeur des sols et des eaux, la production végétale et animale, la sylviculture, la pêche, les politiques économiques et sociales et les politiques de sécurité alimentaire, les investissements, la nutrition, les normes alimentaires et normes garantissant l'innocuité des produits alimentaires, les produits de base et le commerce. Les exemples ci-dessous illustrent quelques-unes des activités menées par la FAO :

Divers projets sont menés à travers le Pakistan pour encourager une production agricole durable et la diversification des cultures, faciliter la gestion des fonds autorenouvelables et appuyer les centres de services agricoles. Les agriculteurs participent directement aux projets de la FAO et les organisations rurales, notamment les services d'aide aux entreprises villageoises, ont accès à une formation adaptée.

La FAO a, dès le début, fourni un appui technique important au programme « Faim zéro » mis en place par le Brésil, programme qui s'est traduit par une amélioration de l'apport nutritionnel et de la vie quotidienne de plus de 8 millions de familles de 2003 à 2005. Il existe également un programme d'approvisionnement en produits alimentaires qui vise à garantir un marché et des prix raisonnables pour les produits des petits exploitants agricoles.

Le programme décennal « Njaa Marufuku Kenya » (halte à la faim au Kenya), élaboré avec l'aide de la FAO, a pour objectif d'améliorer l'accès des Kenyans à l'alimentation et de réduire la faim chronique au Kenya. Il est essentiellement axé sur le renforcement des capacités locales, les programmes de repas scolaires et les activités vivres-contre-travail en faveur de la préservation des ressources naturelles, auxquelles ont participé 50 000 foyers. Un million de familles rurales devraient bénéficier d'ici à 2010 de ce programme lancé en 2005.

Depuis sa création en 1976, le Programme de coopération technique (PCT) de la FAO a financé quelque 8 800 projets dont le coût total est évalué à 1,1 milliard de dollars. Il gère également le Prix Edouard Saouma, qui récompense les instituts nationaux ou régionaux ayant exécuté de façon particulièrement efficace un projet financé par le PCT.

Le **Fonds international de développement agricole (FIDA)** finance des programmes et projets de développement agricole qui allègent la pauvreté rurale. Le FIDA octroie des prêts et des subventions pour l'exécution de programmes et projets qui favorisent le développement économique et la sécurité alimentaire des populations rurales pauvres. Les initiatives financées par le FIDA facilitent l'accès de ces populations à la terre, à l'eau, aux ressources financières et aux techniques et services agricoles dont elles ont besoin pour améliorer leur productivité agricole, ainsi qu'aux marchés et à la création d'entreprise en vue de les aider à augmenter leurs revenus.

Le FIDA n'hésite pas à adopter des stratégies nouvelles et novatrices en matière de réduction de la pauvreté, partage largement ses connaissances et s'efforce, en collaboration avec ses États membres et d'autres partenaires, de reproduire et de transposer à une plus grande échelle les stratégies déjà couronnées de succès. Il s'efforce également d'améliorer l'état des connaissances et des compétences des pauvres en milieu rural et de renforcer les organisations qui les représentent.

Les programmes et projets financés par le FIDA s'adressent aux plus démunis : petits exploitants agricoles, paysans sans terres, éleveurs nomades, petits pêcheurs artisanaux, populations autochtones et, dans tous ces groupes, femmes rurales. Il met l'essentiel de ses ressources à la disposition des pays pauvres à des conditions très libérales : remboursement sur 40 ans avec une période de franchise de 10 ans et frais administratifs annuels de 0,75 %. En 2007, le FIDA a adopté un cadre de viabilité de la dette fondé sur le modèle de l'Association internationale de développement afin d'octroyer des subventions et non des prêts aux pays qui ont du mal à supporter le fardeau de la dette.

Depuis sa création en 1977, le FIDA a financé 731 projets dans une bonne centaine de pays et territoires indépendants. Ces projets, dont ont bénéficié plus de 300 millions de pauvres en milieu rural, représentent 9,5 milliards de dollars de prêts et subventions. Un montant supplémentaire de 16,1 milliards de dollars a été versé au titre du cofinancement : 9 milliards de dollars de la part des gouvernements et d'autres sources de financement dans les pays bénéficiaires et 7,1 milliards de dollars de la part de partenaires extérieurs, notamment les donateurs bilatéraux et multilatéraux et les organisations non gouvernementales.

Développement industriel

La mondialisation de l'industrie pose des problèmes, mais elle ouvre aussi des perspectives sans précédent aux pays en développement et aux pays en transition. L'**Organisation des Nations Unies pour le développement industriel (ONUDI)** est l'institution spécialisée qui aide ces pays à s'orienter vers un développement industriel durable dans le cadre du nouvel environnement mondial.

L'ONUDI élabore et exécute des programmes de coopération technique pour soutenir les efforts que déploient ses clients en faveur du développement industriel. Ses priorités thématiques sont les suivantes :

- *Réduction de la pauvreté grâce à des activités de production :* l'ONUDI s'efforce de promouvoir l'activité industrielle, en particulier par l'intermédiaire des petites et moyennes entreprises, dans les régions les moins développées, en accordant une attention particulière à la création d'emplois et de revenus et au renforcement des capacités institutionnelles;

- *Renforcement des capacités dans le domaine du commerce :* l'ONUDI aide les pays à développer leur production et leurs capacités, notamment la capacité à satisfaire aux normes des marchés internationaux;

- *Environnement et énergie :* l'ONUDI encourage l'utilisation rationnelle de l'énergie et le recours à des sources renouvelables dans l'industrie, en particulier en zone rurale, et appuie d'autres activités en faveur du développement industriel durable.

L'ONUDI fournit divers services aux gouvernements, aux associations professionnelles et au secteur industriel privé, traduisant ainsi en mesures concrètes ses fonctions essentielles et ses priorités thématiques : gouvernance industrielle et statistiques; promotion de l'investissement et de la technologie; compétitivité industrielle et commerce; développement du secteur privé; agro-industries; énergie durable et changements climatiques; *Protocole de Montréal* relatif à des substances qui appauvrissent la couche d'ozone; et gestion de l'environnement.

L'ONUDI sert également de tribune internationale pour l'acquisition et la diffusion du savoir dans ses trois domaines thématiques prioritaires et pour les échanges entre tous les acteurs des secteurs public et privé.

Financés par les pays qui les accueillent, les 13 bureaux de la promotion des investissements et de la technologie de l'ONUDI facilitent les relations commerciales entre pays industrialisés et pays en développement ou en transition économique. L'Organisation compte 5 groupes de la promotion des investissements, 35 centres nationaux en faveur d'une production moins polluante et 10 centres technologiques internationaux. Elle a son siège à Vienne et est représentée dans 43 pays en développement.

Travail

L'**Organisation internationale du Travail (OIT)** s'intéresse à la fois aux aspects économiques et sociaux du développement. C'est l'une des institutions spécialisées dont la création est antérieure à celle de l'Organisation des Nations Unies, puisqu'elle remonte à 1919. C'est grâce à ses efforts assidus pour élaborer et faire respecter des normes internationales relatives aux conditions de travail dans divers secteurs qu'a pu être mis en place un ensemble de normes et principes internationaux aujourd'hui intégré à la législation nationale de la quasi-totalité des pays.

L'OIT est guidée par un principe fondateur : pour que la stabilité et l'intégration sociales soient durables, elles doivent reposer sur la justice sociale, qui sous-entend notamment le droit à un travail rémunéré de façon équitable dans un cadre de travail salubre. Au fil des décennies, l'OIT a contribué à l'élaboration de principes fondamentaux : la journée de huit heures, la protection de la maternité, les lois sur le travail des enfants et toute une série de politiques qui favorisent la sécurité et des relations pacifiques sur le lieu de travail.

L'OIT intervient tout particulièrement dans les domaines suivants :

- L'élaboration de politiques et de programmes internationaux qui visent à faire respecter les droits fondamentaux, améliorent les conditions de travail, les conditions de vie et les possibilités d'emploi;

- L'établissement de normes internationales relatives aux conditions de travail, assorties d'un système permettant de veiller à leur application, qui servent de lignes directrices aux autorités nationales pour la mise en pratique de politiques du travail réfléchies;

- La mise en œuvre d'un vaste programme de coopération technique, élaboré et appliqué en partenariat avec les bénéficiaires, afin d'aider les pays à appliquer leurs politiques du travail;

- Les activités de formation, d'éducation, de recherche et d'information pour aider à la promotion des initiatives susmentionnées.

Un emploi décent.   Le principal but de l'OIT consiste à donner à tous la possibilité de trouver un emploi décent. La Conférence internationale du Travail a approuvé les quatre objectifs suivants, qui procèdent de cette exigence :

- Promouvoir et faire appliquer les principes et droits fondamentaux au travail;

- Aider les femmes et les hommes à obtenir un emploi et un revenu décents en leur ouvrant un plus grand nombre de possibilités;

- Améliorer la couverture et l'efficacité de la protection sociale pour tous;

- Renforcer la concertation entre les gouvernements, le monde du travail et les entreprises.

Pour atteindre ces objectifs, l'OIT se concentre sur des domaines tels que l'abolition progressive du travail des enfants, la santé et la sécurité sur le lieu de travail, la sécurité socioéconomique, la promotion des petites et moyennes entreprises, l'acquisition de nouvelles qualifications et connaissances et le renforcement de l'employabilité, l'élimination de la discrimination à l'égard des femmes et des inégalités entre les sexes et la promotion de la *Déclaration de l'OIT relative aux principes et droits fondamentaux au travail*, adoptée par la Conférence internationale du Travail en 1998.

Coopération technique.   La coopération technique de l'OIT est axée sur le soutien à la démocratisation, sur la réduction de la pauvreté grâce à la création d'emplois et sur la protection des travailleurs. En particulier, l'OIT aide les pays à élaborer leur législation et à prendre des mesures concrètes pour mettre ses normes en application, par exemple en étoffant les services chargés de la prévention des accidents du travail et des maladies professionnelles, les systèmes de sécurité sociale et les programmes d'éducation des travailleurs. Les projets sont mis en œuvre grâce à une étroite collaboration entre les pays bénéficiaires, les donateurs et l'OIT, qui gère un réseau de bureaux de zone et de région partout dans le monde. L'Organisation a mis en œuvre des programmes de coopération dans quelque 140 pays et territoires; au cours des 10 dernières années, elle a dépensé en moyenne quelque 130 millions de dollars par an au titre de projets de coopération technique.

Le **Centre international de formation** de l'OIT, situé à Turin (Italie), assure la formation de cadres supérieurs et de cadres moyens d'entreprises privées et publiques, de dirigeants d'organisations de travailleurs et d'employeurs, de hauts fonctionnaires et de décideurs. Quelque 8 000 personnes originaires de 170 pays suivent chaque année un des 350 programmes de formation qu'il dispense.

L'**Institut international d'études sociales** de l'OIT, qui se trouve à Genève, encourage la recherche sur les politiques et les débats publics au sujet de questions nouvelles intéressant l'Organisation. Ses activités sont axées sur les relations entre les organismes professionnels, la croissance économique et la justice sociale. L'Institut est une tribune mondiale en matière de politique sociale, gère des réseaux de recherche internationaux et met en œuvre des programmes éducatifs.

Aviation internationale

En 2006, quelque 24 millions de vols ont assuré le transport de plus de 2,1 milliards de passagers, et près de 39 millions de tonnes de marchandises ont été expédiées par voie aérienne. C'est une institution spécialisée des Nations Unies, l'**Organisation de l'aviation civile internationale (OACI)**, qui veille à ce que le développement des transports aériens s'effectue dans le respect des règles établies et des exigences de sécurité.

L'OACI a pour objectif de répondre aux besoins du public en matière de sûreté, de sécurité, d'efficacité et de fiabilité de l'aviation civile internationale, et de limiter le plus possible les effets néfastes des transports aériens sur l'environnement. Elle s'efforce également de renforcer la réglementation relative à l'aviation civile.

Pour atteindre ces objectifs, l'OACI :

- Adopte des normes et des recommandations internationales portant sur la conception et le fonctionnement des appareils et d'une grande partie de leurs instruments, sur ce qui est attendu des pilotes de ligne, des équipages, des contrôleurs du trafic aérien et des équipes d'entretien au sol, et sur les exigences et procédures de sécurité dans les aéroports internationaux;
- Fixe les règles de la navigation à vue ou avec instruments et établit les cartes aéronautiques utilisées pour la navigation internationale; les systèmes de télécommunication aéronautiques, les fréquences radio et les procédures de sécurité relèvent aussi de sa responsabilité;
- S'attache à réduire les effets de l'aviation sur l'environnement grâce à la réduction des rejets par les aéronefs et à l'imposition de limites sonores;
- Facilite la circulation des avions, des passagers, des équipages, des bagages, du fret et du courrier à travers les frontières en normalisant les formalités douanières et sanitaires et les formalités d'immigration et autres.

Les actes illicites restant une menace sérieuse pour la sûreté et la sécurité de l'aviation civile internationale, l'OACI continue d'élaborer des politiques et programmes visant à les prévenir. Au lendemain des attentats terroristes commis le 11 septembre 2001 aux États-Unis, elle a élaboré un plan d'action pour la sécurité de l'aviation, qui comprend un programme universel d'audit visant à vérifier l'application des normes de sécurité et, le cas échéant, recommander des mesures correctives.

L'OACI aide par ailleurs les pays en développement qui lui en font la demande à améliorer leurs réseaux de transport aérien et à former leur personnel. Elle a également facilité la création de centres de formation régionaux dans plusieurs pays en développement. Chaque année, elle participe à plus de 200 projets de coopération technique dans une centaine de pays. Ces projets peuvent notamment porter sur l'approvisionnement en biens et services destinés à l'aviation, dont la valeur va de 100 000 à plus de 100 millions de dollars. Les critères à remplir pour bénéficier de l'assistance de l'OACI sont établis en fonction de ce dont les pays ont besoin pour assurer la sécurité et l'efficacité de l'aviation civile, conformément aux normes et pratiques recommandées de l'Organisation.

L'OACI travaille en étroite coopération avec des institutions spécialisées des Nations Unies, telles que l'OMI, l'UIT et l'OMM. L'Association du transport aérien international, le Conseil international des aéroports, la Fédération internationale des associations de pilotes de ligne et d'autres organisations internationales participent également à de nombreuses réunions de l'OACI.

Transports maritimes internationaux

Lorsque l'**Organisation maritime internationale (OMI)** a tenu sa première Assemblée en 1959, elle comptait moins de 40 États membres. Aujourd'hui, elle en regroupe 167 et plus de 98 % des flottes marchandes du monde (en tonnage) adhèrent aux principales conventions internationales sur le transport maritime qu'elle a élaborées.

Surtout connue pour le rôle qu'elle joue dans l'élaboration de la législation maritime, l'OMI a adopté une quarantaine de conventions et de protocoles, dont la plupart ont été actualisés pour tenir compte de l'évolution des transports maritimes internationaux, et quelque 1 000 codes et recommandations relatifs à la sécurité des transports maritimes, à la prévention de la pollution et aux questions connexes. L'Organisation est aussi chargée de la sûreté maritime, l'objectif étant d'améliorer la sécurité des transports maritimes internationaux et de prévenir la pollution du milieu marin par les navires. En matière d'environnement, son action porte essentiellement sur le transfert d'organismes aquatiques nuisibles dans les eaux de ballast et dans les sédiments, les émissions de gaz à effet de serre, et le recyclage des navires.

À l'origine, l'OMI avait pour souci principal d'élaborer des traités internationaux et autres instruments relatifs à la sécurité des transports maritimes et à la prévention de la pollution du milieu marin. Aujourd'hui, elle s'attache à faire appliquer les normes internationales qu'elle a établies tout en continuant à modifier et à actualiser la législation existante et à combler les lacunes du cadre réglementaire.

Les principaux instruments de l'OMI sur la sécurité des transports maritimes et la prévention de la pollution du milieu marin par les navires actuellement en vigueur à l'échelon international sont les suivants :

* *Convention internationale sur les lignes de charge* (Convention LL), 1966;
* *Convention sur le règlement international pour prévenir les abordages en mer* (Convention COLREG), 1972;

- *Convention internationale pour la sécurité des conteneurs* (Convention CSC), 1972;
- *Convention internationale de 1973 pour la prévention de la pollution par les navires*, telle que modifiée par le Protocole de 1978 y relatif (MARPOL), 1973/197);
- *Convention internationale pour la sauvegarde de la vie humaine en mer* (SOLAS), 1974;
- *Convention internationale sur les normes de formation des gens de mer, de délivrance des brevets et de veille* (Convention STCW) 1978;
- *Convention internationale sur la recherche et le sauvetage maritimes* (Convention SAR), 1979.

De nombreux codes, dont certains ont force obligatoire, portent sur des questions spécifiques telles que le transport de marchandises dangereuses et les navires à grande vitesse. Le Code international de gestion de la sécurité, rendu obligatoire au moyen de modifications apportées à la *Convention internationale pour la sauvegarde de la vie humaine en mer* (SOLAS) en 1994, concerne tous ceux qui interviennent dans l'exploitation des navires. Une attention particulière a été accordée aux normes relatives à l'équipage, en particulier avec la révision complète en 1995 de la Convention internationale de 1978 sur les normes de formation des gens de mer, de délivrance des brevets et de veille, qui a donné à l'Organisation la charge de veiller à l'application de la Convention.

La sauvegarde de la vie humaine en mer demeure l'un des principaux objectifs de l'OMI. En 1999, le Système mondial de détresse et de sécurité en mer est devenu pleinement opérationnel. Désormais, un navire en détresse n'importe où dans le monde est quasiment assuré de recevoir des secours même si son équipage n'a pas le temps d'en demander par radio, puisque la transmission des messages est automatique.

Divers instruments de l'OMI traitent des questions de responsabilité civile et de réparation, notamment le *Protocole de 1992 relatif à la Convention internationale sur la responsabilité civile pour les dommages dus à la pollution par les hydrocarbures* (Convention CLC de 1969) et le *Protocole de 1992 relatif à la Convention internationale portant création d'un Fonds international d'indemnisation pour les dommages dus à la pollution par les hydrocarbures* (Fonds IOPC de 1971), qui assurent conjointement la compensation des victimes de dommages dus à la pollution par les hydrocarbures. La *Convention d'Athènes relative au transport par mer de passagers et de leurs bagages* (Convention PAL de 1974) fixe le montant des indemnisations pouvant être versées aux passagers.

En décembre 2002, l'OMI a adopté le Code international pour la sûreté des navires et des installations portuaires, qui impose le respect de nouvelles mesures visant à protéger les transports maritimes des attentats terroristes. Adopté en tant qu'amendement à la *Convention internationale pour la sauvegarde de la vie humaine en mer* (SOLAS), le Code est entré en vigueur le 1er juillet 2004. En 2005, l'OMI a adopté des amendements portant modification de la Convention pour la répression d'actes illicites contre la sécurité de la navigation maritime (1988) et du Protocole y relatif, afin d'y inclure de nouvelles dispositions autorisant tout État partie à arraisonner un navire battant le pavillon d'un autre État lorsqu'il existe des raisons sérieuses de soupçonner que le navire ou une personne à son bord a pris part ou est sur le point de prendre part à la commission d'une infraction au regard de la Convention.

Les programmes de coopération technique de l'OMI ont pour objet de faciliter l'application des normes et règlements qu'elle a établis, en particulier dans les pays en développement, mais aussi d'aider les gouvernements à gérer efficacement le secteur des transports maritimes. L'OMI met également l'accent sur la formation, avec l'**Université maritime mondiale** de Malmö (Suède), l'Institut de droit maritime international de Malte et l'Académie maritime internationale de Trieste (Italie).

Télécommunications

Les télécommunications sont devenues l'un des éléments fondamentaux de la prestation de services au niveau mondial. Les banques et les secteurs du tourisme, des transports et de l'information dépendent tous de télécommunications mondiales rapides et fiables. Il s'agit d'une véritable révolution provoquée par des phénomènes aussi importants que la mondialisation, la déréglementation, la restructuration, les services de réseaux à valeur ajoutée, les réseaux intelligents et la multiplication des accords régionaux. Cette évolution a bouleversé les télécommunications. Doté auparavant d'un statut d'utilité publique, le secteur est désormais étroitement associé au commerce et aux échanges. Le marché mondial des télécommunications qui représente 2 100 milliards de dollars devrait atteindre près de 2 500 milliards de dollars en 2008 et 3 000 milliards en 2010.

L'**Union internationale des télécommunications (UIT)**, dont la création remonte à 1865, est l'organisation intergouvernementale la plus ancienne au monde. Elle coordonne les secteurs public et privé pour fournir des réseaux et services mondiaux de télécommunication.

Les attributions de l'UIT sont les suivantes :

• Elle élabore des normes qui favorisent l'interconnexion des systèmes nationaux de télécommunication à l'échelle mondiale, assurant la fluidité des échanges d'informations dans le monde entier, qu'il s'agisse de transmission de données, de télécopies ou de services téléphoniques;

• Elle s'emploie à intégrer les nouvelles technologies dans le réseau mondial de télécommunication, en tenant compte de l'évolution d'applications comme l'Internet, la messagerie électronique, le multimédia et le commerce électronique;

• Elle adopte des réglementations et instruments internationaux régissant le partage du spectre des fréquences radio, ainsi que l'utilisation de l'orbite géostationnaire des satellites — ressources naturelles limitées soumises à des utilisations très diverses : télécommunication et radiodiffusion, téléphones mobiles, systèmes de télécommunication par satellite, systèmes de navigation aérienne et maritime et systèmes informatiques sans fil;

- Elle s'attache à accroître et à améliorer les télécommunications dans les pays en développement en formulant des conseils en matière de stratégie, en offrant une assistance technique et des programmes de gestion de projets et de formation, et en favorisant l'établissement de partenariats entre les organismes régissant les télécommunications, les institutions de financement et les organismes privés.

En sa qualité d'institution spécialisée des Nations Unies pour les technologies de l'information et des communications (TIC), l'UIT a joué un rôle de premier plan dans l'organisation du Sommet mondial sur la société de l'information, tenu à Genève du 10 au 12 décembre 2003 et à Tunis du 16 au 18 novembre 2005. Les participants au Sommet ont adopté une *Déclaration de principes* et *un Plan d'action* en faveur de l'édification d'une société de l'information à dimension humaine, ouverte et privilégiant le développement, dans laquelle chacun aurait la possibilité de créer, d'obtenir, d'utiliser et de partager l'information et le savoir.

Organisme chef de file de la réalisation des objectifs établis lors du Sommet, l'UIT a organisé, à Kigali (Rwanda) en octobre 2007, le sommet Connecter l'Afrique qui a rassemblé des représentants des gouvernements, du secteur privé et des organismes de financement en vue de favoriser l'investissement dans l'infrastructure des TIC en Afrique. Les participants au sommet de Kigali se sont engagés à verser 55 milliards de dollars pour financer les projets de connexion de toutes les villes africaines d'ici à 2012.

Être membre de l'UIT donne aux gouvernements et aux organismes privés une chance exceptionnelle de jouer un rôle crucial dans l'évolution rapide des télécommunications qui façonne le monde. Les membres de l'Union sont représentatifs des différents acteurs du secteur des télécommunications et de l'informatique puisque l'on y retrouve les principaux fabricants et opérateurs et tous ceux qui interviennent dans des domaines novateurs tels que l'Internet.

Outre ses 191 États membres, l'UIT compte plus de 600 membres et près de 140 associés de secteurs qui représentent des entreprises scientifiques et industrielles, des opérateurs et radiodiffuseurs publics et privés et des organisations régionales et internationales. L'UIT est guidée par un principe fondateur : celui de la coopération internationale entre les pouvoirs publics et le secteur privé. L'Union est une tribune mondiale où gouvernements et industriels recherchent un consensus sur toute une série de questions relatives à l'avenir d'un secteur dont l'importance ne cesse de croître.

Service postal international

Quelque 5,5 millions d'agents des postes répartis dans le monde entier traitent et distribuent chaque année 437 milliards de lettres, ainsi que 6 milliards de colis, assurant ainsi les échanges nationaux et internationaux. Il existe dans le monde plus de 665 000 points d'accès aux services postaux. L'institution spécialisée des Nations Unies qui réglemente ce service est l'**Union postale universelle (UPU)**.

L'UPU forme un seul espace postal pour l'échange réciproque de lettres, imprimés et colis. Chaque État membre s'engage à acheminer le courrier de tous les autres par les meilleurs moyens dont il dispose pour son propre courrier. Principal instrument de coopération entre services postaux nationaux, l'UPU s'efforce en outre d'améliorer les services postaux internationaux, de proposer aux usagers des postes de tous les pays des procédures harmonisées et simplifiées pour leur courrier international, et de mettre à leur disposition un réseau universel de produits et de services de pointe.

L'UPU fixe des tarifs indicatifs, les limites maximales et minimales de poids et de dimension et les conditions d'acceptation des objets postaux—articles prioritaires et non prioritaires, lettres, aérogrammes, cartes postales, imprimés et petits paquets. Elle prescrit les méthodes de calcul et de perception des frais de transit (pour les objets qui traversent un ou plusieurs pays) et des frais terminaux (pour compenser d'éventuels moins-perçus). Elle établit en outre la réglementation concernant le courrier recommandé et par avion et le transport des objets qui exigent des précautions spéciales, tels que les substances infectieuses et radioactives.

Grâce à l'UPU, des produits et services nouveaux sont intégrés au réseau postal international. C'est ainsi que des services tels que les lettres recommandées, les mandats postaux, les coupons-réponses internationaux, la prise en charge des petits paquets et des colis postaux et les services postaux accélérés ont été mis à la disposition de la grande majorité des habitants de la planète.

L'UPU occupe désormais une position de premier plan dans certains domaines, tels que l'application des techniques d'échange de données informatisées par les administrations postales des États membres et la surveillance de la qualité des services postaux à l'échelle mondiale.

L'UPU apporte une assistance technique au moyen de projets pluriannuels dont l'objectif est d'assurer un fonctionnement optimal des services postaux nationaux. Elle met également en œuvre des projets de courte durée, par exemple, des programmes d'étude, des bourses de formation et l'envoi de consultants, chargés d'étudier les modalités de formation, de gestion ou de fonctionnement des services postaux dans les pays en développement. En outre, grâce à l'UPU, les institutions financières sont de plus en plus conscientes de la nécessité d'investir dans le secteur postal.

Les services postaux du monde entier ne ménagent pas leurs efforts pour insuffler un nouveau souffle à un secteur en recul. Dans un marché des communications en pleine expansion, ils doivent s'adapter à un environnement qui évolue rapidement, se transformer en entreprises indépendantes et autofinancées qui offrent une gamme plus vaste de services. L'UPU joue un rôle déterminant dans le cadre de la promotion de cette revitalisation.

Propriété intellectuelle

La propriété intellectuelle sous toutes ses formes—livres, films, enregistrements artistiques et logiciels—est devenue une question fondamentale dans les relations commerciales internationales. Des millions de brevets, de marques déposées et de dessins et modèles industriels déposés sont en vigueur dans le monde. À l'heure de l'économie du savoir, la propriété intellectuelle est un outil qui favorise la création de richesse ainsi que le développement économique, social et culturel.

Institution spécialisée des Nations Unies, l'**Organisation mondiale de la propriété intellectuelle (OMPI)**, est chargée d'encourager la protection de la propriété intellectuelle dans le monde grâce à la coopération entre États et d'administrer divers instruments internationaux relatifs aux aspects juridiques et administratifs de la propriété intellectuelle. Cette dernière comprend deux grandes branches : la propriété industrielle, qui s'applique principalement aux inventions, aux marques déposées, aux dessins et modèles industriels et aux appellations d'origine, et les droits d'auteur, qui s'appliquent surtout aux œuvres littéraires, musicales, artistiques, photographiques et audiovisuelles.

L'OMPI administre 24 instruments portant sur tous les aspects de la propriété intellectuelle, dont certains datent de la fin des années 1880. Deux des plus importants sont la *Convention de Paris pour la protection de la propriété industrielle* (1883) et la *Convention de Berne pour la protection des œuvres littéraires et artistiques* (1886). Plus récemment, les États membres de l'OMPI ont adopté le *Traité de Singapour sur le droit des marques* (2006). La pratique de l'OMPI qui consiste à adopter des recommandations sur des thèmes tels que la protection des marques de renom (1999), l'octroi de licences d'exploitation des marques déposées (2000) ou l'utilisation des marques sur l'Internet (2001), complète les instruments qui formaient jusqu'à présent le fondement de la législation internationale.

Le **Centre d'arbitrage et de médiation** de l'OMPI aide les particuliers et les entreprises du monde entier à régler leurs litiges, en particulier ceux ayant trait à la technologie et au divertissement et d'autres litiges relatifs à la propriété intellectuelle. Il est également le principal organisme pour le règlement des différends liés à l'enregistrement et à l'utilisation abusifs des noms de domaine Internet, pratique connue sous le nom de « cybersquattage ». Il intervient de la sorte tant pour les noms de domaine de premier niveau, tels que .com, .net, .org ou .info, que pour certains noms de domaine de pays. Les services de règlement des litiges de l'OMPI sont beaucoup plus rapides et bien moins onéreux qu'une procédure juridique classique, une affaire de nom de domaine étant généralement tranchée en deux mois grâce à une procédure en ligne.

L'OMPI aide les pays à renforcer leur infrastructure, leurs institutions et leurs ressources humaines en matière de propriété intellectuelle, tout en encourageant le développement progressif du droit international sur la propriété intellectuelle. Elle offre également une tribune pour l'élaboration des mesures nécessaires pour faire face à l'évolution de la demande et pour la tenue de débats internationaux sur la propriété intellectuelle ayant trait aux savoirs traditionnels, au folklore, à la diversité biologique et à la biotechnologie.

L'OMPI donne des conseils d'experts aux pays en développement afin de les aider à se doter des moyens nécessaires pour utiliser la propriété intellectuelle au service du développement économique, social et culturel. Elle apporte une assistance juridique et technique et des conseils d'experts dans le cadre de l'élaboration et de la révision de la législation nationale. Des programmes de formation sont organisés de sorte que diverses catégories de personnes puissent en bénéficier, notamment les responsables politiques, les hauts fonctionnaires et les étudiants. Les activités de formation de l'Organisation sont coordonnées par son Académie mondiale (*www.wipo.int/academy/fr*).

L'OMPI propose également des services à l'industrie et au secteur privé pour les aider à obtenir des droits de propriété intellectuelle dans plusieurs pays selon un processus simple, efficace et économique. Parmi ces services figurent ceux offerts dans le cadre du Traité de coopération en matière de brevets, du Système de Madrid concernant l'enregistrement international des marques, du Système de La Haye concernant l'enregistrement international des dessins et modèles industriels, de l'Arrangement de Lisbonne concernant l'enregistrement international des indications géographiques et du Traité de Budapest sur la reconnaissance internationale du dépôt des micro-organismes. Les revenus tirés de ces services représentent environ 95 % des recettes de l'OMPI.

Statistiques mondiales

Depuis sa fondation, l'ONU coordonne les activités dans le domaine des statistiques à l'échelon mondial. Les gouvernements, les organismes publics et le secteur privé s'appuient dans une large mesure sur des statistiques pertinentes, fiables, comparables et actuelles aux échelons national et mondial.

La **Commission de statistique** est l'organe intergouvernemental des Nations Unies chargé de renforcer l'harmonisation des statistiques officielles au niveau mondial. Composée de 24 États membres, elle supervise les travaux de la **Division de statistique** de l'ONU en ce qui concerne la mise au point de méthodes et de normes pour la collecte, l'établissement et la diffusion de statistiques.

La Division de statistique propose un large éventail de services à ceux qui produisent ou exploitent des statistiques. Ses annuaires et répertoires—notamment l'*Annuaire statistique,* le *Bulletin mensuel de statistique,* le *World Statistics Pocketbook,* la base de données officielle des *Indicateurs relatifs aux objectifs du Millénaire pour le développement* et le portail de *données de l'ONU*—présentent des données sur des domaines divers et variés, sur papier et en ligne. Les publications spécialisées de la Division portent sur des sujets tels que les statistiques démographiques, sociales et du logement, la comptabilité nationale, les classifications économiques et sociales, l'énergie, le commerce international et l'environnement.

La Division s'emploie par ailleurs à renforcer les capacités des pays en développement en leur proposant des conseils techniques, des programmes de formation et des ateliers dans divers domaines (voir le site *http ://unstats.un.org/unsd* et le site *http ://data.un.org* pour le portail de *données de l'ONU*).

Administration publique

La réussite de la mise en œuvre des programmes de développement national repose incontestablement avant tout sur le secteur public du pays. Les débouchés créés par la mondialisation, la révolution de l'information et la démocratisation ont eu des conséquences considérables sur l'État et son fonctionnement. Les décideurs, les responsables de l'élaboration des politiques et les administrateurs de la fonction publique doivent désormais faire face à la tâche délicate qui consiste à gérer le secteur public dans un contexte en évolution constante.

L'ONU, par l'intermédiaire de son Programme d'administration et de finances publiques, apporte une aide aux pays qui s'emploient à renforcer, améliorer et réformer leurs mécanismes de gouvernance et leurs institutions administratives. Le Programme, qui est géré par la **Division de l'administration publique et de la gestion du développement** du Département des affaires économiques et sociales, aide les gouvernements à prêter plus d'efficacité à leurs mécanismes économiques, administratifs et financiers et à les rendre plus sensibles aux besoins des pauvres et plus démocratiques. La Division encourage les pouvoirs publics à adopter des politiques plus rationnelles, à se doter d'une fonction publique efficace, à offrir des services de qualité et à faire preuve d'un esprit d'ouverture face au changement (voir le site *www.unpan.org/dpepa.asp*).

Ses activités consistent à aider les pays en développement à se doter de programmes visant à assainir les politiques relatives au secteur public, à inciter les pouvoirs publics à faire preuve de plus de transparence et de responsabilité, à renforcer les capacités des autorités locales et à encourager la décentralisation, à adopter des mesures novatrices en matière de prestation des services publics, à réformer la fonction publique, à remettre sur pied les mécanismes de gouvernance et les services administratifs après un conflit, à mettre en valeur et à gérer les ressources humaines dans la fonction publique, à réorganiser et à renforcer les mécanismes de gouvernance, à utiliser les technologies de l'information et des communications au service du développement et à promouvoir la participation à la gestion des affaires publiques.

De nombreuses activités encouragent la coopération Sud-Sud en mettant l'accent sur les progrès accomplis grâce à elle, en particulier grâce à la diffusion des pratiques optimales dans le cadre du Réseau d'information en ligne sur l'administration et les finances publiques. La Division aide également les gouvernements à se doter de systèmes, techniques, méthodes, pratiques et outils, notamment des outils informatiques, dans leurs opérations et services afin d'atteindre les objectifs du Millénaire pour le développement.

Science et technique au service du développement

Depuis les années 60, l'ONU encourage l'utilisation de la science et de la technique au service du développement de ses États Membres. La **Commission de la science et de la technique au service du développement**, créée en 1992 et dotée de 43 membres, est chargée d'examiner les questions ayant trait à la science et à la technique et leur incidence sur le développement, de mieux faire connaître les politiques scientifiques et techniques à l'échelon des pays en développement, et de formuler des recommandations en la matière à l'intention des organismes des Nations Unies (voir le site *www.unctad.org/cstd*).

La Commission est également chargée de coordonner le suivi du **Sommet mondial sur la société de l'information** à l'échelle du système pour le Conseil économique et social, auquel elle est rattachée. Sa session de 2006-2007 avait pour thème : «Promouvoir l'édification d'une société de l'information à dimension humaine, axée sur le développement et solidaire». La CNUCED fournit à la Commission des services fonctionnels et de secrétariat.

La CNUCED encourage également l'adoption de politiques qui favorisent le renforcement des capacités techniques, l'innovation et les transferts de technologies vers les pays en développement. Elle aide ces pays à revoir leurs politiques en matière de science et technique, favorise l'établissement de réseaux Sud-Sud et fournit une assistance technique dans le domaine informatique.

La FAO, l'AIEA, l'OIT, le PNUD, l'ONUDI et l'OMM traitent pour leur part de questions scientifiques et techniques dans les limites de leurs mandats respectifs. La science au service du développement occupe aussi une grande place dans les travaux de l'UNESCO.

Développement social

Le développement social, qui est inextricablement lié au développement économique, constitue l'une des pierres angulaires des travaux de l'Organisation des Nations Unies depuis sa création. Depuis de nombreuses années, l'ONU met l'accent sur les aspects sociaux du développement afin que l'objectif d'une vie meilleure pour tous continue à sous-tendre les efforts réalisés en faveur du développement.

Pendant ses premières années d'existence, l'ONU a organisé des travaux de recherche et de collecte de données dans les domaines de la démographie, de la santé et de l'éducation qui ont ouvert des possibilités entièrement nouvelles. Elle a compilé, souvent pour la toute première fois, des données fiables sur les indicateurs sociaux à l'échelle mondiale. Elle s'est également attachée à préserver le patrimoine culturel de l'humanité, qu'il s'agisse des monuments architecturaux ou des langues, manifestant ainsi l'intérêt qu'elle porte aux sociétés rendues particulièrement vulnérables par des mutations accélérées.

L'Organisation est à la tête des efforts déployés pour aider les gouvernements qui tentent d'élargir à l'ensemble de la population les services de santé, d'éducation, de planification familiale, de logement et d'assainissement. Elle a non seulement mis au point des modèles de programmes sociaux, mais aussi contribué à intégrer au volet social la composante économique du développement. Les politiques et programmes de l'Organisation ont évolué au fil des ans, mais ils ont toujours mis l'accent sur le fait que les éléments constitutifs du développement—social, économique, écologique et culturel—étaient interdépendants et ne pouvaient donc être dissociés les uns des autres.

Avec la mondialisation et la libéralisation, le développement social se heurte à de nouvelles difficultés. La répartition inégale des bénéfices issus de la mondialisation représente une source de préoccupation grandissante. Il convient de mettre davantage à profit les bienfaits de la libéralisation des échanges commerciaux et des investissements pour lutter contre la pauvreté, faire reculer le chômage et promouvoir l'intégration sociale.

Les travaux de l'ONU dans le secteur social sont associés à une stratégie « centrée sur la population », qui place les individus, les familles et les collectivités au cœur des stratégies du développement. L'Organisation accorde une large place au développement social, c'est en partie parce qu'elle s'inquiète du fait que la communauté internationale ait tendance à privilégier les questions économiques et politiques au détriment des questions sociales, telles que la santé, l'éducation, la population, ou des intérêts de certains groupes, tels que les femmes, les enfants et les personnes âgées.

Nombre des conférences mondiales organisées récemment par les Nations Unies étaient consacrées à ces questions. Le Sommet mondial pour le développement social (Copenhague, 1995) a été la première occasion pour les membres de la communauté internationale de se retrouver pour poursuivre la lutte contre la pauvreté, le chômage et la désintégration sociale et susciter une nouvelle mobilisation en faveur de la responsabilité sociale pour le XXIᵉ siècle. Le Sommet s'est caractérisé par son universalité, sa portée, son fondement éthique et son appel en faveur de nouvelles formes de partenariat dans les pays et entre les pays. Les 10 engagements exposés dans la Déclaration de Copenhague sur le développement social constituent un contrat social au niveau mondial.

Les problèmes relevant du développement social concernent aussi bien les pays en développement que les pays développés. Toutes les sociétés doivent faire face, à des degrés divers, aux problèmes du chômage, de la fracture sociale et de la pauvreté endémique. De plus en plus de problèmes sociaux, allant de la migration forcée à la consommation de drogues, en passant par la criminalité organisée et la propagation des maladies, ne pourront être résolus que grâce à une action internationale concertée.

À l'ONU, les questions de développement social sont examinées par l'Assemblée générale et le **Conseil économique et social**, qui définissent les politiques et les priorités à l'échelle du système et adoptent les programmes en la matière. L'une des six grandes commissions de l'Assemblée générale, la **Commission des questions sociales, humanitaires et culturelles**, étudie les divers points inscrits à l'ordre du jour qui ont trait au secteur social. La **Commission du développement social**, placée sous l'autorité du Conseil économique et social, est le principal organe intergouvernemental traitant des problèmes sociaux. Composée de 46 États membres, elle fait des recommandations au Conseil économique et social et aux gouvernements concernant les politiques sociales et les aspects sociaux du développement. Sa session de 2007 avait pour thème la « Promotion du plein-emploi et d'un travail décent pour tous ».

Au Secrétariat, la **Division des politiques sociales et du développement social** du Département des affaires économiques et sociales aide les organes intergouvernementaux susmentionnés en procédant à des travaux de recherche et d'analyse et en formulant des avis spécialisés. Un grand nombre d'institutions, de fonds, de programmes et de bureaux des Nations Unies traitent des divers aspects du développement social.

Principales conférences mondiales tenues depuis 1990

- Conférence mondiale sur l'éducation pour tous, Jomtien (Thaïlande), 1990

- Sommet mondial pour les enfants, New York, 1990

- Conférence internationale sur la nutrition, Rome, 1992

- Conférence des Nations Unies sur l'environnement et le développement, Rio de Janeiro, 1992

- Conférence mondiale sur les droits de l'homme, Vienne, 1993

- Conférence internationale sur la population et le développement, Le Caire, 1994

- Conférence mondiale sur le développement durable des petits États insulaires en développement, Barbade, 1994

- Sommet mondial pour le développement social, Copenhague, 1995

- Quatrième Conférence mondiale sur les femmes : lutte pour l'égalité, le développement et la paix, Beijing, 1995

- Deuxième Conférence des Nations Unies sur les établissements humains (Habitat II), Istanbul, 1996

- Sommet mondial de l'alimentation, Rome, 1996

- Forum mondial sur l'éducation, Dakar, 2000

- Troisième Conférence des Nations Unies sur les pays les moins avancés, Bruxelles, 2001

- Conférence mondiale contre le racisme, Durban (Afrique du Sud), 2001

- Sommet mondial de l'alimentation : cinq ans après, Rome, 2002

- Conférence internationale sur le financement du développement, Monterrey (Mexique), 2002

- Deuxième Assemblée mondiale sur le vieillissement, Madrid, 2002

- Sommet mondial pour le développement durable, Johannesburg, 2002

- Conférence ministérielle internationale des pays en développement sans littoral et de transit, des pays donateurs et des organismes internationaux de financement et de développement sur la coopération en matière de transport en transit, Almaty, 2003

- Conférence mondiale sur la prévention des catastrophes, Kobe (Japon), 2005

- Sommet mondial sur la société de l'information, Genève, 2003 et Tunis, 2005

L'Assemblée générale a examiné à l'occasion de sessions extraordinaires les progrès accomplis cinq ans après les Conférences des Nations Unies sur l'environnement et le développement (1997), le développement durable des petits États insulaires en développement (1999), la population et le développement (1999), les femmes (2000), le développement social (2000), les établissements humains (2001), les enfants (2002), la Déclaration du Millénaire (2005) et les armes légères (2006). Elle a également consacré une session extraordinaire aux problèmes liés au VIH/sida (2001, puis 2006).

Sommet mondial pour le développement social

Le Sommet mondial pour le développement social, tenu à Copenhague en 1995, s'inscrit dans une série de conférences mondiales organisées par l'Organisation des Nations Unies de sensibiliser l'opinion aux problèmes de première importance en faisant appel à la coopération des États Membres et à la participation des autres acteurs du développement. Quelque 117 chefs d'État et de gouvernement et les ministres de 69 autres pays ont adopté la Déclaration et le Programme d'action de Copenhague sur le développement social.

Les gouvernements se sont engagés à remédier aux graves problèmes sociaux qui se posent à travers le monde en s'attaquant à trois grands maux communs à tous les pays : la pauvreté, le chômage et la marginalisation sociale, en particulier des groupes défavorisés. Le Sommet a mis en évidence la naissance d'une volonté commune d'accorder au développement social un rang de priorité élevé dans le cadre des politiques nationales et internationales et de placer l'être humain au cœur des activités de développement.

Cinq ans plus tard, en 2000, l'Assemblée générale a tenu à Genève une session extraordinaire à l'occasion de laquelle elle a réaffirmé le caractère essentiel de ces principes et pris de nouvelles initiatives pour les appliquer, notamment une stratégie internationale concertée pour l'emploi, et insisté sur la nécessité de rechercher de nouvelles sources publiques et privées de financement des programmes de développement social et de lutte contre la pauvreté. Pour la toute première fois, elle a établi un objectif mondial de réduction de la pauvreté, à savoir la diminution de moitié, d'ici à 2015, de la proportion de personnes vivant dans l'extrême pauvreté, thème qui a par la suite été repris dans les objectifs du Millénaire pour le développement.

Progrès accomplis dans la réalisation des objectifs du Millénaire pour le développement

En 1990, plus de 1,2 milliard de personnes—soit 28 % de la population des pays en développement—vivaient dans la pauvreté extrême. Selon le *Rapport sur les objectifs du Millénaire pour le développement* de 2006, en 2002, la proportion était tombée à 19 %, mais les progrès étaient inégaux. Si les taux de pauvreté extrême ont rapidement chuté dans une grande partie de l'Asie, où le nombre de personnes vivant avec moins d'un dollar par jour a diminué de près de 250 millions, la pauvreté a *augmenté* dans les pays en transition d'Europe du Sud-Est et dans la Communauté d'États indépendants (CEI). Toutefois, les dernières données disponibles semblent indiquer une nouvelle chute des taux de pauvreté dans ces pays. En Afrique subsaharienne, bien que le taux de pauvreté ait légèrement reculé, le nombre de personnes vivant dans la misère a augmenté de 140 millions (voir le site *www.undp.org/mdg*).

Si la famine chronique, telle que mesurée par la *proportion* de personnes qui n'arrivent pas à subvenir à leurs besoins alimentaires quotidiens, a diminué dans les pays en développement, dans l'ensemble les progrès n'ont pas été assez rapides pour se traduire par une réduction du *nombre* de personnes souffrant de la faim—soit quelque 82 millions de personnes en 2003. Par ailleurs, le taux de scolarisation dans l'enseignement primaire a augmenté de 86 % dans les pays en développement, les augmentations allant de 95 % en Amérique latine et dans les Caraïbes à 64 % en Afrique subsaharienne. Néanmoins, à l'échelle mondiale, plus d'une fille en âge de fréquenter l'école primaire sur cinq n'était pas scolarisée, contre un garçon sur six. Un des principaux sujets de préoccupation était les disparités entre les sexes en Afrique subsaharienne et en Asie du Sud; où vit près de 80 % de la population mondiale d'enfants non scolarisés.

La participation des femmes à la vie politique a augmenté de manière significative depuis 1990, ainsi un député sur cinq élus en 2005 était une femme, mais des inégalités considérables persistent d'une région à l'autre. Les progrès les plus encourageants ont été accomplis en Amérique latine et dans les Caraïbes, où les femmes occupent désormais 20 % des sièges de député. Bien que les chances de survie des enfants se soient améliorées dans toutes les régions du monde, 10,5 millions d'enfants sont morts avant leur cinquième anniversaire en 2004, le plus souvent de maladies dont les causes peuvent être prévenues. La moitié de ces décès sont survenus en Afrique subsaharienne, où ne vit que 20 % de la population mondiale de jeunes enfants. De plus, bien que les taux de mortalité maternelle aient diminué dans toutes les régions, ils n'ont pratiquement pas changé en Afrique subsaharienne et en Asie du Sud, où surviennent la plupart des décès. En outre, quelque 200 millions de femmes qui souhaitent espacer ou limiter leurs grossesses n'ont pas accès à la contraception.

La prévalence du VIH à l'échelle mondiale, c'est-à-dire le pourcentage de personnes vivant avec le virus, s'est stabilisée et le nombre de nouveaux cas d'infection a chuté, en partie grâce aux programmes de lutte contre le VIH, selon *Le point sur l'épidémie de sida (2007)*, rapport élaboré par le Programme commun des Nations Unies sur le VIH/sida (ONUSIDA) et l'Organisation mondiale de la santé (OMS).

Toutefois, le nombre de personnes vivant avec le VIH a atteint 33,2 millions de personnes en 2007, contre 29 millions en 2001, ce qui s'explique par l'allongement de la durée de survie dans une population générale qui ne cesse de croître. En 2007, quelque 2,5 millions de personnes ont été infectées et 2,1 millions de personnes sont décédées de maladies liées au sida.

Depuis 2001, le nombre de nouvelles infections en Afrique subsaharienne a diminué de manière significative. La région demeure toutefois la plus sévèrement touchée, le nombre de nouveaux cas d'infection étant estimé à 1,7 million de personnes en 2007. Plus de deux tiers (soit 68 %) du nombre total de personnes vivant avec le VIH dans le monde se trouvent en Afrique subsaharienne, où sont survenus plus de trois quarts (76 %) de tous les décès dus au sida dans le monde en 2007, alors que la région ne représente qu'à peine plus de 10 % de la population mondiale.

Bien que le pourcentage de femmes vivant avec le VIH soit resté relativement stable au cours de ces dernières années, leur nombre augmente du fait de l'augmentation globale du nombre de personnes vivant avec le virus. ONUSIDA estime qu'environ la moitié de tous les nouveaux cas d'infection dans le monde touchent des enfants et des jeunes de 25 ans ou moins.

S'agissant des objectifs relatifs au développement durable, la déforestation se poursuit à un rythme très inquiétant (quelque 13 millions d'hectares perdus par an), mais la perte nette de la superficie boisée ralentit et s'établit à environ 200 kilomètres carrés par jour. La consommation d'énergie a gagné en efficacité dans la plupart des régions, mais globalement les émissions de CO_2 continuent d'augmenter. Bien que 1,2 milliard de personnes supplémentaires aient eu accès à des services d'assainissement entre 1990 et 2004, la moitié de la population des pays en développement est toujours privée des services d'assainissement de base. D'autre part, le nombre de personnes ayant accès à l'eau potable dans les pays en développement est passé de 71 % en 1990 à 80 % en 2004. Cependant, en 2007, pour la première fois de l'histoire, la majorité de la population mondiale vivra en zone urbaine, ce qui se traduira par une augmentation de la population des taudis, avec les problèmes que cela implique.

L'« Observatoire des OMD », nouvel outil en ligne qui suit en temps réel les progrès accomplis dans la réalisation des OMD dans un certain nombre de catégories et dans presque tous les pays du monde, a été inauguré le 1er novembre 2007. Conçu à l'intention des décideurs, des professionnels du développement, des journalistes, des étudiants et autres, il peut être utilisé pour suivre les progrès accomplis en consultant des cartes interactives et le bilan de chaque pays, prendre connaissance des difficultés et réalisations propres à chaque pays et se tenir au courant de l'actualité. Il facilite également les travaux des organisations qui, à travers le monde, œuvrent à la réalisation des OMD. L'Observatoire des OMD a été mis au point par le PNUD, en étroite coopération avec divers organismes des Nations Unies et avec l'appui de Cisco et Google, entreprises du secteur privé. Il est accessible en ligne à l'adresse suivante : *www.mdgmonitor.org.*

Les institutions financières internationales du système des Nations Unies jouent un rôle central dans le financement de nombreux programmes touchant aux aspects sociaux de l'élimination de la pauvreté aux fins de la réalisation des OMD. La Banque mondiale, qui comprend la Banque internationale pour la reconstruction et le développement (BIRD) et l'Association internationale de développement (IDA), a consacré quelque 24,7 milliards de dollars au financement de divers projets au cours de l'exercice budgétaire 2007. Ces projets visaient notamment à : appuyer la réforme du système d'approvisionnement en eau au Maroc, atténuer la pauvreté en Indonésie, maîtriser le VIH/sida en Inde, réduire les émissions de gaz ayant une incidence sur les changements climatiques en Bolivie, mettre en place l'infrastructure nécessaire dans les zones rurales du Sénégal, améliorer très nettement l'accès à l'enseignement primaire en Afghanistan, rétablir le système de santé au Timor-Leste et promouvoir la croissance dans les pays à revenu intermédiaire.

Réduction de la pauvreté

Le système des Nations Unies a fait de la réduction de la pauvreté la principale priorité de la communauté internationale en proclamant la période 1997-2006 **Décennie internationale pour l'élimination de la pauvreté**. Dans la *Déclaration du Millénaire (2000)*, les dirigeants du monde entier se sont engagés à réduire de moitié, d'ici à 2015, la proportion de la population mondiale dont le revenu est inférieur à 1 dollar par jour et se sont fixés un certain nombre d'autres objectifs pour la lutte contre la pauvreté et les maladies.

Le **Programme des Nations Unies pour le développement (PNUD)**, qui a placé la réduction de la pauvreté au cœur de son action, joue un rôle essentiel dans ce domaine. Il aide les gouvernements et les organisations de la société civile à lutter contre les différentes causes de la pauvreté, notamment en renforçant la sécurité alimentaire, en favorisant la création d'emplois, en améliorant l'accès à la terre, au crédit, aux technologies, à la formation et aux marchés, en facilitant l'accès à un abri et aux services de base, et en donnant aux particuliers les moyens de participer aux décisions qui ont une incidence sur leur vie. Les activités menées par le PNUD en vue d'éliminer la pauvreté portent essentiellement sur la démarginalisation des pauvres.

Lutte contre la faim

Depuis la création de l'ONU en 1945, la production vivrière a augmenté à un rythme sans précédent et, de 1990 à 1997, le nombre de personnes souffrant de la faim dans le monde a fortement diminué, passant de 959 millions à 791 millions. Néanmoins, ce nombre augmente de nouveau : quelque 854 millions de personnes — soit plus que les populations combinées du Canada, des États-Unis et de l'Union européenne — ne mangent pas à leur faim. Or, la production vivrière mondiale est aujourd'hui suffisante pour nourrir chaque être humain — homme, femme ou enfant — et lui permettre de mener une vie saine et productive. Parmi les personnes qui souffrent de faim chronique, 820 millions vivent dans les pays en développement.

La plupart des organismes des Nations Unies qui interviennent dans la lutte contre la faim ont mis en œuvre d'importants programmes sociaux pour améliorer la sécurité alimentaire des groupes de population les plus pauvres, en particulier dans les zones rurales. Depuis sa création, l'**Organisation des Nations Unies pour l'alimentation et l'agriculture (FAO)** s'emploie à faire reculer la pauvreté et la faim en cherchant à développer l'agriculture, à améliorer la nutrition et à parvenir à la sécurité alimentaire — à savoir l'accès physique et économique de tous, à tout moment, à une nourriture suffisante, saine et nutritive leur permettant de satisfaire leurs besoins énergétiques et leurs préférences alimentaires pour mener une vie saine et active.

Le Comité de la sécurité alimentaire mondiale de la FAO est chargé de surveiller et d'évaluer la situation en matière de sécurité alimentaire à travers le monde et d'offrir des services de conseil sur la question. Il analyse les causes sous-jacentes de la faim et de la pénurie alimentaire, évalue la disponibilité et le niveau des stocks et surveille les politiques visant à assurer la sécurité alimentaire. Grâce à son *Système mondial d'information et d'alerte rapide*, la FAO gère également un vaste système d'observation, qui comprend notamment des satellites météorologiques et autres, qui permet de détecter les phénomènes ayant une incidence sur la production vivrière et d'alerter les gouvernements et les donateurs de toute situation de nature à menacer les ressources alimentaires.

Objectifs fixés dans la Déclaration du Millénaire en ce qui concerne la pauvreté, la maladie et l'environnement

Lors du Sommet du Millénaire, tenu en septembre 2000, les chefs d'État et de gouvernement ont pris les engagements suivants :

- D'ici à 2015, réduire de moitié la proportion de la population mondiale dont le revenu est inférieur à 1 dollar par jour, de même que celle des personnes qui sont privées d'eau potable ou qui n'ont pas les moyens de s'en procurer;
- Faire en sorte que, d'ici à la même date, les enfants, partout dans le monde, garçons et filles, soient en mesure d'achever un cycle complet d'études primaires et que les filles et les garçons aient à égalité accès à tous les niveaux d'éducation;
- Réduire des trois quarts la mortalité maternelle et des deux tiers la mortalité des enfants de moins de 5 ans;
- Arrêter la propagation du VIH/sida, du paludisme et des autres grandes maladies, et commencer à inverser la tendance actuelle;
- Apporter une assistance spéciale aux enfants dont les parents sont morts du VIH/sida;
- D'ici à 2020, améliorer sensiblement les conditions de vie d'au moins 100 millions de personnes vivant dans des bidonvilles;
- Promouvoir l'égalité des sexes et l'autonomisation des femmes, en tant que moyen de combattre la pauvreté, la faim et la maladie et de promouvoir un développement durable;
- Formuler et appliquer des stratégies qui donnent aux jeunes, partout dans le monde, une chance de trouver un travail décent et utile;
- Encourager l'industrie pharmaceutique à rendre les médicaments essentiels plus largement disponibles et abordables pour tous ceux qui en ont besoin dans les pays en développement;
- Établir des partenariats avec le secteur privé et les organisations de la société civile en vue de promouvoir le développement et d'éliminer la pauvreté;
- Faire en sorte que chacun puisse profiter des avantages des nouvelles technologies, en particulier des technologies de l'information et des communications.

Dans la *Déclaration du Millénaire*, les dirigeants ont également pris les engagements suivants dans le domaine de l'environnement :

- Veiller à ce que le Protocole de Kyoto entre en vigueur, de préférence avant 2002, et commencer à réduire les émissions des gaz à effet de serre comme prescrit;
- Insister sur l'application intégrale de la Convention sur la diversité biologique et de la Convention des Nations Unies sur la lutte contre la désertification, en particulier en Afrique;
- Mettre fin à l'exploitation irrationnelle des ressources en eau, en formulant des stratégies de gestion de l'eau aux niveaux régional, national et local;
- Intensifier la coopération en vue de réduire le nombre et les effets des catastrophes naturelles et des catastrophes dues à l'homme;
- Assurer le libre accès à l'information relative au génome humain.

(Voir l'encadré « Document final du Sommet mondial de 2005 » au chapitre premier, pages 18 et 19)

Le *Programme spécial pour la sécurité alimentaire* est le principal mécanisme mis en place par la FAO pour la réalisation de l'objectif du Millénaire consistant à réduire de moitié, d'ici à 2015, la proportion de personnes qui souffrent de la faim dans le monde. Par l'intermédiaire de projets menés dans une centaine de pays, la FAO encourage l'adoption de solutions efficaces pour éliminer la faim, la sous-alimentation et la pauvreté. L'Organisation s'efforce d'assurer la sécurité alimentaire au moyen de deux stratégies : en aidant les autorités nationales à exécuter des programmes nationaux efficaces dans ce domaine et en travaillant en collaboration avec les organisations économiques régionales en vue de tirer le meilleur parti de la situation régionale dans des domaines tels que la politique commerciale.

Lors du Sommet mondial de l'alimentation organisé par la FAO à Rome en 1996, 186 pays ont approuvé une *Déclaration et un Plan d'action pour la sécurité alimentaire mondiale,* qui visent à réduire de moitié, d'ici à 2015, la proportion de personnes qui souffrent de la faim et ébauchent des stratégies en vue d'assurer la sécurité alimentaire universelle. Les représentants de 179 pays et de la Communauté européenne, dont 73 chefs d'État et de gouvernement ou leurs représentants, ont assisté à la conférence consacrée à l'examen quinquennal de la suite donnée au Sommet mondial de l'alimentation (Rome, 2002).

Ils ont adopté à l'unanimité une déclaration demandant à la communauté internationale de tenir l'engagement pris au Sommet de 1996 de réduire de moitié le nombre de personnes souffrant de la faim, soit quelque 400 millions de personnes, d'ici à 2015. Réaffirmant l'importance du respect de tous les droits de l'homme et toutes les libertés fondamentales, ils ont demandé à la FAO d'élaborer des directives à l'appui de la concrétisation progressive du droit à une alimentation adéquate dans le contexte de la sécurité alimentaire nationale. Le Conseil de la FAO a adopté ces Directives volontaires, également appelées Directives sur le droit à l'alimentation, en 2004.

Néanmoins, selon le rapport de la FAO sur la faim, intitulé *L'état de l'insécurité alimentaire dans le monde,* en dépit des efforts de la communauté internationale, les progrès accomplis sur la voie de la sécurité alimentaire mondiale demeurent insuffisants. Si l'objectif du Millénaire pour le développement relatif à la faim peut encore être atteint, la FAO insiste sur le fait qu'on ne pourra y parvenir sans réunir certaines conditions telles que : la paix et la stabilité, une plus grande volonté politique, des politiques rationnelles et des investissements accrus.

Le **Fonds international de développement agricole (FIDA)** finance des activités de développement afin de faire reculer la pauvreté et la faim dans les régions rurales les plus pauvres du monde.

La majorité des personnes les plus pauvres du monde, celles qui vivent avec moins d'un dollar par jour, se trouvent dans les zones rurales des pays en développement et dépendent de l'agriculture et des activités connexes pour leur subsistance. Pour s'assurer que l'aide au développement parvient réellement à ceux qui en ont le plus besoin, le FIDA fait participer les populations rurales pauvres, hommes et femmes, à leur propre développement, en s'efforçant avec elles et avec les organisations qui les représentent de créer des débouchés qui leur permettent de prospérer sur le plan économique au sein de leur collectivité.

Grâce aux initiatives appuyées par le FIDA, les pauvres en milieu rural ont accès à la terre, à l'eau, aux ressources financières et aux technologies et services nécessaires pour améliorer la productivité agricole. Ces initiatives leur donnent également accès aux marchés et à la création d'entreprise. De plus, le FIDA les aide à acquérir des connaissances et des compétences, et à créer des organisations pour les représenter, de sorte à prendre en main leur propre développement et à peser sur les décisions et politiques qui ont une incidence sur leur vie.

Depuis sa création en 1978, le FIDA a investi 9,5 milliards de dollars dans 731 programmes et projets, dont ont bénéficié plus de 300 millions de pauvres en milieu rural, ses partenaires ayant participé à hauteur de 16,1 milliards de dollars à leur financement (à la fin de 2006).

Le **Programme alimentaire mondial (PAM)** est l'organisme chef de file des Nations Unies dans la lutte contre la faim dans le monde. En 2006, il a fourni 4 millions de tonnes de nourriture à près de 87,8 millions de personnes, dont 87 % de femmes et d'enfants, dans 78 pays. Le Programme, qui reçoit environ la moitié de ses dons en espèces, a acheté 2 millions de tonnes de nourriture, dont trois quarts dans 70 pays en développement. Le PAM achète plus de biens et de services que n'importe quel autre organisme ou programme des Nations Unies aux pays en développement, afin de renforcer les économies locales.

Au service des populations affamées depuis 1962, le PAM s'efforce de lutter contre la faim en se concentrant sur l'aide d'urgence, les secours et le relèvement, l'aide au développement et les opérations spéciales. Dans les situations d'urgence, le PAM est souvent en première ligne, acheminant une aide alimentaire aux victimes des guerres, conflits civils, sécheresses, inondations, tremblements de terre, ouragans, mauvaises récoltes ou catastrophes naturelles. Une fois que l'urgence est passée, il se sert de l'aide alimentaire pour aider les populations à reprendre le fil de leur vie et à assurer leur subsistance.

Dans le cadre de la réforme en cours de l'ONU, le PAM demeure l'organisme responsable du secteur de l'aide alimentaire. Il est également l'organisme chef de file sur le plan de la logistique et co-chef de file pour les communications d'urgence.

L'aide alimentaire et les formes d'aide qui y sont apparentées, sont l'un des moyens les plus efficaces pour briser la spirale de la faim et de la pauvreté dans les pays en développement. Les projets de développement du PAM, dont ont bénéficié 24 millions de personnes en 2006, visent essentiellement à améliorer la nutrition, en accordant une attention particulière aux mères et aux enfants, au moyen de programmes tels que les repas scolaires. Le PAM s'appuie également sur les capacités et l'infrastructure nationales pour aider les gouvernements et les populations dans un certain nombre de domaines, notamment l'atténuation des catastrophes — actuelles et à venir.

Pour briser la spirale de la faim, il est indispensable que les opérations humanitaires s'appuient sur des mesures durables qui s'attaquent aux causes profondes des crises. Pour relever ce défi, le PAM a élaboré des programmes centrés sur certains secteurs vulnérables de la société.

Il s'agit notamment de programmes d'alimentation et de nutrition (repas scolaires, notamment), d'appui aux moyens de subsistance (vivres contre formation et vivres contre travail, par exemple), de lutte contre la transmission de la faim de génération en génération (nutrition de la mère et de l'enfant, etc.) et de soutien nutritionnel aux victimes du VIH/sida.

Le PAM est tributaire de contributions volontaires pour financer ses projets humanitaires et ses projets de développement. Bien que dépendant des uns et des autres pour son financement, il dispose du budget le plus important parmi tous les grands programmes ou organismes des Nations Unies et affiche les frais généraux les plus faibles. Le PAM est principalement financé par les gouvernements, mais les entreprises partenaires apportent une contribution de plus en plus cruciale à ses travaux. Le Programme coopère avec plus de 3 200 ONG, qui, fortes de leur implantation locale et de leurs connaissances techniques, l'aident à acheminer l'aide alimentaire là où elle est véritablement nécessaire.

Santé

Dans la plupart des régions du monde, l'espérance de vie s'est allongée, la mortalité infantile est en baisse et les maladies sont tenues en échec parce qu'un nombre croissant de personnes a accès aux services de santé de base, à la vaccination, à de l'eau propre et à des services d'assainissement. Le système des Nations Unies contribue largement à ces progrès, notamment dans les pays en développement où il soutient les services de santé, achemine les médicaments de base, renforce les dispositifs d'assainissement des villes, dispense une assistance sanitaire lors des situations d'urgence et combat les maladies infectieuses. La *Déclaration du Millénaire* prévoit des objectifs ciblés qui doivent être atteints d'ici à 2015 dans les domaines de la nutrition, de l'eau potable, de la santé de la mère et de l'enfant, de la lutte contre les maladies infectieuses et de l'accès aux médicaments essentiels.

Les maladies, les handicaps et les décès dus aux maladies infectieuses ont un impact social et économique considérable. Face à l'apparition de nouvelles maladies, telles que la grippe aviaire et le syndrome respiratoire aigu sévère (SRAS), il est indispensable d'endiguer rapidement les épidémies. Cependant, les causes de la majorité des maladies infectieuses ainsi que leurs remèdes sont connus, et la maladie et la mort peuvent être évitées, dans la plupart des cas, à un prix abordable. Les principales maladies infectieuses sont le VIH/sida, le paludisme et la tuberculose (voir les encadrés correspondants). Arrêter la propagation de ces maladies et inverser la tendance actuelle font partie des objectifs du Millénaire pour le développement.

Depuis plusieurs dizaines d'années, le système des Nations Unies est à l'avant-garde de la lutte contre les maladies, élaborant à cet effet des politiques et des systèmes qui abordent les aspects sociaux des problèmes de santé. Le **Fonds des Nations Unies pour l'enfance (UNICEF)** axe ses efforts sur la santé infantile et maternelle, tandis que le **Fonds des Nations Unies pour la population (FNUAP)** se concentre sur la médecine de la procréation et la planification familiale. L'institution spécialisée qui coordonne la lutte contre les maladies à l'échelle mondiale est l'**Organisation mondiale de la Santé (OMS)**. L'OMS a fixé des objectifs ambitieux pour assurer la santé pour tous et l'hygiène procréative, forger des partenariats pour la santé et promouvoir des modes de vie et un environnement sains.

C'est sous l'impulsion de l'OMS que plusieurs victoires historiques ont été emportées. L'éradication de la variole, en 1980, après une campagne de 10 ans, en est un exemple. L'OMS est également parvenue, avec l'aide de ses partenaires, à éliminer la poliomyélite du continent américain en 1994 et continue de participer aux efforts visant à éradiquer la maladie dans le monde entier.

Un autre progrès notable a été réalisé avec l'adoption d'un traité de santé publique, qui marque un virage avec la pratique antérieure puisqu'il vise à réduire l'offre et la consommation de tabac. La *Convention-cadre de l'OMS pour la lutte antitabac* porte sur la taxation du tabac, la prévention et le traitement, le commerce illicite, la publicité, le parrainage et la promotion, et la réglementation de la composition des produits du tabac. Adoptée à l'unanimité par les États membres de l'OMS en juin 2003, elle est devenue instrument juridique international à caractère obligatoire le 27 février 2005. La Convention est un élément central de la stratégie mondiale de lutte contre les maladies provoquées par le tabac, qui tuent près de 5 millions de personnes chaque année. Si rien n'est fait, le nombre de décès liés au tabagisme atteindra 10 millions d'ici à la fin des années 2020, dont plus de 70 % dans les pays en développement.

Vers un monde sans polio

Lorsque l'Initiative mondiale pour l'éradication de la poliomyélite a été lancée en 1988, la maladie touchait 350 000 personnes dans le monde et paralysait plus d'un millier d'enfants dans 125 pays répartis sur les 5 continents chaque jour. Après une campagne concertée visant à vacciner des millions d'enfants de moins de 5 ans lors des journées nationales de la vaccination, le chiffre est tombé à 1 951 cas en 2005, soit une diminution de plus de 99 %. En 2006, il ne restait plus que quatre pays d'endémie dans le monde : l'Afghanistan, l'Inde, le Nigéria et le Pakistan.

Dans les pays en développement, plus de 5 millions de personnes, qui risquaient la paralysie, peuvent marcher parce qu'elles ont été vaccinées contre la poliomyélite. Des dizaines de milliers de travailleurs de la santé publique et des millions de bénévoles ont suivi une formation. Les systèmes de communications et de transport des vaccins ont été renforcés. Depuis 1988, plus de 2 milliards d'enfants ont été vaccinés dans le monde. En 2006, les partenaires de l'Initiative mondiale pour l'éradication de la poliomyélite ont vacciné 375 millions d'enfants lors de 187 campagnes de vaccination menées dans 36 pays, au cours desquelles 2,1 milliards de doses de vaccin ont été utilisées.

Ces progrès ont pu être réalisés grâce à un partenariat inédit mené conjointement par l'OMS, l'UNICEF, les centres pour le contrôle et la prévention des maladies aux États-Unis et Rotary International, qui a déjà consacré à lui seul plus de 600 millions de dollars à la campagne, ce qui en fait le premier donateur du secteur privé. Des ministères de la santé, des gouvernements donateurs, des fondations, des entreprises, des célébrités, des philanthropes, des travailleurs sanitaires et des bénévoles ont également participé à la campagne (voir le site *www.polioeradication.org*).

On estime que l'éradication de la poliomyélite permettra aux services de santé publique d'économiser 1,5 milliard de dollars par an, une fois les opérations de vaccination terminées.

Paludisme et tuberculose

Parrainée par l'OMS, l'initiative Faire reculer le paludisme (FRP) a été lancée en 1998 afin de réduire de moitié les cas de paludisme dans le monde d'ici à 2010 (voir le site *www.rollbackmalaria.org*). Ses partenaires fondateurs—PNUD, UNICEF, Banque mondiale et OMS—s'attachent à faire en sorte que le paludisme ne soit plus, dans aucun pays, une des principales cause de mortalité, ni une barrière au développement social et économique. Le réseau de partenaires de l'initiative FRP a été étendue aux pays où le paludisme est endémique, aux partenaires bilatéraux et multilatéraux du développement, au secteur privé, aux organisations non gouvernementales et aux associations locales, aux fondations, et aux institutions de recherche et établissements universitaires.

Deux millions de personnes meurent chaque année de la tuberculose, qui est pourtant une maladie curable. Le Partenariat mondial Halte à la tuberculose, initiative lancée par l'OMS, rassemble plus de 500 organisations internationales, pays, donateurs des secteurs public et privé, et organisations gouvernementales et non gouvernementales (voir *www.stoptb.org*). Il a abouti à l'adoption, en 2001, d'un plan quinquennal mondial Halte à la tuberculose, fondé sur une stratégie sanitaire connue sous le nom de « traitement de brève durée sous surveillance directe » (DOTS). Au cours de cette période, le Plan a permis de doubler le nombre de patients traités, qui est passé de 2 millions à 4 millions, et de rapprocher plusieurs pays durement touchés, notamment l'Inde et la Chine, de l'objectif consistant à détecter 70 % des cas. Pendant la seule année 2005, Halte à la tuberculose a fourni un traitement à plus de 2,4 millions de patients dans 65 pays.

Le plan mondial Halte à la tuberculose (2006-2015) vise également, d'ici à 2015, à réduire de moitié par rapport aux niveaux de 1990 la prévalence de la tuberculose et le nombre de décès dus à cette maladie. Il a pour objectif de traiter 50 millions de personnes, de sauver 14 millions de vies et de faciliter l'accès sur un pied d'égalité à un diagnostic et un traitement de qualité. Il prévoit, d'ici à 2010, l'utilisation de tests diagnostics qui permettront une détection rapide, précise et peu onéreuse, sur les lieux de soins, des cas de tuberculose évolutive et le lancement du premier nouveau médicament contre la tuberculose depuis 40 ans. Il prévoit également la mise à disposition d'ici à 2015 d'un nouveau vaccin, sûr, efficace et d'un prix raisonnable (voir le site *www.stoptb.org/globalplan*).

Le Fonds mondial de lutte contre le sida, la tuberculose et le paludisme est un des principaux donateurs pour le financement de ces initiatives (voir le site *www.theglobalfund.org*).

Entre 1980 et 1995, une initiative menée de concert par l'UNICEF et l'OMS a fait passer de 5 à 80 % la couverture vaccinale contre six maladies meurtrières : la poliomyélite, le tétanos, la rougeole, la coqueluche, la diphtérie et la tuberculose, sauvant ainsi la vie de 2,5 millions d'enfants par an. L'Alliance mondiale pour les vaccins et la vaccination agit dans le même sens. Elle étend les services de vaccination afin de protéger les populations contre l'hépatite B, qui fait plus de 521 000 victimes chaque année, et l'haemophilus influenza de type B, qui est responsable de 450 000 décès par an chez les enfants de moins de 5 ans. Lancée en 1999 grâce à des fonds versés par la Fondation Bill et Melinda Gates, l'Alliance mondiale rassemble l'OMS, l'UNICEF, la Banque mondiale et des partenaires du secteur privé (voir le site *www.gavialliance.org*).

L'incidence de la dracunculose a été réduite de manière spectaculaire, grâce à de nouveaux traitements plus performants, il en va de même pour la lèpre, grâce à la fourniture gratuite de traitements fondés sur le recours à de multiples médicaments. L'onchocercose a presque disparu des 11 pays d'Afrique occidentale où elle sévissait encore, épargnant ainsi des millions d'habitants. L'OMS a maintenant pour objectif l'éradication de l'éléphantiasis et du risque qu'il représente pour la santé publique.

Les priorités de l'OMS dans le domaine des maladies transmissibles consistent à réduire l'incidence du paludisme et de la tuberculose par des partenariats mondiaux, à renforcer la surveillance, le contrôle et les interventions face aux maladies transmissibles, à réduire l'incidence de ces maladies par des programmes de prévention et de contrôle renforcés, à repousser les limites des connaissances, à mettre au point des méthodes d'intervention et des stratégies d'exécution et à renforcer les capacités de recherche dans les pays en développement. L'OMS joue également un rôle clef dans la promotion des soins de santé primaires, l'acheminement des médicaments essentiels, l'assainissement des villes et la promotion de modes de vie et d'un environnement plus sains, ainsi que dans des situations d'urgence comme l'éruption de la fièvre hémorragique Ebola

Au cours de l'exercice biennal clos en décembre 2005, une initiative concertée de l'OMS et d'ONUSIDA a aidé à porter de 400 000 en 2003 à 1,3 million en 2005 le nombre de personnes sous traitement antirétroviral contre le VIH/sida dans les pays à faible revenu et à revenu intermédiaire. Par ailleurs, une stratégie conjointe lancée par l'OMS et l'UNICEF a contribué à réduire le nombre de décès dus à la rougeole, qui est passé de 871 000 en 1999 à 454 000 en 2004, soit une baisse de 48 %. En 2004-2005, l'OMS a acheté et distribué 1,3 million de moustiquaires imprégnées d'insecticide, protégeant ainsi quelque 2,5 millions de personnes contre les moustiques qui transmettent le paludisme. D'autres partenaires et certains pays ont par ailleurs distribué des dizaines de millions de moustiquaires.

Moteur de la recherche sanitaire. L'OMS, en collaboration avec ses partenaires de la recherche en santé, rassemble des données sur les maladies et les besoins actuels, en particulier dans les pays en développement. Les données concernent aussi bien la recherche épidémiologique dans les forêts tropicales éloignées que le contrôle des progrès de la recherche en génétique. Le programme de recherche de l'OMS sur les maladies tropicales porte essentiellement sur la résistance du parasite responsable du paludisme aux médicaments les plus couramment utilisés et la mise au point de nouveaux médicaments et méthodes de diagnostic pour lutter contre les maladies tropicales infectieuses. Les activités de recherche de l'OMS permettent également d'améliorer la surveillance des épidémies aux plans national et international et de mettre au point des stratégies préventives pour faire face aux nouvelles maladies.

Établissement de normes. L'OMS fixe également les normes internationales pour les substances biologiques et pharmaceutiques. Elle a développé la notion de « médicaments essentiels » et en a fait une composante de base des services de santé primaires.

L'ONU lutte contre le VIH/sida

(www.unaids.org/fr)

Le nombre de personnes qui meurent de maladies liées au sida a diminué au cours de ces deux dernières années, en raison notamment des effets des traitements antirétroviraux (ART) qui prolongent la vie, d'après *Le point sur l'épidémie de sida 2007*, publié par le Programme commun des Nations Unies sur le VIH/sida (ONUSIDA) et l'Organisation mondiale de la santé (OMS).

L'incidence mondiale du VIH — c'est-à-dire le nombre de nouvelles infections par an — a probablement atteint un sommet à la fin des années 1990 avec plus de 3 millions de cas. En 2007, elle s'établissait à 2,5 millions, soit 6 800 nouvelles infections par jour en moyenne. Le sida reste néanmoins une des principales causes de mortalité dans le monde et la première cause de décès en Afrique.

« Sans aucun doute, nous commençons à voir un retour d'investissement [...]. Mais avec plus de 6 800 nouvelles infections et plus de 5 700 décès par jour à cause du sida, nous devons intensifier nos efforts pour réduire de manière significative l'impact du sida à l'échelle mondiale. » a déclaré M. Peter Piot, directeur-exécutif d'ONUSIDA.

Principal partisan d'une réponse mondiale au sida, ONUSIDA est présent dans 75 pays. Ses priorités sont notamment les suivantes : initiative et mobilisation; information; évaluation de l'efficacité des engagements politiques et des mesures nationales; mobilisation des ressources; promotion de partenariats internationaux, régionaux et nationaux entre les personnes qui vivent avec le VIH, la société civile et les groupes à haut risque.

ONUSIDA veille à ce que le sida reste une des priorités de la communauté internationale. Il a joué un rôle déterminant dans l'organisation de la session extraordinaire de l'Assemblée générale sur le VIH/sida, tenue en 2001, à l'issue de laquelle les États Membres ont adopté à l'unanimité la Déclaration d'engagement sur le VIH/sida. Il gère également la Campagne mondiale contre le sida, destinée à faire en sorte que les gouvernements tiennent leurs promesses, en particulier celles énoncées dans la *Déclaration* (http ://worldaidscampaign.info). Il a en outre été l'initiateur de la Coalition mondiale sur les femmes et le sida (http ://womanandaids.unaids.org).

Depuis 1996, ONUSIDA insiste sur le rôle de la société civile, mobilise le secteur privé et encourage les médias à participer à la lutte contre le sida. Il a obtenu des sociétés pharmaceutiques qu'elles réduisent le prix des médicaments dans les pays en développement et travaille en étroite collaboration avec les pays en question pour les aider à assurer l'accès de tous à la prévention, aux soins et aux traitements.

ONUSIDA est le fruit des efforts combinés de 10 organismes des Nations Unies : Banque mondiale, FNUAP, HCR, OIT, OMS, ONUDC, PAM, PNUD, UNESCO, et UNICEF. Son budget ordinaire pour 2006-2007 s'élevait à 320,5 millions de dollars. Le Fonds mondial de lutte contre le sida, la tuberculose et le paludisme (*www.theglobalfund.org*) et les donateurs bilatéraux participent également au financement de la lutte contre le sida.

Dans la Déclaration du Millénaire (2000), les dirigeants du monde entier se sont engagés à arrêter la propagation du VIH/sida et commencer à inverser la tendance, d'ici à 2015, et à apporter une assistance spéciale aux orphelins du VIH/sida.

L'OMS coopère avec les pays afin d'assurer un approvisionnement équitable en médicaments sans danger au coût le plus bas possible et à l'efficacité maximale. Pour cela, elle a établi une « liste type » de plusieurs centaines de médicaments et vaccins jugés essentiels pour prévenir ou traiter plus de 80 % de tous les problèmes de santé. Près de 160 pays ont adapté cette liste, qui est mise à jour tous les deux ans, à leurs propres besoins. L'OMS collabore également avec les États membres, la société civile et l'industrie pharmaceutique afin de mettre au point de nouveaux médicaments qui permettent de s'attaquer aux problèmes de santé prioritaires dans les pays pauvres et à revenu intermédiaire et de poursuivre la fabrication de médicaments essentiels classiques.

Forte de la présence internationale du système des Nations Unies, l'OMS supervise la collecte mondiale de données sur les maladies transmissibles, compile des statistiques comparables sur la santé et les maladies, établit les normes internationales définissant ce qu'est une alimentation saine ainsi que les normes applicables aux produits biologiques et pharmaceutiques. Elle offre également une évaluation des risques cancérigènes de certains produits polluants et a mis en place, avec l'approbation de la communauté internationale, les grands axes de la lutte mondiale contre le VIH/sida.

Établissements humains

Alors qu'en 1950 New York était la seule ville au monde de plus de 10 millions d'habitants, en 2005, on comptait 20 mégalopoles, dont 16 dans les pays en développement. En 1950, seuls 30 % de la population étaient considérés comme des citadins. Aujourd'hui, plus de la moitié des 6,5 milliards d'habitants de la planète vit dans des grandes villes et agglomérations. Près d'un milliard de personnes vivent dans des taudis; dans les pays en développement, près de 42 % de la population urbaine sont concentrés dans des bidonvilles.

Le **Programme des Nations Unies pour les établissements humains (ONU-Habitat)** —anciennement appelé Centre des Nations Unies pour les établissements humains— est l'organisme chef de file pour les questions concernant les établissements humains (voir le site *www.unhabitat.org*). L'Assemblée générale l'a chargé de promouvoir le développement durable des villes et des agglomérations sur les plans social et environnemental, l'objectif étant de garantir un logement convenable pour tous. À cette fin, ONU-Habitat mène 95 programmes et projets techniques dans 60 pays, la plupart faisant partie des pays les moins avancés. Son budget pour l'exercice biennal 2006-2007 s'élevait à 166,3 millions de dollars.

Les participants à la deuxième Conférence des Nations Unies sur les établissements humains, Habitat II [Istanbul (Turquie), 1996], ont élaboré le *Programme pour l'habitat*, plan d'action mondial par lequel les États se sont engagés à soutenir le droit à un logement convenable pour tous et à un développement urbain durable. ONU-Habitat, qui coordonne la mise en œuvre du Programme, est chargé d'en vérifier la mise en œuvre et de surveiller la situation et les tendances mondiales.

ONU-Habitat a lancé deux grandes campagnes mondiales : la Campagne mondiale pour la gouvernance urbaine et la Campagne mondiale pour la sécurité d'occupation :

- *Campagne mondiale pour la gouvernance urbaine.* Dans de nombreuses villes, la mauvaise gestion des affaires urbaines et des politiques inadaptées se sont soldées par une dégradation de l'environnement, une pauvreté accrue, une faible croissance économique et l'exclusion sociale. La campagne vise à renforcer les capacités locales afin d'encourager la bonne gouvernance en milieu urbain, c'est-à-dire l'adoption de solutions adaptées aux problèmes urbains par des administrations locales, élues démocratiquement, responsables et travaillant avec la société civile.

- *Campagne mondiale pour la sécurité d'occupation des logements.* Cette campagne met l'accent sur le fait que la sécurité d'occupation constitue un élément fondamental de toute stratégie en faveur du logement et de toute activité tendant à renforcer le droit au logement. Elle vise à encourager l'adoption d'une stratégie en faveur du logement axée sur les droits et intérêts des pauvres, et à promouvoir les droits des femmes et le rôle qu'elles jouent dans la recherche de politiques de logement adaptées.

ONU-Habitat s'intéresse à toute une série de problèmes et aide à mettre en œuvre des projets spéciaux par différents moyens. Avec la Banque mondiale, il a lancé une initiative d'assainissement des bidonvilles, l'*Alliance des villes* (voir le site *www.citiesalliance. org*). D'autres initiatives portent sur la gestion des terres et la reconstruction dans les pays dévastés par la guerre ou par une catastrophe naturelle et visent à faire en sorte que les droits des femmes et les questions relatives à l'égalité des sexes soient pris en compte dans les politiques d'urbanisation et de gestion des villes. ONU-Habitat contribue également au renforcement des liens entre milieux rural et urbain, ainsi qu'au développement de l'infrastructure et des services publics.

Ses principaux programmes sont les suivants :

- Le *Programme sur les meilleures pratiques et l'encadrement local,* réseau mondial d'organisations gouvernementales, d'administrations locales et d'organisations de la société civile visant à recenser et diffuser les meilleures pratiques en vue d'améliorer le cadre de vie et de tirer parti des enseignements afin de formuler des politiques et de renforcer les capacités;

- Le *Programme pour le droit au logement,* initiative conjointe d'ONU-Habitat et du Haut-Commissariat des Nations Unies aux droits de l'homme destinée à aider les États et les autres parties prenantes à respecter les engagements qu'ils ont pris dans le cadre du Programme pour l'habitat en vue d'assurer progressivement la pleine réalisation du droit à un logement convenable, prévu dans divers instruments internationaux;

- Le programme *Établissement rapide de profils urbains,* évaluation accélérée des conditions de vie dans une ville, centrée sur la gouvernance, les bidonvilles, l'égalité des sexes et le VIH/sida, l'environnement urbain, le développement économique local, les services urbains de base et le patrimoine culturel. Les études menées dans le cadre de ce programme servent à élaborer des politiques de réduction de la pauvreté en milieu urbain, aux niveaux local, national et régional;

- Le *Programme d'urbanisation durable,* initiative conjointe d'ONU-Habitat et du PNUE, vise à renforcer les capacités d'aménagement et de planification de l'espace urbain au moyen de méthodes participatives. Associé au programme *Mise en œuvre d'Action 21 à l'échelon local,* il est actuellement exécuté dans plus de 30 villes dans le monde;

- Le programme *Mise en œuvre d'Action 21 à l'échelon local,* vise à promouvoir le plan d'action mondial pour le développement durable adopté au Sommet planète Terre (*Action 21*), en traduisant les engagements pris en faveur des établissements humains en mesures concrètes au niveau local et en encourageant la prise d'initiatives conjointes dans diverses villes de taille moyenne;

- Le programme *Des villes plus sûres,* lancé en 1996 à la demande de maires africains, vise à promouvoir la mise au point de stratégies pour faire face, à l'échelle de la ville, à la criminalité et à la violence urbaines et, surtout, pour les prévenir;

- Le *Programme de gestion des services urbains,* initiative conjointe d'ONU-Habitat et du PNUD et d'autres organismes d'appui extérieurs. Ce réseau de plus de 40 institutions majeures et institutions partenaires, qui couvre 140 villes dans 58 pays, s'attache à renforcer le rôle des villes des pays en développement dans la croissance économique, le développement social et l'atténuation de la pauvreté;

- Le *Programme pour l'eau et l'assainissement,* destiné à améliorer l'accès à l'eau salubre et à faire en sorte que des millions de citadins à faible revenu aient accès à des moyens adéquats d'assainissement, et à mesurer les progrès accomplis. Il s'inscrit dans le cadre de la réalisation de l'objectif du Millénaire pour le développement qui consiste à « réduire de moitié, d'ici à 2015, la proportion des personnes qui n'ont pas accès à l'eau potable de manière durable » et de l'objectif établi au Sommet mondial pour le développement durable de 2002 visant à « réduire de moitié, d'ici à 2015, la proportion d'êtres humains qui n'ont pas accès à des moyens d'assainissement décents ».

Éducation

De grands progrès ont été accomplis dans le secteur de l'éducation au cours de ces dernières années marquées par une croissance importante du nombre d'enfants scolarisés. Toutefois, les portes de l'école primaire restent fermées à quelque 77 millions d'enfants, et beaucoup sont contraints d'abandonner leur scolarité en cours d'année, victimes de la pauvreté ou de contraintes familiales ou sociales. Malgré la multiplication des initiatives en faveur de l'alphabétisation, 781 millions d'adultes, dont deux tiers de femmes, sont analphabètes. La Décennie des Nations Unies pour l'alphabétisation (2003-2012) vise à susciter une plus grande mobilisation sur cette question des plus pressantes.

Diverses études mettent en évidence les liens étroits entre l'éducation et l'amélioration des indicateurs sociaux. L'éducation a un effet boule de neige chez les femmes. Une femme qui a de l'instruction sera le plus souvent en meilleure santé. Elle aura moins d'enfants et plus de possibilités d'augmenter le revenu du foyer. Ses enfants, eux, bénéficieront d'une alimentation de meilleure qualité nutritive et, généralement, d'une santé meilleure et courront moins de risques de décéder avant de parvenir à l'âge adulte. C'est pour cette raison que, dans l'ensemble du système des Nations Unies, de nombreux programmes éducatifs sont axés sur les femmes et les filles.

De nombreuses entités des Nations Unies participent au financement et à la conception de programmes de formation et d'éducation. Ceux-ci vont de la scolarisation traditionnelle de base à la formation technique dans des secteurs tels que l'administration publique, l'agriculture et les services de santé, en passant par des campagnes de sensibilisation du public aux questions soulevées par le VIH/sida, la consommation de drogues, les droits de l'homme, la planification familiale et bien d'autres. À titre d'exemple, l'UNICEF consacre plus de 20 % de ses dépenses annuelles de programme à l'éducation et accorde une attention particulière à l'éducation des filles.

L'**Organisation des Nations Unies pour l'éducation, la science et la culture (UNESCO)** est l'organisme chef de file dans le domaine de l'éducation. Avec d'autres partenaires, elle veille à ce que tous les enfants soient inscrits dans des écoles adaptées à leurs besoins et encadrés par du personnel qualifié qui dispense un enseignement de qualité.

L'UNESCO assure les services de secrétariat pour la campagne interinstitutions la plus ambitieuse jamais menée par le système des Nations Unies pour garantir, d'ici à 2015, une éducation primaire de qualité pour tous, sur la base d'un cadre d'action adopté par plus de 160 pays lors du Forum mondial sur l'éducation tenu à Dakar en 2000. Cet objectif a été réaffirmé par les chefs d'État dans la *Déclaration du Millénaire*, en septembre de la même année.

Lors du Forum, les gouvernements se sont engagés à atteindre l'objectif d'une éducation de qualité pour tous, en s'intéressant en particulier aux filles et autres groupes comme les enfants qui travaillent et les enfants victimes de la guerre. Les institutions et pays donateurs se sont engagés à ce qu'aucun pays ne soit contraint, par manque de moyens, de renoncer à assurer une éducation de base de qualité. Les participants au Forum ont tenu compte des résultats de l'évaluation la plus importante, la plus complète et la plus rigoureuse jamais entreprise en matière d'éducation : le bilan biennal de la campagne « Éducation pour tous » et six conférences régionales de haut niveau.

Les activités que mène l'UNESCO dans le secteur de l'éducation visent essentiellement à : assurer l'accès de tous à l'éducation, à tous les niveaux; faire aboutir les efforts engagés en faveur des groupes marginalisés ou ayant des besoins spécifiques; former les enseignants; développer les compétences pour permettre aux populations actives d'améliorer leur condition au moyen de l'éducation; garantir l'accès à l'éducation non formelle et à l'apprentissage tout au long de la vie; utiliser les technologies pour développer l'enseignement et l'apprentissage et pour améliorer l'accès à l'éducation.

Le *Cadre d'action de Dakar* (2002), la Décennie des Nations Unies pour l'alphabétisation (2003-2012), la Décennie des Nations Unies pour l'éducation au service du développement durable (2005-2014) et l'Initiative mondiale sur l'éducation et le VIH/sida servent de cadre à l'action de l'Organisation dans ce domaine. L'UNESCO s'efforce également de réaliser les objectifs du Millénaire pour le développement qui consistent à veiller à ce que tous les garçons et toutes les filles achèvent le cycle primaire, et à éliminer les disparités entre les sexes dans l'enseignement primaire et secondaire, de préférence d'ici à 2005, et à tous les niveaux d'ici à 2015.

Plus de 7 700 écoles de 170 pays participent au Système des écoles associées de l'UNESCO, réseau international d'établissements scolaires, qui élabore des moyens et méthodes en vue de développer le rôle de l'éducation pour apprendre à vivre ensemble au niveau planétaire. Quelque 3 700 clubs, centres et associations de l'UNESCO dans plus de 90 pays, constitués principalement d'enseignants et d'élèves, organisent toute une série d'activités éducatives et culturelles.

Recherche et formation

Un certain nombre d'institutions spécialisées des Nations Unies effectuent des travaux de recherche et de formation, qui visent à améliorer la compréhension des problèmes auxquels le monde doit faire face, ainsi qu'à former le personnel nécessaire pour les aspects plus techniques du développement économique et social et du maintien de la paix et de la sécurité.

L'**Université des Nations Unies (UNU)** a pour mission de contribuer, par la recherche et le renforcement des capacités, à régler les problèmes mondiaux les plus pressants dont s'occupent l'ONU, son personnel et ses États Membres. Constituée d'universitaires de tous pays, elle jette un pont entre le système et les milieux scientifiques internationaux, fait office de centre d'études et de recherche pour les entités du système des Nations Unies, crée des capacités (en particulier dans les pays en développement) et sert d'instance de dialogue et de pépinière d'idées créatrices. Elle collabore avec plus de 40 entités des Nations Unies et plusieurs centaines d'établissements de recherche dans le monde.

L'UNU aborde les problèmes et les questions auxquels l'ONU accorde une attention particulière. Actuellement, ses activités portent sur cinq domaines : la paix et la sécurité; la bonne gouvernance; le développement économique et social; la science, la technologie et la société; l'environnement et la gestion durable des ressources. Les activités sont menées par le Centre de l'UNU à Tokyo et par des centres de recherche et de formation et des programmes répartis dans le monde entier, notamment :

- Le *Programme de l'UNU pour l'alimentation et la nutrition* [Ithaca, New York; et Boston, Massachusetts (États-Unis d'Amérique)] (1975) vise à renforcer les capacités dans le domaine de l'alimentation et de la nutrition;

- Le *Programme de formation géothermique* (Reykjavik, Islande) [1979] forme à la recherche, à l'exploration et au développement dans le domaine de la géothermie;

- L'*Institut mondial de recherche sur les aspects économiques du développement* (UNU-WIDER) [Helsinki, Finlande] (1985) est consacré au développement économique et social;

- Le *Programme pour la biotechnologie en Amérique latine et dans les Caraïbes* (Caracas, Venezuela) [1988] concentre ses efforts sur la biotechnologie et la société;

- Le *Centre de recherche économique et sociale et de formation de Maastricht pour l'innovation et la technologie* (Maastricht, Pays-Bas) [1990] examine les conséquences sociales et économiques des nouvelles technologies;

- L'*Institut de hautes études sur les ressources naturelles en Afrique* (Accra, Ghana) [1990] travaille sur la gestion des ressources du continent;

- L'*Institut international pour la technologie des logiciels* (Macao, Chine) [1992] étudie la question des logiciels au service du développement;

- L'*Institut des hautes études* (Yokohama, Japon) [1995] s'intéresse à la restructuration de l'économie au service du développement durable;

- L'*Institut international de l'Université des Nations Unies pour la formation de dirigeants* (Amman, Jordanie) [1995] forme des dirigeants;

- Le *Réseau international pour l'eau, l'environnement et la santé* (Hamilton, Ontario, Canada) [1996] étudie la crise mondiale de l'eau;

- Le *Programme de formation sur la pêche* (Reykjavik, Islande) [1998] mène des activités de recherche-développement dans le domaine de la pêche;

- Le *Programme d'études comparées sur l'intégration régionale* (Bruges, Belgique) [2001] porte sur l'établissement d'un réseau mondial consacré à ces études;

- L'*Institut pour l'environnement et la sécurité humaine* (Bonn, Allemagne) [2003] étudie l'environnement et la sécurité humaine;

- L'*Institut international pour la santé mondiale* (Kuala Lumpur, Malaisie) [2007] est consacré aux questions ayant trait à la santé dans le monde.

L'**Institut des Nations Unies pour la formation et la recherche (UNITAR)** a pour mission de renforcer l'efficacité du système des Nations Unies au moyen de la formation et de la recherche. Il propose des programmes de formation et de renforcement des capacités dans les domaines de la diplomatie multilatérale et de la coopération internationale aux diplomates accrédités auprès de l'ONU, ainsi qu'aux agents des administrations nationales s'occupant des questions internationales. Il organise également divers programmes de formation consacrés au développement économique et social, et au maintien de la paix et de la sécurité.

Chaque année, l'Institut organise plus de 300 conférences, séminaires et ateliers, auxquels participent plus de 10 000 personnes, sans compter les quelque 30 000 personnes qui suivent ses cours de formation en ligne. Il mène des recherches sur les méthodes de formation et les système de gestion des connaissances, qui portent sur le renforcement des capacités, l'apprentissage en ligne et la formation des adultes. Il élabore également des outils pédagogiques, notamment des modules de téléenseignement, des manuels, des logiciels et des vidéos. À ce jour, l'UNITAR est entièrement financé par des contributions volontaires (voir le site *www.unitar.org*).

L'**École des cadres du système des Nations Unies** est chargée de renforcer les capacités de direction et de gestion dans l'ensemble du système des Nations Unies. Elle élabore, dispense et coordonne des programmes d'enseignement interorganisations visant à : renforcer la collaboration entre organismes du système des Nations Unies; améliorer l'efficacité des opérations à l'échelle du système; renforcer la coopération entre les organismes du système et les États Membres, les organisations non gouvernementales et la société civile; et définir et développer une culture de gestion cohérente à l'échelle du système. Outre les services de formation et de perfectionnement du système des Nations Unies, l'École propose trois grands programmes centrés sur les capacités de direction et d'encadrement, la paix et la sécurité, et la coopération au service du développement. Toutes ces activités visent à faciliter la réalisation des objectifs du Millénaire pour le développement et la réforme en cours de l'Organisation. Créée en janvier 2002, l'École est une entité distincte au sein du système des Nations Unies (voir le site *www.unssc.org*).

L'**Institut de recherche des Nations Unies pour le développement social** mène des recherches multidisciplinaires sur les aspects sociaux des problèmes de développement contemporains. Deux valeurs fondamentales sous-tendent ses activités : le droit de tout être humain à une vie décente, et le fait que toute personne devrait pouvoir participer sur un pied d'égalité aux décisions qui la concernent. En partenariat avec un réseau mondial de chercheurs et d'instituts, il permet aux gouvernements, agences de développement, organisations de la société civile et universitaires de mieux comprendre les incidences que les politiques et processus de développement peuvent avoir sur les différents groupes sociaux. Il s'efforce de favoriser le dialogue et contribue au débat politique au sein du système des Nations Unies et en dehors. En ce début de XXIᵉ siècle, ses recherches ont notamment porté sur les thèmes suivants : politique sociale et développement; marchés, entreprises et réglementation; participation des deux sexes au développement; société civile et mouvements sociaux; démocratie, gouvernance et bien-être; identités, conflits et cohésion (voir le site *www.unrisd.org*).

Population et développement

L'ONU estime qu'en dépit d'une forte baisse des taux de fécondité due à la généralisation de l'usage des contraceptifs dans la plupart des pays, développés et en développement, la population mondiale continue d'augmenter d'environ 1,14 % par an. À ce rythme, en supposant que les taux de fécondité continuent de baisser, la population mondiale devrait passer de 6,7 milliards de personnes en juillet 2007 à 9,2 milliards d'ici à 2050. L'accroissement rapide de la population met à rude épreuve les ressources de la planète et son environnement, anéantissant souvent les efforts de développement. L'ONU s'est intéressée au lien entre population et développement de nombreuses façons, en s'attachant surtout à la promotion des droits et de la condition de la femme, qui est considérée comme un élément clé du progrès économique et social.

En outre, la structure démographique évolue, ce qui crée de nouveaux besoins. Ainsi, le nombre de personnes âgées de 60 ans et plus dans le monde devrait passer de 705 millions en 2007 à près de 2 milliards en 2050; pour la première fois de l'histoire, le nombre de personnes âgées dépassera alors le nombre d'enfants. D'ici à 2008, la moitié de la population mondiale vivra dans des villes — ce qui constituera également une première historique — et plus de la moitié des citadins vivront dans les régions les moins avancées du monde. Le rapport devrait être de 10 contre 1 d'ici à 2019.

Depuis plusieurs décennies, l'ONU mène des activités opérationnelles dans nombre de pays en développement pour faire face à l'évolution démographique. Diverses entités du système collaborent pour mettre en place des bureaux nationaux de statistique, effectuer des recensements, établir des projections et diffuser des données fiables. Par ses travaux d'ordre quantitatif et méthodologique, en particulier ses estimations et projections de la taille et de l'évolution de la population, qui font autorité, l'ONU a posé les premiers jalons, contribuant ainsi à renforcer considérablement la capacité des pays de planifier, de prendre en compte les politiques démographiques dans la planification du développement et de prendre des décisions judicieuses dans les domaines économique et social.

La **Commission de la population et du développement,** composée de 47 États membres, a pour fonction d'étudier les changements démographiques et leurs effets sur le développement économique et social et d'informer le Conseil économique et social à ce sujet. C'est à elle qu'incombe au premier chef la responsabilité de l'examen de la mise en œuvre du Programme d'action de la Conférence internationale sur la population et le développement de 1994.

La **Division de la population,** qui fait partie du Département des affaires économiques et sociales de l'Organisation des Nations Unies, assure le secrétariat de la Commission. Elle met également à la disposition de la communauté internationale des données sur la population et le développement qui sont mises à jour régulièrement et scientifiquement fiables. Elle mène des études sur les niveaux, tendances, estimations et projections ainsi que sur les politiques en matière de population et le lien entre population et développement. La Division gère d'importantes bases de données, dont la *Base de données sur la population, les ressources, l'environnement et le développement*, disponible sur CD-ROM. Elle publie des rapports sur différents sujets, tels que les perspectives démographiques mondiales (*World Population Prospects*) et les politiques démographiques mondiales (*World Population Policies*). Elle coordonne également le *Réseau d'information en matière de population (POPIN)*, qui encourage l'utilisation de l'Internet pour faciliter l'échange de données démographiques partout dans le monde (voir le site *www.unpopulation.org*).

Le **Fonds des Nations Unies pour la population (FNUAP),** qui dirige les activités opérationnelles du système des Nations Unies dans le domaine de la population, aide les pays en développement et les pays en transition à trouver des solutions à leurs problèmes de population, à améliorer leurs services de santé procréative et de planification familiale, sur la base du choix individuel, et à formuler des politiques en matière de population qui appuient leur marche vers le développement durable. Il favorise également une meilleure prise de conscience des problèmes et aide les gouvernements à s'y attaquer en tenant compte des besoins propres à leur pays (voir le site *www.unfpa.org*).

Conformément à son mandat, le FNUAP « défend le droit de chacun—femme, homme et enfant—à vivre une vie saine, avec les mêmes chances pour tous. Le FNUAP aide les pays en leur fournissant des données démographiques qui permettent d'établir des politiques et des programmes visant à réduire la pauvreté et à faire en sorte que chaque grossesse soit désirée, chaque naissance soit entourée de toutes les protections voulues dans les meilleures conditions, chaque jeune soit à l'abri du VIH/sida, et chaque femme et chaque fille soit traitée avec dignité et respect. » Dans l'exercice de ce mandat, il joue essentiellement le rôle d'organisme de financement pour les programmes et projets exécutés par des gouvernements, des organismes des Nations Unies et des ONG.

Le FNUAP agit principalement dans les domaines suivants :

- *Médecine procréative, y compris la maternité sans risques, la planification familiale et l'hygiène sexuelle :* le Fonds aide les familles à décider par elles-mêmes combien d'enfants elles souhaitent avoir et à planifier leur vie plus sereinement, sauve des vies, soutient la lutte contre le VIH/sida et contribue à ralentir et rééquilibrer la croissance de la population mondiale;

- *Stratégies en matière de population et de développement :* le Fonds aide les pays à incorporer les questions relatives à la population dans leurs politiques, à concevoir des stratégies visant à améliorer la qualité de vie de leurs populations et à renforcer leur capacité de gérer des programmes dans le domaine de la population;

- *Promotion de l'égalité des sexes :* le Fonds aide les femmes à vivre dans la dignité et à l'abri du besoin et de la peur, et leur donne les moyens de jouer un rôle essentiel dans la promotion du développement et la réduction de la pauvreté à l'échelle locale et nationale.

Le FNUAP ne soutient pas l'avortement et s'attache à l'éviter en améliorant les services de planification familiale. Le FNUAP s'occupe également des questions relatives à la médecine procréative de l'adolescence. Ses programmes ont pour objectif de prévenir les grossesses chez les adolescentes, de prévenir et de traiter les fistules, de prévenir le VIH/sida et autres infections sexuellement transmissibles, de réduire le recours à l'avortement et d'améliorer l'accès aux soins de santé procréative et à l'information en la matière.

La possibilité pour les parents de choisir combien d'enfants ils veulent et quand ils souhaitent les avoir est un élément essentiel de la médecine procréative et représente un droit fondamental reconnu sur le plan international. Le nombre de couples qui se tournent vers la planification familiale a augmenté très fortement ces dernières années, mais au moins 350 millions de couples dans le monde n'ont pas accès à un ensemble complet de méthodes de planification familiale.

D'après les études réalisées, 134 millions de femmes supplémentaires auraient recours à une méthode de planification familiale moderne si elles disposaient de l'information appropriée, de services à des prix abordables et de conseils adaptés, et si les maris, la famille au sens large et la société les soutenaient davantage. Le FNUAP travaille avec les gouvernements, le secteur privé et les ONG pour répondre aux besoins des populations en matière de planification familiale.

Le FNUAP est l'organisme chef de file du système des Nations Unies pour la mise en œuvre du programme d'action adopté en 1994 à la Conférence internationale sur la population et le développement (CIPD). En veillant à la réalisation des objectifs établis lors de la Conférence, le FNUAP met également son expérience dans les domaines de la santé de la procréation et de la population au service de l'action que la communauté internationale mène pour atteindre les objectifs du Millénaire pour le développement.

Égalité des sexes et promotion de la femme

La promotion de l'égalité des hommes et des femmes et la promotion de la femme sont au centre de l'action du système des Nations Unies. L'égalité est non seulement une fin en soi, mais est également considérée comme un moyen décisif d'atteindre tous les autres objectifs de développement, notamment les objectifs du Millénaire pour le développement. L'élimination de la pauvreté et de la faim, l'accès de tous à l'enseignement primaire et à la santé, la lutte contre le VIH/sida et la création de conditions propices au développement durable sont autant d'objectifs qui exigent de consacrer une attention systématique aux besoins, priorités et contributions des femmes aussi bien que des hommes. L'ONU joue un rôle actif dans la promotion des droits fondamentaux des femmes et s'efforce de mettre un terme au fléau de la violence à l'égard des femmes, notamment dans les conflits armés et dans le cadre de la traite. L'ONU établit par ailleurs des règles et normes internationales, dont elle facilite le suivi et la mise en œuvre au niveau national, notamment au moyen de ses activités d'aide au développement (voir le site *www.un.org/womenwatch*).

La **Commission de la condition de la femme,** qui relève du Conseil économique et social, contrôle les progrès réalisés dans le monde sur la voie de l'égalité des sexes en évaluant la mise en œuvre de la Plate-forme d'action issue de la quatrième Conférence mondiale sur les femmes (Beijing, 1995). Elle formule des recommandations visant à ce que de nouvelles mesures soient prises pour promouvoir les droits fondamentaux des femmes et pour lutter contre la discrimination et les inégalités dans tous les domaines. Parmi les principales réalisations de la Commission, qui compte 45 membres et a été créée il y a plus de 60 ans, on retiendra la préparation et le suivi de quatre conférences mondiales sur les femmes, dont la Conférence de Beijing, et l'élaboration d'un instrument sur les droits fondamentaux des femmes, à savoir la *Convention sur l'élimination de toutes les formes de discrimination à l'égard des femmes.*

Le **Comité pour l'élimination de la discrimination à l'égard des femmes (CEDAW)** surveille l'application de la Convention sur l'élimination de toutes les formes de discrimination à l'égard des femmes. Composé de 23 membres, le Comité entretient un dialogue constructif avec les États parties au sujet de l'application de la Convention, à la lumière des rapports qu'ils lui transmettent. Ses recommandations ont contribué à mieux faire comprendre les droits des femmes et les moyens d'en garantir le plein exercice et d'éliminer toute forme de discrimination à l'égard des femmes.

La **Division de la promotion de la femme,** qui est rattachée au Département des affaires économiques et sociales, aide la Commission de la condition de la femme, le Conseil économique et social et l'Assemblée générale à progresser sur la voie de l'égalité des sexes dans le monde et à assurer la prise en compte systématique de ces questions dans tous les domaines d'activité du système des Nations Unies.

La **Conseillère spéciale pour la parité des sexes et la promotion de la femme** fournit des conseils au Secrétaire général. Elle dirige et coordonne les activités des organismes des Nations Unies ayant trait à l'égalité des sexes et offre des conseils et un appui sur la prise en compte systématique de ces questions dans tous les domaines, ainsi que sur l'amélioration de la condition de la femme dans l'Organisation, y compris en ce qui concerne la parité. Elle aide, au plus haut niveau, les organes intergouvernementaux et organes d'experts, notamment le Conseil de sécurité, pour les questions relatives aux femmes, à la paix et à la sécurité. Elle préside, par ailleurs, le Réseau interinstitutions pour les femmes et l'égalité des sexes, qui regroupe les conseillers et coordonnateurs de l'ensemble du système des Nations Unies pour ces questions.

Au-delà du Secrétariat, tous les organismes des Nations Unies traitent des questions concernant les femmes et des problèmes d'égalité dans leurs politiques et nombre de leurs programmes. Les femmes sont au centre des activités de l'UNICEF en faveur des enfants. Une grande partie du mandat du FNUAP tourne autour de la santé procréative et des droits des femmes en la matière. Le PNUD, l'UNESCO, le PAM, l'OIT et d'autres ont adopté des programmes spécialement axés sur les femmes et l'égalité des sexes, tout en tenant compte de ces questions dans l'ensemble de leurs activités. De surcroît, deux autres organismes s'occupent exclusivement des questions relatives aux femmes : le Fonds de développement des Nations Unies pour la femme et l'Institut international de recherche et de formation pour la promotion de la femme.

Le **Fonds de développement des Nations Unies pour la femme (UNIFEM)** fournit une aide financière et une assistance technique à l'appui de stratégies et programmes novateurs en faveur de l'autonomisation des femmes et de l'égalité des sexes. Le Fonds, qui place la promotion de la femme au cœur de son action, centre ses activités sur quatre domaines stratégiques : le renforcement de la sécurité économique des femmes et le respect de leurs droits économiques; l'élimination de la violence à l'égard des femmes; l'arrêt de la propagation du VIH/sida chez les femmes et les filles; l'égalité des sexes et la gouvernance démocratique en temps de paix comme en temps de guerre (voir le site *www.unifem.org*).

En collaboration avec les États Membres de l'ONU, les organisations internationales, le secteur universitaire, la société civile, le secteur privé et d'autres partenaires, l'**Institut international de recherche et de formation pour la promotion de la femme (UN-INSTRAW)** mène des recherches orientées vers l'action. Ses travaux de recherche visent à promouvoir l'autonomisation des femmes et l'égalité des sexes en donnant aux principales parties prenantes davantage de moyens pour tenir compte de ces questions dans leurs politiques, programmes et projets (voir le site *www.un-instraw.org*).

Conférences mondiales sur les femmes

Profitant du dynamisme des mouvements nationaux de défense des femmes, les conférences des Nations Unies à Mexico (1975), Copenhague (1980), Nairobi (1985) et Beijing (1995) ont suscité partout dans le monde une volonté de comprendre la situation des femmes et d'agir en faveur de l'égalité des sexes et de la promotion de la femme.

À la quatrième Conférence mondiale sur les femmes (Beijing, 1995), les représentants de 189 gouvernements ont adopté une Déclaration et un Programme d'action visant à lutter contre la discrimination et les inégalités et à assurer l'autonomisation des femmes dans tous les domaines de la vie publique et privée. Le Programme d'action définit 12 domaines prioritaires :

- La persistance de la pauvreté, qui pèse de plus en plus sur les femmes;
- L'accès inégal à l'éducation et les insuffisances dans ce domaine;
- Les disparités au regard de la situation sanitaire, l'accès inégal aux services de santé et les insuffisances dans ce domaine;
- La violence à l'égard des femmes;
- Les effets des conflits armés sur les femmes;
- La participation inégale des femmes à la définition des structures et politiques économiques ainsi qu'aux activités de production;
- Le partage inégal du pouvoir et des responsabilités de décision;
- L'insuffisance des mécanismes de promotion de la femme;
- La méconnaissance des droits fondamentaux des femmes reconnus sur les plans international et national et l'importance insuffisante accordée à ces droits;
- La mobilisation insuffisante des médias pour faire connaître la contribution des femmes à la société;
- L'insuffisance de la reconnaissance et du soutien dus aux femmes pour la contribution qu'elles apportent à la mise en valeur des ressources naturelles et à la sauvegarde de l'environnement;
- Les filles.

À sa vingt-troisième session extraordinaire, en 2000, l'Assemblée générale a examiné la suite donnée à la Déclaration et au Programme d'action de Beijing, cinq ans après leur adoption. Les États ont réaffirmé les engagements qu'ils avaient pris à Beijing et annoncé de nouvelles initiatives, notamment en vue de renforcer la législation contre toutes les formes de violence domestique et d'adopter des lois et des politiques pour mettre fin à des pratiques aussi dangereuses que les mariages précoces et forcés et les mutilations génitales féminines. Des objectifs ont été fixés en vue de garantir que garçons et filles puissent bénéficier d'un enseignement primaire gratuit et obligatoire et d'améliorer l'état de santé des femmes grâce à un plus large accès aux soins de santé et aux programmes de prévention.

En 2005, la Commission de la condition de la femme a examiné la suite donnée à la Déclaration et au Programme d'action de Beijing, dix ans après leur adoption. Les États Membres ont une nouvelle fois réaffirmé les engagements pris précédemment et se sont déclarés résolus à combler rapidement le fossé entre les décisions prises à l'échelle internationale et leur application au niveau national.

Promotion des droits de l'enfant

Dix millions d'enfants meurent chaque année avant leur cinquième anniversaire et des dizaines de millions d'autres souffrent de handicaps physiques ou mentaux parce qu'ils ont été privés des aliments et des soins qui leur auraient permis de se développer et de s'épanouir normalement. De nombreux décès—plus de 6 millions—sont imputables à des maladies qui auraient pu être évitées ou aisément traitées; d'autres sont dus aux effets pernicieux de la pauvreté, de l'ignorance, de la discrimination et de la violence. Les familles, les collectivités, les pays et le monde tout entier subissent de la sorte une perte effroyable et irréparable.

Passé leur plus jeune âge, les enfants ne sont pas pour autant à l'abri de forces qui menacent leur vie et leur bien-être. Ils sont tout particulièrement fragilisés parce que leurs droits sont fréquemment bafoués, notamment leur droit à l'éducation, leur droit à être entendus et leur droit à être protégés.

Le **Fonds des Nations Unies pour l'enfance (UNICEF)** a pour mission de protéger les droits des enfants à la survie, à la protection et au développement. Il encourage l'application intégrale de la *Convention relative aux droits de l'enfant* et de la *Convention sur l'élimination de toutes les formes de discrimination à l'égard des femmes*. L'UNICEF coopère avec les gouvernements, les organisations internationales, la société civile et les jeunes dans les domaines de la santé, de l'éducation, de l'égalité et de la protection de tous les enfants. Dans les 191 pays et territoires dans lesquels il intervient, il privilégie les programmes peu coûteux auxquels les collectivités sont encouragées à s'associer étroitement (voir le site *www.unicef.org*).

L'action de l'UNICEF est centrée sur la survie et le développement de l'enfant, l'accès de tous les enfants à un enseignement de qualité et la création d'un environnement protecteur pour les enfants touchés par le VIH/sida, la violence, les sévices, l'exploitation, la guerre et les catastrophes naturelles. Ces priorités cadrent avec les objectifs du Millénaire pour le développement et les objectifs fixés dans le document intitulé « *Un monde digne des enfants* », adopté par l'Assemblée générale à l'issue de sa session extraordinaire consacrée aux enfants, tenue en 2002.

L'UNICEF s'intéresse à tous les aspects de la santé des enfants, avant la naissance et jusqu'à la fin de l'adolescence. Il veille à ce que les femmes enceintes soient suivies pendant leur grossesse et bénéficient d'un accouchement médicalisé, s'attache à ce que les familles puissent soigner leurs enfants à la maison et explique aux populations les précautions à prendre pour être en bonne santé. Il informe les jeunes des risques liés au VIH/sida et leur explique comment se protéger. Il s'attache tout particulièrement à ce que les enfants dont les parents sont morts du VIH/sida reçoivent exactement la même attention que les autres enfants et aide les femmes et les enfants atteints du sida à vivre dans la dignité.

Le Fonds participe également aux campagnes de vaccination partout dans le monde, depuis l'achat et la distribution des vaccins jusqu'à la vaccination sans risque. Plus de 100 millions d'enfants sont maintenant vaccinés contre les maladies les plus communes, ce qui permet de sauver 2,5 millions de vies par an. On estime que les campagnes de vaccination menées par l'UNICEF pendant la seule année 2003 permettront d'éviter plus de 2 millions de décès dus à des maladies évitables et 600 000 autres décès liés à l'hépatite B qui seraient survenus, à l'âge adulte, chez les enfants vaccinés cette année-là.

« Un monde digne des enfants »

Du 8 au 10 mai 2002, plus de 7 000 personnes ont participé à la conférence internationale la plus importante organisée depuis 10 ans sur les enfants, qui a pris la forme d'une session extraordinaire de l'Assemblée générale des Nations Unies. La session était consacrée aux mesures prises dans le prolongement du Sommet mondial pour les enfants en 1990 et visait à redynamiser les engagements pris au niveau mondial en faveur des droits des enfants. Elle a marqué un tournant en ceci qu'elle était la première à être entièrement consacrée aux enfants et la première à compter avec la participation officielle des enfants.

La session extraordinaire s'est terminée par l'adoption par quelque 180 pays d'un document intitulé « Un monde digne des enfants ». Ce nouveau plan d'action pour et avec les enfants comprend 21 objectifs et cibles pour les 10 années à venir et définit quatre grands domaines prioritaires, à savoir : la promotion d'une vie plus saine; l'accès à une éducation de qualité; la protection contre la maltraitance, l'exploitation et la violence; et la lutte contre le VIH/sida.

Dans la Déclaration qui figure dans le document, les dirigeants se sont engagés à mener à bien les travaux restés inachevés du Sommet mondial pour les enfants de 1990 et à atteindre d'autres buts et objectifs, en particulier ceux énoncés dans la *Déclaration du Millénaire*. Ils ont également réaffirmé l'obligation qui leur incombait de promouvoir et protéger les droits de tous les enfants et reconnu les normes juridiques internationales établies dans la Convention relative aux droits de l'enfant et les Protocoles facultatifs y relatifs.

Le Plan d'action met l'accent sur trois éléments fondamentaux : assurer aux enfants le meilleur départ possible dans la vie; permettre à chaque enfant d'accéder à un enseignement primaire gratuit, obligatoire et de bonne qualité; et donner aux enfants et aux adolescents toutes les possibilités de développer leur personnalité. On y insiste également sur l'aide à apporter aux familles, l'élimination de la discrimination et la lutte contre la pauvreté. De nombreux acteurs et partenaires sont invités à jouer un rôle actif, notamment les enfants, les parents, les familles et autres dispensateurs de soins; les autorités locales et les parlementaires; les ONG et le secteur privé; les responsables religieux, spirituels et culturels et les dirigeants autochtones; les médias; les organisations régionales et internationales; et tous ceux qui s'occupent des enfants.

Pour atteindre ces objectifs, il est préconisé dans le plan de mobiliser des ressources supplémentaires aux niveaux national et international. La création de partenariats locaux y est encouragée, de même que la réalisation d'objectifs à l'échelle mondiale, comme l'affectation par les pays développés de 0,7 % de leur produit national brut à l'aide publique au développement (APD). On y appuie également l'initiative 20/20, pacte entre les pays en développement et les pays industrialisés prévoyant que 20 % des budgets des premiers et 20 % de l'APD soient consacrés aux services sociaux de base.

À l'appui des nombreuses initiatives d'éducation menées auprès des enfants depuis le moment où ils sont en âge d'aller à l'école maternelle jusqu'à l'adolescence, le Fonds mobilise les enseignants, facilite l'inscription des enfants à l'école, aménage des salles de classe et participe à l'élaboration des programmes scolaires, dans certains cas partant de zéro pour reconstruire le système éducatif. Il s'assure que les enfants disposent des moyens voulus pour jouer et apprendre, même en cas de conflit, car il estime que le sport et les loisirs sont cruciaux pour l'épanouissement de l'enfant. Il veille à ce que les enfants soient inscrits à l'état civil dès leur naissance afin qu'ils puissent être pris en charge par les systèmes de santé et d'éducation. Le Fonds encourage les femmes enceintes à faire attention à leur alimentation et les incite à allaiter leurs enfants. Il modernise les installations d'alimentation en eau et d'assainissement dans les écoles maternelles et les crèches.

L'UNICEF aide à créer un environnement protecteur pour les jeunes. Il encourage l'adoption de lois qui interdisent le travail des enfants, condamne les mutilations génitales féminines et prend des mesures pour tenir en échec l'exploitation des enfants à des fins sexuelles et économiques. Il met au point des campagnes de sensibilisation au problème des mines et participe aux activités de démobilisation des enfants soldats. De plus, il s'efforce de réunir parents et enfants lorsqu'ils ont été séparés par un conflit et s'assure que les orphelins reçoivent soins et protection. Il est à l'origine de l'idée consistant pour les belligérants à déclarer une trêve afin que les enfants puissent être vaccinés.

Intégration sociale
(www.un.org/esa/french)

L'ONU reconnaît depuis quelque temps que plusieurs groupes sociaux méritent une attention particulière, notamment les jeunes, les personnes âgées, les personnes handicapées, les minorités et les populations autochtones. L'Assemblée générale, le Conseil économique et social et la Commission du développement social défendent les intérêts de ces groupes, tandis que le Département des affaires sociales et économiques met en œuvre des programmes spéciaux.

Le système des Nations Unies a joué un rôle décisif dans la définition et la défense des droits fondamentaux des groupes vulnérables. Il a contribué à la formulation de normes, critères et recommandations au niveau international concernant les mesures à adopter à l'égard de ces groupes et s'attache de surcroît à mieux faire connaître leurs besoins et préoccupations en organisant des activités de recherche et de collecte de données et en proclamant des années et des décennies spéciales de nature à encourager l'adoption de mesures au niveau international.

Familles

L'ONU estime que la famille est la cellule de base de la société. La famille s'est profondément transformée depuis 50 ans du fait du bouleversement des structures familiales (ménages plus petits, mariages et naissances plus tardifs, augmentation du nombre de divorces et de familles monoparentales), de l'évolution mondiale des flux migratoires, du vieillissement des populations, de la pandémie de VIH/sida et des conséquences de la mondialisation. Ces mutations sociales sont telles que les familles ont de plus en plus de mal à s'occuper des enfants et des personnes âgées et à aider les enfants à faire l'apprentissage de la vie en société.

En proclamant 1994 Année internationale de la famille, avec pour thème « Les ressources et les responsabilités de la famille dans un monde en mutation », l'Assemblée générale a placé la famille au centre des débats internationaux sur la question du développement. En conséquence, plusieurs gouvernements se sont dotés de plans d'action axés sur la famille et ont créé un ministère de la famille ou adopté des lois en faveur de la famille. L'Assemblée a également convoqué une Conférence internationale sur la famille en 1994 et célébré en 2004 le dixième anniversaire de l'Année internationale de la famille.

De nombreux organismes des Nations Unies mènent des activités spécialement consacrées aux familles. L'ONU encourage au niveau mondial la célébration, le 15 mai de chaque année, de la Journée internationale des familles, qui vise à mieux faire connaître les questions relatives aux familles et à encourager l'adoption de mesures appropriées.

Jeunes

(www.un.org/youth)

L'Assemblée générale a adopté plusieurs résolutions et engagé plusieurs campagnes en faveur des jeunes, à savoir les 15 à 24 ans, et le Secrétariat supervise les programmes et campagnes d'information correspondantes, en vue de sensibiliser davantage la communauté internationale aux problèmes des jeunes et de faire en sorte que les jeunes participent davantage à la vie de la société :

- En 1965, l'Assemblée générale a adopté la *Déclaration concernant la promotion parmi les jeunes des idéaux de paix, de respect mutuel et de compréhension entre les peuples,* soulignant l'importance du rôle de la jeunesse dans le monde aujourd'hui;

- Vingt ans plus tard, l'Assemblée générale a proclamé 1985 Année internationale de la jeunesse, et adopté des principes directeurs concernant la planification, ainsi qu'une stratégie mondiale à long terme pour l'emploi des jeunes. L'ONU encourage depuis lors la mise en application de ces principes directeurs, en aidant les gouvernements à se doter de politiques et programmes en faveur de la jeunesse;

- En 1995, l'ONU a adopté le **Programme d'action mondial pour la jeunesse à l'horizon 2000 et au-delà,** stratégie internationale visant à aborder les problèmes des jeunes et à accroître la participation des jeunes à la société. Elle a également recommandé qu'une Conférence mondiale des ministres responsables de la jeunesse se réunisse à intervalles réguliers sous l'égide des Nations Unies. Les participants à la première session de la Conférence, tenue à Lisbonne en 1998, ont adopté la **Déclaration de Lisbonne en faveur de la jeunesse,** ainsi que des recommandations concernant les initiatives à prendre aux échelons national, régional et mondial;

- En 1999, l'Assemblée générale a déclaré le 12 août de chaque année Journée internationale de la jeunesse et recommandé que des activités d'information soient organisées à l'occasion de cette Journée, afin de mieux faire connaître le *Programme d'action mondial pour la jeunesse;*

- Les gouvernements incluent régulièrement des représentants des jeunes dans leurs délégations officielles à l'Assemblée générale et aux réunions d'autres organes des Nations Unies;

- Divers organismes des Nations Unies examinent également les conséquences sociales et économiques de la mondialisation pour les jeunes, en accordant une attention particulière aux incidences politiques.

Dans la *Déclaration du Millénaire*, les chefs d'État et de gouvernement réunis lors du *Sommet du Millénaire* ont décidé de « formuler et d'appliquer des stratégies qui donnent aux jeunes partout dans le monde une chance réelle de trouver un travail décent et utile ». À la demande du Secrétaire général, un Réseau pour l'emploi des jeunes a été créé en 2001 par l'ONU, l'OIT et la Banque mondiale, en vue de donner une tournure concrète aux engagements pris lors du Sommet (*www.ilo/org/yen*).

Personnes âgées

(www.un.org/esa/socdev/ageing)

La population mondiale traverse actuellement une phase à la fois unique dans l'histoire et irréversible, la transition démographique, qui entraînera le vieillissement de la population dans toutes les régions. Entre 2007 et 2050, on s'attend à ce que la proportion de personnes âgées de 60 ans ou plus double et à ce que le nombre de ces personnes fasse même plus que tripler pour atteindre 2 milliards d'ici à 2050, essentiellement du fait de la baisse des taux de fécondité. Dans la plupart des pays, la population âgée de 80 ans ou plus progresse plus rapidement que tout autre groupe de population et devrait quadrupler, passant de 94 millions de personnes en 2007 à 394 millions en 2050.

Le processus de vieillissement de la population est déjà bien avancé en Europe et en Amérique du Nord. En revanche, dans les régions les moins avancées, où vit actuellement 64 % de la population mondiale de personnes âgées — proportion qui devrait passer à près de 80 % d'ici à 2050 —, la présence d'une population active plus nombreuse et plus jeune pourrait atténuer les effets du vieillissement de la population. Même dans les pays où le premier « dividende » démographique disparaît lorsque le rapport de soutien économique cesse d'augmenter, le maintien du vieillissement de la population peut produire un *deuxième* « dividende », découlant du fait qu'une population qui s'attend à vivre plus vieille accumulera plus de richesses pour répondre à ses besoins de consommation après la retraite.

La communauté internationale sait désormais qu'il est indispensable de considérer le vieillissement progressif de la population dans le contexte plus large du développement et d'élaborer des politiques qui tiennent compte de l'allongement de l'espérance de vie, ainsi que de toutes les composantes de la société. À la faveur des récentes initiatives prises à l'échelle mondiale et des principes directeurs issus des grandes conférences des Nations Unies, il est de plus en plus admis que les personnes âgées contribuent au développement. Le fait qu'elles concourent à améliorer leurs propres conditions de vie et celles de la société tout entière devrait être pris en considération dans les politiques et programmes à tous les niveaux.

Face au vieillissement de la population mondiale, qui pose des défis tout en offrant des possibilités nouvelles, l'ONU a pris plusieurs initiatives :

- La première Assemblée mondiale sur le vieillissement (Vienne, 1982) a abouti à l'adoption du *Plan d'action international sur le vieillissement,* dans lequel l'Assemblée a recommandé des mesures dans des domaines tels que l'emploi et le maintien des revenus, la santé et la nutrition, le logement, l'éducation et l'action sociale. On y considère les personnes âgées comme un groupe divers et actif de personnes ayant de multiples capacités et, parfois, des besoins de santé particuliers;

- Les *Principes des Nations Unies pour les personnes âgées,* adoptés par l'Assemblée générale en 1991, établissent des normes universelles relatives au statut des personnes âgées, regroupées en cinq catégories : indépendance, participation, soins, épanouissement personnel et dignité des personnes âgées;

- En 1992, à l'occasion du dixième anniversaire de l'adoption du *Plan d'action,* l'Assemblée a tenu une conférence internationale sur le vieillissement. Elle a adopté la *Proclamation sur le vieillissement,* dans laquelle elle a établi les grandes lignes de l'application du Plan d'action, et décidé que 1999 serait l'Année internationale des personnes âgées;

- L'Assemblée générale s'est réunie en 1999 pour dresser le bilan de l'Année internationale. Soixante-quatre pays y ont participé et ont apporté leur large adhésion aux objectifs de l'Année et au thème retenu, à savoir « Vers une société pour tous les âges »;

- La deuxième Assemblée mondiale sur le vieillissement s'est tenue à Madrid en 2002. Elle était consacrée à la politique à adopter au plan international pour faire face au problème du vieillissement au XXIe siècle. Elle a abouti à l'adoption du *Plan d'action international de Madrid sur le vieillissement* par lequel les États Membres se sont engagés à prendre les mesures voulues dans trois domaines prioritaires : les personnes âgées et le développement; la promotion de la santé et du bien-être jusque dans le troisième âge; et la création d'environnements porteurs et solidaires.

Questions autochtones

(www.un.org/esa/socdev/unpfii)

On compte dans le monde plus de 370 millions d'autochtones répartis dans quelque 70 pays, où ils sont souvent victimes de la discrimination systématique et exclus des pouvoirs politique et économique. Surreprésentés parmi les populations les plus pauvres, les analphabètes et les indigents, les autochtones sont déplacés par les guerres et les catastrophes écologiques, expulsés de leurs terres ancestrales et privés des ressources indispensables à leur survie physique et culturelle. De plus, leur savoir traditionnel est souvent commercialisé et breveté sans leur consentement et sans leur participation.

L'Instance permanente sur les questions autochtones, créée en juillet 2000 par le Conseil économique et social, examine les questions relatives au développement économique et social, à la culture, à l'éducation, à l'environnement, à la santé et aux droits fondamentaux des populations autochtones. Elle présente des avis spécialisés et des recommandations au Conseil et, par son intermédiaire, aux programmes, fonds et organismes des Nations Unies, et s'efforce de mieux faire prendre conscience des questions concernant les populations autochtones, de promouvoir l'intégration et la coordination des activités entreprises par le système des Nations Unies sur les questions autochtones et d'établir et diffuser des documents d'information sur les questions autochtones.

L'Instance s'efforce également de formuler des recommandations ciblées destinées à inspirer des politiques porteuses qui donnent des résultats tangibles. Elle fait en sorte que les questions autochtones aient leur place dans les mesures prises aux fins de la réalisation des objectifs du Millénaire pour le développement, sachant que, dans de nombreux pays, la prise en considération des groupes autochtones contribuera directement à la réalisation de l'objectif consistant à réduire la pauvreté de moitié d'ici à 2015.

De plus, l'Assemblée générale a déclaré la période 2005-2015 deuxième Décennie internationale des peuples autochtones. Les principaux objectifs sont les suivants :

- Promouvoir la non-discrimination et la participation des peuples autochtones à l'élaboration, l'application et l'évaluation des lois, politiques, ressources, programmes et projets;

- Promouvoir également la participation pleine et effective des peuples autochtones dans les décisions qui concernent leur mode de vie, leurs terres et territoires traditionnels, leur intégrité culturelle, leurs droits collectifs et tout autre aspect de leur vie;

- Réévaluer les politiques de développement qui ne seraient pas fondées sur l'équité, notamment s'agissant du respect de la diversité culturelle et linguistique des peuples autochtones;

- Adopter des politiques, des programmes, des projets et des budgets axés sur le développement des peuples autochtones, et notamment des objectifs d'étape concrets, l'accent étant mis tout particulièrement sur les femmes, les enfants et les jeunes autochtones;

- Mettre en place de solides mécanismes de suivi et renforcer le système de responsabilisation à tous les niveaux pour ce qui a trait à la mise en œuvre des cadres juridiques, politiques et opérationnels nécessaires à la protection des peuples autochtones et à l'amélioration de leurs conditions de vie.

Le 13 septembre 2007, l'Assemblée générale a adopté la ***Déclaration des Nations Unies sur les droits des peuples autochtones,*** qui établit les droits individuels et collectifs des peuples autochtones, notamment ceux ayant trait à la culture, à l'identité, à la langue, à l'emploi, à la santé et à l'éducation. La *Déclaration* insiste sur le droit des peuples autochtones à perpétuer et renforcer leurs institutions, leur culture et leurs traditions et à promouvoir leur développement selon leurs aspirations et leurs besoins. Elle réaffirme que les peuples autochtones ne doivent faire l'objet d'aucune forme de discrimination, doivent participer pleinement et concrètement à toutes les décisions qui les concernent et ont le droit de rester des peuples distincts et d'assurer leur développement selon leurs propres aspirations économiques et sociales.

Personnes handicapées

(www.un.org/esa/socdev/enable)

Les personnes handicapées sont souvent marginalisées. La discrimination prend diverses formes, depuis l'injustice flagrante consistant à ne pas donner aux personnes handicapées les mêmes chances en matière d'éducation jusqu'à des formes plus subtiles, sources de ségrégation et d'isolement, liées par exemple à l'existence d'obstacles physiques et sociaux. La société est également perdante en ce sens qu'elle se prive de tout ce qu'auraient pu lui apporter les personnes handicapées. Changer l'image des personnes handicapées suppose de faire évoluer les mentalités et de sensibiliser toutes les couches de la société.

Depuis sa création, l'ONU s'est efforcée d'améliorer la condition des personnes handicapées. L'intérêt que l'Organisation porte au bien-être et aux droits des personnes handicapées fait partie de ses principes fondateurs, qui reposent sur le respect des droits de l'homme, les libertés fondamentales et l'égalité de tous les êtres humains.

Dans les années 70, les droits fondamentaux des handicapés ont remporté une adhésion de plus en plus large sur le plan international. L'Assemblée générale a adopté la *Déclaration des droits du déficient mental* en 1971 et, en 1975, la *Déclaration sur les droits des personnes handicapées*, qui pose les principes de l'égalité de traitement et de l'accès aux services. L'Année internationale des personnes handicapées, célébrée en 1981, a débouché sur l'adoption du *Programme d'action mondial concernant les personnes handicapées*. La *Décennie des Nations Unies pour les personnes handicapées* (1983-1992) a donné lieu à l'adoption des *Règles pour l'égalisation des chances des handicapés*. En 1992, l'Assemblée a proclamé le 3 décembre Journée internationale des personnes handicapées.

La *Convention relative aux droits des personnes handicapées* et son *Protocole facultatif*, adoptés par l'Assemblée générale le 13 décembre 2006, ont été ouverts à la signature le 30 mars 2007, à l'issue de cinq années de négociations menées par un comité spécial de l'Assemblée. Instrument relatif aux droits de l'homme explicitement axé sur le développement social, la Convention précise les conditions dans lesquelles toutes les catégories de libertés et droits fondamentaux s'appliquent à toutes les personnes handicapées.

Entrée en vigueur le 3 mai 2008, la Convention est fondée sur les principes suivants : respect de la dignité intrinsèque et autonomie individuelle; non-discrimination; participation et intégration pleines et effectives à la société; respect de la différence et acceptation des personnes handicapées comme faisant partie de la diversité de l'homme et de l'humanité; égalité des chances; accessibilité; égalité entre les hommes et les femmes; respect du développement des capacités de l'enfant handicapé et respect du droit des enfants handicapés à préserver leur identité.

La Convention accorde une attention particulière aux domaines dans lesquels les droits sont violés, ceux dans lesquels les mécanismes de protection doivent être renforcés et ceux dans lesquels des aménagements sont nécessaires pour permettre aux personnes handicapées d'exercer leurs droits. Elle impose aux États Parties de créer, au sein de leur administration, des points de contact pour les questions relatives à son application à l'échelle nationale, ainsi que des mécanismes de contrôle indépendants, de préférence sous la forme d'une institution indépendante consacrée aux droits de l'homme.

Un **Comité des droits des personnes handicapées,** composé de 18 experts agissant à titre individuel, sera chargé de contrôler l'application de la Convention. Au titre du *Protocole facultatif* se rapportant à la Convention, tout État Partie reconnaît que le Comité a compétence pour recevoir et examiner les communications présentées par des particuliers ou groupes de particuliers ou au nom de particuliers ou groupes de particuliers relevant de sa juridiction qui prétendent être victimes d'une violation par cet État Partie des dispositions de la Convention. Le Protocole facultatif énumère les dispositions relatives à ces communications (voir le site *www.un.org/french/disabilities/convention*).

Société incivile : criminalité, drogues et terrorisme

La criminalité transnationale organisée, le trafic de drogues et le terrorisme sont désormais des forces sociales, politiques et économiques qui ont le pouvoir d'infléchir le destin de régions et de pays entiers. Des pratiques telles que la corruption à grande échelle de fonctionnaires, la montée en puissance de « multinationales du crime », le trafic d'êtres humains et le recours au terrorisme pour intimider des collectivités, grandes et petites, et saboter le développement économique sont autant de menaces qui ne pourront être levées que par une action concertée de la communauté internationale. Face à ces dangers qui compromettent la bonne gouvernance, l'équité sociale et la justice universelle, les organismes des Nations Unies orchestrent une riposte à l'échelle mondiale.

L'**Office des Nations Unies contre la drogue et le crime (ONUDC)** dont le siège est à Vienne est le fer de lance de la lutte internationale contre le trafic et la consommation de drogues, la criminalité organisée et le terrorisme international — fléaux qui ont été qualifiés d'éléments « incivils » de la société. Doté de 21 bureaux extérieurs et de bureaux de liaison, notamment à New York, il organise son action autour d'un programme de lutte contre la criminalité, qui porte également sur le terrorisme et la prévention du terrorisme, et d'un programme de lutte contre la drogue (voir le site *www.unodc.org*).

Lutte contre la drogue

Dans le monde entier, plus de 110 millions de personnes consomment de la drogue au moins une fois par mois, quelque 25 millions de personnes étant toxicomanes ou utilisateurs de drogues dures. Cette consommation est à l'origine de pertes de salaires, de hausses des frais médicaux, de séparations familiales et de la désintégration de collectivités locales.

En particulier, la consommation de drogues par voie intraveineuse accélère la propagation du VIH/sida et de l'hépatite dans de nombreuses régions du monde.

La consommation de drogues et l'augmentation de la criminalité et de la violence sont fortement liées. Les cartels de la drogue nuisent à la stabilité des pouvoirs publics et corrompent les entreprises légitimes. Certains des conflits armés les plus meurtriers sont financés par la vente de drogues.

Les répercussions financières sont tout simplement désastreuses. Le renforcement des forces de police, des appareils judiciaires et des programmes de désintoxication et de réinsertion entraîne d'énormes dépenses. Sur le plan social, la drogue a des conséquences tout aussi tragiques : la violence dans la rue, les guerres de gangs, l'insécurité, la désintégration urbaine et l'anéantissement de vies entières.

L'ONU lutte par de nombreux moyens contre le problème mondial de la drogue. La **Commission des stupéfiants,** commission technique du Conseil économique et social, est le principal organe intergouvernemental chargé d'organiser et de coordonner la lutte internationale contre la drogue. Réunissant 53 États membres, elle étudie la consommation et le trafic de drogues dans le monde et formule des propositions visant à renforcer la lutte internationale contre ce type de trafic. Elle veille à la mise en œuvre des instruments et principes directeurs de lutte contre la drogue, ainsi que des mesures adoptées à cet égard par l'Assemblée générale (voir le site *www.unodc.org*).

L'**Organe international de contrôle des stupéfiants (OICS)** est un organe quasi judiciaire indépendant, composé de 13 membres, qui aide les gouvernements à respecter les instruments internationaux relatifs à la lutte contre la drogue et vérifie qu'ils honorent leurs engagements à cet égard. Il veille également à ce que les drogues puissent être utilisées à des fins médicales et scientifiques sans être détournées au profit de circuits de distribution illégaux. Il organise également, dans des pays touchés par le problème de la drogue, des missions d'enquête et des visites techniques et organise des programmes de formation à l'intention des administrateurs chargés du contrôle des drogues, en particulier ceux des pays en développement (voir le site *www.incb.org*).

Différents instruments, conclus sous les auspices des Nations Unies, obligent les États qui y ont adhéré à réglementer la production et la distribution de stupéfiants et de substances psychotropes, à lutter contre la toxicomanie et le trafic de drogues et à rendre compte de leur action à des organes internationaux. Ces instruments sont les suivants :

- La *Convention unique sur les stupéfiants* (1961) vise à limiter aux seuls usages médicaux et scientifiques la production, la distribution, la possession, l'usage et le commerce de drogues et oblige les États parties à prendre des mesures spéciales pour certaines drogues, notamment l'héroïne. Le *Protocole* de 1972 portant amendement de la Convention souligne l'importance du traitement et de la réinsertion des toxicomanes;

- La *Convention sur les substances psychotropes* (1971) établit un système international de lutte contre les substances psychotropes afin de faire face à la diversification et au nombre croissant de drogues. Elle prévoit des mesures de lutte contre un certain nombre de drogues synthétiques;

- La *Convention des Nations Unies contre le trafic illicite de stupéfiants et de substances psychotropes* (1988) prévoit des mesures globales de lutte contre le trafic de drogues, notamment des dispositions visant à réprimer le blanchiment de l'argent et le détournement de produits de base. Principal cadre de référence de la coopération internationale contre le trafic de drogues, la Convention permet d'identifier, de geler et de confisquer les gains réalisés et les biens acquis grâce au trafic de drogues, d'extrader les trafiquants de drogues et de transférer les poursuites pénales. Les États parties s'engagent à réduire et à éliminer la demande de drogues.

Par l'intermédiaire de son programme contre la drogue, l'Office des Nations Unies contre la drogue et le crime dirige toutes les activités des organismes des Nations Unies en matière de lutte contre les drogues. Il participe à la prévention des risques d'aggravation de la production, du trafic et de la consommation de drogues, aide les gouvernements à se doter de mécanismes et de stratégies de contrôle des drogues, apporte une assistance technique, favorise l'application des instruments pertinents et centralise au niveau mondial les données et connaissances techniques.

L'Office lutte par de nombreux moyens contre le problème mondial de la drogue : il travaille en collaboration avec les organisations non gouvernementales et la société civile, met en place des programmes locaux de prévention et traitement de la toxicomanie et de réinsertion des toxicomanes et offre de nouveaux débouchés économiques aux pays dont l'économie dépend de la culture de substances illégales. L'amélioration des programme de formation et des techniques visant à enrayer le trafic de drogues accroît l'efficacité des forces de l'ordre, tandis que l'aide apportée aux entreprises et aux ONG facilite la mise sur pied de programmes visant à réduire la demande de drogues. Par exemple :

- Le *Programme de surveillance des cultures illicites,* mené en Afghanistan, en Bolivie, en Colombie, au Laos, au Maroc, au Myanmar et au Pérou, associe détection par satellite, surveillance aérienne et évaluation au sol, afin d'aider les pays à dresser un bilan global des zones de cultures illicites et de l'évolution de la situation;

- Le *Programme mondial d'évaluation de l'abus de drogues* permet de publier des statistiques fiables et actualisées sur la consommation de drogues dans le monde. Si l'on veut définir les meilleures stratégies possibles de prévention, de traitement et de réinsertion, il est essentiel de bien comprendre les tendances en matière de consommation de drogues;

- Le *Programme d'assistance juridique* vise à faire appliquer les instruments relatifs au contrôle des drogues en aidant les États à élaborer des dispositions législatives et à former leurs magistrats. Plus de 2 400 juges, magistrats, procureurs, responsables des forces de police et autres fonctionnaires de haut rang ont bénéficié de ce programme dans 160 pays.

En 1998, lors de la session extraordinaire de l'Assemblée générale consacrée à la lutte concertée contre le problème mondial de la drogue, les dirigeants du monde entier se sont engagés à unir leurs efforts pour rationaliser les stratégies et renforcer les activités visant à réduire à la fois la production et la consommation de drogues. Ces activités consistent notamment à organiser des campagnes de réduction de la demande de drogues et des programmes visant à restreindre l'accès au matériel pouvant servir à la production de drogues, à améliorer la coopération judiciaire entre pays afin de mieux lutter contre le trafic de drogues, et à renforcer les mesures visant à éliminer les cultures illicites de drogues.

Prévention de la criminalité

La criminalité se généralise, s'intensifie et fait appel à des moyens de plus en plus perfectionnés. Elle compromet la sécurité des citoyens du monde entier et nuit au développement social et économique de certains pays. La mondialisation a donné naissance à de nouvelles formes de criminalité transnationale. Les groupements criminels multinationaux ont développé leurs activités et se livrent maintenant aussi bien au trafic de drogues et d'armes qu'au blanchiment de l'argent. Les passeurs font transiter tous les ans des millions d'immigrés clandestins, ce qui leur rapporte jusqu'à 10 milliards de dollars de revenus bruts. Dans les pays où règne la corruption, les investissements sont en général inférieurs à ceux des pays relativement exempts de corruption et la croissance économique peut de ce fait régresser.

La **Commission pour la prévention du crime et la justice pénale,** composée de 40 États membres, est un organe technique du Conseil économique et social. Elle formule les politiques internationales et coordonne les programmes de prévention de la criminalité et de justice pénale.

Par l'intermédiaire de son programme de lutte contre la criminalité, l'Office des Nations Unies contre la drogue et le crime s'acquitte des responsabilités définies par la Commission et est chargé, dans le système des Nations Unies, de la prévention de la criminalité, de la justice pénale et de la réforme du droit pénal. Il s'attache en particulier à lutter contre la criminalité organisée, la corruption, le terrorisme et le trafic d'êtres humains à l'échelle internationale. Sa stratégie s'appuie sur la coopération internationale et la fourniture d'une assistance. L'Office s'efforce également d'instaurer une culture fondée sur l'intégrité et le respect du droit et encourage la participation de la société civile aux initiatives de prévention et de répression de la criminalité et de la corruption.

L'Office préconise l'élaboration d'instruments juridiques internationaux adaptés aux enjeux de la criminalité mondiale, parmi lesquels la *Convention des Nations Unies contre la criminalité transnationale organisée* et ses trois *Protocoles* entrés en vigueur en septembre 2003, et la *Convention des Nations Unies contre la corruption*, entrée en vigueur en décembre 2005. Il encourage désormais les États à ratifier ces instruments et les aide à en appliquer les dispositions.

L'Office propose également une assistance technique aux gouvernements afin de les aider à moderniser leur système de justice pénale. En coopération avec l'Institut interrégional de recherche des Nations Unies sur la criminalité et la justice (UNICRI), il a lancé en 1999 le *Programme mondial contre la corruption*, le *Programme mondial de lutte contre la traite des êtres humains* et les *Études mondiales sur la criminalité transnationale organisée*.

Le Groupe de la lutte contre la criminalité organisée et de la répression de l'Office aide les États à prendre des mesures efficaces et pratiques pour lutter contre la criminalité organisée, conformément aux dispositions de la Convention des Nations Unies contre la corruption.

L'Office s'emploie à promouvoir et à faciliter l'application des critères et des normes des Nations Unies dans le domaine de la justice pénale et de la prévention de la criminalité et à en faire les fondements de systèmes de justice pénale humains et efficaces, qui sont des éléments indispensables à la lutte contre la criminalité nationale et internationale. Plus d'une centaine de pays se sont dotés de dispositions législatives et de politiques nationales fondées sur ces normes. L'Office analyse également les nouvelles tendances en matière de criminalité et de justice, constitue des bases de données, publie des enquêtes mondiales, recueille et diffuse des informations, et évalue les besoins pays par pays et adopte des mesures d'alerte rapide, concernant, par exemple, l'intensification de la menace terroriste.

Le *Programme mondial de lutte contre le terrorisme,* lancé en octobre 2002, offre une assistance technique juridique aux pays afin de les aider à adhérer et à donner suite aux 12 instruments universels relatifs à la lutte contre le terrorisme.

En janvier 2003, l'Office a étendu ses activités de coopération technique en vue de renforcer le régime juridique contre le terrorisme, en fournissant une assistance technique aux pays pour les aider à devenir partie aux instruments universels relatifs au terrorisme et à les appliquer. De 2003 à 2006, 353 États ayant bénéficié d'une telle assistance technique ont ratifié les instruments en question; à la fin de 2006, 85 États avaient ratifié l'ensemble des 12 premiers instruments, contre 26 États en janvier 2003. De plus, quelque 35 États avaient adopté une législation contre le terrorisme ou révisé la législation en vigueur, ou étaient sur le point de le faire. De plus, 4 600 agents des services de justice pénale d'une centaine de pays ont reçu une formation, ce qui a permis de renforcer la capacité des systèmes nationaux de justice pénale à appliquer le régime juridique contre le terrorisme.

Le *Programme mondial contre le blanchiment de l'argent* aide les gouvernements à poursuivre les criminels qui se servent du système financier international pour blanchir de l'argent. Les sommes ainsi blanchies atteignent de 500 milliards à mille milliards de dollars par an. En étroite coopération avec les organismes internationaux de répression du blanchiment, le Programme met à disposition des gouvernements, des forces de l'ordre et des services de renseignement financier des dispositifs de lutte contre le blanchiment, formule des recommandations portant sur les pratiques bancaires et financières et aide les services nationaux d'enquêtes financières.

Au début de 2007, l'Office a lancé l'*Initiative mondiale des Nations Unies contre la traite des êtres humains* qui devait marquer un tournant dans la lutte mondiale contre ce crime (voir le site *www.ungift.org*).

L'Institut interrégional de recherche des Nations Unies sur la criminalité et la justice (UNICRI) effectue des recherches au niveau interrégional en étroite collaboration avec le programme de l'Office contre la criminalité. Il entreprend ou soutient des recherches pragmatiques visant à prévenir la criminalité et à prendre en charge les délinquants et criminels. Ses activités de recherche et de diffusion de l'information contribuent à l'amélioration des politiques de prévention et de répression de la criminalité (voir le site *www.unicri.it*).

Conformément aux décisions de l'Assemblée générale, un **Congrès des Nations Unies sur la prévention du crime et le traitement des délinquants** se tient tous les cinq ans afin de faciliter les échanges de vues sur les politiques et de faire progresser la lutte contre la criminalité. Des criminologues, des pénologues et de hauts fonctionnaires des services de police y participent, ainsi que des spécialistes du droit pénal, des droits de l'homme et de la réinsertion. Le 11ᵉ Congrès s'est tenu en avril 2005 à Bangkok, sur le thème : « Synergies et réponses : alliance stratégique pour la prévention du crime et la justice pénale » (voir le site *www.unodc.org*).

Science, culture et communication

Les Nations Unies considèrent que les échanges culturels et scientifiques, tout comme la communication, jouent un rôle décisif dans la promotion de la paix internationale et du développement. Outre le travail qu'elle accomplit pour l'éducation, l'**Organisation des Nations Unies pour l'éducation, la science et la culture (UNESCO)** axe ses activités sur trois autres secteurs : la science au service du développement durable; le développement culturel (patrimoine et créativité); et la communication et l'information.

Science

Les activités de l'UNESCO sont centrées sur la science au service du développement et favorisent la promotion, le transfert et le partage des connaissances dans le domaine des sciences naturelles, sociales et humaines. Les programmes internationaux et intergouvernementaux de l'UNESCO comprennent entre autres : le programme consacré à l'homme et à la biosphère; le programme de la Commission océanographique intergouvernementale, le Programme de gestion des transformations sociales; le Programme hydrologique international; le Programme international relatif aux sciences fondamentales; et le Programme international de corrélation géologique. En outre, en menant des initiatives en faveur de l'enseignement et de la formation scientifiques, l'UNESCO donne aux pays en développement davantage de moyens pour utiliser la science au service du développement durable.

À la suite de découvertes sur le clonage des êtres vivants, les États membres de l'UNESCO ont adopté en 1997 la *Déclaration universelle sur le génome humain et les droits de l'homme*, premier texte international qui traite de l'éthique en matière de recherche génétique. La Déclaration établit des normes d'éthique universelles pour la recherche et la pratique en matière de génome humain qui concilient la liberté de la recherche scientifique avec la nécessité de préserver les droits de l'homme et de protéger l'humanité des abus possibles. La Conférence générale de l'UNESCO a adopté la *Déclaration internationale sur les données génétiques humaines* en 2003 et la *Déclaration universelle sur la bioéthique et les droits de l'homme* en 2005.

Dans le domaine des sciences sociales et humaines, l'UNESCO s'attache à promouvoir la philosophie et la recherche en sciences sociales, à enseigner les droits de l'homme et la démocratie, à lutter contre toutes les formes de discrimination, à améliorer la condition des femmes et à lutter conter les formes de discrimination associées à certaines maladies, notamment le VIH/sida.

Culture et développement

L'UNESCO consacre la plupart de ses activités culturelles à la protection et à la sauvegarde du patrimoine culturel sous toutes ses formes et à la promotion du dialogue interculturel. En vertu de la *Convention sur la protection du patrimoine culturel et naturel mondial* de 1972, 184 États se sont engagés à coopérer pour protéger 851 sites exceptionnels dans 141 pays—villes, monuments et sites naturels qui ont été inscrits sur la Liste du patrimoine mondial. Une convention de l'UNESCO datant de 1970 interdit l'importation, l'exportation et le transfert illicites de biens culturels.

En 2003, la Conférence générale de l'UNESCO a adopté à l'unanimité la *Déclaration de l'UNESCO concernant la destruction intentionnelle du patrimoine culturel*, essentiellement en réaction à la destruction tragique, en mars 2001, des Bouddhas de Bamiyan en Afghanistan. La *Convention pour la sauvegarde du patrimoine culturel immatériel* (2003) de l'UNESCO englobe les traditions et expressions orales, y compris la langue, les arts du spectacle, les pratiques sociales, rituels et événements festifs, les savoirs traditionnels, l'artisanat traditionnel, la protection des langues menacées et la promotion de la diversité culturelle. La *Convention sur la protection et la promotion de la diversité des expressions culturelles* (2005) reconnaît que les biens et services culturels sont porteurs d'identités et de valeurs et vise à promouvoir leur création, leur production, leur distribution et leur jouissance, en particulier en soutenant les secteurs correspondants dans les pays en développement.

Dans tous ces domaines, l'UNESCO s'efforce de mettre davantage la culture au service du développement durable et de promouvoir la culture en tant qu'élément moteur de la cohésion sociale, du dialogue interculturel et de la paix.

Communication et information

L'UNESCO joue un rôle de premier plan au niveau mondial en plaidant en faveur de la liberté de la presse et de l'indépendance et du pluralisme des médias. Elle vise à promouvoir la libre circulation de l'information et à renforcer les capacités des pays en développement en matière de communication. Elle aide les États membres à adapter leurs lois sur les médias aux normes démocratiques et à faire régner l'indépendance éditoriale dans les médias publics et privés. En cas de violations de la liberté de la presse, le Directeur général de l'UNESCO intervient par la voie diplomatique ou par des déclarations publiques.

À l'initiative de l'UNESCO, une **Journée mondiale de la liberté de la presse** est célébrée le 3 mai de chaque année. De plus, la **Journée mondiale de la société de l'informa-**

tion est célébrée chaque année le 17 mai pour rappeler les engagements pris au **Sommet mondial sur la société de l'information** (tenu à Genève en 2003 et à Tunis en 2005) en vue d'édifier une « société de l'information axée sur l'être humain, ouverte et orientée vers le développement » en se fondant sur les droits fondamentaux.

Afin de renforcer les infrastructures de communication et d'étoffer les qualifications du personnel dans les pays en développement, l'UNESCO propose des programmes de formation et une aide technique et s'associe aux projets de développement des médias nationaux ou régionaux, en particulier dans le cadre de son Programme international pour le développement de la communication (PIDC). Au cours de ces 25 dernières années, le PIDC a mobilisé plus de 90 millions de dollars pour financer 1 000 projets exécutés dans 139 pays en développement ou en transition.

L'UNESCO aide les pays en développement à se doter de systèmes informatiques et à accéder à l'information au niveau mondial afin qu'ils puissent rattraper leur retard en la matière. L'accent est mis sur la formation, la création de réseaux informatiques reliant les organismes scientifiques et culturels et le raccordement de ces réseaux à l'Internet.

En multipliant les possibilités de production, de diffusion et de réception de l'information à une échelle inconnue jusqu'ici, les nouvelles technologies de l'information et des communications (TIC) renforcent le principe de la « libre circulation des idées ». L'UNESCO veille à ce que le plus grand nombre profite des possibilités offertes par les nouvelles technologies. Les retombées sociales et culturelles de ces technologies et la manière d'aborder, du point de vue des politiques, les questions juridiques et éthiques liées au cyberespace comptent également parmi les sujets auxquels s'intéresse l'UNESCO.

En avril 2006, le Secrétaire général a approuvé le lancement de l'**Alliance mondiale pour les technologies de l'information et des communications au service du développement.** Elle a pour mission de faciliter et promouvoir l'intégration des TIC dans les activités en faveur du développement et de permettre un dialogue multipartite et intersectoriel ouvert, qui ne privilégie aucune partie, sur les TIC au service du développement (voir le site *www.un-gaid.org*).

L'Alliance mondiale pour les technologies de l'information et des communications au service du développement organise des manifestations thématiques sur le rôle des TIC dans le développement économique et l'éradication de la pauvreté, l'emploi et l'entreprise dans le cadre d'hypothèses de croissance favorables aux pauvres, en faisant une large place à la santé, à l'éducation, à la problématique hommes-femmes, aux jeunes, aux personnes handicapées et aux groupes défavorisés. Elle s'appuie sur les initiatives et institutions existantes et sur les travaux du Groupe d'étude des technologies de l'information et des communications (2001-2005), qui portent notamment sur les questions suivantes : politiques et gouvernance en matière de TIC, stratégies nationales et régionales en matière d'informatique et de télématique, mise en valeur des ressources humaines et renforcement des capacités, raccordement et accès à un prix modéré, entreprises et entreprenariat (voir le site *www.unicttaskforce.org*).

Alliance des civilisations

Le 14 juillet 2005, le Secrétaire général Kofi Annan a annoncé le lancement d'une nouvelle initiative, l'Alliance des civilisations, pour lutter contre l'exploitation par les extrémistes du sentiment selon lequel un fossé de plus en plus profond sépare les sociétés islamiques et occidentales.

Véritable coalition contre les courants extrémistes, l'Alliance a pour mission de favoriser le respect mutuel à l'égard des croyances religieuses et des traditions et de réaffirmer l'interdépendance croissante de l'humanité dans tous les domaines. Elle engage la communauté internationale à mener une action concertée et résolue pour surmonter les clivages et dépasser les préjugés, les idées fausses, les malentendus et la polarisation qui menacent la paix dans le monde.

Un Groupe de haut niveau composé de personnalités éminentes a été établi pour guider l'Alliance; il comprend notamment des théologiens de renom tels que l'archevêque Desmond Tutu (Afrique du Sud), l'auteur Karen Armstrong (Royaume-Uni), le rabbin Arthur Schneier (États-Unis) et le professeur Mehmet Aydin (Turquie), ainsi que des administrateurs d'institutions culturelles, tels qu'Ismail Serageldin, administrateur de la Bibliothèque d'Alexandrie (Égypte). Le Groupe est coprésidé par M. Aydin et par l'ancien Directeur général de l'UNESCO, Federico Mayor.

Dans son premier rapport, publié en novembre 2006, le Groupe a analysé l'état des relations entre les sociétés musulmanes et occidentales et présenté diverses propositions dans les domaines de l'éducation, des médias, de la jeunesse et des migrations, en vue de rapprocher les civilisations et de promouvoir une culture fondée sur le respect. Le Groupe a également recommandé que soit nommé un haut représentant chargé d'aider à atténuer les crises survenant à la croisée de la culture et de la politique, à relancer le processus de paix au Moyen-Orient et à promouvoir le pluralisme politique dans les pays musulmans.

Le 26 avril 2007, le Secrétaire général Ban Ki-moon a nommé Jorge Sampaio, ancien Président du Portugal, premier Haut-Représentant des Nations Unies pour l'Alliance des civilisations. Du 15 au 16 janvier 2008, l'Alliance tiendra à Madrid son premier Forum annuel, manifestation de haut niveau axée sur l'action, qui vise à établir des partenariats pour promouvoir, à l'échelle mondiale, la compréhension entre les cultures.

L'Alliance ayant été créée à l'initiative du Premier Ministre espagnol, José Luis Rodriguez Zapatero, appuyé par le Premier Ministre turc, Recep Tayyip Erdogan, l'Espagne et la Turquie continuent d'agir en leur qualité de parrains de l'Initiative (pour plus d'informations, voir le site *www.unaoc.org*).

L'Alliance fonctionne essentiellement comme un réseau décentralisé, ouvert à la participation de toutes les parties prenantes, notamment les gouvernements, les entreprises, la société civile et les organisations internationales. Elle s'efforce de réduire au minimum la nécessité de tenir des réunions en ayant largement recours aux technologies les plus récentes de collaboration en ligne. Elle s'emploie par ailleurs à élargir le cercle des participants au débat sur les politiques et les partenariats en y associant activement les partenaires non gouvernementaux des pays en développement, les médias, les milieux universitaires, les jeunes et les femmes.

Elle a tenu sa première réunion le 19 juin 2006 à Kuala Lumpur.

Développement durable

(www.un.org/esa/sustdev/sdissues/sdissues.htm)

Au cours des premières décennies d'existence de l'ONU, les questions relatives à l'environnement ont rarement été examinées au plan international. L'Organisation faisait plutôt porter ses activités sur la prospection et l'utilisation des ressources naturelles, tout en s'attachant à garantir que les pays en développement, en particulier, pourraient conserver la haute main sur leurs propres ressources. Dans les années 60, quelques accords ont été conclus dans le domaine de la pollution marine, notamment les déversements d'hydrocarbures. Face à l'accumulation des signes de la dégradation de l'environnement à l'échelle planétaire, la communauté internationale a manifesté, à partir des années 70, une inquiétude de plus en plus vive devant les conséquences du développement sur les écosystèmes et le bien-être des populations. L'ONU joue un rôle de premier plan dans la sensibilisation aux questions d'environnement et dans l'apparition de la notion de « développement durable ».

C'est en 1972, à l'occasion de la Conférence des Nations Unies sur l'environnement, que la question du lien entre développement économique et dégradation de l'environnement a été abordée pour la première fois sur le plan international. Au lendemain de la Conférence, les gouvernements ont institué le **Programme des Nations Unies pour l'environnement (PNUE),** qui reste le principal organisme mondial pour l'environnement.

En 1973, l'ONU a créé le Bureau des Nations Unies pour la région soudano-sahélienne—devenu le **Centre de développement des terres arides** du PNUD—chargé de diriger la lutte contre la désertification en Afrique de l'Ouest. Son mandat a par la suite été élargi à l'ensemble du monde. En 1996, l'entrée en vigueur de la *Convention des Nations Unies sur la lutte contre la désertification,* dont le nom complet est *Convention des Nations Unies sur la lutte contre la désertification dans les pays gravement touchés par la sécheresse et/ou la désertification, en particulier en Afrique* (1994), a donné un nouvel élan à l'action menée dans ce domaine. Néanmoins, la dégradation de l'environnement demeure un problème majeur.

Les années 80 ont été marquées par la tenue de négociations sans précédent entre les États membres sur des questions concernant l'environnement, à propos notamment d'instruments visant à protéger la couche d'ozone et à contrôler le transport des déchets toxiques. Créée en 1983 par l'Assemblée générale, la Commission mondiale pour l'environnement et le développement a suscité un nouvel élan en faveur de l'idée selon laquelle il fallait de toute urgence se tourner vers de nouveaux modes de développement de nature à garantir le bien-être économique des générations actuelles et futures et à préserver les ressources naturelles indispensables à tout développement. En 1987, dans son rapport à l'Assemblée générale, la Commission a proposé de remplacer la logique de développement reposant uniquement sur la croissance incontrôlée de l'économie par la notion de *développement durable*.

Après avoir examiné le rapport de la Commission, l'Assemblée générale a recommandé la tenue d'une Conférence des Nations Unies sur l'environnement et le développement : le *Sommet planète Terre.*

Réunions au sommet consacrées au développement durable

À la Conférence des Nations Unies sur l'environnement et le développement (Rio de Janeiro, 1992), appelée également Sommet planète Terre, il est apparu que la protection de l'environnement et le développement économique et social constituaient les fondements du développement durable, tel que défini dans les « Principes de Rio ». Pour faciliter le développement durable, les dirigeants du monde entier ont adopté un programme mondial appelé Action 21.

Dans Action 21, ils ont exposé les mesures à prendre pour que l'on délaisse un modèle de croissance économique irrationnel pour se tourner vers un modèle fondé sur la protection et le renouvellement des ressources naturelles. Le programme d'action comprend également des recommandations relatives aux moyens de renforcer le rôle que peuvent jouer les femmes, les syndicats, les agriculteurs, les enfants et les jeunes, les populations autochtones, les scientifiques, les autorités locales, les entreprises, l'industrie et les ONG dans l'action en faveur du développement durable.

En 1997, l'Assemblée générale a consacré une session extraordinaire (Sommet planète Terre+5) aux mesures prises pour donner suite à Action 21. Bien que conscients de la nécessité de mettre rapidement en œuvre Action 21, les États Membres ne se sont pas entendus sur les modes de financement du développement durable. Dans le document final issu de la session extraordinaire, ils ont recommandé l'adoption d'objectifs ayant force obligatoire concernant la réduction des émissions de gaz à effet de serre qui sont responsables des changements climatiques, l'accélération du passage à des modes de production, de distribution et de consommation d'énergie plus rationnels, et la lutte contre la pauvreté. La réalisation de ces objectifs est indispensable pour parvenir à un développement durable.

Le Sommet mondial pour le développement durable (Johannesburg, 2002) a été l'occasion d'examiner les progrès accomplis depuis le Sommet planète Terre. La Déclaration de Johannesburg et le Plan d'action d'une cinquantaine de pages qui en sont issus comprennent des engagements assortis de délais dans les domaines de l'assainissement, de la fabrication et de l'utilisation des produits chimiques, de la gestion et de la reconstitution des stocks de poissons, et de la réduction du rythme d'appauvrissement de la diversité biologique. Les besoins particuliers de l'Afrique et des petits États insulaires en développement ont été pris en compte, tout comme des questions nouvelles telles que l'adoption de modes de production et de consommation viables, l'énergie et l'exploitation minière.

Aujourd'hui, l'ONU met l'accent sur la protection de l'environnement dans la quasi-totalité de ses domaines d'activité. Grâce aux partenariats dynamiques établis entre l'Organisation et les gouvernements, les ONG, les chercheurs et le secteur privé, on dispose de nouvelles connaissances et de toute une série d'outils pour aborder les problèmes environnementaux. L'ONU estime que la protection de l'environnement doit être un facteur déterminant de toutes les activités de développement économique et social. On ne pourra atteindre les objectifs de développement économique et social que si l'on préserve l'environnement.

Action 21

Les gouvernements ont franchi une étape historique en vue de garantir l'avenir de la planète lorsqu'en 1992 le Sommet planète Terre adopta *Action 21*, plan d'action mondial couvrant tous les aspects du développement durable.

Dans *Action 21,* les gouvernements ont fixé des orientations de nature à permettre au monde de délaisser son modèle actuel de croissance économique intenable afin de s'orienter vers des activités qui assurent la protection et le renouvellement des ressources naturelles, dont il dépend pour sa croissance et son développement. Parmi les domaines visés par *Action 21* figurent la protection de l'atmosphère, la lutte contre le déboisement, la dégradation des sols et la désertification, la prévention de la pollution atmosphérique et de la pollution des eaux, la protection des stocks ichtyologiques et le traitement sûr des déchets toxiques.

Action 21 porte également sur les aspects du développement qui exercent des contraintes sur l'environnement : la pauvreté et la dette extérieure dans les pays en développement; les modes de production et de consommation non viables; les contraintes démographiques; et la structure de l'économie internationale. On trouve aussi dans le programme d'action des recommandations relatives aux moyens de renforcer le rôle que peuvent jouer certains groupes et acteurs majeurs de la société — les femmes, les syndicats, les agriculteurs, les enfants et les jeunes, les populations autochtones, les scientifiques, les autorités locales, les entreprises, l'industrie et les ONG — pour parvenir au développement durable.

L'ONU s'est employée à intégrer la notion de développement durable dans toutes les politiques et tous les programmes pertinents. On tient de plus en plus compte des conséquences sur l'environnement dans les projets d'activités rémunératrices. De même, les programmes d'aide au développement sont de plus en plus axés sur les femmes, compte tenu du rôle déterminant qu'elles jouent en tant que productrices de biens, de services et de produits alimentaires et en tant qu'agents intervenant dans la conservation de l'environnement. Élimination de la pauvreté et qualité de l'environnement vont de pair : ce constat rend d'autant plus urgents les impératifs moraux et sociaux qui commandent de remédier à la pauvreté.

Soucieuse de donner tout l'appui nécessaire à la mise en application d'*Action 21*, l'Assemblée générale a institué en 1992 la **Commission du développement durable**. Commission technique du Conseil économique et social composée de 53 membres, elle contrôle la mise en œuvre d'*Action 21* et d'autres accords issus du Sommet planète Terre, ainsi que du document issu du Sommet mondial pour le développement durable de 2002. Elle organise des échanges de vues avec les gouvernements, la société civile et les organisations internationales en vue de régler par la concertation des problèmes liés au développement durable et concourt à la coordination des activités relatives à l'environnement et au développement dans le système des Nations Unies (voir le site *www.un.org/esa/sustdev/ csd/aboutCsd.htm*).

Modifier les comportements humains

Pour parvenir au développement durable partout dans le monde, il faut modifier les modes de production et de consommation, c'est-à-dire ce que nous produisons, comment nous le produisons et les quantités que nous consommons. C'est au Sommet planète Terre que la communauté internationale, s'est pour la première fois, préoccupée de rechercher des moyens d'agir en ce sens, en particulier dans les pays industrialisés. Depuis, la Commission du développement durable a dirigé un programme de travail tendant à remettre en question les comportements des consommateurs, des ménages, des établissements industriels, des entreprises et des gouvernements. Elle a notamment complété les Principes directeurs des Nations Unies pour la protection du consommateur afin d'y ajouter un chapitre visant à promouvoir des modes de consommation durable.

En 2002, le Sommet mondial pour le développement durable a été l'occasion de réaffirmer l'importance de la question et de souligner qu'il était crucial de délaisser les modes de production et de consommation non viables. Les participants au Sommet ont également réaffirmé leur engagement à accélérer ces changements de comportement, les pays développés donnant le ton en élaborant et en appliquant des politiques en ce sens qui visaient notamment à promouvoir des modes de production respectueux de l'environnement, à accroître la prise de conscience et à renforcer le civisme des entreprises. Le monde des affaires, industriels compris, les gouvernements, les associations de consommateurs, les organisations internationales, les universitaires et les ONG ont participé aux débats sur la question.

Il est plus rationnel d'un strict point de vue économique d'utiliser moins de ressources et de moins gaspiller. Cela permet de faire des économies, de réaliser des profits plus élevés et de préserver l'environnement en conservant les ressources naturelles et en polluant moins. En agissant de la sorte, nous sauvegardons la planète pour les générations futures.

La **Division du développement durable**, qui relève du Département des affaires économiques et sociales, assure le secrétariat de la Commission et contrôle les progrès accomplis dans l'application d'*Action 21*, du *Plan de mise en œuvre de Johannesburg* et du *Programme d'action de la Barbade pour le développement durable des petits États insulaires en développement* de 1994. Elle formule lorsqu'on le lui demande des recommandations sur les politiques de nature à faciliter le développement durable et offre des services techniques afin de renforcer certaines capacités dans la perspective du développement durable. Elle propose aussi des services analytiques et des services d'information (voir le site *www.un.org/esa/sustdev*).

Sommet mondial pour le développement durable

Le Sommet mondial pour le développement durable, qui s'est déroulé à Johannesburg (Afrique du Sud) du 26 août au 4 septembre 2002, visait à dresser un bilan des progrès accomplis, des problèmes qui se posaient et des préoccupations apparues depuis le Sommet planète Terre de 1992, et à transformer en mesures concrètes les objectifs, promesses et engagements arrêtés dans *Action 21*.

Le Sommet a réuni plus de 22 000 participants, représentant des intérêts très divers, dont 100 chefs d'État et de gouvernement, plus de 8 000 représentants d'ONG, du monde des affaires et d'autres grands groupes, et 4 000 journalistes. Les réunions organisées en marge du Sommet ont attiré au moins autant de monde.

Les États Membres ont adopté la *Déclaration de Johannesburg sur le développement durable* et un *Plan de mise en œuvre* d'une cinquantaine de pages dans lequel ils ont décrit les domaines prioritaires. Ils ont réaffirmé que le développement durable restait au centre des préoccupations de la communauté internationale, ouvert la voie à l'adoption de mesures pratiques s'inscrivant dans la durée afin de régler un certain nombre de problèmes particulièrement pressants, et insisté sur les liens entre développement économique et social et protection des ressources naturelles. Les engagements pris au niveau international à l'occasion du Sommet ont été complétés par une série de partenariats en faveur du développement durable établis à titre volontaire, ce qui constitue une première (voir l'encadré « Réunions au sommet consacrées au développement durable » à la page 248).

Financement du développement durable

Au Sommet planète Terre, il a été décidé que le financement d'*Action 21* proviendrait pour l'essentiel des secteurs public et privé de chaque pays. On a jugé néanmoins que des apports de fonds extérieurs supplémentaires seraient nécessaires pour appuyer les pays en développement dans les efforts qu'ils font pour adopter des pratiques de développement durable et protéger la planète.

Créé en 1991, le **Fonds pour l'environnement mondial (FEM)** aide les pays en développement à financer des projets de protection de l'environnement et de promotion des moyens de subsistance durables au niveau local. Au fil des ans, le Fonds a versé 6,8 milliards de dollars sous forme de subventions et reçu plus de 24 milliards de dollars au titre du cofinancement, par les pays bénéficiaires, les organismes internationaux de développement, le secteur privé et les organisations non gouvernementales, de 1 900 projets exécutés dans 160 pays en développement et en transition.

Tous les quatre ans, les pays donateurs s'engagent à verser des contributions pour reconstituer le Fonds. À l'occasion de la quatrième reconstitution des ressources du Fonds, en 2006, 32 États se sont engagés à verser 3,13 milliards de dollars pour financer des projets prévus de 2006 à 2010. Les ressources du Fonds sont la principale source de financement des activités visant à réaliser les objectifs énoncés dans la Convention sur la diversité biologique, la Convention-cadre des Nations Unies sur les changements climatiques et la Convention de Stockholm sur les polluants organiques persistants (voir le site *www.gefweb.org*).

Les projets du FEM, dont la plupart sont exécutés par le PNUD, le PNUE et la Banque mondiale, portent sur les domaines suivants : conservation et utilisation viable de la diversité biologique; changements climatiques; lutte contre la dégradation des eaux internationales; réduction progressive des substances qui appauvrissent la couche d'ozone; lutte contre la dégradation des sols et la sécheresse; et élimination de la production et de l'utilisation de certains polluants organiques persistants.

Les « organismes d'exécution » suivants contribuent également à la gestion et à la mise en œuvre des projets du Fonds : la Banque africaine de développement (www.afdb.org), la Banque asiatique de développement (www.adb.org), la Banque européenne pour la reconstruction et le développement (*www.ebrd.org*), la Banque interaméricaine de développement (www.iadb.org), le Fonds international de développement agricole (*www.ifad.org*), l'Organisation des Nations Unies pour l'alimentation et l'agriculture (*www.fao.org*), et l'Organisation des Nations Unies pour le développement industriel (www.unido.org).

Action en faveur de l'environnement

Le système des Nations Unies tout entier intervient à divers titres pour protéger l'environnement. L'organisme chef de file dans ce domaine est le **Programme des Nations Unies pour l'environnement (PNUE).** Créé pour être la « conscience » du système des Nations Unies pour l'environnement, le PNUE évalue l'état de l'environnement mondial et recense les questions qui appellent une coopération internationale. Il concourt à l'élaboration du droit international de l'environnement et facilite l'intégration des considérations environnementales dans les politiques et programmes sociaux et économiques du système des Nations Unies (voir le site *www.unep.org*).

Pour le PNUE, environnement et développement sont indissociables. Le Programme aide à régler les problèmes auxquels ne peuvent remédier des pays agissant seuls. Il offre une instance pour parvenir à des consensus et élaborer des accords internationaux. Il s'emploie à ce titre à améliorer la participation des entreprises et des industries, des scientifiques et des universitaires, des ONG, des collectivités et d'autres acteurs à la mise en œuvre du développement durable.

L'une des fonctions du PNUE est de promouvoir le savoir scientifique et la diffusion des connaissances sur l'environnement. Les travaux de recherche et de synthèse de l'information sur l'environnement, facilités et coordonnés par le PNUE aux échelons régional et mondial, ont permis d'établir de nombreux rapports sur l'état de l'environnement. Des rapports tels que celui intitulé « *Global Environment Outlook* » suscitent partout dans le monde une prise de conscience des problèmes relatifs à l'environnement. Certains rapports ont abouti à la tenue de négociations internationales sur différentes conventions relatives à l'environnement (voir le site *www.unep.org/geo*).

Le PNUE facilite et coordonne la collecte et la diffusion des données et informations scientifiques les plus fiables possibles aux niveaux mondial et régional. Il s'appuie pour cela sur un réseau de plus en plus important de centres d'excellence, dont le Centre collaborateur dans le domaine de l'eau (*www.ucc-water.org*), le Centre sur l'énergie, le climat et le développement durable établi à Risoe (*www.uneprisoe.org*), les centres de la Base de données sur les ressources mondiales (GRID) [*www.unep.org/dewa/partnerships/grid*] et le Centre mondial de surveillance pour la conservation (*www.unep-wcmc.org*).

Les activités du PNUE visent à protéger les océans et les mers et à promouvoir l'utilisation écologiquement rationnelle des ressources marines dans le cadre de son *Programme pour les mers régionales,* qui couvre à l'heure actuelle plus de 140 pays. Ce Programme a pour objectif de faire appliquer les dispositions de 13 conventions ou plans d'action relatifs à la protection des ressources marines et hydrologiques communes, dont le plus récent est la Convention-cadre pour la protection de l'environnement de la mer Caspienne (Convention de Téhéran) de 2003, entrée en vigueur le 12 août 2006. Les conventions et plans d'action régionaux dont le PNUE assure le secrétariat concernent l'Afrique de l'Est, l'Afrique de l'Ouest, l'Afrique centrale, la Méditerranée, les Caraïbes, les mers d'Asie de l'Est et le Pacifique Nord-Est (voir le site *www.unep.org/regionalseas*).

Les zones côtières et maritimes couvrent près de 70 % de la surface de la Terre et sont indispensables au maintien de la vie sur la planète. La pollution provient principalement des déchets industriels, de l'exploitation minière, de l'agriculture et des émissions des véhicules à moteur, les foyers de pollution étant situés parfois à des milliers de kilomètres à l'intérieur des terres. Adopté en 1995 sous les auspices du PNUE, le *Programme d'action mondial pour la protection du milieu marin contre la pollution due aux activités terrestres* représente une étape importante de l'action internationale en faveur de la protection des océans, des estuaires et des zones côtières contre la pollution imputable aux activités humaines terrestres. Le Programme, dont le bureau de coordination est à La Haye, fait face à ce qui constitue peut-être la plus grave menace pour le milieu marin, à savoir le rejet de substances chimiques, de produits polluants et d'eaux usées dans la mer (voir le site *www.gpa.unep.org*).

La **Division de la technologie, de l'industrie et de l'économie** du PNUE, établie à Paris, participe activement à l'action que mène le système des Nations Unies pour inciter les responsables gouvernementaux, industriels et économiques à adopter des politiques, des stratégies et des pratiques moins polluantes et plus sûres, à utiliser les ressources naturelles de façon plus rationnelle et à réduire les risques que la pollution comporte pour les êtres humains et l'environnement. La Division facilite le transfert de technologies plus sûres, plus propres et plus respectueuses de l'environnement, notamment pour ce qui est des questions relatives au milieu urbain et à la gestion de l'approvisionnement en eau douce. Elle aide les pays à se doter des moyens voulus pour assurer une gestion rationnelle des produits chimiques et améliorer la sécurité chimique partout dans le monde. Elle prête son appui à l'élimination progressive des substances appauvrissant la couche d'ozone dans les pays en développement et en transition; aide les décideurs à mettre au point des politiques énergétiques avisées qui tiennent compte des coûts sociaux et environnementaux; et coopère avec les pouvoirs publics et le secteur privé pour intégrer les considérations liées à l'environnement dans les activités, les pratiques, les produits et les services (voir le site *www.unep.org/resources/ business/DTIE*).

L'entité PNUE Substances chimiques, département de la Division, met à la disposition des pays des renseignements sur les produits chimiques toxiques, aide les pays à se doter des moyens voulus pour fabriquer, utiliser et détruire les produits chimiques en toute sécurité, et appuie les initiatives internationales et régionales nécessaires pour réduire ou éliminer les risques chimiques (voir le site *www.chem.unep.ch*).

Avec le concours de la FAO, le PNUE a facilité la négociation de la *Convention de Rotterdam sur la procédure de consentement préalable en connaissance de cause applicable à certains produits chimiques et pesticides dangereux qui font l'objet d'un commerce international* (1998). Cette Convention donne aux pays importateurs la faculté de décider quels sont les produits chimiques qu'ils sont disposés à recevoir et ceux qu'ils excluent faute de pouvoir les gérer dans des conditions de sécurité satisfaisantes (voir le site *www.pic.int*).

Le PNUE a également facilité l'élaboration de la *Convention de Stockholm sur les polluants organiques persistants* (2001), traité juridiquement contraignant qui vise à réduire et à éliminer les rejets de certains produits chimiques qui restent longtemps intacts dans l'environnement, se propagent sur une vaste zone géographique, s'accumulent dans les tissus adipeux des organismes vivants et sont toxiques pour l'homme et la nature. Font partie des substances visées : les pesticides et les produits et sous-produits chimiques industriels hautement toxiques extrêmement mobiles qui s'accumulent dans la chaîne alimentaire (voir le site *www.pops.int*).

Au fil des années, le PNUE a facilité les négociations concernant plusieurs autres instruments internationaux qui constituent la pierre angulaire de l'action menée par l'ONU pour protéger la planète et l'aider à se régénérer (voir le site *www.unep.org/dec*). Le *Protocole de Montréal* (1987) et les amendements apportés par la suite à cet instrument historique visent à préserver la couche d'ozone dans la haute atmosphère. La *Convention de Bâle sur le contrôle des mouvements transfrontières de déchets dangereux et de leur élimination* (1989) a réduit les dangers de la pollution due aux déchets toxiques.

La *Convention sur le commerce international des espèces de faune et de flore sauvages menacées d'extinction* (1973) est universellement reconnue pour avoir réussi à limiter le commerce des espèces sauvages. Le PNUE a aidé les gouvernements africains à mettre au point l'*Accord de Lusaka sur les opérations concertées de coercition visant le commerce illicite de la faune et de la flore sauvages* (1994). La *Convention sur la diversité biologique* (1992) et le *Protocole de Carthagène sur la prévention des risques biotechnologiques* (2000) qui s'y rapporte visent à encourager la protection et l'utilisation viable et équitable de la flore, de la faune et des micro-organismes de la planète et à préserver leur diversité. Le PNUE a également facilité la négociation et la mise en œuvre des conventions sur la désertification et les changements climatiques.

Changements climatiques et réchauffement de la planète

Depuis les débuts de l'aire industrielle, on assiste à une accumulation dans l'atmosphère de « gaz à effet de serre » qui provoque une augmentation constante des températures dans le monde entier. Cette accumulation atteint aujourd'hui un rythme dangereux. La production d'énergie à partir de combustibles fossiles ou encore l'abattage ou le défrichement des forêts par le feu libèrent du dioxyde de carbone dans l'atmosphère. L'accumulation de ces gaz à effet de serre, notamment le méthane et l'oxyde nitreux, a atteint un niveau tel qu'elle pourrait avoir des conséquences énormes, voire dévastatrices, pour la planète.

En 1988, alors que les études les plus sérieuses commençaient à faire apparaître la gravité du problème, deux organismes des Nations Unies, à savoir le PNUE et l'Organisation météorologique mondiale (OMM), ont établi conjointement le **Groupe d'experts intergouvernemental sur l'évolution du climat (GIEC)**, chargé de faire l'état des connaissances disponibles sur les changements climatiques et de montrer la voie à suivre. Le Groupe, réseau mondial de 2 500 scientifiques et experts éminents, passe en revue les travaux de recherche scientifique sur la question. Ses conclusions ont poussé la communauté internationale à aborder la question de manière coordonnée et à se doter d'un cadre juridiquement contraignant. En 2007, le Groupe a reçu le prix Nobel de la paix, conjointement avec Albert Arnold (Al) Gore Jr, ancien Vice-Président des États-Unis d'Amérique (voir le site *www.ipcc.ch*).

Alertés par la communauté scientifique internationale, les représentants des États du monde entier, réunis à Rio de Janeiro, ont signé la *Convention-cadre des Nations Unies sur les changements climatiques* en 1992. À ce jour, 191 États ont adhéré à cet instrument international, par lequel les pays développés se sont engagés à ramener d'ici à 2000 leurs émissions de dioxyde de carbone et autres gaz à effet de serre aux niveaux de 1990. Ces pays, à l'origine de 60 % des émissions annuelles de dioxyde de carbone, se sont également engagés à transférer aux pays en développement les technologies et les données nécessaires pour relever les défis que posent les changements climatiques (voir le site *www.unfccc.int*).

Néanmoins, en 1995, les conclusions des scientifiques du Groupe ne laissaient aucun doute sur le fait que, même si les objectifs fixés étaient atteints d'ici à 2000, cela ne serait pas suffisant pour éviter le réchauffement de la planète et ses conséquences. En 1997, les pays qui avaient ratifié la Convention se sont donc réunis à Kyoto (Japon), où ils ont adopté un *Protocole* ayant force obligatoire au titre duquel les pays développés se sont engagés à réduire leurs taux collectifs d'émission de six gaz à effet de serre de 5,2 % de 2008 à 2012, en prenant comme point de référence les niveaux de 1990. À ce jour, 175 États sont parties au *Protocole*, qui porte également création de plusieurs mécanismes novateurs visant à réduire le coût des mesures de réduction des émissions.

Le *Protocole de Kyoto* est entré en vigueur le 16 février 2005. Parmi les six gaz visés, le dioxyde de carbone, le méthane et l'oxyde nitreux sont naturellement présents dans l'atmosphère, mais les émissions dues aux activités humaines ont porté les taux correspondants à des niveaux sans précédent. L'hexafluorure de soufre est un gaz synthétique aux effets dévastateurs sur l'atmosphère (1 kg équivaut à 22 200 kilogrammes, soit 22,2 tonnes, de dioxyde de carbone). Les hydrofluorocarbones (HFC) et les hydrocarbures perfluorés, qui sont aussi des gaz synthétiques, correspondent à des classes de produits chimiques; 1 kg de chaque équivaut à plusieurs tonnes de dioxyde de carbone en termes d'effet de serre.

Lorsque le système des Nations Unies a commencé à mobiliser l'opinion publique mondiale pour contrer la menace que font peser les changements climatiques, beaucoup estimaient encore qu'il s'agissait d'une simple théorie qui restait « à prouver ». Bien que minimes, les divergences de vues des membres de la communauté scientifiques faisaient beaucoup de bruit, tandis qu'on ne disposait pas encore de tous les moyens nécessaires pour établir des modèles de prévision. En 2006, la situation avait bien changé et, au début de 2007, le Groupe a publié son rapport le plus virulent jusqu'alors.

S'appuyant sur des modèles de prévision climatique beaucoup plus fiables et sur les données collectées et analysées, ainsi que sur les dernières publications scientifiques, le Groupe est parvenu à la conclusion, avec un degré de certitude de 90 %, qu'on observait déjà une importante hausse des températures moyennes et que ce phénomène, directement imputable aux activités humaines, s'accélérait. En outre, les conséquences, déjà visibles, s'aggraveraient si la communauté internationale ne prenait pas des mesures énergiques pour redresser la situation.

Dans son rapport, qui rendait compte des vues de climatologues de 40 pays et avait été approuvé par 113 gouvernements, le Groupe prévoyait une augmentation moyenne de la température mondiale d'environ 3 degrés Celsius, d'ici à la fin du siècle, si les émissions de gaz à effet de serre continuaient d'augmenter au rythme actuel.

Les conséquences seraient les suivantes : températures plus extrêmes, canicules, changements de direction des vents, aggravation des sécheresses dans certaines régions, précipitations plus fortes dans d'autres, fonte des glaciers et des glaces de l'Arctique et montée du niveau de la mer partout dans le monde. Par ailleurs, les cyclones tropicaux (typhons et ouragans) devraient être moins nombreux mais plus violents, les rafales de vent atteignant des vitesses supérieures et les précipitations étant plus fortes du fait du réchauffement des océans.

Le *Cadre d'action de Hyogo pour 2005-2015,* adopté par 168 États à la Conférence mondiale sur la prévention des catastrophes organisée par les Nations Unies à Kobe (Japon), comprend des recommandations visant à réduire les risques de catastrophes liées au climat. Tout compte fait, la seule solution efficace consiste à mettre un frein au réchauffement de la planète en retrouvant des niveaux de pollution de l'atmosphère viables.

Heureusement, les moyens d'y parvenir ont déjà été présentés et cet objectif peut être atteint si les États et les peuples du monde entier unissent leurs efforts en ce sens. Outre les mesures nationales envisagées dans la *Convention-cadre des Nations Unies sur les changements climatiques* et le *Protocole de Kyoto* s'y rapportant, les particuliers, les municipalités, les organisations non gouvernementales et autres organismes ont chacun un rôle à jouer. Ainsi, une des campagnes du PNUE visait à ce qu'un milliard d'arbres soient plantés dans le monde en 2007 pour atténuer les émissions de dioxyde de carbone.

Le 1er mars 2007, l'ONU a lancé un partenariat unique avec la ville de San Francisco, le Bay Area Council et diverses entreprises régionales dans le cadre d'une initiative qui présente des mesures que les entreprises et les villes du monde entier peuvent prendre pour lutter contre le réchauffement de la planète. L'ONU s'est par ailleurs félicitée du lancement, en 2007, à l'occasion de la Journée de la Terre, d'une « éco-initiative » (*green initiative*) dans la ville de New York, initiative destinée à réduire les conséquences des activités humaines pour l'eau, l'air et la terre.

Toujours au début de 2007, la Fondation pour les Nations Unies et l'organisation Sigma XI, the Scientific Research Society, ont publié un rapport, disponible en anglais uniquement, intitulé « Confronting Climate Change : Avoiding the Unmanageable and Managing the Unavoidable » (Lutte contre les changements climatiques : comment éviter l'ingérable et gérer l'inévitable). Elles y concluaient que la communauté internationale pourrait ralentir puis réduire considérablement les émissions de gaz à effet de serre à l'échelle mondiale au cours des prochaines décennies en prenant des mesures rentables et en tirant profit des technologies actuelles et futures. Le rapport contenait des recommandations générales portant notamment sur les normes d'efficience, les taxes sur les carburants et les mesures d'incitation visant à promouvoir l'achat de véhicules à haut rendement énergétique ou qui utilisent des carburants de remplacement.

Les décideurs y étaient invités à améliorer la conception et l'efficience des bâtiments commerciaux et résidentiels en établissant des codes de construction, des normes applicables au matériel et aux équipements et en encourageant les investissements à haut rendement énergétique au moyen de mesures d'incitation et de ressources financières. La communauté internationale y était pour sa part invitée, par l'intermédiaire du système des Nations Unies et des institutions multilatérales apparentées, à aider les pays qui en ont besoin à financer et utiliser les technologies à haut rendement énergétique et les nouvelles technologies énergétiques.

En avril 2007, le Conseil de sécurité a tenu un débat ouvert sur l'énergie, la sécurité et le climat, prenant ainsi une initiative sans précédent qui témoigne de l'urgence, pour la communauté internationale, de répondre de manière concertée au problème que posent les changements climatiques. Prenant la parole au cours de ce débat, le Secrétaire général Ban Ki-moon a déclaré que les changements climatiques « requièrent une action sur le long terme à l'échelle mondiale, conforme aux résultats scientifiques les plus récents et compatible avec le développement économique et social ».

Le 1ᵉʳ mai 2007, le Secrétaire général a décrit les changements climatiques comme étant l'un des problèmes essentiels de notre époque et en a fait un de ses domaines d'action prioritaires. Il a, par la suite, nommé trois envoyés spéciaux pour les changements climatiques. Il s'agit des personnalités suivantes : Gro Harlem Brundtland, ancien Premier Ministre de la Norvège et ancien Président de la Commission mondiale de l'environnement et du développement; Ricardo Lagos Escobar, ancien Président du Chili et fondateur de la Fondation pour la démocratie et le développement, qui œuvre en faveur du développement durable; et Han Seeung-soo, ancien Président de l'Assemblée générale et actuel chef du Korea Water Forum.

Les envoyés spéciaux ont examiné la question avec les personnalités politiques les plus éminentes, en particulier les dirigeants nationaux. Ils ont également formulé des propositions dans la perspective de la manifestation de haut niveau sur les changements climatiques organisée à l'initiative du Secrétaire général le 24 septembre 2007, au cours de laquelle le Secrétaire général a examiné la question avec les chefs d'États et de gouvernements et hauts représentants de plus de 150 pays, et de la Conférence des parties à la Convention-cadre sur les changements climatiques tenue sous les auspices de l'ONU, à Bali (Indonésie) du 3 au 14 décembre 2007.

Rapport de synthèse sur les changements climatiques

Le 17 novembre 2007, le Groupe d'experts intergouvernemental sur l'évolution du climat (GIEC) a publié un rapport de synthèse récapitulant les nombreuses informations contenues dans les trois rapports publiées précédemment la même année. Y figuraient notamment les observations suivantes :

- « Il est indéniable que le système climatique se réchauffe, comme le démontrent la hausse constatée des températures moyennes de l'atmosphère et des océans à l'échelle planétaire, la fonte généralisée des neiges éternelles et des glaciers et la hausse du niveau moyen des océans … La hausse des températures, qui touche l'ensemble de la planète, est plus marquée dans les latitudes nord les plus élevées.

- « Les émissions de gaz à effet de serre dues aux activités humaines ont augmenté depuis le début de l'ère industrielle, une augmentation de 70 % ayant été observée de 1970 à 2004 … Il est largement reconnu et prouvé que les politiques actuelles d'atténuation des effets des changements climatiques et les mesures connexes en faveur du développement durable ne suffiront pas à mettre un terme à l'augmentation des émissions de gaz à effet de serre au cours des prochaines décennies.

- « Si les taux actuels d'émissions de gaz à effet de serre sont maintenus ou dépassés, le réchauffement climatique se poursuivra, ce qui pourrait provoquer de nombreux changements dans le système climatique de la planète au cours du XXIe siècle … Le réchauffement anthropique pourrait avoir des conséquences brusques ou irréversibles.

- « Il est de plus en plus manifeste, preuves à l'appui, que les changements climatiques ont des conséquences avérées sur des systèmes uniques et vulnérables (tels que les populations et les écosystèmes des régions polaires et de haute montagne) et que les effets sont de plus en plus néfastes à mesure que les températures augmentent.

- « Il est de plus en plus probable que les études prévoyant une augmentation des cas de sécheresse, canicule et inondation s'avèrent exactes, y compris au sujet des conséquences de ces catastrophes.

- « Il est de plus en plus manifeste que certains groupes sont plus vulnérables, notamment les pauvres et les personnes âgées, non seulement dans les pays en développement mais aussi dans les pays développés. Il est également de plus en plus manifeste que les régions situées à basse latitude et moins avancées sont d'une manière générale plus exposés aux risques, notamment les régions sèches et les mégadeltas … L'élévation du niveau de la mer du fait du réchauffement est inévitable.

- « Les États ont à leur disposition toute une batterie de mesures et d'instruments d'incitation aux fins de l'atténuation des effets des changements climatiques … Il est généralement admis et manifeste que la Convention-cadre des Nations Unies sur les changements climatiques et le Protocole de Kyoto s'y rapportant ont donné des résultats remarquables, notamment la mobilisation de la communauté internationale qui mène une action concertée contre les changements climatiques, l'élaboration de diverses mesures nationales, et la création d'un marché international de droits d'émission de carbone et de nouveaux mécanismes institutionnels qui pourraient servir de base aux futures mesures d'atténuation. »

(La version intégrale du rapport, en anglais uniquement, est disponible sur le site www.unfccc.int)

En septembre 2007, le secrétariat de la *Convention-cadre des Nations Unies sur les changements climatiques* et le PNUE ont inauguré un site Web destiné à appuyer le mécanisme pour un développement propre (MDP) dans le cadre du *Protocole de Kyoto*. Le MDP permet aux parties de gagner des crédits de réduction d'émissions certifiée (REC) pour des projets qui réduisent les émissions de gaz à effet de serre dans les pays en développement et contribuent au développement durable. Les pays industrialisés peuvent ensuite acheter ces crédits pour honorer une partie de leurs engagements de réduction d'émissions dans le cadre du *Protocole* (voir le site *www.cdmbazaar.net*).

Appauvrissement de la couche d'ozone. La couche d'ozone est une fine couche de gaz dans la stratosphère (à une distance supérieure à 10 kilomètres de la Terre) qui protège la surface de la Terre des dommages causés par les rayons ultraviolets du soleil. Au milieu des années 70, on a découvert que certaines substances chimiques artificielles, notamment les chlorofluorocarbones (CFC) utilisés pour la réfrigération, la climatisation et le nettoyage industriel détruisaient l'ozone atmosphérique et appauvrissaient la couche d'ozone. Cette question préoccupe de plus en plus la communauté internationale, sachant qu'une exposition excessive aux rayons ultraviolets peut provoquer des cancers de la peau et des cataractes, détruire le système immunitaire de l'homme et endommager de façon imprévisible les plantes, les algues, la chaîne alimentaire et l'ensemble de l'écosystème.

Face à ce défi, le PNUE a participé aux négociations sur la *Convention de Vienne pour la protection de la couche d'ozone* (1985), accord qui a fait date, ainsi que sur le *Protocole de Montréal* (1987) et ses amendements et en assure l'administration. En vertu de ces accords, les pays développés ont interdit la fabrication et la vente de chlorofluorocarbones et les pays en développement doivent en arrêter la production d'ici à 2010. Des échéances ont également été établies pour l'élimination progressive d'autres substances qui appauvrissent la couche d'ozone.

« Le *Protocole de Montréal* marche », selon une évaluation scientifique de l'appauvrissement de la couche d'ozone publiée par le Secrétariat de l'ozone du PNUE en 2006. On observe, en effet, une réduction des substances appauvrissant la couche d'ozone dans l'atmosphère inférieure et dans la stratosphère, et les signes avant-coureurs de la « reconstitution de la couche d'ozone » dans la stratosphère. Néanmoins, comme indiqué dans le rapport d'évaluation, le non-respect des dispositions du *Protocole de Montréal* pourrait retarder voire empêcher la reconstitution de la couche d'ozone. Toutefois, si les États parties cessaient toute émission de substances appauvrissant la couche d'ozone peu après 2006, le processus de reconstitution prendrait une quinzaine d'années d'avance et la couche d'ozone retrouverait les niveaux d'avant 1980 d'ici à 2035 (voir le site *www.ozone.unep.org*).

Pour plus d'informations sur les activités que mène l'ONU pour lutter contre ce grave problème, voir le « Portail de l'action du système des organismes des Nations Unies sur les changements climatiques » (*www.un.org/french/climatechange*).

Petites îles

Une cinquantaine de petits États et territoires insulaires en développement partagent un certain nombre de handicaps. La fragilité de leurs écosystèmes, leur petite taille, la faiblesse de leurs ressources et leur éloignement des marchés mondiaux limitent leur capacité à tirer parti de la mondialisation et freinent considérablement leur développement socioéconomique. Le développement durable pose des problèmes particuliers pour les territoires insulaires et la communauté internationale. Depuis le Sommet planète Terre de 1992, on considère que les petits États et territoires insulaires représentent un cas particulier, tant du point de vue de l'environnement que du développement.

Le *Programme d'action* adopté à l'occasion de la Conférence mondiale sur le développement durable des petits États insulaires en développement (Barbade, 1994) prévoit des politiques, orientations et mesures à tous les niveaux afin de promouvoir le développement durable de ces États. En janvier 2005, les représentants de la communauté internationale, réunis à Maurice pour examiner, dix ans après, le *Programme de la Barbade,* ont approuvé une série de recommandations diverses et variées destinées à en faciliter l'application.

La *Stratégie de Maurice* pour la poursuite de la mise en œuvre du Programme d'action pour le développement durable des petits États insulaires en développement porte sur des questions telles que : les changements climatiques et l'élévation du niveau des mers; les catastrophes naturelles et écologiques; la gestion des déchets; les ressources côtières, maritimes, en eau douce, terrestres, énergétiques, touristiques et la diversité biologique; les transports et les communications; les sciences et techniques; la mondialisation et la libéralisation du commerce; la production et la consommation durables, le développement des capacités

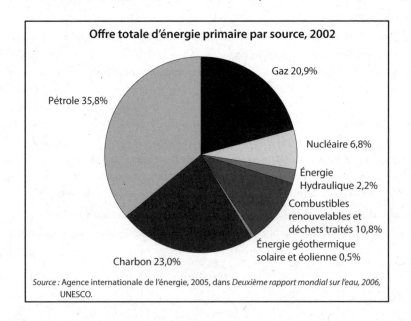

Offre totale d'énergie primaire par source, 2002

Gaz 20,9%

Pétrole 35,8%

Nucléaire 6,8%

Énergie Hydraulique 2,2%

Combustibles renouvelables et déchets traités 10,8%

Énergie géothermique solaire et éolienne 0,5%

Charbon 23,0%

Source : Agence internationale de l'énergie, 2005, dans *Deuxième rapport mondial sur l'eau, 2006,* UNESCO.

et l'éducation au service du développement durable; la santé; la culture; la gestion du savoir et des informations au service de la prise de décisions (voir le site *www.un.org/ohrlls*).

Mise en valeur durable des forêts

Le commerce international des produits forestiers génère quelque 270 milliards de dollars par an et fait vivre plus de 1,6 milliard de personnes. Fondement du savoir autochtone, les forêts sont particulièrement précieuses d'un point de vue socioculturel. De plus, les écosystèmes forestiers jouent un rôle essentiel dans l'atténuation des effets des changements climatiques et dans la protection de la diversité biologique. Pourtant, chaque année, quelque 13 millions d'hectares de forêts sont perdus dans le monde du fait de la déforestation, pratique qui plus est à l'origine de 20 % de l'ensemble des émissions de gaz à effet de serre contribuant au réchauffement de la planète. Les forêts et sols forestiers du monde stockent plus de mille milliards de tonnes de carbone, soit deux fois le volume présent dans l'atmosphère.

Chaque jour, quelque 350 kilomètres carrés de couvert forestier sont perdus dans le monde, essentiellement du fait de l'exploitation non rationnelle du bois d'œuvre, de la conversion de forêts en terres agricoles, de pratiques de gestion des sols non rationnelles et de la création d'établissements humains. L'ONU joue un rôle de premier plan dans l'action menée en faveur d'une gestion durable des forêts depuis le Sommet planète Terre de 1992, au cours duquel les participants ont adopté une déclaration de principe sur les forêts non contraignante.

De 1995 à 2000, le Groupe intergouvernemental sur les forêts et le Forum intergouvernemental sur les forêts étaient les principales instances intergouvernementales à s'occuper de la mise au point de politiques forestières, sous la houlette de la Commission du développement durable. En octobre 2000, le Conseil économique et social a créé le **Forum des Nations Unies sur les forêts,** organe intergouvernemental de haut niveau chargé de renforcer les engagements politiques à long terme en faveur de la gestion durable des forêts.

En avril 2007, après 15 années de négociation, les membres du Forum ont adopté un accord historique de coopération et de formulation de politiques internationales forestières. Bien que non contraignant, cet instrument établit une norme en matière de gestion des forêts et devrait faciliter considérablement la lutte contre la déforestation, la prévention de la dégradation des forêts, la promotion de moyens de subsistances rationnels et la réduction de la pauvreté pour toutes les populations qui dépendent des forêts. Il invite également les pays à adopter, d'ici à 2009, un mécanisme international volontaire de financement de la gestion des forêts.

À la demande du Conseil économique et social, les chefs de secrétariat des organisations internationales compétentes ont créé un **Partenariat sur les forêts,** dont les 14 membres encouragent une coopération et une coordination accrues à l'appui des objectifs du Forum des Nations Unies sur les forêts et de la mise en valeur durable des forêts au niveau mondial. En décembre 2006, l'Assemblée générale a proclamé 2011 **Année internationale des forêts** en vue de promouvoir la réalisation de ces objectifs (voir le site *www.un.org/esa/forests*).

Désertification

Les déserts sont des environnements rigoureux, secs et peu peuplés. Les terres arides, qui couvrent 41 % des terres émergées de la planète, sont caractérisées par de faibles précipitations et des taux d'évaporation élevés. Elles abritent plus de 2 milliards de personnes, dont la moitié du nombre total de personnes vivant dans la pauvreté dans le monde. Environ 1,8 milliard de ces personnes vivent dans des pays en développement et sont très en retard sur le reste de la population mondiale en termes d'indicateurs de bien-être et de développement.

Le terme désertification désigne la « dégradation des terres dans les zones arides, semi-arides et subhumides sèches par suite de divers facteurs, parmi lesquels les variations climatiques et les activités humaines ». La dégradation des terres est elle-même définie comme étant la réduction ou la disparition de la productivité biologique ou économique des zones sèches. Ses principales causes d'origine humaine sont la surexploitation des terres, le surpâturage, la déforestation et l'insuffisance de l'irrigation. Le PNUE estime qu'elle touche un tiers de la surface de la Terre et plus d'un milliard de personnes dans plus de 110 pays. L'Afrique subsaharienne, où 66 % de la surface terrestre est couverte de désert ou de zone aride, est particulièrement vulnérable.

Les conséquences de la désertification et de la sécheresse sont notamment l'insécurité alimentaire, la famine et la pauvreté. Les tensions sociales, économiques et politiques qui en découlent peuvent créer des conflits, appauvrir les populations et accentuer la dégradation des terres. L'accélération de la désertification dans le monde entier risque fort de faire des millions de pauvres supplémentaires, contraints de chercher de nouvelles habitations et de nouveaux moyens de subsistance.

La *Convention des Nations Unies sur la lutte contre la désertification dans les pays gravement touchés par la sécheresse et/ou la désertification, en particulier en Afrique* (1994) vise à apporter une solution à ce problème. Elle porte en particulier sur la régénération des terres, l'amélioration de leur rendement et leur préservation, et aussi sur la mise en valeur des ressources terrestres et hydrologiques. Une large place y est faite à la création d'un environnement favorable qui permette aux populations locales de se prendre en charge pour inverser le processus de dégradation des sols. On y trouve également des critères à l'intention des pays touchés qui doivent se doter de programmes d'action nationaux. La Convention assigne aux ONG un rôle sans précédent dans l'élaboration et l'exécution de ces programmes. Cet instrument, ratifié par 192 États, est entré en vigueur en 1996 (voir le site *www.unccd.int*).

De nombreux organismes des Nations Unies participent à la lutte contre la désertification. Le PNUD finance des activités contre la désertification par l'intermédiaire de son Centre de développement des terres arides, qui opère à partir de Nairobi (voir le site *www.undp.org/drylands*). Le FIDA a engagé plus de 3,5 milliards de dollars en 27 ans au titre de projets de développement des terres arides. La Banque mondiale organise et finance des programmes visant à protéger les terres arides fragiles et à améliorer leur rendement agricole. La FAO fournit une aide pratique aux gouvernements pour assurer le développement durable de leur agriculture. De plus, le PNUE appuie des programmes d'action régionaux, des activités d'évaluation des données, de renforcement des capacités et de sensibilisation au problème de la désertification.

Soucieuse de sensibiliser davantage le public à ces questions, l'Assemblée générale a proclamé 2006 **Année internationale des déserts et de la désertification** et invité les pays, les organisations internationales et la société civile à y participer activement (voir le site *www.iydd.org*).

Diversité biologique, pollution et pêche excessive

La **diversité biologique,** c'est-à-dire la variété des espèces végétales et animales, est indispensable à la survie de l'homme. La *Convention des Nations Unies sur la diversité biologique* (1992), qui a été signée par 190 États, a pour objectif la protection et la préservation des espèces animales et végétales et de leur habitat. La Convention oblige les pays à préserver la diversité biologique, à assurer son développement durable et à prévoir un partage juste et équitable des avantages dérivés de l'utilisation des ressources génétiques. Le Protocole de Cartagena sur la prévention des risques biotechnologiques relatif à la Convention, qui est entré en vigueur en 2003, vise à garantir l'utilisation sans danger des organismes génétiquement modifiés. Il compte 143 États parties (voir le site *www.cbd.int*).

Les espèces menacées bénéficient également de la protection de la *Convention sur le commerce international des espèces sauvages menacées d'extinction* (1973), qui est administrée par le PNUE. Les 172 États parties se réunissent périodiquement pour mettre à jour la liste des espèces végétales ou animales ou des produits, comme l'ivoire, qui devraient être protégés par des quotas ou des interdictions pures et simples (voir le site *www.cites.org*). La *Convention sur la conservation des espèces migratrices appartenant à la faune sauvage* (Convention de Bonn) de 1979 et une série d'accords complémentaires sont axés sur la protection des espèces migratoires terrestres, marines et aviaires et de leurs habitats; 104 États sont parties à cet instrument (voir le site *www.cms.int*).

Le Programme sur l'homme et la biosphère de l'UNESCO jette les bases, dans le domaine des sciences naturelles et sociales, du développement durable et de la préservation de la diversité biologique, ainsi que de l'amélioration des relations entre les peuples et leur environnement à l'échelle mondiale. Il propose un programme interdisciplinaire de recherches, travaux pratiques et formation utilisant les réserves de la biosphère comme autant de laboratoires vivants au service du développement durable (voir le site *www.unesco.org/mab*).

Pluies acides.   Les pluies acides causées par des émissions de dioxyde de soufre provenant des procédés de fabrication industrielle ont été réduites de manière notable dans la plus grande partie de l'Europe et de l'Amérique du Nord grâce à la *Convention sur la pollution atmosphérique transfrontière à longue distance* (1979). La Convention, à laquelle 51 États sont parties, est administrée par la Commission économique des Nations Unies pour l'Europe. Elle a été complétée par huit protocoles qui portent notamment sur les points suivants : l'ozone troposphérique, les polluants organiques persistants, les métaux lourds, une nouvelle réduction des émissions de soufre, les composés organiques volatils et les oxydes d'azote (voir le site *www.unece.org/env/lrtap*).

Déchets et produits chimiques dangereux. Pour contrôler les millions de tonnes de déchets toxiques qui traversent les frontières chaque année, les États Membres ont négocié en 1989 la *Convention de Bâle sur le contrôle des mouvements transfrontières de déchets dangereux et de leur élimination,* qui est administrée par le PNUE. Le traité, auquel 170 États sont parties, a été renforcé en 1995 pour interdire l'exportation de déchets toxiques en direction des pays en développement, qui bien souvent ne possèdent pas les moyens techniques leur permettant de s'en débarrasser en toute sécurité. En 1999, les États Membres ont adopté le *Protocole de Bâle sur la responsabilité et l'indemnisation en cas de dommage* afin de déterminer les responsabilités financières en cas de déversement illégal ou de rejet accidentel de déchets dangereux (voir le site *www.basel.int*).

Pêche hauturière. La surexploitation des stocks de poissons et le quasi-épuisement de nombreuses espèces ayant une valeur commerciale, ainsi que l'intensification de la pêche en haute mer pratiquée en toute illégalité et échappant à toute réglementation et à toute déclaration ont incité les gouvernements à demander des mesures pour conserver et gérer de façon durable les bancs de poissons dont les migrations s'effectuent sur d'immenses distances ou qui traversent les zones économiques exclusives de plus d'un pays. L'*Accord des Nations Unies sur les stocks chevauchants et les stocks de poissons grands migrateurs* (1995), qui est entré en vigueur en décembre 2001, instaure un régime axé sur la conservation et la gestion des stocks de poissons afin d'assurer leur survie à long terme et leur exploitation rationnelle. Soixante-sept États, dont ceux de la Communauté européenne sont parties à cet instrument (voir le site *www.un.org/Depts/los*).

Protection du milieu marin

Les océans couvrent les deux tiers de la surface du globe, et leur protection est devenue l'une des grandes préoccupations du système des Nations Unies. Le travail accompli par le PNUE et, plus particulièrement, les initiatives variées qu'il a engagées pour protéger le milieu marin ont attiré l'attention de la communauté internationale sur les mers et les océans. L'**Organisation maritime internationale (OMI)** est l'institution spécialisée des Nations Unies chargée de prendre des mesures pour prévenir la pollution des mers par les navires et améliorer la sécurité des transports maritimes au plan international. Malgré l'expansion considérable du secteur des transports maritimes internationaux, la pollution par les hydrocarbures provenant des navires a été réduite de 60 % environ dans les années 80 et continue de diminuer. Cela s'explique, d'une part, par l'adoption de méthodes plus strictes permettant de contrôler l'élimination des déchets et, d'autre part, par le renforcement des contrôles dans le cadre des conventions (voir le site *http ://oils.gpa.unep.org*).

La *Convention internationale pour la prévention de la pollution des eaux de la mer par les hydrocarbures,* instrument novateur, a été adoptée en 1954, et l'OMI a pris en main son administration en 1959. À la fin des années 60, les accidents de pétroliers qui se sont produits ont conduit à l'adoption de nouvelles mesures. Depuis, l'OMI a pris de nombreuses initiatives destinées à prévenir les accidents en mer et les marées noires, à atténuer leurs conséquences et à combattre la pollution marine, notamment celle causée par le déversement en mer de déchets résultant d'activités terrestres.

Ces instruments sont les suivants : la *Convention internationale sur l'intervention en haute mer en cas d'accident entraînant ou pouvant entraîner une pollution par les hydrocarbures* (1969), la *Convention sur la prévention de la pollution des mers résultant de l'immersion de déchets et autres matières* (1972) et la *Convention internationale sur la préparation, la lutte et la coopération en matière de pollution par les hydrocarbures* (1990).

L'OMI s'est également penchée sur la menace que font peser sur l'environnement les opérations de routine, comme le nettoyage des citernes à cargaison des pétroliers et le rejet des eaux de cale de la tranche des machines, menace quantitativement plus importante que les accidents. Le principal instrument adopté à cet effet est la *Convention internationale pour la prévention de la pollution par les navires* (1973) *telle que modifiée par le Protocole de 1978* (MARPOL 73/78). Cet instrument porte non seulement sur la pollution par les hydrocarbures liée aux accidents et à l'exploitation des navires, mais aussi sur la pollution provoquée par les produits chimiques, les marchandises en colis, les eaux usées et les ordures. Une nouvelle Annexe, adoptée en 1997, porte sur la prévention de la pollution de l'atmosphère par les navires. En vertu des amendements à la Convention adoptés en 1992, tous les pétroliers neufs doivent être équipés de doubles coques ou conçus de manière à offrir une protection équivalente de la cargaison en cas de collision ou d'échouement. La réglementation prévoit l'élimination progressive des navires-citernes à simple coque existants d'ici à 2010, délai reporté à 2015 dans certains cas.

Deux instruments de l'OMI, à savoir la *Convention internationale sur la responsabilité civile pour les dommages dus à la pollution par les hydrocarbures* (Convention CLC) et la *Convention internationale portant création d'un Fonds international d'indemnisation pour les dommages dus à la pollution par les hydrocarbures* (Convention FUND), ont facilité l'adoption d'un régime d'indemnisation pour les personnes à qui la pollution a fait subir un préjudice financier. Ces instruments, adoptés en 1969 et en 1971, puis révisés en 1992, permettent aux victimes de dommages de pollution par les hydrocarbures d'être indemnisées selon une procédure beaucoup plus simple et rapide qu'auparavant.

Météorologie, climat et eau

Qu'il s'agisse d'établir des prévisions météorologiques, d'effectuer des recherches sur les changements climatiques ou de détecter suffisamment tôt les catastrophes naturelles, l'**Organisation météorologique mondiale (OMM)** coordonne, à l'échelle mondiale, les activités scientifiques visant à fournir rapidement des données fiables sur la météorologie, le climat et les milieux hydrologique et atmosphérique. Elle s'adresse notamment au grand public, aux gouvernements et à des secteurs tels que l'aviation, les transports maritimes et la production énergétique. Les programmes et activités de l'OMM contribuent à la protection de la vie et des biens, au développement économique et social durables et à la protection de l'environnement (voir le site *www.wmo.int*).

Dans le système des Nations Unies, l'OMM fait autorité sur les questions relatives à l'atmosphère et au climat de la Terre. Ses attributions sont les suivantes : organiser et faciliter la coopération internationale en créant et en gérant des réseaux de stations chargées de l'observation météorologique, hydrologique et autres; favoriser l'échange rapide d'informations météorologiques, la normalisation des observations météorologiques et la publication uniforme d'observations et de statistiques; encourager l'application de la météorologie à l'aviation, aux transports maritimes, à l'agriculture et à d'autres activités socioéconomiques tributaires des conditions météorologiques; favoriser la mise en valeur des ressources en eau; encourager la recherche et la formation.

Le programme *Veille météorologique mondiale*, qui est au cœur des activités de l'OMM, offre des informations constamment actualisées sur la météorologie mondiale. Il repose sur des dispositifs d'observation et de télécommunication exploités par les États membres et les territoires : plus de 15 satellites, 3 000 aéronefs, 10 000 stations d'observation au sol, 7 300 stations sur navire, 1 000 balises amarrées et 600 balises flottantes, équipés de stations météorologiques automatiques. Les données, analyses et prévisions qui en découlent sont échangées chaque jour, gratuitement et sans restriction, entre les centres de l'OMM et les bureaux météorologiques de chaque pays. Les prévisions météorologiques à cinq jours sont aujourd'hui aussi fiables que ne l'étaient il y a une vingtaine d'années les prévisions à deux jours.

C'est par l'intermédiaire de l'OMM que des accords complexes sur les normes, les codes, les mesures et les communications météorologiques sont conclus au plan international. Un *Programme concernant les cyclones tropicaux* aide plus de 50 pays qui se trouvent sur le passage des cyclones à atténuer les dégâts matériels et les pertes en vies humaines en améliorant les systèmes de prévision et d'alerte et les dispositifs de préparation en cas de catastrophe. L'OMM intègre dans son *Programme de prévention des catastrophes naturelles et d'atténuation de leurs effets* plusieurs des activités qu'elle mène afin de prévenir les catastrophes naturelles en veillant à les coordonner avec les activités connexes d'organisations internationales, régionales et nationales, y compris les organismes de défense civile, en particulier dans les domaines de l'évaluation des risques, des systèmes d'alerte rapide et du renforcement des capacités. Le Programme lui fournit l'appui scientifique et technique dont elle a besoin pour faire face aux catastrophes naturelles.

Grâce aux données qu'il permet de recueillir et de conserver, le *Programme climatologique mondial* aide les gouvernements à s'adapter aux changements climatiques. Les gouvernements se servent des données recueillies pour affiner leurs activités de planification économique et sociale et mieux comprendre les phénomènes climatiques. Le programme permet de déceler les variations climatiques (telles que les phénomènes El Niño et La Niña) et de prévoir leurs effets plusieurs mois à l'avance ainsi que les changements naturels ou dus aux activités humaines qui risquent d'avoir des conséquences sur des activités cruciales. En 1988, l'OMM et le PNUE ont créé le Groupe d'experts intergouvernemental sur l'évolution du climat (GIEC) et l'ont chargé d'évaluer tous les éléments disponibles sur les changements climatiques.

Le *Programme pour la recherche atmosphérique et l'environnement* a pour objet de coordonner la recherche sur la structure et la composition de l'atmosphère, la physique et la chimie des nuages, les modifications des conditions météorologiques, la météorologie tropicale et les prévisions météorologiques. Il aide les États membres à mener des projets de recherche, à diffuser les données scientifiques et à intégrer les résultats de la recherche dans les techniques de prévision et autres. Dans le cadre du programme *Veille de l'atmosphère globale,* un réseau de stations et satellites mondiaux et régionaux permet de surveiller le niveau des gaz à effet de serre, de l'ozone, des radionucléides et d'autres traces de gaz et de particules dans l'atmosphère.

Le *Programme des applications météorologiques* aide les pays à appliquer la météorologie à la protection de la vie et des biens et au développement socioéconomique. Il vise à améliorer les services d'information météorologique destinés au public, à augmenter la sécurité des transports maritimes et aériens, à réduire les effets de la désertification et à améliorer l'agriculture et la gestion de l'eau, de l'énergie et autres ressources. Dans le domaine agricole, par exemple, la diffusion rapide de bulletins météorologiques peut contribuer à réduire sensiblement les pertes dues à la sécheresse, aux parasites et aux maladies.

Le *Programme d'hydrologie* et de mise en valeur des ressources en eau permet d'évaluer, de gérer et de préserver les ressources mondiales en eau. Il vise à encourager la coopération mondiale pour l'évaluation des ressources en eau et la mise en place de réseaux et de services hydrologiques et porte sur la collecte et le traitement de données, la prévision et l'alerte hydrologiques, et la communication de données météorologiques et hydrologiques dans le cadre de plans d'aménagement. Il facilite, par exemple, la coopération dans les bassins hydrographiques communs à plusieurs pays et offre des prévisions spécialisées aux régions sujettes aux inondations, contribuant ainsi à protéger la vie et les biens.

Le *Programme spatial* a été créé afin de faciliter le développement du Système d'observation mondial du programme *Veille météorologique mondiale* et des systèmes d'observation d'autres programmes de l'OMM. Son objectif est de fournir des données, des produits et des services de façon continue et d'en faciliter la diffusion et l'utilisation dans le monde entier. Le *Programme d'éducation et de formation* encourage les échanges de connaissances scientifiques au moyen des activités suivantes : cours, séminaires et conférences, élaboration de programmes d'enseignement, présentation de nouvelles techniques et documents pédagogiques, et appui aux centres de formation. Il permet chaque année à plusieurs centaines de spécialistes du monde entier de suivre des cours de perfectionnement.

Le *Programme de coopération technique* aide les pays en développement à obtenir les services d'experts et le matériel dont ils ont besoin pour améliorer leurs services météorologiques et hydrologiques nationaux. Il encourage le transfert des technologies et des connaissances et des données météorologiques et hydrologiques. Le Programme régional sert à appuyer la mise en œuvre de programmes et d'activités à caractère régional par l'intermédiaire des quatre bureaux régionaux et six bureaux sous-régionaux de l'OMM.

Ressources naturelles et énergie

Le système des Nations Unies aide depuis longtemps les pays à gérer leurs ressources naturelles. Dès 1952, l'Assemblée générale déclarait que les pays en développement avaient « le droit de disposer librement de leurs ressources naturelles » et qu'ils devaient les utiliser pour faire progresser l'exécution de leurs plans de développement économique conformément à leurs intérêts nationaux.

Organisme du Conseil économique et social, composé de 24 experts désignés par les gouvernements, le **Comité de l'énergie et des ressources naturelles au service du développement** définit, en collaboration avec la **Commission du développement durable,** les principes directeurs des politiques et des stratégies à l'intention du Conseil et des gouvernements. Son Sous-Groupe sur l'énergie étudie les tendances et les questions liées à la mise en valeur des énergies et s'occupe également de coordonner les activités du système des Nations Unies dans le domaine de l'énergie. Le Sous-Groupe sur les ressources en eau examine les questions qui ont trait à la gestion intégrée des ressources terrestres et hydrologiques.

Ressources en eau.   On estime qu'un milliard de personnes n'ont pas suffisamment accès à l'eau. On entend par là qu'elles n'ont accès, dans un rayon d'un kilomètre, à aucune source capable de fournir 20 litres d'eau par personne et par jour. Un accès raisonnable suppose également l'accès à une source comprenant des raccordements au réseau, des bornes-fontaines publiques, des puits tubulaires avec pompe à main, des puits couverts, des sources couvertes et des systèmes de collecte des eaux pluviales.

L'ONU se préoccupe depuis longtemps de la crise mondiale provoquée par les ponctions croissantes opérées sur les ressources en eau de la planète pour couvrir les besoins de l'homme, de l'industrie et de l'agriculture, ainsi que pour l'assainissement de base, comme en attestent la Conférence des Nations Unies sur l'eau (1977), la Décennie internationale de l'eau potable et de l'assainissement (1981-1990), la Conférence internationale sur l'eau et l'environnement (1992), le Sommet planète Terre (1992), autant de manifestations consacrées à cette ressource vitale. La Décennie, en particulier, a permis à environ 1,3 milliards de personnes d'avoir accès à l'eau potable dans les pays en développement.

Parmi les causes de l'insuffisance de l'approvisionnement en eau figurent l'exploitation inefficace des ressources, la dégradation de l'eau du fait de la pollution et la surexploitation des réserves en eau souterraine. Les mesures correctives entreprises visent à mieux gérer les ressources en eau douce, qui sont limitées, en accordant une attention particulière à l'offre et à la demande, à la quantité et à la qualité. Les activités du système des Nations Unies sont axées sur la mise en valeur durable des ressources en eau douce, particulièrement vulnérables et limitées, qui sont de plus en plus mises à mal par la croissance démographique, la pollution et la demande des secteurs agricole et industriel (voir le site *www.unep.org/themes/freshwater*).

Consciente de l'importance vitale de l'eau dans de nombreux aspects de la santé, du développement et du bien-être de l'homme, la communauté internationale a établi des cibles spécifiques relatives à l'eau pour chacun des objectifs du Millénaire pour le développement. Elles portent sur les objectifs visant à : éliminer la pauvreté extrême et la famine; assurer l'éducation primaire universelle; promouvoir l'égalité des sexes et l'autonomisation des femmes; réduire la mortalité infantile; améliorer la santé maternelle; combattre le VIH/sida, le paludisme et autres maladies; préserver l'environnement; et développer un partenariat mondial au service du développement.

En vue de sensibiliser davantage l'opinion publique à l'importance d'une mise en valeur avisée des ressources en eau douce, l'Assemblée générale a déclaré 2003 Année internationale de l'eau douce. Toujours en 2003, le Conseil des chefs de secrétariat (CCS), organe de coordination du système des Nations Unies, a créé le mécanisme interinstitutions « ONU-Eau », chargé de coordonner l'ensemble des activités que mènent les organismes du système pour réaliser les objectifs relatifs à l'eau énoncés dans la *Déclaration du Millénaire* et lors du Sommet mondial pour le développement durable (2002) [voir les sites *www.unwater.org* et *www.un.org/issues/m-water.html*].

Afin de renforcer encore l'action menée à l'échelle mondiale pour atteindre les cibles relatives à l'eau établies dans les OMD, l'Assemblée générale a proclamé la période 2005-2015 Décennie internationale d'action sur le thème « L'eau, source de vie ». Le 22 mars, date de lancement de la Décennie en 2005, a également été déclaré Journée mondiale de l'eau, célébrée chaque année. En 2006, l'UNESCO, « ONU-Eau » et les partenaires nationaux ont publié la deuxième édition du *Rapport mondial sur la mise en valeur des ressources en eau*, publication triennale des Nations Unies qui présente une analyse des données et tendances relatives aux ressources en eau douce de la planète (voir les sites *www.un.org/waterforlifedecade* et *www.unesco.org/water/wwap/partners/index.shtml*).

D'après ce rapport, les activités menées actuellement devraient permettre d'atteindre la cible consistant à « réduire de moitié, d'ici à 2015, le pourcentage de la population qui n'a pas accès de façon durable à l'eau potable ».

Assainissement.   Il est estimé dans le *Rapport mondial sur la mise en valeur des ressources en eau, 2006* que 2,6 milliards de personnes n'ont pas accès à des services d'assainissement de base, à savoir le raccordement au tout-à-l'égout ou à une fosse septique; les latrines à chasse d'eau rudimentaire; les latrines à fosse simple; les latrines à fosse, améliorées et autoventilées.

Pour faire face à ce problème, le *Plan de mise en œuvre de Johannesburg*, adopté lors du Sommet mondial pour le développement durable, établit les objectifs ci-après : faire en sorte, d'ici à 2025, que des services d'assainissement soient assurés dans toutes les zones rurales; améliorer les équipements sanitaires dans les établissements publics, particulièrement dans les écoles; promouvoir des pratiques d'hygiène sûres; promouvoir l'emploi de technologies et de pratiques abordables et socialement et culturellement acceptables; intégrer l'assainissement dans les stratégies de gestion des ressources en eau; mettre au point des modes de financement et des partenariats novateurs; et renforcer les réseaux d'information existants.

Si des progrès considérables ont été accomplis dans la réalisation des objectifs convenus à l'échelle internationale au sujet de l'eau potable, en matière d'assainissement les résultats sont décevants. D'après le *Rapport mondial sur la mise en valeur des ressources en eau* (2006), il faudra redoubler de volonté et d'efforts pour atteindre l'objectif consistant à « réduire de moitié, d'ici à 2015, la proportion de personnes ... qui n'ont pas accès à des services d'assainissement de base ». Afin de sensibiliser l'opinion publique à ce problème, d'encourager les gouvernements à prendre des mesures efficaces et d'inciter les collectivités à améliorer leurs habitudes en matière d'assainissement et d'hygiène, par l'intermédiaire de campagnes axées sur l'assainissement, la santé et l'éducation, l'Assemblée générale a déclaré 2008 Année internationale de l'assainissement.

Énergie. Quelque 1,6 milliard de personnes n'ont toujours pas accès à l'électricité et 2,4 milliards de personnes n'ont pas accès à des combustibles modernes pour la cuisson et le chauffage. Or, si l'énergie, lorsqu'elle est correctement gérée, est indispensable au développement économique et à l'élimination de la pauvreté, les effets écologiques et sanitaires des systèmes énergétiques conventionnels sont un sujet de préoccupation. En outre, l'augmentation de la consommation d'énergie par habitant, conjuguée à la pression démographique, n'est pas viable si l'on continue à utiliser les systèmes actuels.

Le système des Nations Unies mène de très nombreuses activités dans le domaine de l'énergie dans les pays en développement, qui vont des activités de sensibilisation, de formation et de renforcement des capacités jusqu'à l'appui aux programmes de réforme en passant par la fourniture de services d'énergie. Bien que l'on tente de se tourner vers des sources d'énergie renouvelables nettement moins polluantes, l'énergie produite de la sorte ne suffit pas encore à répondre à la demande. Il importe donc d'accroître le rendement énergétique des combustibles fossiles et d'adopter des modes de production et de consommation moins polluants dans la marche vers le développement durable.

Les organismes du système des Nations Unies ont concerté leurs efforts pour relever ce défi, notamment en vue d'atteindre les objectifs du Millénaire pour le développement. En 2004, le Conseil des chefs de secrétariat a créé « ONU-Énergie », principal mécanisme interinstitutions dans le domaine de l'énergie. Il a pour mission de faciliter la cohésion des mesures que prennent les organismes du système des Nations Unies pour donner suite au Sommet mondial pour le développement durable, et de faire en sorte que les principaux acteurs du secteur privé et les organisations non gouvernementales participent activement à l'application des décisions relatives à l'énergie prises lors du Sommet (voir les sites *http ://esa.un.org/un-energy* et *www.un.org/esa/progareas/sustdev.html*).

Coopération technique. Le système des Nations Unies exécute un programme dynamique de coopération technique dans le domaine de l'eau, des ressources minérales et de l'énergie destiné notamment aux petits États insulaires en développement. En ce qui concerne l'eau et les ressources minérales, il fait porter ses activités de coopération technique et ses services consultatifs sur la protection de l'environnement, la promotion des investissements, la législation et le développement durable. Dans le domaine de l'énergie, il met l'accent sur l'accès à l'énergie, la réforme du secteur de l'énergie, le rendement énergétique et l'utilisation rationnelle de l'énergie, les énergies renouvelables, l'énergie en zones rurales, les techniques d'exploitation moins polluantes des combustibles fossiles et l'énergie au service des transports.

Ces 20 dernières années, le système des Nations Unies a exécuté des centaines de projets de coopération technique et de préinvestissement, qui ont mobilisé des centaines de millions de dollars. Les gouvernements bénéficiaires ont fourni des ressources complémentaires sous forme de personnel local et d'installations et assumé les dépenses locales de fonctionnement. Cela signifie que, chaque année, des centaines de projets sur le terrain aident les pays en développement à mettre durablement en valeur leurs ressources naturelles, à renforcer leurs capacités nationales et à attirer d'autres investissements.

Sécurité nucléaire

À ce jour, 439 réacteurs nucléaires fournissent près de 16 % de la production mondiale d'électricité. Dans neuf pays, l'énergie nucléaire assure plus de 40 % de la production. L'**Agence internationale de l'énergie atomique (AIEA)**, organisation internationale reliée à l'ONU, encourage la recherche d'utilisations pacifiques de l'énergie nucléaire dans des conditions de sûreté et de sécurité et joue un rôle de premier plan dans les activités internationales visant à mettre les techniques nucléaires au service du développement durable. Dans le cadre du débat sur les options énergétiques de nature à réduire les émissions de dioxyde de carbone contribuant au réchauffement de la planète, l'AIEA a mis l'accent sur les avantages de l'énergie nucléaire en tant que source d'énergie qui ne rejette pas de gaz à effet de serre ni d'autres gaz toxiques.

L'Agence est la principale instance intergouvernementale de coopération scientifique et technique dans le secteur nucléaire. Elle centralise les échanges de données et l'élaboration de directives et de normes de sûreté nucléaire. Elle conseille aussi les gouvernements, sur leur demande, sur la façon de renforcer la sûreté des réacteurs et d'éviter les risques d'accidents.

Au fur et à mesure que les programmes d'énergie nucléaire se sont développés et que les questions de sûreté ont mobilisé l'attention du public, les responsabilités de l'Agence en matière de sûreté nucléaire se sont multipliées. L'AIEA établit des normes fondamentales de radioprotection et publie des règles et des codes de conduite concernant certaines opérations, comme la sécurité du transport des substances radioactives. Elle apporte une aide d'urgence aux États membres en cas d'accident nucléaire, en vertu de la *Convention sur l'assistance en cas d'accident nucléaire ou de situation d'urgence radiologique* (1986) et de la *Convention relative à la notification rapide d'un accident nucléaire* (1986). L'AIEA est le dépositaire d'autres instruments internationaux, tels que la *Convention sur la protection physique des matières nucléaires* (1987), la *Convention de Vienne relative à la responsabilité civile en matière de dommages nucléaires* (1963), la *Convention sur la sûreté nucléaire* (1994) et la *Convention commune sur la sûreté de la gestion du combustible irradié et sur la sûreté de la gestion des déchets radioactifs* (1997) [voir le site *www.iaea.org/Publications/Documents/ Conventions/index.html*].

Dans le cadre de son programme de coopération technique, l'AIEA exécute des projets dans les pays, dépêche des experts et dispense des cours de formation axés sur l'utilisation pacifique des techniques nucléaires dans des domaines tels que l'eau, la santé, la nutrition, la médecine et la production alimentaire. Elle participe à des projets de sélection par mutation, qui ont permis de mettre au point environ 2 000 nouveaux cultivars au moyen de techniques d'irradiation et, partant, d'améliorer la production alimentaire. Elle se sert de l'hydrologie isotopique pour dresser la carte des formations aquifères souterraines, gérer les eaux souterraines et de surface, détecter et maîtriser la pollution, ainsi que pour surveiller les barrages et déceler les fissures, améliorant ainsi l'alimentation en eau potable. Dans le domaine médical, elle fournit du matériel de radiothérapie et forme le personnel aux techniques de traitement des cancéreux dans les pays en développement et les pays à revenu intermédiaire.

L'AIEA recueille et diffuse des données sur presque tous les aspects des sciences et des techniques nucléaires par l'intermédiaire de son *Système international de documentation nucléaire* (INIS), qui se trouve à Vienne. Elle dirige, avec l'UNESCO, le Centre international de physique théorique de Trieste (Italie) [*www.ictp.trieste.it*] et plusieurs laboratoires. Elle collabore avec la FAO à la recherche sur l'utilisation de l'énergie nucléaire au service de l'alimentation et de l'agriculture, et avec l'OMS dans l'application des rayonnements en médecine et en biologie. Son Laboratoire d'études du milieu marin à Monaco réalise des études mondiales sur la pollution marine, en collaboration avec le PNUE et l'UNESCO (voir le site *www-naweb.iaea.org/naml*).

Créé en 1955, le **Comité scientifique des Nations Unies pour l'étude des effets des rayonnements ionisants** est un organe distinct de l'AIEA, qui évalue les niveaux et les effets de l'exposition aux rayonnements ionisants et fait rapport sur la question. Les gouvernements et des organismes du monde entier se fondent sur ses travaux pour évaluer les risques des rayonnements, élaborer des normes de protection et de sûreté et réglementer les sources de rayonnement.

Droits de l'homme

DROITS DE L'HOMME

L'Organisation des Nations Unies peut s'enorgueillir d'avoir élaboré un vaste ensemble de textes relatifs aux droits de l'homme qui dote l'humanité d'un code des droits fondamentaux, universels et protégés au niveau international, auquel tous les pays peuvent souscrire et auquel tous les peuples peuvent aspirer. Elle a défini un ensemble de droits acceptés par la communauté internationale, y compris des droits économiques, sociaux et culturels, aussi bien que politiques et civils. Elle a également créé des mécanismes pour promouvoir et protéger ces droits et aider les gouvernements à s'acquitter de leurs responsabilités.

Cet ensemble de textes fondamentaux repose sur la Charte des Nations Unies et la Déclaration universelle des droits de l'homme, que l'Assemblée générale a adoptées en 1945 et 1948, respectivement. Depuis, l'ONU a peu à peu étendu les normes relatives aux droits de l'homme afin d'y ajouter des textes concernant les femmes, les enfants, les handicapés, les minorités, les travailleurs migrants et autres groupes vulnérables. Du fait que leurs droits sont désormais reconnus, ces catégories sont mieux protégées contre des pratiques discriminatoires qui, récemment, étaient encore chose commune dans de nombreuses sociétés.

L'Assemblée générale a pris des décisions audacieuses pour énoncer des droits dont l'universalité, l'indivisibilité et les rapports intrinsèques avec le développement et la démocratisation se sont progressivement imposés. Le système des Nations Unies a lancé des campagnes de sensibilisation afin de faire prendre conscience aux populations du monde entier de leurs droits inaliénables, et proposé des programmes de formation et des conseils techniques qui ont permis à de nombreux pays d'adapter leurs systèmes judiciaires et pénaux. Les mécanismes des Nations Unies chargés de s'assurer que les pactes relatifs aux droits de l'homme sont respectés ont acquis une cohésion et un poids remarquables parmi les États Membres.

Le Haut-Commissaire des Nations Unies aux droits de l'homme s'est employé à renforcer et à coordonner l'action du système des Nations Unies en faveur de la protection et de la promotion des droits de toutes les personnes dans le monde. Le Secrétaire général a fait des droits de l'homme le thème central des travaux de l'Organisation, thème commun à tous les domaines clefs tels que la paix et la sécurité, le développement, l'aide humanitaire ainsi que les affaires économiques et sociales. Quasiment tous les organes et institutions spécialisées des Nations Unies s'intéressent de près ou de loin à la protection des droits de l'homme (pour en savoir plus sur les Nations Unies et les droits de l'homme, voir le site *www.un.org/french/hr*).

Instruments relatifs aux droits de l'homme

En 1945, à la Conférence de San Francisco, qui a vu la naissance de l'Organisation des Nations Unies, une quarantaine d'organisations non gouvernementales représentant des femmes, des syndicats, des groupes autochtones et des groupes religieux se sont associées à des délégations, principalement celles de petits pays, pour demander une défense plus énergique des droits de l'homme que celle proposée par d'autres États. Cette mobilisation active a abouti à l'ajout de quelques dispositions sur les droits de l'homme dans la Charte des Nations Unies et a ouvert la voie à l'élaboration du droit international à partir de 1945.

Le Préambule de la Charte affirme de manière explicite la « foi dans les droits fondamentaux de l'homme, dans la dignité et la valeur de la personne humaine, dans l'égalité des droits des hommes et des femmes, ainsi que des nations, grandes et petites ». L'Article premier précise que l'une des quatre principales tâches des Nations Unies est de développer et d'encourager « le respect des droits de l'homme et des libertés fondamentales pour tous, sans distinction de race, de sexe, de langue ou de religion ». D'autres dispositions engagent les États à prendre des mesures en collaboration avec l'Organisation des Nations Unies pour assurer le respect universel des droits de l'homme.

Charte internationale des droits de l'homme

Trois ans après la création de l'Organisation des Nations Unies, l'Assemblée générale a posé la pierre angulaire de la législation des droits de l'homme dans le monde contemporain : la *Déclaration universelle des droits de l'homme,* définie comme l'« idéal commun à atteindre par tous les peuples ». La Déclaration a été adoptée le 10 décembre 1948, date qui continue de marquer dans le monde entier la **Journée internationale des droits de l'homme.** Ses 30 articles énumèrent les droits civils, culturels, économiques, politiques et sociaux qui constituent les droits fondamentaux que tout être humain devrait pouvoir exercer, quel que soit le pays où il se trouve (voir encadré).

Les dispositions de la Déclaration universelle sont considérées par de nombreux spécialistes comme ayant valeur de règles du droit coutumier international du fait qu'elles sont très largement acceptées et qu'elles servent d'étalon pour mesurer la conduite des États. De nombreux pays ayant récemment accédé à l'indépendance citent la Déclaration ou ont intégré ses dispositions dans leurs lois fondamentales ou leur constitution.

Deux pactes internationaux juridiquement contraignants sont les plus ambitieux à avoir été négociés sous les auspices des Nations Unies dans le domaine des droits de l'homme : l'un porte sur les droits économiques, sociaux et culturels, et l'autre sur les droits civils et politiques. Ces pactes, que l'Assemblée générale a adoptés en 1966, renforcent les dispositions de la Déclaration universelle en conférant aux droits de l'homme une valeur juridique contraignante. Des comités surveillent l'application des dispositions exposées dans les pactes.

La Déclaration universelle des droits de l'homme, le Pacte international relatif aux droits économiques, sociaux et culturels et le Pacte international relatif aux droits civils et politiques ainsi que ses Protocoles facultatifs constituent ensemble la *Charte internationale des droits de l'homme.*

Définition des droits universels

La Déclaration universelle des droits de l'homme est la pierre angulaire du vaste ensemble d'instruments juridiques relatifs aux droits de l'homme qui ont été élaborés au cours des dernières décennies.

Les deux premiers articles de la Déclaration universelle disposent que « tous les êtres humains naissent [...] égaux en dignité et en droits » et peuvent se prévaloir de tous les droits et de toutes les libertés proclamés dans la Déclaration « sans distinction aucune, notamment de race, de couleur, de sexe, de langue, de religion, d'opinion politique ou de toute autre opinion, d'origine nationale ou sociale, de fortune, de naissance ou de toute autre situation ».

Les articles 3 à 21 énoncent les droits civils et politiques reconnus à tout être humain, notamment :

- Le droit à la vie, à la liberté et à la sûreté de la personne;
- Le droit de ne pas être tenu en esclavage et en servitude;
- Le droit de ne pas être soumis à la torture ni à des peines ou traitements cruels, inhumains ou dégradants;
- Le droit à la reconnaissance de sa personnalité juridique; le droit à un recours effectif devant les juridictions; le droit de ne pas être arbitrairement arrêté, détenu ou exilé; le droit à ce que sa cause soit entendue équitablement et publiquement par un tribunal indépendant et impartial; et le droit d'être présumé innocent jusqu'à ce que sa culpabilité soit établie;
- Le droit de ne pas être l'objet d'immixtions arbitraires dans sa vie privée, sa famille, son domicile ou sa correspondance ni d'atteintes à son honneur et à sa réputation; et le droit à la protection de la loi contre de telles immixtions ou de telles atteintes;
- Le droit de circuler librement; le droit d'asile; et le droit à une nationalité;
- Le droit de se marier et de fonder une famille; et le droit à la propriété;
- Le droit à la liberté de pensée, de conscience et de religion; et le droit à la liberté d'opinion et d'expression;
- Le droit à la liberté de réunion et d'association pacifiques;
- Le droit de prendre part à la direction des affaires publiques et d'accéder, dans des conditions d'égalité, aux fonctions publiques.

Les articles 22 à 27 énoncent les droits civils et politiques reconnus à tout être humain, notamment :

- Le droit à la sécurité sociale;
- Le droit au travail; le droit à un salaire égal pour un travail égal; et le droit de fonder avec d'autres des syndicats et de s'y affilier;
- Le droit au repos et aux loisirs;
- Le droit à un niveau de vie suffisant pour assurer la santé et le bien-être;
- Le droit à l'éducation;
- Le droit de prendre part librement à la vie culturelle de la société.

Enfin, les articles 28 à 30 confèrent à toute personne le droit à ce que règne, sur le plan social et sur le plan international, un ordre tel que les droits énoncés dans la Déclaration puissent y trouver plein effet; ces articles précisent que, dans l'exercice de ses droits, chacun n'est soumis qu'aux limitations établies exclusivement en vue d'assurer la reconnaissance et le respect des droits et libertés d'autrui et afin de satisfaire aux justes exigences de la morale, de l'ordre public et du bien-être général dans une société démocratique, et que chacun a des devoirs envers la société dans laquelle il vit.

Droits économiques, sociaux et culturels

Le *Pacte international relatif aux droits économiques, sociaux et culturels* est entré en vigueur en 1976 et compte actuellement 156 États parties. Les droits de l'homme que ce Pacte a pour objet de promouvoir et de protéger se divisent en trois catégories :

- Le droit au travail dans des conditions justes et favorables;
- Le droit à une protection sociale et à un niveau de vie suffisant et le droit pour toute personne de jouir du meilleur état de santé physique et mentale qu'elle soit capable d'atteindre;
- Le droit à l'éducation et le droit de participer à la vie culturelle et au progrès scientifique.

Le Pacte prévoit l'exercice de ces droits, sans discrimination d'aucune sorte. En 1985, le Conseil économique et social a créé le **Comité des droits économiques, sociaux et culturels** et l'a chargé de suivre l'application du Pacte par les États parties. Composé de 18 experts, le Comité examine les rapports présentés au titre des procédures spéciales et en discute avec les représentants des gouvernements intéressés. Il adresse également aux États parties des recommandations fondées sur l'examen des rapports qu'ils ont présentés et adopte des observations générales dans lesquelles il s'attache à dégager la signification des droits de l'homme et les questions multisectorielles ainsi que les mesures à prendre par les États parties pour appliquer les dispositions du Pacte (voir le site *www.ohchr.org/french/bodies/cescr*).

Droits civils et politiques

Le **Pacte international relatif aux droits civils et politiques** et son **Premier Protocole facultatif** sont entrés en vigueur en 1976. Le Pacte compte 160 États parties.

- Le Pacte porte sur des droits tels que la liberté de circulation, l'égalité devant la loi, le droit à un procès équitable et à la présomption d'innocence, le droit à la liberté de pensée, de conscience et de religion, le droit à la liberté d'opinion et d'expression, le droit de réunion pacifique et le droit de s'associer librement, le droit de participer aux affaires publiques et aux élections; et la protection des droits des minorités.
- Il interdit la privation arbitraire de la vie; la torture et les traitements ou châtiments cruels ou dégradants; l'esclavage et le travail forcé; l'arrestation; la détention et les immixtions arbitraires dans la vie privée, la propagande en faveur de la guerre; et les appels à la haine raciale ou religieuse.

Le Pacte est complété par deux protocoles facultatifs. Le *Premier Protocole facultatif* (1966) porte sur les procédures et autorise les particuliers dont la situation répond aux critères de recevabilité à présenter des pétitions; il compte 109 États parties. Le *Deuxième Protocole facultatif* (1989) établit des obligations concernant l'abolition de la peine de mort et compte 61 États parties.

Fonds des Nations Unies pour la démocratie

La Charte des Nations Unies met en lumière l'importance de la démocratie et des valeurs démocratiques. La Déclaration universelle des droits de l'homme et de nombreux déclarations, conventions et pactes ultérieurs témoignent des valeurs des Nations Unies dans ce domaine et de la volonté de ses États Membres de respecter ces valeurs. Le Pacte international relatif aux droits civils et politiques, en particulier, impose aux États parties des obligations contraignantes au sujet du droit électoral, de la liberté d'expression, d'association et de réunion, et d'autres principes démocratiques.

Dans les années 90, les changements observés dans différentes parties du monde ont placé la démocratie au cours des préoccupations. Le système des Nations Unies a alors renforcé ses activités opérationnelles à l'appui du processus démocratique et créé, en 1992, la Division de l'assistance électorale. En 2000, le PNUD a placé la gouvernance démocratique au cours de son programme de coopération au service du développement.

Poursuivant sur cette lancée, le Secrétaire général Kofi Annan a créé, en juillet 2005, le Fonds des Nations Unies pour la démocratie (FNUD). Le Fonds a pour mission de promouvoir la démocratie dans le monde en appuyant des projets qui consolident et renforcent les institutions démocratiques et facilitent la gouvernance démocratique, complétant ainsi l'action du système des Nations Unies dans le domaine des élections, des droits de l'homme, du soutien à la société civile, du pluralisme des médias et de l'état de droit.

Le FNUD s'interdit de promouvoir un seul modèle de démocratie. Il s'inspire au contraire du point de vue exprimé dans le document issu du Sommet mondial de 2005, selon lequel «la démocratie est une valeur universelle qui suppose que les peuples choisissent leur propre système politique, économique, social et culturel, en exprimant librement leur volonté, et qu'ils aient voix au chapitre en ce qui concerne tous les aspects de leur existence ».

Le Fonds a officiellement commencé ses travaux le 6 mars 2006, date de la première réunion de son Conseil consultatif (pour plus d'informations, voir le site *www.un.org/democracyfund*).

Le **Comité des droits de l'homme,** institué dans le cadre du Pacte, se compose de 18 membres, qui examinent les rapports présentés périodiquement par les États parties au sujet des mesures qu'ils ont prises afin d'appliquer les dispositions du Pacte. Pour les États parties au *premier Protocole facultatif,* le Comité reçoit et examine également des communications émanant de particuliers qui affirment avoir été victimes de violations de l'un quelconque des droits protégés par le Pacte. Il examine à huis clos les communications présentées par des particuliers, dont les lettres et autres documents les concernant demeurent confidentiels. Ses conclusions sont toutefois rendues publiques et sont reproduites dans le rapport annuel qu'il présente à l'Assemblée générale (voir le site *www.ohchr.org/french/bodies/hrc*).

Conventions diverses

La Déclaration universelle des droits de l'homme a servi d'inspiration pour quelque 80 conventions et déclarations qui ont été élaborées dans le système des Nations Unies dans des domaines très divers (*www.ohchr.org/french/law*). Deux des plus anciennes de ces conventions portent respectivement sur le génocide et sur le statut des réfugiés :

- La *Convention pour la prévention et la répression du crime de génocide* (1948), qui répond directement aux atrocités de la Seconde Guerre mondiale, définit le génocide comme la perpétration de certains actes ayant pour but la destruction d'un groupe national, ethnique, racial ou religieux, et fait obligation aux États de traduire en justice ceux qui sont suspectés de les avoir perpétrés. Elle compte 140 États parties.

- La *Convention relative au statut des réfugiés* (1951) définit les droits des réfugiés, particulièrement le droit de ne pas être renvoyés de force dans des pays où leur vie est en danger, et énonce des dispositions concernant divers aspects de leur vie quotidienne, dont leur droit au travail, à l'éducation, à l'assistance publique et à la sécurité sociale, ainsi que leur droit à des documents de voyage. Elle compte 144 États parties. Le *Protocole relatif au statut des réfugiés* (1967) assure l'application universelle de la Convention, qui visait à l'origine les réfugiés de la Seconde Guerre mondiale. Il compte également 144 États parties.

Les États parties vérifient l'application des sept principaux instruments internationaux relatifs aux droits de l'homme, dont les deux pactes mentionnés plus haut (voir le site *www.ohchr.org/french/bodies/hrc*). En devenant parties à ces conventions, les États acceptent que des organes d'experts indépendants examinent leur législation et leurs pratiques en matière de droits de l'homme :

- La *Convention internationale sur l'élimination de toutes les formes de discrimination raciale* (1966) compte 173 États parties. Posant comme principe que toute doctrine de supériorité fondée sur la différenciation entre les races est injustifiable, scientifiquement fausse, moralement et juridiquement condamnable, elle définit la « discrimination raciale » et engage les États parties à prendre des mesures pour l'abolir, tant dans la loi que dans les faits. L'organe de vérification institué dans le cadre de la Convention, le **Comité pour l'élimination de la discrimination raciale,** est chargé d'examiner les rapports d'États parties et les requêtes de particuliers, qui font état d'une violation de la Convention, sous réserve que l'État concerné ait déclaré reconnaître la compétence du Comité en la matière.

- La *Convention sur l'élimination de toutes les formes de discrimination à l'égard des femmes* (1979), qui compte 185 États parties, garantit aux femmes l'égalité avec les hommes devant la loi et prévoit des mesures destinées à éliminer la discrimination dans des domaines tels que la vie politique et la vie publique, la nationalité, l'éducation, l'emploi, la santé, le mariage et la famille. L'organe de vérification institué par la Convention, le **Comité pour l'élimination de la discrimination à l'égard des femmes,** est chargé de veiller à l'application de la Convention et d'étudier les rapports émanant d'États parties. Le *Protocole facultatif à la Convention* (1999), qui compte 88 États parties, autorise les particuliers à saisir le Comité de violations présumées de la Convention.

- La *Convention contre la torture et autres peines ou traitements cruels, inhumains ou dégradants* (1984), qui compte 144 États parties, définit la torture comme un crime international, fait reposer sur les États la responsabilité d'empêcher la torture et les oblige à en punir les auteurs. Aucune circonstance exceptionnelle ne peut être invoquée pour justifier la torture, et nul ne peut invoquer à sa décharge d'avoir obéi à des ordres. L'organe de contrôle institué par la Convention, le **Comité contre la torture**, étudie les rapports d'États parties, reçoit et examine les pétitions émanant de particuliers dont les pays ont déclaré reconnaître la compétence du Comité en la matière et peut ouvrir des enquêtes sur les pays où, à son avis, la pratique de la torture est systématique. Le Protocole facultatif à la Convention (2002) a porté création du Sous-Comité pour la prévention de la torture; il prévoit des visites dans les lieux de détention en collaboration avec les institutions nationales.

- La *Convention relative aux droits de l'enfant* (1989) reconnaît la vulnérabilité particulière des enfants et réunit en un seul texte toutes les formes de protection à accorder aux enfants au titre des diverses catégories de droits fondamentaux. La Convention garantit la non-discrimination et reconnaît que toutes les décisions doivent être guidées par l'intérêt supérieur de l'enfant. Une attention particulière est accordée aux enfants réfugiés, handicapés ou qui appartiennent à des minorités. Les États parties doivent garantir la survie, le développement, la protection et la participation des enfants. La Convention, qui compte 193 États parties, est le traité le plus largement ratifié. Le **Comité des droits de l'enfant,** institué en vertu de la Convention, veille à son application et étudie les rapports présentés par les États parties.

- La *Convention internationale sur la protection des droits de tous les travailleurs migrants et des membres de leur famille* (1990) définit les droits et principes fondamentaux des travailleurs migrants, qu'ils soient en situation régulière ou irrégulière, ainsi que les mesures destinées à les protéger. La Convention, qui est entrée en vigueur en 2003, compte 37 États parties. Son organe de surveillance est le **Comité pour les travailleurs migrants.**

Les conventions sur la disparition forcée et sur les personnes handicapées, récemment adoptées, seront également soumises au contrôle des États Parties une fois entrées en vigueur :

- La *Convention internationale pour la protection de toutes les personnes contre les disparitions forcées* (2006) interdit la pratique des disparitions forcées et demande aux États parties de l'ériger en infraction aux termes de la législation nationale. Elle affirme le droit de toute victime et de sa famille de savoir la vérité sur les circonstances d'une disparition forcée et de connaître le sort de la personne disparue, ainsi que leur droit à réparation. La Convention entrera en vigueur lorsque 20 États l'auront ratifiée. Ouverte à la signature le 6 février 2007, elle a reçu 61 signatures et n'a encore été ratifiée par aucun État. Un **Comité des disparitions forcées** sera créé pour faire office d'organe de contrôle.

- La *Convention relative aux droits des personnes handicapées* (2006) interdira la discrimination à l'égard des 650 millions de personnes handicapées qui existent dans le monde, dans tous les domaines, y compris l'emploi, l'éducation, la santé, les transports et l'accès à la justice. Ouverte à la signature le 30 mars 2007, elle a recueilli 101 signatures et a été ratifiée par 2 États sur les 20 nécessaires pour son entrée en vigueur. Un **Comité pour les droits des personnes handicapées** sera créé pour contrôler l'application de la Convention. Un *Protocole facultatif* à la Convention permettra aux particuliers de faire appel à ce Comité une fois tous les recours nationaux épuisés. À ce jour, il a reçu 55 signatures et a été ratifié par 1 État sur les 10 nécessaires pour son entrée en vigueur.

La Déclaration universelle et d'autres instruments des Nations Unies ont également inspiré plusieurs accords régionaux tels que la *Convention européenne des droits de l'homme,* la *Convention américaine relative aux droits de l'homme* et la *Charte africaine des droits de l'homme et des peuples.*

Normes diverses

Outre ces traités, l'Organisation des Nations Unies a adopté de nombreuses autres normes et règles relatives à la protection des droits de l'homme. Ces « déclarations », « codes de conduite » et « principes » ne sont pas des traités auxquels les États adhèrent, mais ils n'en exercent pas moins une profonde influence, en grande partie du fait qu'ils sont élaborés avec soin par les États et adoptés par consensus. En voici quelques-uns parmi les plus importants :

- La *Déclaration sur l'élimination de toutes les formes d'intolérance ou de discrimination fondées sur la religion ou la conviction* (1981) affirme le droit de toute personne à la liberté de pensée, de conscience et de religion et le droit de ne pas faire l'objet de discrimination en raison de la religion ou d'autres convictions;

- La *Déclaration sur le droit au développement* (1986) institue ce droit comme « un droit inaliénable de l'homme en vertu duquel toute personne humaine et tous les peuples ont le droit de participer et de contribuer à un développement économique, social, culturel et politique dans lequel tous les droits de l'homme et toutes les libertés fondamentales puissent être pleinement réalisés, et de bénéficier de ce développement ». La Déclaration pose le principe que « l'égalité des chances en matière de développement est une prérogative aussi bien des nations que des individus »;

- La *Déclaration sur les droits des personnes appartenant à des minorités nationales ou ethniques, religieuses et linguistiques* (1992) proclame le droit des minorités à jouir de leur propre culture; de professer et de pratiquer leur propre religion; d'utiliser leur propre langue; et de quitter tout pays, y compris le leur, et de retourner dans leur pays. La Déclaration invite les États à prendre des mesures afin de promouvoir le respect de ces droits;

- La *Déclaration sur les défenseurs des droits de l'homme* (1998) vise à reconnaître, promouvoir et protéger les activités des défenseurs des droits de l'homme dans le monde entier. Elle garantit le droit de chacun, individuellement ou en association avec d'autres, de promouvoir la protection et la réalisation des droits de l'homme et des libertés fondamentales, aux niveaux national et international, et de participer à des activités pacifiques pour lutter contre les violations des droits de l'homme. Les États doivent prendre toutes les mesures nécessaires pour protéger les défenseurs des droits de l'homme contre toutes violences, menaces, représailles, pressions ou autres actions arbitraires.

Parmi les autres normes qui ne prennent pas la forme d'une convention ou d'un traité figurent l'*Ensemble de règles minima pour le traitement des détenus* (1957), les *Principes fondamentaux relatifs à l'indépendance de la magistrature* (1985), l'*Ensemble de principes pour la protection de toutes les personnes soumises à une forme quelconque de détention ou d'emprisonnement* (1988) et la *Déclaration sur la protection de toutes les personnes contre les disparitions forcées* (1992).

Organes relatifs aux droits de l'homme

Conseil des droits de l'homme

Le principal organe des Nations Unies œuvrant à la promotion et à la protection des droits fondamentaux est le **Conseil des droits de l'homme,** créé par l'Assemblée générale le 15 mars 2006 pour remplacer la Commission des droits de l'homme qui avait été établie 60 ans plus tôt et pour donner suite à ses travaux. Le Conseil définit les grandes orientations en matière de politiques, examine les problèmes qui se posent dans le domaine des droits de l'homme, élabore de nouvelles normes internationales et en surveille l'application partout dans le monde. En tant que principal organe intergouvernemental d'élaboration de politiques relatives aux droits de l'homme, le Conseil est habilité à évaluer la situation des droits de l'homme n'importe où dans le monde et à étudier les éléments d'information présentés par les États, les ONG et d'autres sources (voir le site *www.ohchr.org/french/bodies/hrcouncil*).

Le Conseil offre aux États, aux organisations intergouvernementales et aux ONG une tribune pour exprimer leurs préoccupations au sujet des droits de l'homme. Contrairement à la Commission, qui était composée de 53 États membres dont la candidature était présentée par les groupes régionaux et qui pouvaient être élus avec 28 voix seulement, le Conseil compte 47 membres élus au scrutin secret à la majorité des 192 membres de l'Assemblée générale. Élus pour un mandat de trois ans, les membres du Conseil ne sont pas immédiatement rééligibles après deux mandats consécutifs.

Les États élus au Conseil sont tenus d'observer les normes les plus strictes en matière de promotion et de protection des droits de l'homme et de coopérer pleinement avec le Conseil. Ils sont soumis à une procédure d'examen périodique universel au cours de leur mandat, ce qui permet de s'assurer qu'ils respectent eux-mêmes les normes qu'ils sont chargés de faire appliquer. L'Assemblée peut, à la majorité des deux tiers des membres présents et votants, suspendre le droit de siéger au Conseil d'un membre de celui-ci qui aurait commis des violations flagrantes et systématiques des droits de l'homme.

Contrairement à la Commission, qui se réunissait chaque année pendant six semaines, le Conseil peut être convoqué à tout moment pour examiner toute crise ayant trait aux droits de l'homme. Il tient au minimum trois sessions par an, qui durent au total au moins dix semaines, et peut tenir à tout moment une session extraordinaire si un de ses membres en fait la demande appuyé en cela par le tiers des membres du Conseil.

Rapporteurs spéciaux et groupes de travail

Chargés d'enquêter sur les violations et d'intervenir sur des questions précises ou dans des situations d'urgence, les Rapporteurs spéciaux et les groupes de travail sur les droits de l'homme jouent un rôle de premier plan dans la protection des droits de l'homme. Ils interviennent au titre de ce qu'il est convenu d'appeler les « procédures spéciales ». Nommés pour six ans au maximum, ils sont indépendants, ne sont pas rémunérés et siègent à titre individuel. Leur nombre n'a cessé d'augmenter ces dernières années. On dénombre actuellement 38 rapporteurs spéciaux et groupes de travail.

Dans le cadre de l'établissement des rapports qu'ils présentent au Conseil des droits de l'homme et à l'Assemblée générale, les rapporteurs et groupes de travail se servent de toutes les sources d'information en leur possession, y compris les communications reçues de particuliers et les données recueillies auprès des ONG. Les Rapporteurs spéciaux et les groupes de travail disposent aussi d'une procédure d'urgence leur permettant d'intercéder auprès des plus hautes instances gouvernementales. Ils conduisent une bonne partie de leurs recherches dans les pays concernés, s'entretiennent avec les autorités et les victimes et collectent des éléments de preuve sur place. Leurs rapports sont rendus publics, ce qui contribue à faire connaître les violations et la responsabilité des gouvernements de protéger les droits de l'homme.

Certains experts examinent, surveillent et rendent publique la situation des droits de l'homme dans certains pays, d'autres s'intéressent à certains types de violations survenant à l'échelle mondiale :

- Des rapporteurs, experts indépendants et représentants spéciaux chargés chacun d'un pays donné sont actuellement à l'œuvre au Burundi, au Cambodge, en Haïti, au Libéria, au Myanmar, en République démocratique du Congo, en République populaire démocratique de Corée, en Somalie, au Soudan et dans les territoires palestiniens occupés.

- Des rapporteurs et représentants spéciaux et des groupes de travail interviennent actuellement dans les domaines suivants : droit à un logement convenable, personnes d'ascendance africaine, détention arbitraire, vente d'enfants, éducation, disparitions forcées ou involontaires, exécutions sommaires, extrême pauvreté, droit à l'alimentation, liberté d'opinion et d'expression, liberté de religion ou de conviction, santé physique et mentale, défenseurs des droits de l'homme, indépendance du pouvoir judiciaire, peuples autochtones, personnes déplacées à l'intérieur de leur propre pays, mercenaires, migrants, questions concernant les minorités, racisme et discrimination raciale, politiques de réforme économique et dette extérieure, terrorisme, torture, mouvements et déversements illicites de produits et déchets toxiques et nocifs, traite des êtres humains, sociétés transnationales, et violence à l'égard des femmes.

Le Conseil assume plusieurs mandats de l'ancienne Commission, notamment les fonctions et attributions du régime des procédures spéciales et des groupes de travail thématiques, de la Sous-Commission de la promotion et de la protection des droits de l'homme et du mécanisme formel de plainte. Les États et les ONG présentent au Conseil leurs vues sur des situations qu'ils jugent préoccupantes, et les gouvernements concernés exercent souvent leur droit de réponse. Le Conseil peut alors désigner des groupes d'enquête ou des experts, organiser des visites sur place, se mettre en rapport avec les gouvernements mis en cause, proposer son concours et condamner les violations.

S'il juge que la gravité de la situation le justifie, le Conseil peut ordonner une enquête, qui sera confiée soit à un groupe d'experts indépendants (groupe de travail), soit à un spécialiste (rapporteur ou représentant spécial). Se fondant sur les conclusions des experts, le Conseil s'adresse ensuite au gouvernement concerné pour l'inciter à apporter des changements (voir l'encadré « Rapporteurs spéciaux et groupes de travail », p. 284).

La **Sous-Commission de la promotion et de la protection des droits de l'homme** (anciennement Sous-Commission de la lutte contre les mesures discriminatoires et de la protection des minorités) a été établie par l'ancienne Commission des droits de l'homme en 1947. Composée de 26 experts, qui ne représentent pas leurs pays respectifs mais interviennent en qualité d'experts, elle se réunit une fois par an. La Sous-Commission se consacrait à l'origine aux questions de discrimination et de protection des minorités, mais a, depuis, élargi son champ d'intervention à un vaste éventail de questions relatives aux droits de l'homme. On lui doit un grand nombre d'études, en particulier sur l'élaboration de règles juridiques. La Sous-Commission adresse ses recommandations au Conseil des droits de l'homme et associe les ONG à ses travaux. Elle sera remplacée en 2009 par un Comité consultatif du Conseil des droits de l'homme (voir le site *www.ohchr.org/french/bodies/subcom*).

L'Assemblée procèdera à un examen des travaux et du fonctionnement du Conseil en 2011, soit cinq ans après la création de cet organe, date à laquelle le statut du Conseil pourrait être élevé à celui d'organe principal de l'ONU.

Haut-Commissaire des Nations Unies aux droits de l'homme

Le **Haut-Commissaire des Nations Unies aux droits de l'homme (HCDH)** a la responsabilité première des activités relatives aux droits de l'homme dans le système des Nations Unies. Nommé pour une période de quatre ans, il est chargé de nombreuses tâches, telles que : promouvoir et protéger l'exercice effectif par tous de tous les droits fondamentaux; favoriser la coopération internationale relative aux droits de l'homme; stimuler et coordonner l'action menée dans ce domaine par le système des Nations Unies; contribuer à l'élaboration de nouvelles normes; et favoriser la ratification des traités. Le Haut-Commissaire a également mandat de ne pas laisser impunies les violations graves des droits de l'homme et de prendre des mesures visant à les prévenir.

Le 25 février 2004, l'Assemblée générale a approuvé la désignation de Louise Arbour (Canada) au poste de Haut-Commissaire des Nations Unies aux droits de l'homme, pour un mandat de quatre ans. Mme Arbour a exercé les fonctions de Procureur des Tribunaux pénaux internationaux pour l'ex-Yougoslavie et le Rwanda d'octobre 1996 à septembre 1999, période d'intense activité pour les deux tribunaux. Elle a pris son poste au Haut-Commissariat le 1er juillet après s'être retirée de ses fonctions à la Cour suprême du Canada en juin. Son prédécesseur, M. Sergio Vieira de Mello (Brésil), a trouvé la mort dans l'attentat perpétré le 19 août 2003 contre le bureau des Nations Unies à Bagdad, où il dirigeait la mission des Nations Unies en Iraq. M. Bertrand Ramcharan (Guyana) a exercé les fonctions de Haut-Commissaire par intérim.

Sous la direction et l'autorité du Secrétaire général, le Haut-Commissaire rend compte au Conseil des droits de l'homme et, par l'intermédiaire du Conseil économique et social, à l'Assemblée générale. Afin de promouvoir le respect des droits de l'homme et de prévenir les violations, le Haut-Commissaire s'emploie à instaurer un dialogue sur ces questions avec les gouvernements. Dans le système des Nations Unies, il œuvre au renforcement et à la rationalisation des organes qui s'occupent des droits fondamentaux, l'objectif étant d'obtenir une efficacité accrue et de meilleurs résultats.

Le **Haut-Commissariat aux droits de l'homme** centralise toutes les activités relatives aux droits de l'homme menées par le système des Nations Unies. Il assume les fonctions de secrétariat pour le compte du Conseil des droits de l'homme, des organes créés par traité (comités d'experts chargés de veiller au respect des traités) et d'autres organes des Nations Unies œuvrant dans le domaine des droits de l'homme. Il intervient par ailleurs sur le terrain et propose des services consultatifs et une assistance technique. Ses activités sont financées au moyen du budget ordinaire mais aussi par des ressources extrabudgétaires (voir le site *www.ohchr.org/FR*).

Le Haut-Commissaire a pris des mesures précises pour organiser la coopération et la coordination avec les autres organismes des Nations Unies intervenant dans le domaine des droits de l'homme, tels que le Fonds des Nations Unies pour l'enfance (UNICEF), l'Organisation des Nations Unies pour l'éducation, la science et la culture (UNESCO), le Programme des Nations Unies pour le développement (PNUD), le Haut-Commissariat des Nations Unies pour les réfugiés (HCR) et les Volontaires des Nations Unies (VNU). De manière analogue, le Haut-Commissariat coopère étroitement avec les départements du Secrétariat de l'ONU dans les domaines de la paix et de la sécurité. Il est membre du Comité permanent interorganisations (CPI), qui supervise les secours internationaux en cas de crise humanitaire.

Éducation et information. Pour l'Organisation des Nations Unies, le droit à l'éducation fait partie des droits fondamentaux et constitue l'un des instruments les plus efficaces pour la promotion des droits de l'homme. Dispensée ou non dans un établissement scolaire, l'éducation dans le domaine des droits de l'homme vise à propager une culture universelle des droits de l'homme par des méthodes novatrices, la diffusion des connaissances et l'évolution des comportements. Lors de la **Décennie des Nations Unies pour l'éducation dans le domaine des droits de l'homme (1995-2004),** on s'est efforcé de sensibiliser davantage l'opinion mondiale et de promouvoir l'instauration d'une culture universelle des droits de l'homme. De nombreux pays ont ainsi pris des mesures en faveur de l'éducation dans le domaine des droits de l'homme en adaptant leurs programmes scolaires et en adoptant des plans d'action nationaux.

Conférence mondiale sur les droits de l'homme

La deuxième Conférence mondiale sur les droits de l'homme (Vienne, 1993) a réaffirmé l'universalité et la place centrale des droits de l'homme.

La Conférence a fait apparaître des désaccords sur de nombreuses questions : souveraineté nationale, universalité, rôle des ONG, et impartialité et non-sélectivité de l'action internationale en faveur des droits de l'homme. Cependant, dans la Déclaration et le Programme d'action de Vienne, les 171 États participants ont proclamé que les droits de l'homme étaient devenus la « préoccupation légitime de la communauté internationale » et que « tous les droits de l'homme [étaient] universels, indivisibles, interdépendants et intimement liés ».

Ils ont indiqué que, « s'il convient de ne pas perdre de vue l'importance des particularismes nationaux et régionaux et de la diversité historique, culturelle et religieuse, il est du devoir des États, quel qu'en soit le système politique, économique et culturel, de promouvoir et de protéger tous les droits de l'homme et toutes les libertés fondamentales ».

Ils ont réaffirmé dans la Déclaration que le droit au développement est un droit universel et inaliénable et que les liens entre les droits de l'homme et le développement sont indissociables, ajoutant que « la démocratie, le développement et le respect des droits de l'homme et des libertés fondamentales sont interdépendants et se renforcent mutuellement ».

Promotion et protection des droits de l'homme

En matière de promotion et de protection des droits de l'homme, le rôle et l'action de l'Organisation des Nations Unies continuent de prendre de l'ampleur, mais le mandat central demeure inchangé : veiller à ce que la dignité des principaux intéressés, c'est-à-dire les « peuples », au nom desquels la Charte a été écrite, soit pleinement respectée. Par l'intermédiaire des mécanismes internationaux, l'Organisation des Nations Unies est à l'œuvre sur plusieurs fronts :

- En tant que conscience mondiale — L'Organisation des Nations Unies a donné le ton en établissant des normes minima de comportement acceptable pour les nations et en appelant l'attention de la communauté internationale sur des pratiques qui risquent de mettre ces normes à mal. Les déclarations et conventions sur les droits de l'homme sont adoptées par l'Assemblée générale, qui en souligne ainsi l'universalité;

- En tant que législateur — Une codification sans précédent du droit international s'est opérée. Le droit international porte à présent, pour une bonne part, sur les droits fondamentaux des femmes, des enfants, des prisonniers et détenus, et des handicapés mentaux, ainsi que sur les violations telles que les crimes de génocide, la discrimination raciale et la torture, pour n'en citer que quelques-uns, alors qu'à une certaine époque il ne régissait presque exclusivement que les relations entre États;

- En tant que surveillant — L'Organisation des Nations Unies ne se contente pas de donner une définition purement abstraite des droits de l'homme mais joue un rôle central dans le respect de ces derniers. Les Pactes internationaux relatifs aux droits civils et politiques et aux droits économiques, sociaux et culturels (1966) comptent parmi les premiers traités conférant à des organismes internationaux le pouvoir de s'assurer que les États honorent leurs engagements. Les organes créés par traité, les rapporteurs spéciaux et les groupes de travail du Conseil des droits de l'homme se sont dotés de procédures et de mécanismes pour surveiller l'application des textes internationaux et enquêter sur les violations de droits fondamentaux portées à leur connaissance. Les décisions qu'ils prennent sur des cas précis ont un poids moral que peu de gouvernements se risquent à défier;

- En tant que centre nerveux — Le Haut-Commissariat aux droits de l'homme reçoit des communications de groupes et de particuliers faisant état de violations de leurs droits. Il reçoit plus de 100 000 plaintes par an, qu'il renvoie aux organes et mécanismes appropriés des Nations Unies, conformément aux procédures instituées par les conventions et les résolutions. Les demandes d'intervention d'urgence peuvent être adressées au Haut-Commissariat par télécopie (41-22-917-9022) ou par courrier électronique (tb-petitions.hchr@unog.ch);

- En tant que défenseur — Lorsqu'un rapporteur ou un groupe de travail apprend qu'une violation grave des droits de l'homme est sur le point d'être commise, par exemple des actes de torture ou une exécution extrajudiciaire, il adresse un appel urgent à l'État concerné, lui demandant des éclaircissements sur les allégations en question et l'engageant à veiller au respect des droits de la victime supposée.

- En tant que chercheur — Les données rassemblées par l'Organisation des Nations Unies sur les questions relatives aux droits de l'homme jouent un rôle crucial dans l'évolution et l'application du droit. Les études et rapports élaborés par le Haut-Commissariat à la demande des organes des Nations Unies ouvrent la voie à des politiques, des pratiques et des institutions nouvelles en faveur du respect des droits de l'homme;

- En tant qu'institution d'appel — En vertu du premier Protocole facultatif se rapportant au Pacte sur les droits civils et politiques, de la Convention internationale sur l'élimination de toutes les formes de discrimination raciale, de la Convention contre la torture et du Protocole facultatif relatif à la Convention sur l'élimination de toutes les formes de discrimination à l'égard des femmes, les particuliers qui ont épuisé tous les recours juridiques dans leur pays peuvent présenter des plaintes contre des États reconnaissant la validité de la procédure d'appel. Le Conseil des droits de l'homme examine de nombreuses plaintes présentées chaque année par des ONG ou des particuliers;

- En tant qu'enquêteur — Le Conseil des droits de l'homme a institué des mécanismes chargés de surveiller et de signaler certaines violations et formes d'exactions dans des pays donnés. Cette tâche, délicate sur le plan politique, humanitaire et parfois dangereuse, est confiée aux rapporteurs et représentants spéciaux et aux groupes de travail, lesquels recueillent des éléments d'information, sont en contact avec les groupes locaux et les autorités gouvernementales, se rendent sur place si les gouvernements les y autorisent et font des recommandations sur la manière de renforcer le respect des droits de l'homme;

- En tant qu'intercesseur — Le Secrétaire général et le Haut-Commissaire aux droits de l'homme sont habilités, à titre confidentiel, à exprimer leurs préoccupations aux États Membres sur des questions relatives aux droits de l'homme et à leur demander, par exemple, de libérer des prisonniers et de commuer des peines de mort. Le Conseil des droits de l'homme peut demander au Secrétaire général d'intervenir ou d'envoyer un expert pour examiner une situation aux fins d'empêcher des violations des droits de l'homme. Le Secrétaire général joue aussi un rôle d'intercesseur dans l'exercice de ses « bons offices » et aide ainsi à exprimer la préoccupation légitime des Nations Unies et à mettre fin aux violations.

Le droit au développement

Le principe de l'égalité des chances dans le cadre du développement est au centre de la Charte des Nations Unies et de la Déclaration universelle des droits de l'homme. La Déclaration sur le droit au développement, adoptée par l'Assemblée générale en 1986, a marqué un tournant en ceci que le droit au développement y a été reconnu comme un droit fondamental inaliénable en vertu duquel chaque individu et chaque peuple a le droit de participer et d'apporter son concours à un développement économique, social, culturel et politique propice à la réalisation de tous les droits et libertés fondamentaux et d'en recueillir les fruits.

Dans la Déclaration de Vienne (1993), les États ont accordé un rang de priorité élevé au droit au développement et n'ont cessé d'y faire référence dans les documents issus des grandes conférences et réunions au sommet des Nations Unies, notamment la *Déclaration du Millénaire* (2000). En 1998, la Commission des droits de l'homme s'est dotée d'un mécanisme composé d'un Groupe de travail chargé de suivre les progrès accomplis, d'évaluer les obstacles et de proposer des stratégies de réalisation et d'un Expert indépendant sur le droit au développement, qui tient le Groupe de travail informé des progrès accomplis.

Le droit à l'alimentation

Étroitement lié au droit au développement, le droit à l'alimentation intéresse particulièrement l'**Organisation des Nations Unies pour l'alimentation et l'agriculture (FAO)**. En 2004, la FAO a adopté ses *Directives volontaires à l'appui de la concrétisation progressive du droit à une alimentation adéquate dans le contexte de la sécurité alimentaire nationale* pour défendre ce droit. Ces Directives portent sur toute la gamme des mesures à la disposition des autorités nationales pour créer un environnement qui permette à chacun de se nourrir dans la dignité et pour établir des filets de sécurité pour ceux qui ne sont pas en mesure de le faire. Elles contiennent également des recommandations visant à renforcer la responsabilité des gouvernements tout en favorisant l'intégration des questions relatives aux droits de l'homme dans les activités des organismes qui s'occupent de l'alimentation et de l'agriculture.

Programme de coopération technique

Le respect des droits fondamentaux étant mieux garanti lorsque ceux-ci sont ancrés dans la culture locale, l'Organisation des Nations Unies a redoublé d'efforts pour les promouvoir et les protéger aux niveaux national et local. Pour être respectées, les normes internationales relatives aux droits de l'homme doivent être incorporées à la législation nationale et soutenues par les instances nationales.

Or, le respect universel de tous les droits de l'homme se heurte encore à bien des obstacles. Nombre d'États Membres ne disposent pas des moyens qui leur permettraient de promouvoir et de protéger véritablement les droits des citoyens. Cela est notamment le cas des pays qui se relèvent tout juste de guerres civiles particulièrement meurtrières ou d'une crise humanitaire.

L'Organisation des Nations Unies propose aux gouvernements des services consultatifs et des programmes de coopération technique visant à promouvoir la démocratie, le développement et les droits de l'homme et à aider les États à incorporer ces droits dans les lois et dans la pratique. Supervisé par le Haut-Commissariat aux droits de l'homme, le Programme de coopération technique dans le domaine des droits de l'homme porte sur divers projets. Le Programme est financé principalement au moyen du Fonds de contributions volontaires pour la coopération technique dans le domaine des droits de l'homme, dont les réserves s'élevaient à 13,1 millions de dollars à la fin de 2006.

Le Programme encourage la ratification et l'application des instruments internationaux relatifs aux droits de l'homme. Il porte principalement sur quatre domaines : l'administration de la justice, l'éducation en matière de droits de l'homme, les institutions nationales et les plans d'action nationaux. Une attention particulière est accordée aux droits économiques, sociaux et culturels et au droit au développement, au racisme, aux droits des peuples autochtones, à la traite des femmes et des enfants, aux droits fondamentaux des femmes et aux droits des enfants.

Le Haut-Commissariat a mis au point des stratégies régionales en vue d'encourager la coopération intergouvernementale, la mise en commun des données d'expérience et l'élaboration de politiques et programmes communs. Il s'appuie sur ses bureaux régionaux pour répondre aux demandes émanant des pays. Dans la lignée du programme de réforme de l'Organisation, qui fait du respect des droits de l'homme un thème commun à toutes les activités du système des Nations Unies, le Haut-Commissariat appuie l'intégration de normes relatives aux droits de l'homme dans les opérations d'évaluation et de planification et dans les politiques et pratiques.

Les droits du travail

L'**Organisation internationale du Travail (OIT)** est l'institution spécialisée des Nations Unies chargée de définir et de protéger les droits du travail. La **Conférence internationale du Travail,** organe tripartite de l'OIT qui regroupe des représentants des gouvernements, des employeurs et des travailleurs, a adopté 187 conventions et 198 recommandations et établi un ensemble de normes internationales sur toutes les questions relatives au travail. Les recommandations orientent les politiques, la législation et la pratique. Les États qui ratifient les conventions sont tenus d'en appliquer les dispositions (voir le site *www.ilo.org/ ilolex*).

La plupart de ces conventions et recommandations ont été adoptées sur des questions telles que l'administration du travail, les relations entre partenaires sociaux, la politique de l'emploi, les conditions de travail, la sécurité sociale ou la prévention des accidents du travail et des maladies professionnelles; d'autres portent sur la façon de garantir le respect des droits de l'homme sur le lieu de travail et sur des questions telles que le travail des femmes, des enfants, des migrants et des handicapés (pour plus d'informations sur les normes internationales du travail établies par l'OIT, par sujet, voir le site *http ://www.ilo.org/global/ What_we_do/InternationalLabourStandards/lang--fr/index.htm*).

La procédure utilisée par l'OIT pour veiller à l'application de ses conventions, en droit et en pratique, prévoit que des experts indépendants procèdent à des évaluations en toute objectivité et que les organes tripartites de l'OIT examinent les affaires portées à leur connaissance. Il existe également une procédure spéciale permettant d'enquêter sur les plaintes relatives à la violation de la liberté syndicale (voir le site *http ://webfusion.ilo.org/ public/db/standards/normes/appl/index.cfm?lang=FR*).

L'OIT a élaboré de nombreuses conventions qui ont fait date :

*   *Convention sur le travail forcé* (1930) : exige la suppression du travail forcé ou obligatoire sous toutes ses formes;

*   *Convention concernant la liberté syndicale et la protection du droit syndical* (1948) : établit le droit des travailleurs et des employeurs de constituer des organisations et d'y adhérer sans autorisation préalable, et fixe les garanties du libre fonctionnement de ces organisations;

*   *Convention concernant la protection du droit d'organisation et les procédures de détermination des conditions d'emploi dans la fonction publique* (1949) : prévoit des garanties contre les actes de discrimination antisyndicale, la protection des organisations de travailleurs et d'employeurs et des mesures visant à encourager les négociations collectives;

*   *Recommandation sur l'égalité de rémunération* (1951) : consacre le principe de l'égalité de rémunération et de l'égalité des avantages pour un travail de qualité équivalente;

*   *Convention concernant la discrimination en matière d'emploi et de profession* (1958) : recommande l'élaboration de politiques nationales pour promouvoir l'égalité des chances et de traitement et éliminer la discrimination sur le lieu de travail fondée sur la race, la couleur, le sexe, la religion, l'opinion politique, l'origine nationale ou sociale;

*   *Convention concernant l'âge minimal d'admission à l'emploi* (1973) : vise à l'abolition du travail des enfants et prévoit que l'âge minimal d'admission à l'emploi ne doit pas être inférieur à l'âge marquant la fin de la scolarité obligatoire;

*   *Convention sur les pires formes de travail des enfants* (1999) : interdit l'esclavage, la servitude pour dettes, la prostitution et la pornographie, le travail dangereux et le recrutement forcé des enfants dans des conflits armés.

L'Assemblée générale a en outre pris un certain nombre de mesures pour la protection des droits des travailleurs migrants.

La lutte contre la discrimination

Apartheid

Le rôle qu'a joué l'Organisation des Nations Unies dans l'abolition de l'apartheid en Afrique du Sud a été très important et a illustré la façon dont l'Organisation pouvait mettre un terme aux grandes injustices du monde; à peine créée, l'Organisation s'est engagée dans la lutte contre l'apartheid, régime étatique de ségrégation et de discrimination raciales imposé par le Gouvernement sud-africain.

En 1994, lorsque le nouveau Président de l'Afrique du Sud, M. Nelson Mandela, s'est adressé à l'Assemblée générale, il a fait observer que c'était la première fois depuis ses 49 années d'existence que cette assemblée entendait un chef d'État sud-africain issu de la majorité africaine. Se réjouissant de la victoire contre l'apartheid, M. Mandela a déclaré : « Une cause, et non des moindres, de ce changement historique est l'ampleur des efforts déployés par l'ONU pour s'assurer de la suppression de ce crime contre l'humanité qu'était l'apartheid. »

Condamné par l'Organisation des Nations Unies en 1966 en tant que « crime contre l'humanité » incompatible avec les principes de la Charte et de la Déclaration universelle des droits de l'homme, le problème de l'apartheid a été inscrit à l'ordre du jour de l'Assemblée générale de 1948 à la fin de l'apartheid en 1994 :

- Pendant les années 50, l'Assemblée générale a lancé des appels répétés au Gouvernement sud-africain pour qu'il renonce à l'apartheid et respecte les principes de la Charte.

- Le **Comité spécial des Nations Unies contre l'apartheid,** créé en 1962 par l'Assemblée générale pour suivre l'évolution de la politique raciale de l'Afrique du Sud, est devenu le centre de liaison des initiatives de la communauté internationale visant à promouvoir un programme d'action concerté contre l'apartheid.

- Le Conseil de sécurité a institué, en 1963, un embargo volontaire sur les armements à destination d'Afrique du Sud.

- L'Assemblée générale a refusé, de 1970 à 1974, les pouvoirs présentés par les représentants de l'Afrique du Sud, excluant ainsi ces derniers de ses travaux. L'Afrique du Sud n'a plus participé aux délibérations de l'Assemblée jusqu'à la fin de l'apartheid en 1994.

- En 1971, L'Assemblée générale a lancé un appel au boycottage sportif de l'Afrique du Sud, décision qui a marqué profondément l'opinion publique en Afrique du Sud et à l'étranger.

- L'Assemblée générale a adopté en 1973 la *Convention internationale sur l'élimination et la répression du crime d'apartheid.*

- En 1977, l'embargo sur les armements à destination d'Afrique du Sud institué par le Conseil de sécurité est devenu obligatoire après avoir déterminé que la capacité nucléaire potentielle de cette dernière et les agressions de ce pays contre les États voisins constituaient une menace pour la paix et la sécurité internationales. C'était la première fois que le Conseil prenait de telles mesures contre un État membre.

- L'Assemblée générale a adopté en 1985 la *Convention internationale contre l'apartheid dans les sports.*

- Toujours en 1985, lorsque le Gouvernement sud-africain a proclamé l'état d'urgence et intensifié la répression, le Conseil de sécurité, pour la première fois de son histoire, a demandé aux États membres d'imposer des sanctions économiques à l'Afrique du Sud au titre du Chapitre VII de la Charte.

La transition du régime d'apartheid à une démocratie non raciale, facilitée par un accord de paix nationale entre le gouvernement et les principaux partis politiques en 1990, a reçu le soutien total de l'Organisation des Nations Unies. En 1992, le Conseil de sécurité a adopté deux résolutions dans lesquelles il affirmait l'engagement de la communauté internationale dans la marche vers la démocratie.

En 1992, le Conseil de sécurité a déployé la **Mission d'observation des Nations Unies en Afrique du Sud (MONUAS)** afin d'étayer l'accord de paix. La MONUAS était présente pour observer les élections de 1994 qui ont conduit à l'établissement d'un gouvernement non racial et démocratique. L'arrivée au pouvoir du nouveau gouvernement et l'adoption de la première constitution non raciale et démocratique ont sonné le glas de l'apartheid.

Racisme

En 1963, l'Assemblée générale a adopté la *Déclaration des Nations Unies sur l'élimination de toutes les formes de discrimination raciale.* La Déclaration souligne l'égalité fondamentale de tous les individus et affirme que la discrimination entre les êtres humains pour des motifs de race, de couleur ou d'origine ethnique est une atteinte aux droits fondamentaux proclamés dans la Déclaration universelle des droits de l'homme et constitue un obstacle à des relations amicales et pacifiques entre les nations et les peuples.

Deux années plus tard, l'Assemblée a adopté la *Convention internationale sur l'élimination de toutes les formes de discrimination raciale,* qui impose aux États parties d'adopter des mesures législatives, judiciaires, administratives et autres pour prévenir et réprimer la discrimination raciale.

En 1993, l'Assemblée générale a proclamé la troisième **Décennie de la lutte contre le racisme et la discrimination raciale (1993-2003)** et invité tous les pays à prendre des mesures pour lutter contre les formes nouvelles de racisme, au moyen de lois, de mesures administratives et d'activités d'éducation et de sensibilisation.

La même année, la Commission des droits de l'homme a désigné un Rapporteur spécial sur les formes contemporaines de racisme, de discrimination raciale, de xénophobie et de l'intolérance qui y est associée, et l'a chargé d'examiner, partout dans le monde, les incidents qui témoignent de formes contemporaines de racisme, de discrimination raciale, de discrimination sous quelque forme que ce soit à l'égard des Noirs, des Arabes et des musulmans, de xénophobie, d'antisémitisme, et de l'intolérance qui y est associée, ainsi que les mesures prises par les pays pour en venir à bout.

Ainsi qu'en avait décidé l'Assemblée générale, la troisième **Conférence mondiale contre le racisme, la discrimination raciale, la xénophobie et l'intolérance qui y est associée** s'est tenue en Afrique du Sud en 2001. Les travaux de la Conférence, axés sur les mesures concrètes d'élimination du racisme, notamment les mesures de prévention, d'éducation et de protection, ont abouti à l'adoption de la Déclaration et du Programme d'action de Durban. Les conférences précédentes avaient eu lieu à Genève en 1978 et en 1983. La Conférence d'examen de la mise en œuvre de la Déclaration et du Programme d'action de Durban aura lieu en 2009.

Les droits des femmes

L'égalité pour les femmes a constitué un objectif des travaux de l'Organisation dès sa fondation en 1945. L'Organisation a joué un rôle de premier plan dans la promotion et la protection des droits fondamentaux des femmes, l'élimination de toutes les formes de discrimination et de violence à l'égard des femmes, et dans les efforts déployés pour faire en sorte que les femmes aient pleinement accès, sur un pied d'égalité avec les hommes, à la vie publique, notamment dans tous les domaines du développement économique et social et de la prise de décisions (voir les sites *www.un.org/womenwatch* et *www.un.org/womenwatch/daw*).

Représentation des femmes dans les parlements nationaux, par région

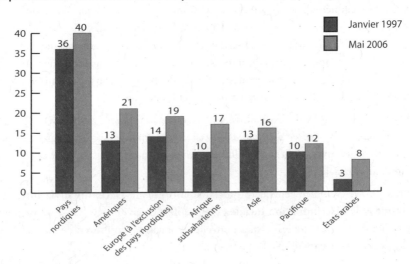

Source : UNICEF, *Situation des enfants dans le monde, 2007*. Données tirées de la base de données de l'Union interparlementaire sur la les femmes dans les parlements nationaux *(www.ipu.org/wmn-e/classif.htm)*.

La **Commission de la condition de la femme** a élaboré des directives et des principes internationaux en vue de garantir l'égalité des sexes et de lutter contre la discrimination à l'égard des femmes, notamment la Convention sur l'élimination de toutes les formes de discrimination à l'égard des femmes de 1979 et le Protocole facultatif de 1999. Elle a également élaboré la Déclaration sur l'élimination de la violence à l'égard des femmes, adoptée par l'Assemblée générale en 1993, qui définit expressément la violence comme toute forme de violence physique, sexuelle ou psychologique qui s'exerce dans la famille ou dans la collectivité ou qui est perpétrée ou tolérée par l'État.

Le **Comité pour l'élimination de la discrimination à l'égard des femmes,** composé de 23 experts indépendants, veille à ce que les États parties appliquent la Convention. Il examine les rapports présentés par les États parties pour évaluer la mesure dans laquelle ceux-ci appliquent le principe de l'égalité entre les femmes et les hommes. Il examine également les communications émanant de particuliers et mène des enquêtes dans le cadre des dispositions prévues dans le Protocole facultatif à la Convention.

Les droits des enfants

Des millions d'enfants meurent chaque année de malnutrition et de maladie, et on ne compte plus tous les enfants qui sont victimes de la guerre, des catastrophes naturelles, du VIH/sida et des pires formes d'exploitation et de violence sexuelles. Des millions d'enfants, en particulier des filles, n'ont pas accès à une éducation de qualité. Le **Fonds des Nations Unies pour l'enfance (UNICEF)** est l'organisme des Nations Unies qui a pour mission de défendre les droits des enfants. Il veille à assurer sur le plan mondial un appui constant à la Convention relative aux droits de l'enfant, qui consacre des principes d'éthique universels et des normes juridiques internationales de conduite envers les enfants.

L'Assemblée générale a adopté en 2000 deux *Protocoles facultatifs* à la Convention : l'un interdisant l'enrôlement d'enfants de moins de 18 ans dans les forces armées et leur participation aux hostilités; l'autre renforçant les interdictions et les peines pour ce qui concerne la vente d'enfants, la prostitution des enfants et la pornographie mettant en scène des enfants.

Le **Comité des droits de l'enfant,** organe institué dans le cadre de la Convention, se réunit régulièrement pour suivre les progrès accomplis par les États parties dans l'exécution de leurs obligations. Il fait des propositions et des recommandations aux gouvernements et à l'Assemblée générale sur les moyens de donner effet aux droits reconnus aux enfants en vertu de la Convention.

L'ONU a également pour objectif de protéger les enfants qui travaillent de l'exploitation et de conditions de travail qui mettent en danger leur épanouissement physique et mental, de garantir aux enfants une éducation de qualité, une alimentation suffisante et des soins de santé de base et, à long terme, de parvenir à éliminer progressivement le travail des enfants.

- Le Programme international pour l'abolition du travail des enfants, initiative de l'**Organisation internationale du Travail (OIT)**, porte sur la coopération technique et des activités de sensibilisation et de mobilisation. Des interventions directes sont organisées notamment dans la prévention du travail des enfants, la recherche d'autres solutions comme trouver un emploi correctement rétribué pour les parents d'enfants qui travaillent, et la réadaptation, l'éducation et la formation professionnelle des enfants.

- L'UNICEF appuie des programmes axés sur l'éducation, l'encadrement et la protection des enfants qui travaillent dans des conditions à très haut risque — enfants prostitués ou employés comme domestiques par exemple — et dénonce vigoureusement les violations dont ils sont victimes.

- L'Assemblée générale a engagé instamment les gouvernements à agir face au problème des enfants des rues, qui sont de plus en plus touchés par la criminalité, la toxicomanie, la violence et la prostitution.

- La Sous-Commission de la promotion et de la protection des droits de l'homme a demandé que des mesures soient prises pour mettre fin à l'enrôlement et à la conscription d'enfants dans les forces armées. Le Représentant spécial du Secrétaire général pour les enfants et les conflits armés s'emploie à améliorer la protection des enfants pendant les conflits.

- Le Conseil des droits de l'homme reçoit également les rapports d'un Rapporteur spécial sur la vente d'enfants, la prostitution des enfants et la pornographie impliquant des enfants.

- Dans une étude publiée en 2006, le Secrétaire général décrit de manière détaillée la nature, l'étendue et les causes de la violence à l'égard des enfants et recommande que certaines mesures soient prises pour prévenir la violence et y remédier. Cette étude a été élaborée sous la direction du professeur Paulo Sérgio Pinheiro, expert indépendant nommé par le Secrétaire général, épaulé par le Haut-Commissariat des Nations Unies aux droits de l'homme, l'UNICEF et l'OMS.

Les droits des minorités

Environ un milliard de personnes dans le monde appartiennent à des groupes minoritaires, dont beaucoup sont victimes de diverses formes de discrimination, de l'exclusion et, souvent, de conflits violents. Le fait de satisfaire les aspirations légitimes des groupes nationaux, ethniques, religieux et linguistiques permet de renforcer la protection des droits fondamentaux, de protéger et reconnaître la diversité culturelle mais aussi de renforcer la stabilité de la société dans son ensemble.

Dès sa création, l'ONU a fait figurer les droits des minorités en tête de ses préoccupations relatives aux droits de l'homme. La protection des droits fondamentaux des personnes appartenant à des minorités est garantie expressément par l'article 27 du Pacte international relatif aux droits civils et politiques et par les principes de non-discrimination et de participation, qui sont à la base des instruments des Nations Unies se rapportant aux droits de l'homme.

L'adoption, en 1992, de la *Déclaration des droits des personnes appartenant à des minorités nationales ou ethniques, religieuses et linguistiques* par l'Assemblée générale a donné un nouveau souffle à l'action de l'ONU dans ce domaine; et, en 1995, la Commission des droits de l'homme a approuvé la constitution par sa Sous-Commission d'un Groupe de travail sur les minorités, seule instance de ce type ouverte aux représentants des minorités. Le Groupe de travail permet aux groupes minoritaires de faire entendre leur voix dans le système des Nations Unies, d'exposer leurs préoccupations et de faire des propositions afin d'améliorer leur situation. Il est chargé de proposer des solutions et de recommander des mesures concrètes pour améliorer la promotion et la protection des droits des personnes appartenant à des minorités.

Peuples autochtones

L'ONU n'a cessé de s'engager toujours davantage pour la cause des peuples autochtones, que l'on estime compter parmi les groupes les plus défavorisés du monde. Ces peuples, appelés également les « peuples premiers », tribaux ou aborigènes, constituent au moins 5 000 groupes distincts représentant quelque 370 millions de personnes qui vivent dans plus de 70 pays. Exclues des instances de décision, bon nombre d'entre elles ont été marginalisées, exploitées, assimilées par la force et soumises à la répression, à la torture et au meurtre lorsqu'elles se sont exprimées ouvertement pour défendre leurs droits. Par peur des persécutions, elles se réfugient souvent à l'étranger ou choisissent parfois de taire leur identité et de renoncer à leur langue et à leurs coutumes traditionnelles.

En 1982, la Sous-Commission de la Commission des droits de l'homme a constitué un Groupe de travail sur les populations autochtones, qui a étudié les faits nouveaux se rapportant aux droits des peuples autochtones et œuvré à l'instauration de normes internationales concernant leurs droits. Le Groupe de travail a également élaboré un projet de *Déclaration sur les droits des peuples autochtones*.

En 1992, les participants au Sommet planète Terre ont entendu la voix des peuples autochtones, qui ont exprimé collectivement leurs préoccupations au sujet de la dégradation de leurs terres et territoires et de leur environnement. Divers organes des Nations Unies, dont le PNUD, l'UNICEF, le FIDA, l'UNESCO, la Banque mondiale et l'OMS, ont mis au point des programmes visant à améliorer la santé et les taux d'alphabétisation de ces populations et à lutter contre la dégradation de leurs terres et territoires ancestraux. Ultérieurement, l'Assemblée générale a proclamé 1993 **Année internationale des populations autochtones,** puis la période **1995-2004 Décennie internationale des populations autochtones.**

L'accent mis sur les questions autochtones a abouti, en 2000, à la création d'une **Instance permanente sur les questions autochtones,** organe subsidiaire du Conseil économique et social. Composée de 16 membres, cette instance, où les experts autochtones siègent à un niveau de parité avec les experts nommés par les gouvernements, fournit des services consultatifs au Conseil économique et social, participe à la coordination des activités que mène l'ONU dans ce domaine et examine les questions autochtones ayant trait au développement économique et social, à la culture, à l'éducation, à l'environnement, à la santé et aux droits de l'homme. De plus, le Groupe d'appui interorganisations sur les questions autochtones s'efforce de promouvoir les activités relatives aux questions autochtones à l'échelle du système intergouvernemental (voir le site *www.un.org/esa/socdev/unpfii/fr/about_us.html*).

À l'approche de la fin de la Décennie internationale, l'Assemblée générale a proclamé la période **2005-2015 deuxième Décennie internationale des peuples autochtones.** Elle vise essentiellement à réaliser les cinq objectifs suivants :

- Promouvoir la non-discrimination à l'égard des peuples autochtones et l'intégration des questions qui les concernent dans la conception, la mise en œuvre et l'évaluation des initiatives internationales, régionales et nationales en matière de législation, de politiques, de ressources, de programmes et de projets;

- Promouvoir la participation pleine et entière des peuples autochtones à la prise de décisions qui concernent directement ou indirectement leur mode de vie, leurs terres et territoires traditionnels, leur intégrité culturelle ou tout autre aspect de leur vie;

- Redéfinir les priorités de développement pour promouvoir le principe d'équité et le respect de la diversité culturelle et linguistique des populations autochtones;

- Adopter des politiques, des programmes, des projets et des budgets axés sur le développement des peuples autochtones, assortis d'objectifs d'étape concrets et en accordant une attention particulière aux femmes, aux enfants et aux jeunes autochtones;

- Mettre en place de solides mécanismes de suivi et renforcer le système de responsabilisation à tous les niveaux pour ce qui a trait à la mise en œuvre des cadres juridiques, politiques et opérationnels nécessaires à la protection des peuples autochtones et à l'amélioration de leurs conditions de vie.

Le 29 juin 2006, le Conseil des droits de l'homme a adopté la *Déclaration des Nations Unies sur les droits des peuples autochtones,* que l'Assemblée générale a entérinée le 13 septembre 2007.

Cette *Déclaration* établit les droits individuels et collectifs des peuples autochtones, notamment ceux ayant trait à la culture, à l'identité, à la langue, à l'emploi, à la santé et à l'éducation. Elle insiste sur le droit des peuples autochtones à perpétuer et renforcer leurs institutions, leur culture et leurs traditions et à promouvoir leur développement selon leurs aspirations et leurs besoins. Elle interdit également toute forme de discrimination à leur égard et encourage leur participation pleine et effective à toutes les décisions qui les intéressent, notamment s'agissant de leur droit de conserver leur intégrité en tant que peuple distinct et d'assurer librement leur développement économique et social.

Personnes handicapées

Quelque 650 millions de personnes—environ 10 % de la population mondiale, dont approximativement 80 % vit dans les pays en développement—souffrent de quelque infirmité d'ordre physique, mental ou sensoriel (voir le site *www.un.org/disabilities/convention/facts.shmtl*).

Les personnes handicapées sont souvent mises à l'écart de la société. La discrimination à leur égard revêt différentes formes, depuis le refus des possibilités d'éducation jusqu'à des formes plus subtiles comme l'exclusion et l'isolement où ces personnes sont rejetées par les barrières physiques et sociales. La société en pâtit, car la perte de l'immense potentiel des personnes handicapées appauvrit l'humanité. Il faut changer les perceptions et la notion même de handicap, ce qui suppose à la fois un changement des valeurs et une plus grande compréhension à tous les niveaux de la société.

Depuis sa création, l'ONU s'efforce d'améliorer la situation des personnes handicapées et leurs conditions de vie. L'intérêt qu'elle porte au bien-être et aux droits de ces personnes est ancré dans ses principes fondateurs qui ont pour socle les droits de l'homme, les libertés fondamentales et l'égalité de tous les êtres humains.

Dans les années 70, la notion des droits fondamentaux des personnes handicapées a été plus largement admise sur le plan international. L'Assemblée générale a adopté, en 1971, la *Déclaration des droits du déficient mental,* puis, en 1975, la *Déclaration des droits des personnes handicapées,* qui définit des normes pour l'égalité de traitement de ces personnes et l'accès à des services propres à accélérer leur intégration sociale.

L'**Année internationale des personnes handicapées** (1981) a débouché sur l'adoption par l'Assemblée générale d'un *Programme d'action mondial concernant les personnes handicapées,* ensemble d'orientations visant à promouvoir les droits de ces personnes. Le Programme définit deux objectifs de coopération internationale : l'égalité pour les personnes handicapées; et leur entière participation à la vie sociale et au développement.

La **Décennie des Nations Unies pour les personnes handicapées** (1983-1992) a eu pour principal résultat l'adoption par l'Assemblée générale, en 1993, des *Règles pour l'égalisation des chances des handicapés,* qui servent d'instrument pour l'élaboration de politiques et de base pour la coopération technique et économique. Un rapporteur spécial contrôle l'application de ces *Règles* et rend compte chaque année du résultat de ses travaux à la Commission du développement social, organe subsidiaire du Conseil économique et social.

Un nouvel ensemble de règles pour la protection des personnes atteintes de maladies mentales, les *Principes pour la protection des personnes atteintes de maladie mentale et pour l'amélioration des soins de santé mentale,* a été adopté par l'Assemblée générale en 1991. En 1994, l'Assemblée a adopté une stratégie à long terme pour poursuivre la mise en œuvre du *Programme d'action mondial,* laquelle est axée sur l'édification d'une société pour tous. En 1997, elle a proposé un certain nombre de grandes orientations : accessibilité, emploi, services sociaux et protection sociale.

En 2001, l'Assemblée a entamé un processus visant à élaborer une convention internationale complète pour la protection et la promotion des droits et de la dignité des personnes handicapées. Le 13 décembre 2006, après cinq ans de négociations, elle a adopté la *Convention relative aux droits des personnes handicapées.* La Convention est ouverte à la signature depuis le 30 mars 2007 (pour plus d'informations, voir la section intitulée « Conventions diverses » du présent chapitre).

Activités du système des Nations Unies.   De plus en plus d'éléments d'information donnent à penser que les questions intéressant les personnes handicapées doivent être traitées dans le contexte du développement national et des droits de l'homme en général. L'ONU coopère avec des gouvernements, des ONG, des institutions scientifiques et des associations professionnelles afin de sensibiliser davantage l'opinion à ces questions et d'aider les autorités nationales à adopter des stratégies globales axées sur les droits de l'homme. Ce faisant, elle établit un lien entre les questions intéressant les personnes handicapées et les objectifs internationaux de développement, notamment les OMD.

L'intérêt croissant que suscite l'action en faveur des personnes handicapées auprès du public a mis en relief la nécessité d'améliorer les services d'information, la portée des activités et les mécanismes institutionnels, dans la perspective de l'égalisation des chances. L'ONU est de plus en plus sollicitée pour aider les pays à se doter des moyens voulus afin d'agir en faveur des personnes handicapées dans le cadre de leurs plans de développement nationaux [voir les sites *www.un.org/french/disabilities* et (en anglais uniquement) *www.ohchr.org/english/issues/disability*].

Travailleurs migrants

Les mouvements de personnes recherchant du travail dans des pays étrangers s'intensifiant, une nouvelle convention sur les droits de l'homme a été élaborée en vue de mettre fin à la discrimination à l'égard des travailleurs migrants. Cet instrument, la *Convention internationale sur la protection des droits de tous les travailleurs migrants et des membres de leur famille,* a été adopté par l'Assemblée générale en 1990, au terme de 10 années de négociations. La Convention :

- Traite des droits des travailleurs migrants et des membres de leur famille, qu'ils soient en situation régulière ou irrégulière;
- Rend illégal le fait d'expulser des travailleurs migrants à titre collectif ou de détruire leurs papiers d'identité, leur permis de travail ou leur passeport;
- Donne aux travailleurs migrants le droit de bénéficier de la même rémunération, des mêmes prestations sociales et des mêmes soins médicaux que les nationaux du pays considéré, d'adhérer ou d'être affiliés à des syndicats, et de transférer leurs gains, leurs économies et leurs effets personnels au terme de leur période d'emploi;
- Confère aux enfants des travailleurs migrants le droit à l'enregistrement de la naissance et à la nationalité et le droit d'accéder à l'éducation.

La Convention est entrée en vigueur le 1er juillet 2003. Les États parties contrôlent son application par l'intermédiaire du **Comité pour les travailleurs migrants**.

Administration de la justice

L'ONU a pris de nombreuses dispositions pour renforcer la protection des droits de l'homme dans le cadre de l'administration de la justice. Lorsque des personnes font l'objet d'une enquête de la part des pouvoirs publics, ou qu'elles sont arrêtées, placées en détention, inculpées, traduites en justice ou incarcérées, il est toujours nécessaire de veiller à ce que ceux qui appliquent la loi tiennent dûment compte des exigences liées à la protection des droits de l'homme.

L'ONU s'est employée à élaborer des normes et des codes devant servir de modèles aux législations nationales pour des questions telles que le traitement des prisonniers, la protection des jeunes détenus, l'utilisation des armes à feu par la police, le comportement des agents de la force publique, le rôle des avocats et des magistrats et l'indépendance du pouvoir judiciaire. Bon nombre de ces règles ont été élaborées par l'intermédiaire de la Commission pour la prévention du crime et la justice pénale et du Centre pour la prévention internationale du crime.

Le Haut-Commissariat des Nations Unies aux droits de l'homme propose un programme d'assistance technique axé sur la formation aux droits de l'homme des législateurs, des magistrats, des avocats, des agents de la force publique, du personnel des prisons et des membres des forces armées.

Priorités pour l'avenir

Malgré l'action du système des Nations Unies, des violations massives et systématiques des droits de l'homme continuent de se produire. Soixante ans après l'adoption de la Déclaration universelle des droits de l'homme, les atteintes aux droits fondamentaux dominent encore l'actualité en provenance du monde entier. Cela s'explique en partie par l'attention accrue portée aux droits de l'homme et au suivi de questions sensibles telles que la maltraitance, la violence à l'égard des femmes et un certain nombre de pratiques illicites qui, récemment encore, pouvaient passer pour acceptables au regard des règles traditionnelles.

Incontestablement, les mesures visant à promouvoir et protéger les droits de l'homme n'ont jamais été aussi énergiques et sont de plus en plus étroitement associées au combat pour la justice sociale, le développement économique et la démocratie. Les droits de l'homme sont désormais le dénominateur commun de tous les programmes et politiques de l'ONU. L'action énergique que mène le Haut-Commissaire aux droits de l'homme et la coopération et la coordination entre les partenaires de l'ONU sont autant d'expressions du travail concret accompli pour aider les organismes des Nations Unies à faire respecter les droits de l'homme.

ACTION HUMANITAIRE

Depuis la fin de la Seconde Guerre mondiale, lorsque l'ONU a commencé à coordonner les opérations de secours dans une Europe dévastée par la conflagration et les déplacements massifs de population, la communauté internationale compte sur l'Organisation pour répondre aux catastrophes d'origine naturelle ou humaine, auxquelles un pays, réduit à ses propres moyens, ne pourrait faire face. De nos jours, l'ONU est un des principaux prestataires de secours d'urgence et de l'assistance à long terme. Elle catalyse l'action des gouvernements et des autres organisations humanitaires et plaide la cause des populations frappées par les catastrophes.

Les conflits et les catastrophes naturelles continuent à chasser les civils de chez eux. À la fin de 2006, quelque 12,8 millions de personnes étaient déplacées à l'intérieur de leur propre pays et 9,9 millions de personnes supplémentaires étaient réfugiées.

Les catastrophes naturelles, principalement liées au climat, touchent plus de 200 millions de personnes chaque année. Le PNUD estime que 94 % des catastrophes naturelles sont provoquées par des cyclones, des inondations, des séismes et la sécheresse; vagues de chaleur et incendies de forêt étant également à blâmer. Un pourcentage écrasant des victimes des catastrophes naturelles, 98,2 %*, vit dans des pays en développement, ce qui montre à quel point la pauvreté, la pression démographique et la dégradation de l'environnement exacerbent les souffrances humaines.

Pour faire face aux conflits et au bilan humain et financier de plus en plus lourd des catastrophes naturelles, le système des Nations Unies est présent sur deux fronts. D'une part, il porte secours le plus rapidement possible aux victimes, principalement par l'intermédiaire de ses organismes d'exécution, et, d'autre part, il s'efforce d'élaborer des stratégies plus efficaces pour prévenir les situations d'urgence.

Lorsqu'une catastrophe humanitaire se produit, l'ONU et les organismes du système n'ont d'autre souci que de faire parvenir des secours aux populations touchées. Ainsi, en 2006, le Programme alimentaire mondial (PAM) a nourri près de 88 millions de personnes dans 78 pays, notamment la plupart des réfugiés et des personnes déplacées que compte le monde. Le Haut-Commissariat des Nations Unies pour les réfugiés a fourni une protection et une assistance internationales à des millions de réfugiés et de personnes déplacées. Afin de financer les opérations de secours, le Bureau de la coordination des affaires humanitaires (BCAH) a lancé un appel de fonds interinstitutions qui a permis de récolter 3 milliards de dollars au profit de l'aide humanitaire.

L'ONU s'efforce de prévenir de telles catastrophes et d'en atténuer les effets, notamment au moyen du Système d'alerte rapide aux crises humanitaires et de la Stratégie internationale de prévention des catastrophes (SIPC) [voir les sites *www.hewsweb.org* et *www. unisdr.org*].

---

* La réduction des risques de catastrophes : un défi pour le développement. Bureau de la prévention des crises et du relèvement, 2004

Tremblement de terre et tsunami survenus dans l'océan Indien en décembre 2004

Le dimanche 26 décembre 2004, à l'aube, un séisme considérable, de magnitude 9,0 sur l'échelle de Richter, a frappé la côte ouest de Sumatra-Nord (Indonésie) et provoqué un déplacement du fond marin (tsunami) de 10 mètres de haut. Le tsunami s'est propagé dans l'océan Indien à une vitesse allant jusqu'à 800 kilomètres/heure.

Il s'agissait du tsunami le plus violent de l'histoire moderne. Il a frappé les zones côtières de l'Inde, de l'Indonésie, de Sri Lanka, de la Thaïlande, des Maldives, du Myanmar, des Seychelles et de la Somalie, pénétrant jusqu'à plus de 3 000 kilomètres à l'intérieur des terres dans certaines zones et semant la mort jusqu'en Afrique du Sud. L'Indonésie, où l'on a recensé plus de la moitié des victimes, a payé le plus lourd tribut. Le bilan officiel, publié un an plus tard, fait état de 181 516 morts et 49 936 disparus dans 12 pays. Plus de 1,7 million de personnes ont perdu leur foyer, tandis que 5 à 6 millions ont été privées de nourriture, d'eau et de médicaments.

Le système des Nations Unies a réagi immédiatement. Déjà présentes dans chacun des pays touchés, grâce à ses programmes sur le terrain, l'ONU a pu intervenir massivement et rapidement et faire en sorte que les survivants aient accès à l'alimentation, à un abri et à des soins médicaux, ce qui a permis d'éviter une deuxième catastrophe, telle qu'épidémie ou famine. Le 5 janvier 2005, un « appel éclair » a été lancé en vue de collecter 977 millions de dollars pour financer les activités humanitaires d'une quarantaine d'organismes des Nations Unies et ONG, notamment dans les domaines suivants : agriculture, services d'appui, reprise économique et infrastructure, éducation, foyers familiaux temporaires, lutte antimines, sécurité, protection des droits de l'homme et état de droit, et eau et assainissement.

De plus, l'Organisation des Nations Unies pour l'alimentation et l'agriculture (FAO) s'efforce de prévoir les famines ainsi que d'autres problèmes relatifs à l'alimentation et à l'agriculture, tandis que l'Organisation météorologique mondiale (OMM) suit la progression des cyclones tropicaux et l'avancée de la sécheresse. Le Programme des Nations Unies pour le développement (PNUD) aide les pays particulièrement exposés à se doter de mécanismes de prévention et d'intervention (pour plus d'informations sur l'action de l'ONU dans le domaine humanitaire, voir le site *www.un.org/french/ha*).

Coordination de l'action humanitaire

Depuis les années 90, le nombre et l'intensité des guerres civiles augmentent. Elles ont provoqué des crises humanitaires à grande échelle : pertes humaines très importantes, déplacements massifs de populations et dégâts considérables dans les sociétés des pays touchés, dans des contextes politique et militaire difficiles. Pour faire face à ces « situations d'urgence complexes », le système des Nations Unies s'est doté des moyens nécessaires à une réponse rapide et efficace.

La famille des Nations Unies à l'œuvre :
tous ensemble au service des victimes du tsunami
et de la reprise des activités

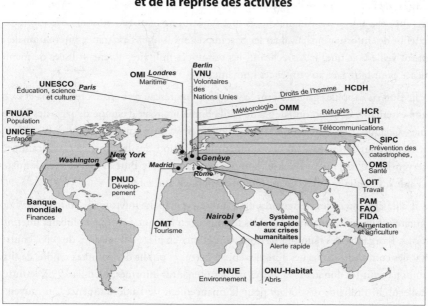

Source : Services d'information de l'ONU.

En 1991, l'Assemblée générale a créé le **Comité permanent interorganisations (CPI)**, chargé de coordonner les interventions de la communauté internationale en cas d'urgence humanitaire. Dans le système des Nations Unies, le **Coordonnateur des secours d'urgence des Nations Unies** s'occupe d'orienter les politiques, de coordonner les initiatives et d'appeler l'attention sur les questions relatives aux urgences humanitaires. Il dirige le **Bureau de la coordination des affaires humanitaires (BCAH),** qui organise l'aide du système des Nations Unies en cas de crises humanitaires pour lesquelles plusieurs organismes sont amenés à conjuguer leurs moyens (voir le site *www.ochaonline.un.org*).

Nombreux sont les intervenants—gouvernements, ONG, organismes des Nations Unies—à proposer leur assistance dans les situations d'urgence complexes. En coopération avec ces intervenants, le Bureau de la coordination des affaires humanitaires veille à l'établissement d'un cadre d'intervention cohérent permettant à chacun de contribuer promptement et efficacement à l'effort général.

Lorsqu'une catastrophe se produit, le Bureau dirige les initiatives internationales. Il engage des consultations avec les États Membres et avec les membres du CPI au Siège et sur le terrain, en vue d'établir les priorités. Il facilite ensuite la coordination des activités dans les pays touchés.

Ainsi, le Bureau est doté de moyens internes d'intervention en cas d'urgence et d'un système disponible 24 heures sur 24 de contrôle et d'alerte. Les équipes des Nations Unies chargées de l'évaluation et de la coordination en cas de catastrophe peuvent être déployées dans un délai de 12 à 24 heures après une catastrophe naturelle ou une crise subite pour recueillir des informations, évaluer les besoins et coordonner l'assistance internationale. Le Bureau veille à ce que, le cas échéant, les ressources militaires soient utilisées de manière efficace pour faire face aux urgences humanitaires.

Le Bureau s'appuie également sur les services d'un réseau de bureaux régionaux et de bureaux extérieurs, de coordonnateurs de l'aide humanitaire et d'équipe de pays des Nations Unies. Chaque coordonnateur de l'aide humanitaire a pour mission d'assurer la cohérence des secours sur le terrain. En coordonnant l'évaluation des besoins, la planification des interventions d'urgence et l'élaboration des programmes, le Bureau aide le coordonnateur de l'aide humanitaire et les organismes opérationnels sur le terrain.

Il aide également les partenaires du Comité permanent interorganisations et le Coordonnateur humanitaire à mobiliser des ressources en lançant des appels globaux interinstitutions. Il organise des réunions de donateurs et met en place des mesures de suivi, contrôle l'état des contributions reçues après les appels lancés et publie des comptes rendus de situation pour tenir les donateurs et autres parties prenantes informés. Depuis 1992, le Bureau a collecté 30 milliards de dollars pour le financement de l'aide d'urgence, au moyen de 244 appels globaux et « appels éclairs » (données actualisées en mai 2006).

Le **Fonds central d'intervention pour les urgences humanitaires** du Bureau a été inauguré officiellement en mars 2006 en tant que mécanisme de financement amélioré visant à faciliter une intervention rapide en cas d'urgence humanitaire. Il a été créé au lendemain d'une série de catastrophes naturelles particulièrement destructrices — notamment le tsunami de décembre 2004, un tremblement de terre en Asie du Sud, une saison des ouragans d'une violence inégalée et un glissement de terrain massif aux Philippines —, qui étaient survenues très brusquement et avaient exigé une mise en place rapide des secours et des activités de relèvement.

En 2006, le Fonds a engagé plus de 250 millions de dollars au titre du financement de quelque 340 projets dans 35 pays, dont deux tiers pour des interventions d'urgence au Soudan et au Liban, le reste servant à répondre aux besoins prioritaires dans des situations d'urgence connaissant des déficits de financement, en République démocratique du Congo et au Tchad notamment. Lors d'une conférence de haut niveau tenue en décembre, 51 donateurs se sont engagés à verser 340 millions de dollars pour financer les opérations du Fonds en 2007.

Avec ses partenaires engagés dans l'action humanitaire, le Bureau de la coordination des affaires humanitaires s'emploie également à arrêter des politiques concertées et à recenser les difficultés auxquelles se heurte le personnel humanitaire sur le terrain. Il veille à ce que les grands problèmes humanitaires ne restent pas sans réponse, notamment ceux qui ne font pas expressément partie des attributions des organisations humanitaires.

Coordination des secours d'urgence

Le Comité permanent interorganisations (CPI) rassemble les principaux organismes humani-taires, qu'ils appartiennent ou non au système des Nations Unies. Il est présidé par le Coor-donnateur des secours d'urgence des Nations Unies.

Le CPI élabore les politiques humanitaires, établit clairement les responsabilités en ce qui concerne les divers aspects de l'assistance humanitaire, recense les lacunes et s'efforce de les combler, et plaide en faveur de l'application effective des principes humanitaires (voir le site *www.humanitarianinfo.org/iasc*).

Le « principe de la responsabilité sectorielle » qu'il applique dorénavant à l'assistance humanitaire vise à intensifier les interventions en posant des critères rigoureux en matière de prévisibilité, de responsabilité et de partenariat. Toute situation d'urgence, nouvelle ou non, est désormais abordée sous l'angle de ce nouveau principe, chaque secteur de responsabilité correspondant à un organisme ou une institution chef de file, associé à divers partenaires appartenant ou non au système des Nations Unies :

Agriculture (FAO); Coordination et gestion des camps (HCR pour les déplacements provoqués par des conflits; OIM pour les migrations dues à des catastrophes natu-relles); Relèvement accéléré (PNUD); Enseignement (UNICEF et « Save the Children Alliance »); Abris d'urgence (HCR pour les déplacements à l'intérieur d'un pays pro-voqués par des conflits et Fédération internationale des sociétés de la Croix-Rouge et du Croissant-Rouge pour les catastrophes); Télécommunications d'urgence (Bureau de la coordination des affaires humanitaires, services de télécommunications fournis par l'UNICEF et le PAM), Santé (OMS); Logistique (PAM); Nutrition (UNICEF); Protection (HCR); Eau, assainissement et hygiène (UNICEF).

(Pour plus d'informations, voir le site *www.humanitarianreform.org*.)

Par son action, le Bureau donne la parole aux victimes des crises et veille à ce que les vues et les préoccupations des intervenants humanitaires transparaissent dans les initiatives visant au relèvement et à l'instauration de la paix. Il fait connaître les normes et principes humanitaires et appelle l'attention sur certaines questions, telles que l'accès aux populations touchées, les conséquences humanitaires des sanctions, le danger des mines antipersonnel et la prolifération anarchique des armes légères.

Le Bureau de la coordination des affaires humanitaires a mis en place un ensemble complet d'outils en ligne afin de faciliter la promotion de l'action humanitaire, la formu-lation des politiques et la coordination des secours d'urgence. Le Bureau administre le principal site Web consacré aux questions humanitaires, ReliefWeb, qui fait le point des situations d'urgence dans le monde (voir le site *www.reliefweb.int*). Il héberge également le Réseau régional intégré d'information — service d'information qui offre des comptes rendus et analyses précis et impartiaux sur la situation en Afrique subsaharienne, au Moyen-Orient et en Asie centrale à l'intention de la communauté humanitaire *(www.irinnews.org)*.

Activités d'assistance et de protection

Trois organismes des Nations Unies—l'UNICEF, le PAM et le HCR—jouent un rôle essentiel dans les activités de protection et d'assistance en cas de crise humanitaire.

Les femmes et les enfants représentent la majorité des réfugiés et personnes déplacées. Dans les cas d'urgence extrême, le **Fonds des Nations Unies pour l'enfance (UNICEF)** œuvre aux côtés d'autres organismes humanitaires afin de rétablir les services de base, tels que l'approvisionnement en eau et l'assainissement, improvise des écoles et fournit des vaccins, des médicaments et d'autres biens aux populations déracinées.

Par ailleurs, l'UNICEF plaide sans relâche la cause des enfants auprès des gouvernements et des belligérants. Dans les zones en guerre, il a notamment négocié des cessez-le-feu visant à faciliter l'acheminement de l'aide, par exemple afin de vacciner les enfants. À cet effet, l'UNICEF a défendu le principe consistant à créer un « havre de paix autour des enfants » et est à l'origine des « jours de tranquillité » et des « couloirs de la paix » dans les zones de conflit. Il a également lancé des programmes spécialisés afin de secourir les enfants traumatisés et d'aider les enfants non accompagnés à retrouver leurs parents ou d'autres membres de leur famille. En 2006, le Fonds a consacré plus de 513 millions de dollars au financement de l'assistance humanitaire dans 53 situations d'urgence.

Le **Programme alimentaire mondial (PAM)** apporte avec rapidité et efficacité des secours à des millions de victimes de catastrophes d'origine naturelle ou humaine, y compris la plupart des réfugiés et des personnes déplacées. Ce sont des crises de ce type qui absorbent l'essentiel des ressources financières et humaines du PAM. Il y a 10 ans, les deux tiers des vivres fournis par le PAM servaient à aider les bénéficiaires à devenir autonomes. Aujourd'hui, la proportion est inversée : près de 72 % de l'aide va aux victimes de crises humanitaires. En 2006, 63,4 millions de personnes ont bénéficié de l'aide du PAM—notamment des personnes déplacées, des réfugiés, des enfants orphelins du sida et des victimes de conflits et de catastrophes naturelles telles qu'inondations et sécheresses—dans le cadre de 37 opérations d'urgence à court terme, 53 opérations de secours et de relèvement à long terme et 35 opérations spéciales.

Lorsqu'une guerre éclate ou qu'une catastrophe survient, le PAM prodigue rapidement des secours d'urgence, puis met en place des programmes visant à faciliter un relèvement sans heurt et rapide pour aider les populations à reconstruire leur vie et à assurer leur subsistance. Le PAM a également pour mission de mobiliser la nourriture et les fonds nécessaires pour assurer des opérations de grande ampleur gérées par le HCR pour les réfugiés. (Pour plus d'informations sur le rôle du HCR dans la gestion des crises humanitaires, voir la section ci-après intitulée « Protection internationale et assistance apportées aux réfugiés ».)

Les populations rurales des pays en développement sont souvent les plus exposées aux catastrophes, la plupart d'entre elles dépendant de l'agriculture pour assurer leur sécurité alimentaire et leur subsistance. L'expérience de l'**Organisation des Nations Unies pour l'alimentation et l'agriculture (FAO)** dans les domaines de l'agriculture, de l'élevage, de la pêche et de la sylviculture est donc particulièrement appréciable dans les opérations de secours d'urgence et de réhabilitation.

Protection des enfants dans les zones de guerre

Aujourd'hui, dans plus de 30 situations de conflit dans le monde, plus de 250 000 jeunes de moins de 18 ans sont impitoyablement exploités comme soldats, certains — filles aussi bien que garçons — à peine âgés de sept ou huit ans. Plus de 2 millions d'enfants ont été tués dans des guerres et des conflits civils, 6 millions sont mutilés ou handicapés à vie. Des milliers de filles sont victimes de viol ou d'autres formes de violence et d'exploitation sexuelles, tandis que le nombre de garçons et de filles arrachés à leur foyer atteint un niveau sans précédent. D'autres enfants encore sont orphelins ou séparés de leurs parents à cause de la guerre.

Face à cette tragédie, le Conseil de sécurité a appelé la communauté internationale à redoubler d'efforts pour mettre fin à l'exploitation des enfants en tant que soldats et pour protéger les enfants dans les conflits armés. La protection des enfants fait désormais partie du mandat des opérations de maintien de la paix et plusieurs missions, notamment en République démocratique du Congo et en Côte d'Ivoire, qui comptent parmi leur personnel des civils spécialistes de la protection de l'enfant.

Les normes et principes internationaux de protection des enfants touchés par les conflits armés ont évolué au fil des ans. On citera notamment :

- Le Statut de Rome de la Cour pénale internationale, qui qualifie de crime de guerre le fait de procéder à la conscription ou à l'engagement d'enfants de moins de 15 ans;

- Le Protocole facultatif à la Convention relative aux droits de l'enfant, qui fixe à 18 ans l'âge limite d'enrôlement obligatoire et de participation aux hostilités et demande aux États parties de porter à 16 ans au moins l'âge de l'engagement volontaire;

- Six résolutions du Conseil de sécurité, à savoir les résolutions 1261 (1999), 1314 (2000), 1379 (2001), 1460 (2003), 1539 (2004) et 1612 (2005), qui portent sur la protection des enfants touchés par les conflits armés;

- La Convention n° 182 de l'OIT, qui considère la conscription des enfants comme l'une des pires formes de travail des enfants et fixe à 18 ans l'âge minimal de recrutement forcé ou obligatoire;

- Les Conventions de Genève et leurs Protocoles additionnels, qui stipulent que les enfants feront l'objet d'un respect particulier et seront protégés contre toute forme de violation sexuelle dans les conflits et qu'ils recevront les soins et l'aide dont ils ont besoin.

Le Représentant spécial du Secrétaire général pour les enfants et les conflits armés s'efforce de sensibiliser davantage la communauté internationale et de mobiliser le soutien politique des gouvernements et de la société civile. Il est un des principaux défenseurs de mesures telles que le renforcement des mécanismes de contrôle et de signalement des cas de violation des droits des enfants dans les conflits armés; fait du bien-être des enfants une des priorités des activités en faveur de la paix et place les besoins des enfants au cœur des programmes de relèvement après un conflit (voir le site *www.un.org/children/conflict/french*).

Lors de ses déplacements dans les zones de conflit, le Représentant spécial a obtenu des représentants des autorités nationales et des insurgés qu'ils prennent des engagements importants en faveur de la protection et du bien-être des enfants dans les situations de conflit et après les conflits. De plus, l'UNICEF travaille depuis longtemps en collaboration avec les autorités gouvernementales et les mouvements rebelles en vue de démobiliser les enfants soldats, de les réunir avec leur famille et de favoriser leur réinsertion sociale.

La FAO aide les pays à prévenir et atténuer les catastrophes, à s'y préparer et à y faire face. Son *Système mondial d'information et d'alerte rapide* fournit des informations mises à jour régulièrement sur la situation alimentaire dans le monde (voir le site *www.fao.org/ giews*). Avec le PAM, elle évalue la situation alimentaire dans les pays où la sécurité alimentaire n'est pas assurée à la suite de catastrophes naturelles ou d'origine humaine. Les deux organismes préparent et approuvent conjointement les opérations d'aide alimentaire d'urgence à la lumière de ces évaluations.

Les activités que mène la FAO après les catastrophes et les situations d'urgence complexes mettent l'accent sur la protection et la remise en état des moyens de subsistance d'origine agricole. La FAO s'efforce de rétablir la production alimentaire locale en permettant aux populations de ne plus dépendre de l'aide alimentaire et autres formes d'assistance, en encourageant l'autosuffisance et en réduisant la dépendance vis-à-vis des secours et des stratégies de survie inadaptées.

Les programmes d'assistance de l'**Organisation mondiale de la Santé (OMS)** visent à répondre aux besoins sanitaires des populations touchées par une catastrophe ou une situation d'urgence et à diffuser des données sanitaires. L'OMS s'associe aussi aux opérations de coordination et de planification. Elle exécute des programmes d'urgence concernant la surveillance nutritionnelle et épidémiologique, la lutte contre les épidémies (y compris celle de VIH/sida), les vaccinations, la gestion des médicaments et des fournitures médicales de première nécessité, la santé procréative et la santé mentale. Elle s'efforce tout particulièrement d'éradiquer la poliomyélite et de juguler la tuberculose et le paludisme dans les pays frappés par des catastrophes.

Le **Fonds des Nations Unies pour la population (FNUAP)**, lui aussi, intervient rapidement en cas d'urgence. En temps de crise, les cas de violence sexuelle et de décès liés à la grossesse se multiplient. La population n'a généralement plus accès à des services de santé de la procréation. Les jeunes deviennent plus exposés à l'infection à VIH et à l'exploitation sexuelle, tandis que de nombreuses femmes n'ont plus accès aux services de planification familiale. Dans les situations d'urgence, le FNUAP fournit des services de santé de la procréation aux collectivités touchées; cette assistance ne s'arrête pas à la phase aiguë de la crise, mais se poursuit pendant la période de reconstruction.

Le **Programme des Nations Unies pour le développement (PNUD)** est chargé de la coordination des activités visant à atténuer les conséquences des catastrophes naturelles, de la prévention et de la planification. Il arrive fréquemment que les gouvernements demandent au PNUD de les aider à établir des programmes de redressement et à diriger les opérations d'assistance des donateurs. Le PNUD et les organismes humanitaires s'attachent ensemble à intégrer une démarche axée sur le relèvement et sur le développement transitoire et à long terme dans les opérations de secours. Le Programme appuie des projets encourageant la démobilisation des ex-combattants, la lutte antimines, le rapatriement et la réinsertion des réfugiés et des personnes déplacées et le rétablissement d'institutions démocratiques.

Protection du personnel des Nations Unies et des agents humanitaires

Le personnel des Nations Unies et les agents humanitaires présents sur le terrain continuent de faire l'objet d'attaques. Au fil des ans, un grand nombre d'entre eux ont été tués, pris en otage ou emprisonnés alors qu'ils travaillaient dans des zones de conflit. Des incidents violents ont été perpétrés contre le personnel des Nations Unies, notamment des vols à main armée, des attaques et des viols.

De plus en plus reconnus dans leur rôle de représentants de la communauté internationale, les membres du personnel des Nations Unies courent un risque important d'être pris pour cibles. L'attentat commis le 19 août 2003 contre le quartier général de la Mission d'assistance des Nations Unies en Iraq à Bagdad, qui a fait 22 morts et 150 blessés, en témoigne cruellement. Parmi les victimes se trouvait M. Sergio Vieira de Mello, Haut-Commissaire des Nations Unies aux droits de l'homme et chef de la Mission. Une attaque aussi sauvage, aussi froidement calculée, contre le personnel civil des Nations Unies était sans précédent dans l'histoire de l'Organisation.

Dans son rapport annuel à l'Assemblée générale sur la sécurité du personnel humanitaire et la protection du personnel des Nations Unies*, le Secrétaire général Ban Ki-moon a déclaré, en septembre 2007, qu'il était « extrêmement préoccupé par le fait que les agents humanitaires et le personnel des Nations Unies continuent malheureusement d'être victimes de prises d'otages et de menaces délibérées dans les zones de conflit, en particulier dans celles qui relèvent des opérations de maintien ou de consolidation de la paix des Nations Unies, ainsi que par la vulnérabilité du personnel des Nations Unies et des organisations humanitaires recruté au niveau local ».

Faisant observer « qu'il appartient au premier chef aux gouvernements hôtes d'assurer la sécurité et la protection du personnel des Nations Unies et du personnel associé », le Secrétaire général a souligné l'importance de la collaboration en matière de sécurité entre l'Organisation des Nations Unies et le pays hôte en ce qui concerne la planification d'urgence, l'échange d'informations, l'évaluation des risques et la lutte contre l'impunité.

Faisant également observer que « les pays n'ont pas tous mené des enquêtes approfondies sur les attaques ou les menaces à l'encontre du personnel des Nations Unies recruté aux niveaux international et local et du personnel associé, ni n'ont tenu les auteurs de ces infractions responsables conformément aux dispositions du droit international ou du droit interne », il a félicité « les gouvernements hôtes et leurs autorités nationales et locales compétentes, ainsi que les fonctionnaires qui continuent de respecter les principes convenus sur le plan international au sujet de la protection des agents humanitaires et du personnel des Nations Unies ».

La Convention sur la sécurité du personnel des Nations Unies et du personnel associé (1994) impose aux autorités nationales des pays hôtes d'assurer la sécurité du personnel des Nations Unies et du personnel associé et de prendre toutes mesures appropriées pour le protéger des meurtres et enlèvements.

---

* Le rapport du Secrétaire général peut être consulté en ligne à l'adresse *http ://documents.un.org* (Système de diffusion électronique des documents des Nations Unies), sous la cote A/62/324.

Soucieux de tirer le meilleur parti des moyens mobilisés, le PNUD exécute chaque projet en concertation avec les autorités locales et nationales. Il offre rapidement son aide à des collectivités afin de les aider à rétablir des fondements sociaux et économiques propices à l'établissement d'une paix durable, au développement et à l'atténuation de la pauvreté. Il est ainsi venu en aide dans l'urgence mais de manière durable à des centaines de milliers de victimes de la guerre ou de conflits civils. Le niveau de vie de nombreuses populations traumatisées par les conflits s'est amélioré grâce à des programmes de formation, de crédit et de développement de l'infrastructure.

Protection internationale et assistance apportées aux réfugiés

À la fin de 2006, le **Haut-Commissariat des Nations Unies pour les réfugiés (HCR)** apportait protection internationale et assistance à environ 33 millions de personnes fuyant la guerre ou les persécutions, dont 9,9 millions de réfugiés, 12,8 millions de personnes déplacées, 5,8 millions d'apatrides, 2,6 millions de rapatriés et près de 2 millions de demandeurs d'asile et autres personnes relevant de son mandat.

Le HCR a joué un rôle moteur parmi les organismes humanitaires à l'occasion de quelques-unes des plus grandes crises de l'après-guerre : pendant les conflits des Balkans, qui ont entraîné les plus grands flux de réfugiés qu'ait connus l'Europe depuis la Seconde Guerre mondiale; au lendemain de la guerre du Golfe; dans la région africaine des Grands Lacs; lors de l'exode massif des populations fuyant le Kosovo et le Timor-Leste, pendant les opérations de rapatriement en Afghanistan; et, plus récemment, lors de l'exode des réfugiés fuyant l'Iraq.

Sont considérées comme réfugiés les personnes qui ont fui leur pays en craignant, avec raison, d'être persécutées en raison de leur race, de leur religion, de leur nationalité, de leurs opinions politiques ou de leur appartenance à un groupe social particulier, et qui ne peuvent ou ne veulent pas y retourner.

Le statut juridique des réfugiés est défini dans deux instruments internationaux, la *Convention relative au statut des réfugiés* (1951) et son *Protocole* de 1967, qui énoncent leurs droits et leurs obligations. À ce jour, 147 États sont parties à l'un ou l'autre de ces instruments ou aux deux.

La fonction la plus importante du HCR consiste à assurer la protection internationale des réfugiés, c'est-à-dire veiller à ce que leurs droits fondamentaux soient respectés, à ce qu'ils aient notamment la possibilité de chercher refuge ailleurs et à ce qu'aucun d'entre eux ne soit renvoyé contre son gré dans un pays où il craint, à juste titre, d'être persécuté. Parmi les autres formes d'assistance figurent :

- L'apport d'aide dans des situations de crise où se produisent des déplacements massifs de réfugiés;

Réfugiés dans leur propre pays

Sont considérées comme des personnes déplacées à l'intérieur de leur propre pays les personnes qui ont été forcées de quitter leur foyer afin d'échapper à la guerre, à la violence généralisée, aux violations des droits de l'homme ou à des catastrophes d'origine naturelle ou humaine et qui n'ont franchi aucune frontière internationale. Les guerres civiles ont entraîné des déplacements massifs de population dans le monde entier. À l'heure actuelle, on estime à 12,8 millions le nombre de personnes déplacées, soit plus que le nombre de réfugiés.

Si les réfugiés trouvent souvent sécurité, alimentation et abri dans un pays tiers et sont protégés par un ensemble bien défini de lois internationales, les personnes déplacées dans leur propre pays sont parfois prises au piège d'un conflit interne, à la merci des parties belligérantes, ce qui rend la fourniture des secours particulièrement risquée, voire impossible. Les gouvernements, auxquels il appartient au premier chef de s'occuper de ces personnes, n'ont souvent pas les moyens, ou la volonté, de les aider, quand ils ne les considèrent pas comme des « ennemies de l'État ».

Pourtant, tout comme les réfugiés, les personnes déplacées peuvent avoir besoin d'une protection et d'une assistance d'urgence, ainsi que de solutions à long terme, notamment leur retour ou leur réinstallation. Le HCR est de plus en plus souvent appelé à aider ces personnes dans divers pays et régions; c'est le cas, notamment, en Colombie, en Côte d'Ivoire, en Iraq, au Liban, en Ouganda, à Sri Lanka, au Timor-Leste, en République démocratique du Congo, où il fournit une assistance fondée sur les besoins humanitaires plutôt que sur le statut des réfugiés; mais la tâche est immense.

En 2005, reconnaissant qu'aucun organisme des Nations Unies n'était doté du mandat et des ressources nécessaires pour protéger et aider seul les personnes déplacées dans leur propre pays, le Comité permanent interorganisations (CPI) a élaboré un modèle de coopération qui prévoit la mise en commun des ressources de tous les organismes chargés de faire face aux crises humanitaires (voir le site *www.humanitarianreform.org*).

En vertu de ce nouveau « principe de la responsabilité sectorielle », le 1er janvier 2006, le HCR a accepté d'assumer un rôle de chef de file dans la protection des personnes déplacées, les abris d'urgence et la gestion des camps.

S'agissant des situations de crise dues à une catastrophe naturelle, le HCR assume des responsabilités partagées avec la Fédération internationale des sociétés de la Croix-Rouge et du Croissant-Rouge (FICR) pour les abris; avec l'Organisation internationale pour les migrations (OIM) pour les camps; avec le Haut-Commissaire des Nations Unies aux droits de l'homme et le Fonds des Nations Unies pour l'enfance (UNICEF).

- Des programmes systématiques dans des domaines tels que l'éducation, la santé et l'hébergement;

- Le renforcement de la promotion de l'autonomie des réfugiés et de leur intégration dans les pays d'accueil;

- Les rapatriements volontaires;

- La réinstallation, dans un pays tiers, des réfugiés qui ne peuvent rentrer chez eux et dont la protection ne peut être assurée dans le premier pays où ils ont cherché refuge.

Bien que le HCR ait pour vocation première de protéger et de secourir les réfugiés, il lui est de plus en plus souvent demandé de venir en aide à d'autres personnes se trouvant dans une situation analogue : des personnes déplacées à l'intérieur de leur propre pays; d'anciens réfugiés qui ont parfois besoin du suivi et de l'aide du HCR une fois rentrés dans leur pays d'origine; des apatrides; et des personnes qui bénéficient d'une protection temporaire en dehors de leur pays d'origine sans pour autant obtenir le statut juridique de réfugiés. Aujourd'hui, les réfugiés constituent, par ordre de grandeur, la deuxième catégorie de population à laquelle le HCR doit porter assistance.

Populations en fuite
Nombre de personnes relevant de la compétence du HCR*

Total :	**32,9 millions**

Par région :

Afrique	9,8 millions
Asie	15,0 millions
Europe	3,4 millions
Amérique latine et Caraïbes	3,5 millions
Amérique du Nord	1,1 million
Océanie	86 mille

Sont exclus plus de 4,3 millions de Palestiniens, qui bénéficient de l'aide de l'UNRWA. Toutefois, les Palestiniens vivant dans les régions où l'UNRWA n'est pas présent, par exemple en Iraq ou en Libye, relèvent du HCR.

---

* Comprend les réfugiés, les demandeurs d'asile, les rapatriés, les personnes déplacées et les autres personnes relevant de la compétence du HCR au 1er janvier 2007.

Source : HCR

Sont considérées comme demandeurs d'asile les personnes qui ont quitté leur pays d'origine et ont fait, dans un autre pays, une demande de statut de réfugiés qui n'a pas encore abouti. À la fin de 2006, le HCR apportait une assistance à 738 000 personnes relevant de cette catégorie. L'Afrique du Sud était la principale destination des demandeurs d'asile, suivaient les États-Unis d'Amérique, le Kenya, la France, le Royaume-Uni, la Suède et le Canada. Quelque 34 200 citoyens iraquiens avaient demandé l'asile à plus de 70 pays, ce qui plaçait l'Iraq en deuxième position, derrière la Somalie et les 45 600 demandeurs d'asile somaliens.

La plupart des réfugiés souhaitent rentrer dans leur pays dès que les circonstances le permettent. Toujours à la fin de 2006, le HCR prêtait assistance à quelque 2,6 millions de rapatriés et avait facilité le rapatriement de 700 000 réfugiés. Les trois principales solutions durables pour les réfugiés sont : *a*) le rapatriement librement consenti dans leur pays d'origine en toute sécurité et dans la dignité; *b*) l'intégration sur place dans le pays d'accueil, lorsque cela est possible; et *c*) la réinstallation dans un pays tiers. Le rapatriement librement consenti est généralement considéré comme la meilleure solution.

Toutefois, le retour soudain de nombreux réfugiés peut déstabiliser rapidement des infrastructures économiques et sociales déjà fragiles. Pour permettre aux rapatriés de reconstruire leur vie, le HCR facilite leur réinsertion en s'associant à l'action de divers organismes. Il faut, à cette fin, fournir une aide d'urgence aux plus démunis, mettre en place des programmes de développement dans les régions dévastées et des programmes de création d'emplois.

Il est de plus en plus admis que les liens entre la paix, la stabilité, la sécurité, le respect des droits de l'homme et le développement durable doivent absolument être pris en compte dans la recherche de solutions durables au problème des réfugiés.

Réfugiés de Palestine

Depuis 1950, l'**Office de secours et de travaux des Nations Unies pour les réfugiés de Palestine dans le Proche-Orient (UNRWA)** propose des services éducatifs, sanitaires, humanitaires et sociaux aux réfugiés de Palestine. L'Assemblée générale a créé l'UNRWA afin d'apporter des secours d'urgence aux quelque 750 000 réfugiés palestiniens qui avaient perdu leur foyer et leurs moyens de subsistance à la suite du conflit israélo-arabe de 1948. À la fin de 2006, l'UNRWA apportait des services essentiels à plus de 4,5 millions de réfugiés palestiniens recensés en Jordanie, au Liban, en République arabe syrienne et dans le territoire palestinien occupé (qui comprend la Cisjordanie et la bande de Gaza).

Le rôle humanitaire de l'UNRWA s'est renforcé lors des conflits répétés, comme la guerre civile au Liban, les soulèvements palestiniens de 1987 à 1993 (*Intifada*), la deuxième flambée de violence entre Israéliens et Palestiniens, qui a commencé en septembre 2000, et le conflit au Liban en 2006 et 2007.

L'éducation est le principal domaine d'activité de l'UNRWA, qui y consacre près de 60 % de son budget ordinaire et y affecte 72 % de son personnel. Pendant l'année scolaire 2006/07, les 666 établissements d'enseignement primaire et secondaire de l'Office ont accueilli plus de 485 000 élèves, tandis que ses huit centres de formation professionnelle ont formé plus de 5 700 stagiaires. De juillet 2006 à juin 2007, plus de 9 millions de consultations ont eu lieu dans les 128 dispensaires de l'UNRWA. Les réfugiés qui vivent dans des camps, soit plus de 1,3 million de personnes, ont également bénéficié de services d'hygiène de l'environnement.

En 2006, quelque 250 000 des réfugiés les plus démunis n'ayant pas les moyens de subvenir à leurs besoins ont reçu une assistance spéciale, notamment sous la forme d'une aide alimentaire et de la remise en état de leur abri. Parallèlement, dans le cadre d'un programme d'activités rémunératrices, 14 023 prêts modestes, dont le montant total s'élevait à 15,3 millions de dollars, ont été accordés aux entrepreneurs du secteur non structuré et aux petites entreprises dans le territoire palestinien occupé, en Syrie et en Jordanie.

En 2006, quelque 250 000 personnes ont bénéficié d'une aide spéciale aux plus démunis, qui visait à leur garantir une alimentation et un logement de base et à promouvoir leur autonomie dans le cadre des programmes de réduction de la pauvreté. Au titre de son programme d'activités rémunératrices en Cisjordanie et dans la bande de Gaza, l'Office a accordé à des petites entreprises et à des microentreprises 126 474 prêts d'un montant total de 131,1 millions de dollars.

À la suite des accords de 1993 entre Israël et l'Organisation de libération de la Palestine et de l'établissement de l'Autorité palestinienne dans le territoire palestinien occupé, l'UNRWA a lancé le Programme pour la mise en œuvre de la paix (1993-1999), afin que les effets bénéfiques du processus de paix se concrétisent à l'échelle locale. Les efforts soutenus de l'Office ont contribué à moderniser les infrastructures, à créer des emplois et à améliorer les conditions socioéconomiques des populations de réfugiés de Palestine. En juin 2007, l'Office avait mobilisé un montant total de 461,1 millions de dollars de contributions et d'annonces de contribution pour le financement de près de 1 000 projets de ce type.

La communauté internationale estime que l'UNRWA est un facteur de stabilisation au Moyen-Orient. Aux yeux des réfugiés eux-mêmes, les programmes de l'UNRWA symbolisent la volonté de la communauté internationale d'apporter une solution au problème des réfugiés de Palestine.

DO UNTO OTHERS
AS YOU WOULD HAVE THEM
DO UNTO YOU

Norman
Rockwe

DROIT INTERNATIONAL

Une des réalisations les plus importantes de l'ONU est d'avoir élaboré un corpus de droit international — formé de conventions, traités, normes, etc. — qui contribue de façon décisive à la promotion du développement économique et social ainsi que de la paix et de la sécurité internationales. Le droit qui régit aujourd'hui les relations entre États s'appuie très largement sur ce corpus. Si l'action que l'ONU mène dans ce domaine est parfois méconnue, elle n'en a pas moins un impact considérable sur la vie quotidienne des hommes et des femmes du monde entier.

La Charte des Nations Unies engage l'Organisation à favoriser le règlement des différends entre nations par des moyens pacifiques, et notamment par voie d'arbitrage et de règlement judiciaire (Art. 33), et à encourager le développement progressif du droit international et sa codification (Article 13). Au fil des ans, plus de 500 accords multilatéraux ont ainsi été conclus sous les auspices de l'ONU. Ces accords portent sur une large gamme de questions intéressant les États et sont juridiquement contraignants pour les pays qui les ratifient.

Dans de nombreux domaines, les travaux juridiques menés dans le cadre de l'ONU ont ouvert des perspectives nouvelles et facilité l'adoption d'instruments internationaux concernant la protection de l'environnement, la réglementation du travail des migrants, la lutte contre le trafic de stupéfiants et la lutte contre le terrorisme, pour ne citer que quelques exemples, qui ont permis à la communauté internationale d'attaquer ces problèmes de front. Ces travaux se poursuivent à l'heure actuelle et l'ONU continue de concourir à l'unification du droit international et à son élargissement à des domaines toujours plus variés, parmi lesquels le droit des droits de l'homme et le droit international humanitaire (voir les sites *www.un.org/french/law* pour en savoir plus sur l'ONU et le droit international et *http ://untreaty.un.org/ola/FR,* pour plus d'informations sur le Bureau des affaires juridiques des Nations Unies).

Règlement judiciaire des différends

Créée en 1946, la **Cour internationale de Justice** est l'organe judiciaire principal des Nations Unies. En octobre 2007, elle avait rendu des arrêts dans 93 affaires portées devant elle par des États et émis 25 avis consultatifs en réponse à des demandes formulées par des organismes dûment autorisés du système des Nations Unies. La plupart de ces affaires ont été examinées en séance plénière, mais, depuis 1981, six affaires ont été examinées par des chambres spéciales à la demande des parties (voir le site de la Cour à l'adresse *www.icj-cij.org*).

La Cour a statué sur des différends internationaux concernant les droits économiques, le droit de passage, le principe du non-recours à la force, la non-ingérence dans les affaires intérieures des États, les relations diplomatiques, la prise d'otages, le droit d'asile et la nationalité. C'est dans le but d'obtenir un règlement impartial et fondé en droit que les États portent leurs différends devant la Cour. En facilitant le règlement pacifique de différends portant, par exemple, sur la délimitation de frontières terrestres ou maritimes ou la souveraineté sur un territoire, la Cour a souvent permis d'éviter que ces différends ne dégénèrent en conflits.

Ainsi, dans une affaire typique de contestation de souveraineté, la Cour a tranché en 2002 un différend entre le Cameroun et le Nigéria qui portait à l'origine sur la question de la presqu'île de Bakassi et de ses ressources pétrolières, puis sur l'ensemble de leur frontière terrestre et maritime. La même année, la Cour a réglé un différend entre l'Indonésie et la Malaisie portant sur deux îles de la mer des Célèbes, qu'elle a attribuées à la Malaisie. En 2001, elle a mis un terme à un différend entre le Qatar et Bahreïn qui avait pesé sur les relations entre ces deux États.

De même, elle a réglé en 1999 un délicat différend frontalier entre le Botswana et la Namibie en rendant un arrêt que les deux parties ont accepté. En 1992, la Cour internationale de Justice a statué sur un différend qui opposait El Salvador et le Honduras depuis près d'un siècle et avait conduit en 1969 à une guerre brève mais particulièrement meurtrière. Dans une autre affaire, la Cour a été saisie conjointement par la Jamahiriya arabe libyenne et le Tchad. Elle a statué, en 1994, que la division du territoire contesté était régie par un traité conclu en 1955 entre la Libye et la France; la Libye a, en conséquence, retiré ses forces armées d'une zone située le long de sa frontière méridionale avec le Tchad.

La Cour a été saisie de plusieurs affaires qui avaient pour contexte des soulèvements politiques ou des conflits. En 1980, les États-Unis lui ont demandé de se prononcer sur la saisie de leur ambassade à Téhéran et la détention de son personnel. La Cour a statué que l'Iran devait libérer les otages, restituer l'ambassade et fournir réparation. Les deux pays étant entre-temps parvenus à un accord sur la question, l'instance a été radiée du rôle de la Cour avant que cette dernière n'ait eu à fixer le montant de la réparation prévue. En 1989, l'Iran a demandé à la Cour de condamner la destruction d'un avion de ligne iranien abattu par un navire de guerre américain et de déclarer que les États-Unis devaient lui fournir des réparations. L'affaire a été radiée du rôle de la Cour en 1996 suite à la conclusion d'un accord d'indemnisation entre les parties.

En 1986, dans une instance introduite par le Nicaragua contre les États-Unis à raison du soutien apporté par ces derniers aux forces contras du Nicaragua, la Cour a statué que les États-Unis, en soutenant les contras et en mouillant des mines à proximité des ports nicaraguayens — actes qui, selon la Cour, ne pouvaient se justifier au nom d'une prétendue « légitime défense collective » —, avaient violé les obligations que leur impose le droit international coutumier de ne pas recourir à la force contre un autre État, de ne pas intervenir dans ses affaires et de ne pas porter atteinte à sa souveraineté. La Cour a en conséquence décidé que les États-Unis avaient l'obligation de réparer le préjudice subi par le Nicaragua. Toutefois, en 1991, avant que le montant de cette réparation n'ait pu être fixé, le Nicaragua s'est désisté de l'instance et l'affaire a été radiée du rôle de la Cour.

En 1992, la Libye a introduit devant la Cour deux instances, l'une contre le Royaume-Uni et l'autre contre les États-Unis, au sujet d'un différend entre la Libye et ces deux pays concernant l'interprétation ou l'application de la Convention pour la répression d'actes illicites dirigés contre la sécurité de l'aviation civile, à la suite de la destruction au-dessus de Lockerbie (Écosse), en 1988, de l'appareil qui assurait le vol 103 de la compagnie aérienne Pan American. Ces deux affaires ont été radiées du rôle de la Cour en septembre 2003 dans le cadre d'un accord plus général intervenu entre les parties.

En 1993, la Bosnie-Herzégovine a introduit une instance contre la République fédérale de Yougoslavie (aujourd'hui République de Serbie), concernant l'application de la Convention pour la prévention et la répression du crime de génocide, au sujet de massacres survenus à Srebrenica, principalement du 13 au 16 juillet 1995. Dans son arrêt rendu le 26 février 2007, la Cour a dit qu'il n'avait pas été établi que les massacres de Srebrenica avaient été commis selon les instructions ou sous le contrôle des autorités fédérales ou que celles-ci en avaient eu connaissance à l'avance. Par conséquent, au regard du droit international, les autorités fédérales n'avaient pas commis de génocide.

Toutefois, la Cour a conclu que « les autorités du défendeur ne pouvaient pas ignorer le risque sérieux de génocide qui prévalait après la décision de la VRS », Armée de la Republika Srpska, « de prendre le contrôle de l'enclave de Srebrenica ». Or, « les organes du défendeur n'ont rien fait pour prévenir les massacres de Srebrenica, prétendant être impuissants à cette fin, ce qui ne cadre guère avec ce que l'on sait de leur pouvoir d'influence sur la VRS ». Il résultait de ce qui précède que le défendeur avait manqué à son obligation, découlant de la Convention, de prévenir le génocide.

En 1996, la Cour a rejeté l'exception soulevée par les États-Unis d'Amérique quant à sa compétence juridictionnelle dans une affaire introduite en 1992 et portant sur la destruction de plates-formes pétrolières iraniennes par des vaisseaux de guerre américains. En novembre 2003, la Cour a dit que les actions menées par les États-Unis d'Amérique ne sauraient être justifiées en tant que mesures nécessaires à la protection des intérêts vitaux de ce pays sur le plan de la sécurité. Ces actions, cependant, ne constituaient pas une violation par les États-Unis d'Amérique de leurs obligations relatives à la liberté du commerce, en conséquence de quoi la Cour ne pouvait accueillir la demande en réparation présentée par l'Iran. De même, la Cour a rejeté la demande reconventionnelle présentée par les États-Unis d'Amérique.

La Cour est souvent saisie de questions concernant les droits économiques. En 1995, avec en toile de fond le différend qui opposait alors le Canada et la Communauté européenne sur la compétence en matière de pêcheries, l'Espagne a introduit une instance contre le Canada après la saisie en haute mer, par les autorités canadiennes, d'un navire de pêche espagnol. Dans le domaine de la protection de l'environnement, la Hongrie et la Slovaquie ont porté devant la Cour un différend concernant la validité d'un traité conclu en 1997 sur la construction d'un système de barrages sur le Danube. En 1997, la Cour a statué que les deux États avaient manqué aux obligations que leur imposaient ce traité et les a invités à prendre toutes mesures nécessaires pour réaliser les objectifs dudit traité.

Le 8 octobre 2007, la Cour a rendu un arrêt dans une affaire introduite en 1999 par le Nicaragua contre le Honduras au sujet d'un différend territorial et maritime entre les deux pays dans la mer des Caraïbes. La Cour a conclu que le Honduras avait la souveraineté sur certaines des îles sur lesquelles portait le différend (à savoir Bobel Cay, Savanna Cay, Port Royal Cay et South Cay) et décidé de passer à la délimitation d'une frontière maritime unique. La Cour a dit que les parties devraient négocier de bonne foi en vue de convenir du tracé de la ligne de délimitation de la partie de la mer territoriale située entre le point terminal de la frontière terrestre entre le Honduras et le Nicaragua et le point de départ de la frontière maritime unique fixé par la Cour.

Le nombre des affaires portées devant la Cour a fortement augmenté depuis les années 70, époque à laquelle le rôle de la Cour ne comptait simultanément qu'une ou deux affaires. Au cours de ces dix dernières années, la Cour a parfois été saisie de plus de 20 affaires en même temps. À la fin de 2006, 14 affaires étaient pendantes devant la Cour, dont deux étaient en délibéré.

La Cour a donné par ailleurs des avis consultatifs sur des questions très diverses, parmi lesquelles l'admission de nouveaux membres à l'ONU, la réparation de préjudices subis dans le cadre d'activités accomplies pour le compte de l'ONU, le statut territorial du Sahara occidental, les dépenses engagées au titre de certaines opérations de maintien de la paix et, plus récemment, l'immunité de juridiction de rapporteurs spéciaux de la Commission des droits de l'homme des Nations Unies. Deux avis consultatifs émis en 1996 à la demande de l'Assemblée générale et de l'Organisation mondiale de la Santé concernaient la licéité de la menace ou de l'emploi d'armes nucléaires.

Dans un avis consultatif de 1971 formulé à la demande du Conseil de sécurité, la Cour a déclaré que le maintien de la présence sud-africaine en Namibie était illégal et que l'Afrique du Sud avait l'obligation de retirer son administration de la Namibie et de mettre fin à son occupation, ouvrant ainsi la voie à l'indépendance de la Namibie en 1990.

Développement et codification du droit international

Créée en 1947 par l'Assemblée générale, la **Commission du droit international** a pour mission de favoriser le développement progressif et la codification du droit international. Composée de 34 membres élus par l'Assemblée générale pour un mandat de cinq ans, elle se réunit tous les ans. Ses membres, pris collectivement, représentent les principaux systèmes juridiques du monde. Ils siègent en qualité d'experts et à titre individuel et non en qualité de représentants de leur gouvernement. Ils couvrent un vaste éventail de sujets de droit international régissant les relations entre États (voir le site *www.un.org/law/ilc*).

Ses travaux consistent essentiellement à rédiger des projets d'articles sur des questions de droit international, dont certaines sont choisies par la Commission et d'autres par l'Assemblée générale. Lorsque la Commission a fini de rédiger un projet d'articles sur une question donnée, l'Assemblée générale convoque parfois une conférence de plénipotentiaires chargée d'incorporer ces articles dans une convention qui est ensuite ouverte à la signature des États, les États signataires s'engageant formellement à être liés par ses dispositions. Certaines de ces conventions forment la base même du droit régissant les relations entre États. En voici quelques exemples :

- La *Convention sur le droit relatif aux utilisations des cours d'eau internationaux à des fins autres que la navigation*, adoptée par l'Assemblée générale en 1997, qui réglemente l'utilisation équitable et raisonnable de cours d'eau partagés par deux pays ou plus;

- La *Convention sur le droit des traités entre États et organisations internationales ou entre organisations internationales*, adoptée par une conférence réunie à Vienne en 1986;

- La *Convention sur la succession d'États en matière de biens, archives et dettes d'État*, adoptée par une conférence réunie à Vienne en 1983;

- La *Convention sur la prévention et la répression des crimes contre les personnes jouissant d'une protection internationale, y compris les agents diplomatiques*, adoptée par l'Assemblée générale en 1973;

- La *Convention sur le droit des traités*, adoptée par une conférence réunie à Vienne en 1969;

- La *Convention sur les relations diplomatiques* (1961) et la *Convention sur les relations consulaires* (1963), adoptées par des conférences réunies à Vienne.

La Commission a adopté en 1999 un projet de déclaration tendant à éviter à des personnes de se retrouver apatrides du fait de la séparation d'une partie d'un territoire ou de la dissolution d'un État. Depuis sa première session, en 1949, la question de la responsabilité des États a été pour elle un important sujet d'étude. Elle a terminé ses travaux sur cette question en 2001 avec l'adoption d'un projet d'articles sur « la responsabilité de l'État pour fait internationalement illicite ». Toujours en 2001, elle a adopté un projet d'articles sur la prévention des dommages transfrontières résultant d'activités dangereuses.

En 2006, la Commission a adopté un ensemble de projets d'articles sur la protection diplomatique; des projets de principes relatifs à la répartition des pertes en cas de dommage transfrontière découlant d'activités dangereuses; et des principes directeurs applicables aux déclarations unilatérales des États susceptibles de créer des obligations juridiques. Elle a également adopté, en première lecture, un ensemble de projets d'articles sur le droit des aquifères transfrontières. Ayant pris note du rapport et des conclusions de son Groupe de travail sur le sujet « Fragmentation du droit international : difficultés découlant de la diversification et de l'expansion du droit international », elle a achevé l'examen de la question.

Elle travaille actuellement sur des sujets tels que : les réserves aux traités; les effets des conflits armés sur les traités; la responsabilité des organisations internationales; l'expulsion d'étrangers; l'obligation d'extrader ou de poursuivre (*aut dedere aut judicare*); et les ressources naturelles partagées.

Droit commercial international

La **Commission des Nations Unies pour le droit commercial international (CNUDCI)** facilite le commerce mondial en élaborant des conventions, lois types, règles et guides qui visent à harmoniser le droit commercial international. Créée par l'Assemblée générale en 1966, elle compte 60 membres venus d'autant de pays et qui représentent toutes les régions géographiques ainsi que les principaux systèmes économiques et juridiques du monde. Au fil des ans, la CNUDCI est devenue l'organe de référence du système de l'ONU en matière de droit commercial international. Son secrétariat est assuré par la Division du droit commercial international du Bureau des affaires juridiques des Nations Unies (voir le site *www. uncitral.org/uncitral/fr*).

Depuis 41 ans qu'elle existe, la Commission a élaboré des textes très largement acceptés sur des sujets très divers, avec notamment les *Règles d'arbitrage de la CNUDCI* (1976); les *Règles de conciliation de la CNUDCI* (1980); la *Convention des Nations Unies sur les contrats de vente internationale de marchandises* (1980); la *loi type de la CNUDCI sur l'arbitrage commercial international* (1985); la *loi type de la CNUDCI sur la passation de marchés publics de biens, de travaux et de services* (1994); les *Notes de la CNUDCI sur l'organisation des procédures d'arbitrage* (1996); la *Loi type sur le commerce électronique* (1996); et la *Loi type de la CNUDCI sur l'insolvabilité internationale* (1997).

Parmi les autres textes importants, on citera la *Convention sur la prescription en matière de vente internationale de marchandises* (1974); la *Convention des Nations Unies sur le transport de marchandises par mer* (Règles de Hambourg) [1978]; la *Convention des Nations Unies sur les lettres de change internationales et les billets à ordre internationaux* (1988); le *Guide juridique de la CNUDCI pour l'établissement de contrats internationaux de construction d'installations industrielles* (1988); la *Convention des Nations Unies sur la responsabilité des exploitants de terminaux de transport dans le commerce international* (1991); le *Guide juridique de la CNUDCI pour les opérations internationales d'échanges compensés* (1992); la *Convention des Nations Unies sur les garanties indépendantes et les lettres de crédit stand-by* (1995); le *Guide législatif de la CNUDCI sur les projets d'infrastructure à financement privé* (2000); la *Convention des Nations Unies sur la cession de créances dans le commerce international* (2001); la *Loi type de la CNUDCI sur les signatures électroniques* (2001); la *Loi type de la CNUDCI sur la conciliation commerciale internationale* (2002); et les *Dispositions législatives types de la CNUDCI sur les projets d'infrastructure à financement privé* (2003).

Parmi les textes d'adoption plus récente, on signalera le *Guide législatif de la CNUDCI sur le droit de l'insolvabilité* (2004); la *Convention des Nations Unies sur l'utilisation de communications électroniques dans les contrats internationaux* (2005); le texte révisé de la *Loi type de la CNUDCI sur l'arbitrage commercial international* (2006); et les *Recommandations relatives à l'interprétation des articles II (2) et VII (1) de la Convention pour la reconnaissance et l'exécution des sentences arbitrales étrangères (1958)*, adoptées par la CNUDCI en 2006.

La Commission travaille notamment à la rédaction d'un projet d'instrument sur le transport international de marchandises par mer et d'un projet de guide législatif sur les transactions sécurisées. Elle poursuit également ses travaux sur l'insolvabilité des groupes d'entreprises; la révision de sa *Loi type sur la passation des marchés publics de biens, de travaux et de services* et de ses *Règles d'arbitrage*; et s'emploie à compiler et publier la jurisprudence relative aux instruments de la CNUDCI.

Droit de l'environnement

L'ONU a fait œuvre de pionnier dans le développement du droit international de l'environnement et facilité l'élaboration d'importants instruments qui ont fait avancer la cause de la protection de l'environnement partout dans le monde. Le **Programme des Nations Unies pour l'environnement (PNUE)** assure le secrétariat de plusieurs de ces instruments, les autres disposant de leur propre secrétariat (voir les sites *www.unep.org/dec* et *www.unep.org/law*).

- La *Convention relative aux zones humides d'importance internationale, particulièrement comme habitats de la sauvagine* (1971) fait obligation à ses États parties de gérer judicieusement toutes les zones humides relevant de leur juridiction. Elle a été adoptée sous les auspices de l'UNESCO.

- La *Convention concernant la protection du patrimoine mondial, culturel et naturel* (1972) engage les États parties à protéger les lieux culturels ou naturels exceptionnels. Elle est également appuyée par l'UNESCO.

- La *Convention sur le commerce international des espèces de faune et de flore sauvages menacées d'extinction* (1973) régule le commerce international de certains animaux et plantes sauvages ou produits d'origine animale ou végétale par le biais de quotas ou d'interdictions totales pour assurer la survie des espèces auxquelles ils appartiennent;

- La Convention de Bonn relative à la conservation des espèces migratrices appartenant à la faune sauvage (1979), complétée par une série d'accords couvrant des régions ou des espèces spécifiques, vise à protéger les espèces migratrices terrestres, maritimes et aviaires ainsi que leurs habitats;

- La *Convention sur la pollution atmosphérique transfrontière à longue distance* (1979) [*Convention sur les pluies acides*] et ses *Protocoles*, négociés sous l'égide de la Commission économique des Nations Unies pour l'Europe (CEE), visent à contrôler et réduire la pollution atmosphérique en Europe et en Amérique du Nord.

- La *Convention des Nations Unies sur le droit de la mer* (1982) soumet à une réglementation détaillée de nombreuses questions d'ordre maritime comme les droits de navigation des bâtiments civils et militaires, la protection des zones côtières et du milieu marin, l'exploitation et la protection des ressources biologiques et autres, et la recherche scientifique marine.

- La *Convention de Vienne sur la couche d'ozone* (1985) ainsi que le *Protocole de Montréal* (1987) et ses amendements visent à enrayer l'appauvrissement de la couche d'ozone qui protège la Terre contre le rayonnement ultraviolet nocif du soleil.

- La *Convention de Bâle sur le contrôle des mouvements transfrontières de déchets dangereux et de leur élimination* (1989) et ses amendements font obligation aux États parties de réduire le transport et l'évacuation de déchets dangereux à travers les frontières; de réduire au minimum la quantité et la toxicité des déchets dangereux; et de s'assurer que ces déchets soient traités sans danger pour l'environnement, en un lieu aussi proche que possible de celui où ils ont été produits. En 1999, les États parties ont adopté un protocole sur la responsabilité et l'indemnisation en cas de dommages résultant de mouvements transfrontières de déchets dangereux.

- Le *Fonds multilatéral pour l'application du Protocole de Montréal* (1991) a été créé en vue d'aider les pays en développement parties au *Protocole de Montréal* de dont la consommation et la production de substances appauvrissant la couche d'ozone est inférieure à 0,3 kilogramme par habitant (dits « pays visés à l'article 5 ») à se conformer aux mesures de contrôle prévues par le Protocole. Les contributions au Fonds que doivent verser les pays hors article 5 sont sur la base du barème des quotes-parts des Nations Unies.

- Conclu sous les auspices de la *Convention sur la conservation des espèces migratrices*, l'*Accord sur la conservation des petits cétacés de la mer Baltique et de la mer du Nord* (1991) vise à faciliter une étroite coopération entre les États qui y sont parties en vue de réaliser et de maintenir un état de conservation favorable pour les petits cétacés. Les États parties sont tenus de prendre des mesures de protection et de gestion de l'habitat, d'étude et de recherche scientifique, de réduction des effets de la pollution et d'information du public.

- La *Convention sur la diversité biologique* (1992) vise à préserver la diversité biologique, favoriser une exploitation rationnelle des éléments qui la composent et encourager un partage équitable des bénéfices tirés de l'utilisation des ressources génétiques. Son *Protocole de Carthagène sur la prévention des risques biotechnologiques* (2000) vise à protéger la diversité biologique contre les risques que peuvent faire peser sur elle les organismes vivants modifiés issus de la biotechnologie moderne. Il introduit une « procédure d'accord préalable en connaissance de cause » selon laquelle la Partie exportatrice doit adresser par écrit à la Partie importatrice, avant le premier mouvement transfrontière intentionnel d'organismes vivants modifiés destinés à être introduits dans l'environnement de la Partie importatrice, une notification contenant les informations nécessaires pour que la Partie importatrice puisse autoriser ou refuser en connaissance de cause d'importer les organismes visés.

- La *Convention-cadre des Nations Unies sur les changements climatiques* (1992) fait obligation à ses États parties de réduire les émissions de gaz à effet de serre qui causent le réchauffement de la planète et les problèmes atmosphériques qui en découlent. Son *Protocole de Kyoto* (1997) renforce l'action internationale contre le changement climatique puisque les pays industrialisés qui le ratifient s'engagent à atteindre des objectifs prédéfinis de réduction des émissions entre 2008 et 2012. Le Protocole comprend cependant un certain nombre de dispositions qui donnent aux pays industrialisés une certaine latitude en ce qui concerne la façon dont ils réduisent leurs émissions et mesurent cette réduction.

- La *Convention sur la lutte contre la désertification dans les pays les plus gravement touchés par la sécheresse et/ou la désertification, en particulier en Afrique* (1994), vise à encourager la coopération internationale en vue de combattre la désertification et d'atténuer les effets de la sécheresse.

- L'*Accord sur la conservation des cétacés de la mer Noire, de la mer Méditerranée et de la zone Atlantique adjacente* (1996) entend réduire les dangers auxquels sont exposés les cétacés dans ces eaux. Il engage les États parties à appliquer un plan de conservation détaillé reposant d'abord sur le respect des textes interdisant les prélèvements délibérés de cétacés, puis sur des mesures tendant à réduire les captures accessoires, et enfin sur la création d'aires protégées.

- La *Convention de Rotterdam sur la procédure de consentement préalable en connaissance de cause applicable à certains produits chimiques et pesticides dangereux qui font l'objet d'un commerce international* (1998) fait obligation aux exportateurs de produits chimiques et pesticides dangereux de fournir aux pays importateurs des informations sur les risques pour la santé et pour l'environnement associés à ces produits.

- La *Convention de Stockholm sur les polluants organiques persistants* (2001) vise à réduire et éliminer les rejets de pesticides, substances chimiques et sous-produits industriels de haute toxicité tels que le DDT, les PCB et les dioxines, qui sont fortement mobiles et s'accumulent dans la chaîne alimentaire.

- L'*Accord de l'ASEAN sur les nuages de pollution transfrontières* (2002) vise à prévenir toute pollution semblable aux brouillards suffoquants provoqués par les incendies de forêt qui avaient ravagé l'Asie du Sud-Est en 1997 et 1998. Les États parties s'engagent à prendre des mesures de contrôle, d'évaluation, de prévention, de préparation et d'intervention rapide à l'échelle nationale pour lutter contre les incendies de forêt et en atténuer les effets, ainsi qu'à fournir une assistance en cas de pollution. Les incendies survenus en 1997 et 1998 avaient détruit 10 millions d'hectares de forêt indonésienne — une des principales sources de diversité biologique du monde — et exposé plus de 20 millions de personnes à des niveaux de pollution atmosphérique dangereuse extrêmement élevés.

Le Programme pour les mers régionales du PNUE aide plus de 140 pays participants, répartis dans 13 régions, à lutter contre la dégradation de plus en plus rapide des océans et des zones côtières du monde en assurant une gestion et une utilisation durables du milieu marin et côtier. Pour ce faire, il s'appuie le plus souvent sur un cadre juridique solide, tel qu'une convention régionale et des protocoles relatifs à des questions précises. Parmi les partenaires de l'ONU figurent le PNUD, la FAO, la Commission océanographique intergouvernementale de l'UNESCO, l'OMI et l'AIEA (voir le site *www.unep.org/regionalseas*).

Droit de la mer

La *Convention des Nations Unies sur le droit de la mer* est l'un des instruments les plus exhaustifs du droit international. Avec ses 320 articles et neuf annexes, elle définit en détail le régime juridique des mers et des océans et réglemente toutes les activités ayant un rapport avec les océans et leurs ressources : navigation et survol, exploration et exploitation des minéraux, protection et gestion des ressources biologiques, protection et conservation du milieu marin et recherche scientifique marine. Elle répond à l'idée que les problèmes des espaces maritimes sont étroitement liés entre eux et ne peuvent être réglés que dans le cadre d'une approche globale. Elle codifie en un instrument unique tant les règles traditionnelles applicables aux diverses utilisations des océans que des règles nouvelles élaborées en réponse à des préoccupations contemporaines. Il s'agit d'un instrument exceptionnel que l'on qualifie souvent de « constitution des océans » (voir le site *www.un.org/french/law/los*).

Il est désormais universellement admis que toute activité ayant trait aux océans et aux mers doit être menée conformément aux dispositions de la Convention, dont l'autorité se fonde sur le fait qu'elle est presque universellement acceptée. Au mois de septembre 2007, 155 États, dont ceux de la Communauté européenne, étaient parties à la Convention et d'autres étaient sur le point de le devenir. Presque tous les États reconnaissent et acceptent les dispositions de la Convention.

Incidences de la Convention

Par les textes nationaux et internationaux et par les décisions connexes qu'ils ont prises, les États ont progressivement soutenu la Convention et en ont fait le principal instrument juridique international dans son domaine. Si la Convention fait implicitement autorité, c'est grâce à l'acceptation quasi universellement de certaines de ses dispositions essentielles, notamment celles qui fixent à 12 milles marins la limite des eaux territoriales, établissent les droits souverains et la juridiction des États côtiers dans une « zone économique exclusive » allant jusqu'à 200 milles marins de leurs côtes, et stipulent que leurs droits souverains sur le plateau continental s'étendent jusqu'à 200 milles marins ou, dans certains cas, au-delà de cette limite. La Convention a également contribué à une plus grande stabilité de la navigation maritime en garantissant les droits de passage inoffensif dans la mer territoriale, de passage en transit dans les détroits servant à la navigation internationale et de passage archipélagique, et la liberté de navigation dans la zone économique exclusive.

Le fait que l'Assemblée générale ait adopté, en 1994, un *Accord relatif à l'application de la partie XI de la Convention* a facilité l'universalisation de la Convention en levant divers obstacles ayant trait à la zone des fonds marins qui avaient retenu un certain nombre de pays, pour l'essentiel industrialisés, de la signer. La partie XI de la Convention est désormais très largement acceptée, puisqu'elle comptait 130 États parties en septembre 2007.

La Convention est également reconnue pour ses dispositions sur le droit des États côtiers, dans l'exercice de leur souveraineté, de réglementer, d'autoriser et de mener des recherches scientifiques marines dans leur mer territoriale, ainsi que sur leurs obligations en matière de prévention, de réduction et de maîtrise de la pollution du milieu marin, et sur le droit des États sans littoral de participer à l'exploitation des ressources biologiques marines des zones économiques exclusives des États côtiers. En outre, la Convention est reconnue comme une référence et un fondement obligés pour les instruments qui, à l'avenir, chercheront à définir plus précisément les droits et obligations des États dans les océans.

À cet égard, l'*Accord de 1995 aux fins de l'application de la Conférence des Nations Unies sur les stocks de poissons dont les déplacements s'effectuent tant à l'intérieur qu'au-delà de zones économiques exclusives (stocks chevauchants) et les stocks de poissons grands migrateurs* (1995) établit le cadre juridique applicable à la conservation et à la gestion de ces stocks de poissons. Il impose aux États l'obligation de coopérer en adoptant des mesures pour assurer la durabilité à long terme des stocks de poissons chevauchants et des stocks de poissons grands migrateurs et en favoriser l'exploitation optimale. Il prévoit l'application de l'approche de précaution à la gestion des ressources halieutiques et le respect de l'écosystème, ainsi que l'adoption de mesures de conservation et de gestion fondées sur les données scientifiques les plus fiables disponibles. Il impose également aux États de coopérer en vue d'assurer la compatibilité des mesures de conservation et de gestion dans les zones relevant de leur juridiction nationale et dans les secteurs adjacents de la haute mer. Au mois de septembre 2007, l'Accord comptait 67 États parties.

Organes créés par la Convention

La Convention a créé trois organes chargés de traiter différents volets du droit de la mer.

L'**Autorité internationale des fonds marins** est l'organe par lequel les États parties à la Convention réglementent l'exploitation des ressources minières des grands fonds marins dans la Zone internationale, c'est-à-dire au-delà des zones de juridiction nationale. Créée en 1994, elle est basée à Kingston (Jamaïque) [voir le site *www.isa.org.jm/fr/home*].

En 2002, elle a adopté un règlement relatif à la prospection et à l'exploration des nodules polymétalliques dans la Zone (définie comme étant « la zone du fond des mers et des océans et de leur sous-sol, au-delà des limites de la juridiction nationale »), qui propose des clauses types pour les contrats d'exploration.

Les premiers contrats d'exploration de gisements de nodules polymétalliques dans les grands fonds marins ont été signés en 2001, pour une durée de 15 ans, avec les « investisseurs pionniers enregistrés » suivants : Entreprise d'État Yujmorgeologiya (Fédération de Russie); Interoceanmetal Joint Organization (IOM) (consortium constitué par la Bulgarie, Cuba, la Fédération de Russie, la Pologne, la République tchèque et la Slovaquie); République de Corée; Association chinoise de recherche-développement des ressources minérales de la mer (COMRA); Institut français de recherche pour l'exploitation de la mer/Association française pour l'étude et la recherche des nodules (IFREMER/AFERNOD) (France); (Deep Ocean Resources Development Company (DORD) (Japon); et

Department of Ocean Development (Inde). En 2006, un contrat a été signé entre l'Autorité et l'Allemagne, représentée par son Institut fédéral des géosciences et des ressources naturelles.

Les investisseurs pionniers sont des entreprises d'État ou des consortiums internationaux qui ont localisé et analysé des gisements de nodules polymétalliques économiquement viables dans la Zone internationale avant l'adoption de la Convention et qui ont, de ce fait, bénéficié d'une priorité par rapport aux autres opérateurs potentiels — sauf l'Entreprise elle-même — pour ce qui est de l'attribution des autorisations de production. L'Entreprise est l'organe de l'Autorité qui mène dans la Zone les activités prévues par la Convention ainsi que des activités de transport, de traitement et de commercialisation des minéraux extraits de la Zone. Les fonctions de l'Entreprise sont actuellement exécutées par la Commission juridique et technique de l'Autorité.

Opérationnel depuis 1996, le **Tribunal international du droit de la mer** a été créé pour connaître des différends auxquels pourraient donner lieu l'interprétation ou l'application de la Convention (voir le site *www.itlos.org*). Constitué de 21 juges élus par les États parties, il a son siège dans le port allemand de Hambourg. Il a reçu sa première requête introductive d'instance en novembre 2001.

En septembre 2007, il était saisi de 15 différends, dont la plupart concernaient la prompte mainlevée de l'immobilisation d'un navire et la prompte libération de son équipage pour cause de non-respect de la Convention. D'autres cas concernent la conservation de ressources biologiques (les stocks de thon à nageoire bleue dans le cas des affaires *Nouvelle-Zélande c. Japon* et *Australie c. Japon*). Une autre affaire, *Irlande c. Royaume-Uni*, portait sur les risques de pollution d'origine terrestre associés à une usine de retraitement des combustibles nucléaires irradiés et de leur transformation en un nouveau combustible connu sous le nom de « combustible d'oxydes mixtes ». Une seule de ces 15 affaires, celle qui oppose le *Chili à l'Union européenne* au sujet des stocks d'espadon dans l'océan Pacifique Sud-Est, est encore inscrite au rôle de la Cour.

La **Commission des limites du plateau continental** a pour mission de faciliter l'application des dispositions de la Convention qui régissent la délimitation de la limite extérieure du plateau continental quand cette partie immergée de la masse terrestre d'un État côtier s'étend au-delà de 200 milles marins de ses côtes, distance minimale légale aux termes de la Convention. En vertu de l'article 76 de la Convention, en pareils cas, l'État côtier fixe la limite extérieure de son plateau continental en appliquant des formules scientifiques et techniques clairement établies.

La Commission a tenu sa première session au Siège de l'ONU en 1997. Ses 21 membres, experts en géologie, géophysique ou hydrographie, sont élus par les États parties et exercent leurs fonctions à titre individuel. La Russie a été le premier État membre de la Commission à lui soumettre une demande, en décembre 2001. Depuis lors (données actualisées en septembre 2007), le Brésil, l'Australie, l'Irlande, la Nouvelle-Zélande, la Norvège et la France ont également soumis des demandes. La France, l'Irlande, l'Espagne et le

Royaume-Uni ont par ailleurs soumis à la Commission une demande conjointe (voir le site *www.un.org/Depts/los/clcs_new/clcs_home.htm*).

Réunions des États parties et sessions de l'Assemblée générale

Le texte de la Convention ne prévoyant pas de conférence périodique des États parties, la réunion annuelle convoquée par le Secrétaire général est l'occasion pour ces États d'examiner ensemble les préoccupations des uns et des autres. La réunion annuelle remplit aussi d'autres fonctions, telles que l'élection des membres du Tribunal et de la Commission et l'examen de questions administratives et budgétaires. Parallèlement, le Secrétaire général convoque des consultations annuelles informelles des États parties à l'Accord des Nations Unies sur les stocks de poissons depuis son entrée en vigueur en 2001, en vue de contrôler l'application de cet instrument, et a prévu la tenue, en mai 2006, d'une conférence d'examen visant à évaluer l'efficacité dudit Accord.

L'Assemblée générale exerce le contrôle général des questions relatives aux affaires maritimes et au droit de la mer. En 2000, elle a créé un mécanisme consultatif officieux à composition non limitée qu'elle a chargé de faciliter son examen annuel de l'évolution de la situation. Ce mécanisme consultatif, qui se réunit chaque année, lui soumet des suggestions sur des questions déterminées, en mettant l'accent sur celles qui appellent une coordination et une coopération renforcées entre les gouvernements et les organismes concernés, notamment pour assurer la sécurité de la navigation et protéger les écosystèmes marins vulnérables. Créé à l'origine pour un mandat de trois ans, le mécanisme consultatif s'est révélé suffisamment utile pour que l'Assemblée le reconduise à deux reprises pour une nouvelle période de trois ans.

En 2004, l'Assemblée a également créé un groupe de travail spécial officieux à composition non limitée chargé d'étudier les questions relatives à la conservation et à l'exploitation durable de la biodiversité marine dans les zones situées au-delà des limites de la juridiction nationale. Ce groupe de travail s'est réuni en 2006 et tiendra sa prochaine réunion en 2008.

Droit international humanitaire

Par droit international humanitaire, on entend un corpus de principes et de règles qui restreignent le droit des parties à un conflit d'utiliser les méthodes et moyens de guerre de leur choix et qui assurent la protection de la population civile, des combattants malades ou blessés et des prisonniers de guerre. Les principaux textes dans ce domaine sont les quatre *Conventions de Genève* de 1949 et les deux *Protocoles additionnels* de 1977, tous conclus sous l'égide du Comité international de la Croix-Rouge (voir le site *www.icrc.org/fre*).

L'ONU est en première ligne des efforts déployés pour faire progresser le droit international humanitaire. Le Conseil de sécurité, notamment, s'est engagé de plus en plus activement dans la protection des populations civiles, la défense des droits de l'homme et la protection des enfants dans les conflits armés. La création des tribunaux pénaux internationaux pour l'ex-Yougoslavie et pour le Rwanda a permis non seulement d'appliquer le principe de la responsabilité, mais aussi de renforcer et d'élargir la connaissance du droit international humanitaire. Cela est également vrai d'autres tribunaux établis avec l'appui de l'ONU, notamment le Tribunal spécial pour la Sierra Leone et les Chambres extraordinaires au sein des tribunaux cambodgiens.

Dans l'exercice de ses fonctions politiques, l'Assemblée générale des Nations Unies a elle-même contribué à l'élaboration d'un certain nombre d'instruments, parmi lesquels : la *Convention pour la prévention et la répression du crime de génocide* (1948); la *Convention sur l'imprescriptibilité des crimes de guerre et des crimes contre l'humanité* (1968); la *Convention sur l'interdiction ou la limitation de l'emploi de certaines armes classiques qui peuvent être considérées comme produisant des effets traumatiques excessifs ou comme frappant sans discrimination* (1980) et ses cinq *Protocoles*; et les *Principes de la coopération internationale en ce qui concerne le dépistage, l'arrestation, l'extradition et le châtiment des individus coupables de crimes de guerre et de crimes contre l'humanité* (1973).

L'Assemblée a aussi facilité la convocation d'une conférence diplomatique le **Statut de Rome de la Cour pénale internationale** en 1998 (voir l'encadré). Avant même cet événement historique, la commission préparatoire de la Cour avait défini les éléments des crimes pour les cas de génocide, les crimes de guerre et les crimes contre l'humanité, ce qui représentait un grand pas en avant pour le droit international humanitaire.

Tribunaux internationaux

Les violations massives du droit humanitaire international commises dans l'ex-Yougoslavie et au Rwanda ont conduit le Conseil de sécurité à créer deux tribunaux internationaux chargés de poursuivre les responsables de ces violations. L'un et l'autre tribunal, créés en vertu du Chapitre VII de la Charte des Nations Unies qui prévoit le recours à des mesures coercitives, sont des organes subsidiaires du Conseil.

- Créé en 1993, le Tribunal pénal international pour l'ex-Yougoslavie est composé de quatre chambres (trois chambres de première instance et une chambre d'appel), d'un procureur et d'un greffe. Son statut prévoit qu'il est habilité à poursuivre quatre types de crimes : les infractions graves aux Conventions de Genève; les violations des lois ou coutumes de la guerre; le génocide; et les crimes contre l'humanité. Il a son siège à La Haye (Pays-Bas) [voir le sit *vww.un.org/icty*].

- Créé en 1994, le Tribunal pénal international pour le Rwanda est composé de quatre chambres (trois chambres de première instance et une chambre d'appel), d'un procureur et d'un greffe. En 1998, il a prononcé la première condamnation pour génocide émanant d'un tribunal international. Il a son siège à Arusha (Tanzanie), tandis que le bureau de son procureur est sis à Kigali (Rwanda) [voir le site *www.ictr.org*].

La Cour pénale internationale
(*www.icc-cpi.int*)

L'idée d'une cour internationale permanente habilitée à poursuivre les crimes contre l'humanité a été pour la première fois envisagée à l'ONU dans le contexte de l'adoption de la Convention de 1948 contre le génocide. Des divergences d'opinion sur la question ont cependant empêché pendant longtemps tout progrès dans cette voie. Finalement, en 1992, l'Assemblée générale a demandé à la Commission du droit international de rédiger un projet de statut pour une cour de cette nature. Les massacres commis au Cambodge, dans l'ex-Yougoslavie et au Rwanda ont bien évidemment conféré à cette question un caractère d'urgence.

Le 17 juillet 1998, une conférence de plénipotentiaires a adopté le *Statut de la Cour pénale internationale*, dit *Statut de Rome* (*www.un.org/law/icc*). La Cour exerce sa compétence à l'égard des personnes pour les crimes de génocide, les crimes contre l'humanité et les crimes de guerre. Elle aura aussi compétence pour le crime d'agression quand une disposition définissant ce crime aura été adoptée. Le Statut de la Cour est entré en vigueur le 1er juillet 2002. Au 1er janvier 2007, la Cour comptait 104 États parties.

La Cour se compose de 18 juges élus par les États parties pour un mandat unique de neuf ans, cependant un juge qui a commencé à connaître d'une affaire en première instance ou en appel, reste en fonctions jusqu'à la conclusion de cette affaire. La Cour ne peut comprendre plus d'un ressortissant du même État. Le Président de la Cour est M. Philippe Kirsch (Canada), son Procureur est M. Luis Moreno Ocampo (Argentine) et son Greffier est M. Bruno Cathala (France).

Le siège de la Cour est à La Haye (Pays-Bas). En 2006, les dépenses budgétaires de la Cour se sont élevées à 64,7 millions d'euros. Au mois d'août 2007, le rôle de la Cour comptait quatre affaires, dont une portant sur les accusations de crimes de guerre et de crimes contre l'humanité dans la région du Darfour (Soudan).

Le **Tribunal spécial pour la Sierra Leone** est un organe judiciaire indépendant créé en 2002 dans le cadre d'un accord conclu entre le Gouvernement sierra-léonais et l'Organisation des Nations Unies, aux fins de poursuivre les personnes qui portent la responsabilité la plus lourde des crimes contre l'humanité, crimes de guerre et autres violations graves du droit international humanitaire et du droit sierra-léonais commis sur le territoire de la Sierra Leone depuis le 30 novembre 1996. Il a son siège à Freetown. Son procureur et son greffier sont nommés par le Secrétaire général de l'ONU. Le Secrétaire général et le Gouvernement sierra-léonais se répartissent la nomination des juges tant à la Chambre de première instance qu'à la Chambre des appels (voir le site *www.sc-sl.org*).

Les **Chambres extraordinaires au sein des tribunaux cambodgiens** sont rattachées au système judiciaire national. Elles ont été créées pour juger d'anciens chefs Khmers rouges accusés d'avoir participé au génocide et d'avoir commis des crimes contre l'humanité, notamment le massacre de quelque 1,7 million de personnes du 17 avril 1975 au 6 janvier 1979. Composées de 17 juges et procureurs nationaux et 12 juges et procureurs internationaux, les chambres extraordinaires sont également chargées de juger les personnes responsables de violations graves des Conventions de Genève de 1949 et coupables d'autres crimes au regard du droit cambodgien en vertu duquel les chambres ont été créées, notamment le meurtre, la torture, les persécutions religieuses, la destruction de la propriété culturelle pendant le conflit armé et les violations de la Convention de Vienne sur la protection des diplomates. Elles ont émis leur premier acte d'accusation le 31 juillet 2007 (voir le site *www.eccc.gov.kh/french*).

Terrorisme international

L'ONU a résolument affronté le problème du terrorisme et mené dans ce domaine une action juridique aussi bien que politique.

Dans le domaine juridique, l'ONU et ses institutions spécialisées, notamment l'Organisation de l'aviation civile internationale (OACI), l'Organisation maritime internationale (OMI) et l'Agence internationale de l'énergie atomique (AIEA), ont élaboré un ensemble d'accords internationaux qui constituent des instruments juridiques essentiels dans la lutte contre le terrorisme. Ces accords sont les suivants :

- La Convention relative aux infractions et à certains autres actes survenant à bord des aéronefs (Tokyo, 1963);
- La Convention pour la répression de la capture illicite d'aéronefs (La Haye, 1970);
- La *Convention pour la répression d'actes illicites dirigés contre la sécurité de l'aviation civile* (Montréal, 1971);
- La Convention sur la prévention et la répression des infractions contre les personnes jouissant d'une protection internationale, y compris les agents diplomatiques (New York, 1973);
- La Convention sur la protection physique des matières nucléaires (Vienne, 1980);
- Le Protocole pour la répression des actes illicites de violence dans les aéroports servant à l'aviation civile internationale (Montréal, 1988);
- La Convention pour la répression d'actes illicites contre la sécurité de la navigation maritime (Rome, 1988);
- Le Protocole pour la répression d'actes illicites contre la sécurité des plates-formes fixes situées sur le plateau continental (Rome, 1988);
- La Convention sur le marquage des explosifs plastiques et en feuilles aux fins de détection (Montréal, 1991).

L'Assemblée générale a, de son côté, adopté les cinq conventions suivantes :

- La *Convention contre la prise d'otages* (1979), par laquelle les parties s'engagent à punir la prise d'otages au moyen de sanctions appropriées. Elles conviennent en outre d'interdire certaines activités sur leur territoire, d'échanger des informations et de permettre l'accomplissement de procédures pénales ou d'extradition Si un État partie n'extrade pas un accusé, il doit le poursuivre devant ses propres autorités.

- La Convention sur la sécurité du personnel des Nations Unies et du personnel associé (1994), adoptée par l'Assemblée en réponse aux nombreuses attaques ayant provoqué la mort ou des blessures graves parmi le personnel des Nations Unies.

- La *Convention internationale pour la répression des attentats terroristes à l'explosif* (1997), qui vise à priver de toute possibilité de refuge les individus recherchés pour ce genre d'attentat en faisant obligation aux États parties soit de les extrader vers les États ayant déposé une demande d'extradition soit de les poursuivre eux-mêmes en justice.

- La Convention internationale pour la répression du financement du terrorisme (1999) fait obligation à ses États parties soit de poursuivre devant leurs propres tribunaux soit d'extrader les individus accusés de financement d'activités terroristes et elle impose aux banques de prendre les mesures voulues pour repérer les opérations suspectes.

- La Convention internationale pour la répression des actes de terrorisme nucléaire (2005) couvre un large éventail d'actes et de cibles éventuelles, en situation de crise et de sortie de crise. Est coupable d'infraction au regard de la Convention quiconque menace de commettre ou tente de commettre les actes visés ou d'y participer, y compris en qualité de complice. La Convention, aux termes de laquelle les présumés coupables doivent être traduits en justice ou extradés, est entrée en vigueur le 7 juillet 2007.

En 1994, l'Assemblée générale a adopté une *Déclaration sur les mesures visant à éliminer le terrorisme international*. En 1996, elle a également adopté une *Déclaration complétant la Déclaration de 1994* par laquelle elle condamne comme criminels et injustifiables tous les actes et pratiques terroristes où qu'ils se produisent et quels qu'en soient les auteurs, et exhorte les États à prendre toutes les mesures appropriées sur les plans national et international pour éliminer le terrorisme.

En 1996 également, elle a créé un Comité spécial, qui mène actuellement des négociations en vue de l'élaboration d'une convention complète contre le terrorisme international, afin de combler les lacunes des instruments existants.

Le 28 septembre 2001, au lendemain des attentats commis le 11 septembre contre les États-Unis, le Conseil de sécurité a créé le **Comité contre le terrorisme**. Il est notamment chargé de contrôler l'application de la résolution 1373 (2001) du Conseil, qui impose certaines obligations aux États Membres, dont les suivantes : ériger en infraction les activités liées au terrorisme, y compris la fourniture d'une assistance pour leur commission; refuser de donner des fonds ou un asile aux terroristes; et échanger des informations sur les groupes terroristes (voir le site *www.un.org/sc/ctc*).

Le 8 septembre 2006, l'Assemblée générale a adopté à l'unanimité une **Stratégie antiterroriste mondiale de l'Organisation des Nations Unies**, qui a été lancée le 19 septembre 2006. Fondée sur la conviction selon laquelle le terrorisme sous toutes ses formes est inacceptable et ne peut en aucun cas être justifié, la Stratégie met en avant une série de mesures spéciales contre le terrorisme sous toutes ses formes, aux niveaux national, régional et international (voir le site *www.un.org/terrorism*).

Pour obtenir des informations supplémentaires sur l'action que mènent les Nations Unies contre le terrorisme, cliquer sur le lien « Lutte contre le terrorisme » de la section « Dossiers » du Centre d'actualités de l'ONU à l'adresse suivante : *www.un.org/News/dh/ infocus.*

Autres questions juridiques

L'Assemblée générale a adopté des instruments juridiques traitant de nombreuses autres questions, notamment la Convention internationale contre le recrutement, l'utilisation, le financement et l'instruction de mercenaires (1989), l'Ensemble de principes pour la protection de toutes les personnes soumises à une forme quelconque de détention ou d'emprisonnement (1988) et la Déclaration sur le renforcement de l'efficacité du principe de l'abstention du recours à la menace ou à l'emploi de la force dans les relations internationales (1987).

L'Assemblée a adopté plusieurs autres instruments internationaux suite à des recommandations formulées par le **Comité spécial de la Charte des Nations Unies et du raffermissement du rôle de l'Organisation**, qu'elle a créé en 1974. On mentionnera notamment : les *Règles types des Nations Unies pour la conciliation des différends entre États* (1995); la *Déclaration sur le renforcement de la coopération entre l'ONU et les accords ou organismes régionaux dans le domaine du maintien de la paix et de la sécurité internationales* (1994); la *Déclaration concernant les activités d'établissement des faits de l'ONU en vue du maintien de la paix et de la sécurité internationales* (1991); la *Déclaration sur la prévention et l'élimination des différends et des situations qui peuvent menacer la paix et la sécurité internationales et sur le rôle des Nations Unies dans ce domaine* (1988); et la *Déclaration de Manille sur le règlement pacifique des différends internationaux* (1982).

En vertu de l'Article 102 de la Charte, les traités internationaux conclus par les États Membres doivent être enregistrés au Secrétariat des Nations Unies, au sein duquel le **Bureau des affaires juridiques** des Nations Unies est chargé des fonctions d'enregistrement et de publication de ces instruments. Le Bureau publie un *Recueil des Traités des Nations Unies* qui contient les textes de plus de 60 000 traités et indique leur statut. Il s'acquitte également des fonctions du Secrétaire général en sa qualité de dépositaire des traités multilatéraux. Dans ce rôle, le Bureau rend compte de l'état de plus de 530 grands traités multilatéraux dans la publication *Traités multilatéraux déposés auprès du Secrétaire général,* dont la version électronique, mise à jour quotidiennement, est disponible sur l'Internet dans le Recueil des Traités de l'Organisation des Nations Unies (voir le site *http ://untreaty.un.org*). Elle est également publiée chaque année au format papier.

DÉCOLONISATION

Depuis sa création en 1945, l'Organisation des Nations Unies a accueilli parmi ses membres près de 100 nations qui se sont affranchies de la domination coloniale ou d'accords de tutelle et sont devenues des États souverains et indépendants. De nombreux autres territoires ont également accédé à l'autodétermination par association politique avec d'autres États indépendants ou rattachement à d'autres États. L'Organisation des Nations Unies a joué un rôle crucial dans cette évolution historique en encourageant les aspirations des peuples dépendants et en fixant des buts et des normes pour hâter leur accession à l'indépendance. Des missions de l'ONU ont supervisé des élections conduisant à l'indépendance—au Togo (en 1956 et en 1968), au Samoa-Occidental (en 1961), en Namibie (en 1989) et, plus récemment, au Timor-Leste (précédemment dénommé Timor oriental).

Les efforts de décolonisation de l'ONU reposent sur les principes de l'« égalité des droits et de l'autodétermination des peuples » énoncés dans la Charte des Nations Unies, en particulier aux Chapitres XI, XII et XIII, consacrés aux intérêts des peuples dépendants. Depuis 1960, l'action de l'ONU est également guidée par la ***Déclaration de l'Assemblée générale sur l'octroi de l'indépendance aux pays et aux peuples coloniaux,*** aussi appelée Déclaration sur la décolonisation, dans laquelle les États Membres ont proclamé la nécessité de mettre fin rapidement au colonialisme. Enfin, l'action de l'ONU s'inspire de la résolution 1541 (XV) adoptée par l'Assemblée générale le 15 décembre 1960, qui définissait les trois options offrant une autonomie complète aux territoires non autonomes restants.

En dépit des progrès remarquables accomplis dans la lutte contre le colonialisme, plus d'un million de personnes vivent encore sous régime colonial et l'ONU poursuit son action pour favoriser l'accession à l'autodétermination ou à l'indépendance des derniers territoires non autonomes (voir le site *www.un.org/french/decolonisation*).

Régime international de tutelle

Conformément au Chapitre XII de la Charte des Nations Unies, l'ONU a établi le régime international de tutelle afin de surveiller la situation dans les territoires soumis à ce régime en vertu d'accords particuliers passés entre elle et les États administrants.

Ce régime devait s'appliquer : *a)* aux territoires relevant de mandats établis par la Société des Nations après la première guerre mondiale; *b)* aux territoires détachés d'« États ennemis » à la suite de la Seconde Guerre mondiale; et *c)* aux territoires qui seraient volontairement placés sous le régime de tutelle par les États responsables de leur administration. L'objectif fondamental était de favoriser le progrès politique, économique et social des territoires et leur évolution progressive vers l'autonomie ou l'indépendance.

Le **Conseil de tutelle** a été créé en vertu du Chapitre XIII de la Charte afin de surveiller l'administration des territoires sous tutelle et de faire en sorte que les gouvernements qui en étaient chargés prennent les mesures qui conviennent pour préparer les territoires à la réalisation des objectifs énoncés dans la Charte.

Au cours des premières années d'existence de l'ONU, 11 territoires ont été placés sous régime de tutelle (*voir les tableaux figurant dans les Appendices*). Depuis, ils ont tous accédé à l'indépendance ou ont conclu un accord de libre association avec un autre État.

Le dernier territoire à l'avoir fait est le Territoire sous tutelle des Îles du Pacifique (Palaos), administré par les États-Unis. En 1994, le Conseil de sécurité a mis un terme à l'Accord de tutelle régissant ce territoire, après que la population se fut prononcée pour la libre association avec les États-Unis lors du plébiscite de 1993. Les îles Palaos ont accédé à l'indépendance en 1994 et ont adhéré à l'ONU la même année, devenant le 185e État Membre. Plus aucun territoire n'étant placé sous tutelle, le Conseil de tutelle a achevé sa mission historique.

Territoires non autonomes

La Charte des Nations Unies traite également de la question des territoires non autonomes n'ayant pas été placés sous régime de tutelle.

La Déclaration relative aux territoires non autonomes (Chapitre XI de la Charte) prévoit que les États Membres qui administrent des territoires n'ayant pas accédé à l'autonomie doivent respecter le principe de la primauté des intérêts des habitants de ces territoires et accepter comme une mission sacrée l'obligation de favoriser leur prospérité.

À cette fin, les puissances administrantes doivent non seulement assurer le progrès politique, économique et social de ces populations, ainsi que le développement de leur instruction, mais aussi entreprendre de les aider à développer leur capacité de s'administrer elles-mêmes ainsi que leurs institutions démocratiques. Les puissances administrantes sont tenues de communiquer régulièrement au Secrétaire général des renseignements relatifs aux conditions économiques et sociales et à l'éducation dans les territoires placés sous leur administration.

En 1946, huit États Membres — l'Australie, la Belgique, le Danemark, les États-Unis, la France, la Nouvelle-Zélande, les Pays-Bas et le Royaume-Uni — ont dressé la liste des territoires placés sous leur administration qu'ils considéraient comme non autonomes. Cette liste comprenait un total de 72 territoires, dont huit sont devenus indépendants avant 1959. En 1963, l'Assemblée a approuvé une liste révisée de 64 territoires auxquels s'appliquait la Déclaration de 1960 sur la décolonisation. Aujourd'hui, seuls 16 États figurent encore sur cette liste, ils ont pour puissance administrante les États-Unis, la France, la Nouvelle-Zélande ou le Royaume-Uni (voir le tableau à la page 344).

En août 2005, l'organe représentatif national des Tokélaou, le Fono général, a approuvé un projet d'accord de libre association avec la Nouvelle-Zélande. En novembre de la même année, il a également approuvé un projet de constitution. En février 2006, a été organisé un traité sur l'autodétermination; 60 % des électeurs tokélaouans inscrits ont voté en faveur de la libre association avec la Nouvelle-Zélande, soit légèrement moins que la majorité des deux tiers requise (ou 66 % des voix). Un second référendum, tenu aux Tokélaou du 20 au 24 octobre 2007, n'a pas non plus obtenu la majorité des deux tiers requise pour que les Tokélaou accèdent à l'autonomie en libre association avec la Nouvelle-Zélande, 446 des 692 votants s'étant déclarés en faveur de l'autonomie, soit 16 voix de moins que la majorité requise.

Déclaration sur l'octroi de l'indépendance aux pays et aux peuples coloniaux

Les aspirations des peuples des territoires qui souhaitaient parvenir à l'autodétermination et l'opinion de la communauté internationale selon laquelle les principes de la Charte des Nations Unies étaient appliqués avec trop de lenteur ont conduit l'Assemblée générale à adopter, le 14 décembre 1960, la *Déclaration sur l'octroi de l'indépendance aux pays et aux peuples coloniaux* [résolution 1514 (XV)].

Dans la Déclaration, l'Assemblée a proclamé que le fait de soumettre des peuples à l'emprise, à la domination et à l'exploitation de puissances étrangères constitue un déni des droits fondamentaux de l'homme, est contraire à la Charte et compromet la cause de la paix et de la coopération mondiales. Elle a ajouté que « des mesures immédiates seront prises, dans les territoires sous tutelle, les territoires non autonomes et tous autres territoires n'ayant pas encore accédé à l'indépendance, pour transférer tous pouvoirs aux peuples de ces territoires, sans aucune condition ni réserve, conformément à leur volonté et à leurs vœux librement exprimés, sans aucune distinction de race, de croyance ou de couleur, afin de leur permettre de jouir d'une indépendance et d'une liberté complètes ».

En 1960, l'Assemblée a également approuvé la résolution 1541 (XV) dans laquelle elle définissait les trois options politiques légitimes qui offraient une complète autonomie, à savoir la libre association avec un État indépendant, l'intégration à un État indépendant et l'accession à l'indépendance.

En 1961, l'Assemblée a créé un comité spécial pour suivre l'application de la Déclaration et formuler des recommandations relatives à son application. Cet organe, communément appelé Comité spécial des Vingt-Quatre ou **Comité spécial de la décolonisation**, porte en réalité le nom de Comité spécial chargé d'étudier la situation en ce qui concerne l'application de la Déclaration sur l'octroi de l'indépendance aux pays et aux peuples coloniaux. Le Comité spécial se réunit chaque année, entend des requérants et des représentants de ces territoires, y dépêche des missions et organise des séminaires sur la situation dans les domaines politique, social, économique et éducatif.

Au cours des années qui se sont écoulées depuis l'adoption de la Déclaration, une soixantaine d'anciens territoires coloniaux, comptant plus de 80 millions d'habitants, sont parvenus à l'autodétermination en accédant à l'indépendance et ont adhéré à l'Organisation des Nations Unies en tant que membres souverains (voir les tableaux figurant dans les Appendices).

Territoires auxquels continue de s'appliquer la Déclaration sur l'octroi de l'indépendance aux pays et aux peuples coloniaux (en 2007)

TERRITOIRE	AUTORITÉ ADMINISTRANTE
Afrique	
Sahara occidental[1]	
Asie et Pacifique	
Samoa américaines	États-Unis
Guam	États-Unis
Nouvelle-Calédonie[2]	France
Pitcairn	Royaume-Uni
Tokélaou	Nouvelle-Zélande
Océan Atlantique, Caraïbes et Méditerranée	
Anguilla	Royaume-Uni
Bermudes	Royaume-Uni
Îles Vierges britanniques	Royaume-Uni
Îles Caïmanes	Royaume-Uni
Îles Falkland (Malvinas)[3]	Royaume-Uni
Gibraltar	Royaume-Uni
Montserrat	Royaume-Uni
Sainte-Hélène	Royaume-Uni
Îles Turques et Caïques	Royaume-Uni
Îles Vierges américaines	États-Unis

[1] Le 26 février 1976, l'Espagne a informé le Secrétaire général qu'à compter de cette date elle mettait fin à sa présence dans le territoire du Sahara. Elle jugeait par ailleurs nécessaire qu'il soit pris note qu'ayant cessé de participer à l'administration provisoire établie pour ce territoire, elle se considérait désormais déchargée de toute responsabilité de caractère international relative à son administration. En 1990, l'Assemblée générale a réaffirmé que la question du Sahara occidental relevait de la décolonisation, processus que la population du Sahara occidental n'avait pas encore achevé.

[2] Le 2 décembre 1986, l'Assemblée générale a déterminé que la Nouvelle-Calédonie était un territoire non autonome.

[3] La souveraineté sur les îles Falkland (Malvinas) fait l'objet d'un différend entre le Gouvernement de l'Argentine et le Gouvernement du Royaume-Uni de Grande-Bretagne et d'Irlande du Nord.

L'Assemblée générale demande aux puissances administrantes de prendre toutes les mesures nécessaires pour permettre aux peuples des territoires dépendants d'exercer pleinement leur droit à l'autodétermination et à l'indépendance. Elle les prie également d'achever le démantèlement des bases militaires qu'elles gardent dans ces territoires et de s'assurer qu'aucun intérêt étranger, économique ou autre, ne se livre à des activités qui font obstacle à l'application de la Déclaration. .

À ce titre, la Nouvelle-Zélande collabore de façon continue avec le Comité au sujet des îles Tokélaou. Pour sa part, la France a commencé, en 1999, à collaborer avec le Comité spécial à la suite de la signature d'un accord sur l'avenir de la Nouvelle-Calédonie. Ces dernières années, deux puissances administrantes n'ont pas participé aux travaux du Comité. Les États-Unis mettent en avant qu'ils demeurent conscients de leur rôle de puissance administrante et continueront à être fidèles aux responsabilités que leur confère la Charte. Pour sa part, le Royaume-Uni a proclamé que, si la plupart des territoires sous son contrôle administratif ont choisi l'indépendance, un petit nombre d'entre eux ont préféré lui demeurer associés.

À la fin de la **Décennie internationale de l'élimination du colonialisme (1991-2000)**, l'Assemblée générale a proclamé une **deuxième Décennie internationale de l'élimination du colonialisme (2001-2010)** et invité les États Membres à redoubler d'efforts pour mettre un terme à la décolonisation.

Dans le cas de certains territoires, comme le Sahara occidental, l'Assemblée a confié au Secrétaire général un mandat précis pour faciliter la décolonisation, conformément à la Charte des Nations Unies et aux objectifs de la Déclaration.

Namibie

En 1990, l'ONU a aidé la Namibie à accéder à l'indépendance. Il s'agit là d'une bonne illustration de la complexité des efforts requis pour assurer une transition pacifique.

Précédemment dénommée Sud-Ouest africain, la Namibie était autrefois un territoire africain administré sous mandat de la Société des Nations. En 1946, l'Assemblée générale a demandé à l'Afrique du Sud de placer l'administration du territoire sous le régime de tutelle. L'Afrique du Sud a refusé et, en 1949, a informé l'Organisation des Nations Unies qu'elle ne transmettrait plus de renseignements sur le territoire puisqu'elle estimait que le mandat avait expiré avec la disparition de la Société des Nations.

En 1966, l'Assemblée générale a déclaré que l'Afrique du Sud avait failli à ses obligations. Elle a donc mis fin au mandat et placé le territoire sous la responsabilité du Conseil des Nations Unies pour le Sud-Ouest africain, rebaptisé Conseil pour la Namibie en 1968.

En 1976, le Conseil de sécurité a exigé que l'Afrique du Sud accepte la tenue d'élections dans le territoire, sous le contrôle de l'Organisation des Nations Unies. L'Assemblée générale a déclaré que les pourparlers relatifs à l'indépendance devaient être ouverts à la South West Africa People's Organization (SWAPO), reconnue par elle comme le seul représentant du peuple namibien.

En 1978, le Canada, les États-Unis, la France, la République fédérale d'Allemagne et le Royaume-Uni ont présenté au Conseil de sécurité un plan de règlement qui prévoyait l'élection d'une assemblée constituante sous les auspices des Nations Unies. Le Conseil a entériné les recommandations du Secrétaire général concernant l'application de la proposition, lui a demandé de nommer un représentant spécial pour la Namibie et a créé le **Groupe d'assistance des Nations Unies pour la période de transition (GANUPT).**

Après des années de négociations du Secrétaire général et de son Représentant spécial, ainsi que de médiation des États-Unis, on a abouti en 1988 à des accords propres à instaurer la paix en Afrique australe. L'Afrique du Sud s'engageait à coopérer avec le Secrétaire général en vue de laisser la Namibie accéder à l'indépendance à l'issue d'élections.

L'opération conduisant à l'indépendance de la Namibie a débuté en avril 1989. Le GANUPT a supervisé et dirigé l'ensemble des opérations électorales organisées par les autorités namibiennes, surveillé le cessez-le-feu entre la SWAPO et l'Afrique du Sud et la démobilisation de toutes les forces militaires et veillé à ce que les élections se déroulent dans le calme, surveillant à cet égard le comportement de la police locale.

Les élections à l'Assemblée constituante ont été remportées par la SWAPO. M. Martti Ahtisaari, représentant spécial du Secrétaire général, a déclaré que les élections avaient été « libres et régulières ». Après les élections, l'Afrique du Sud a retiré ses derniers contingents. L'Assemblée constituante a rédigé une nouvelle constitution, approuvée en février 1990, et élu le chef de la SWAPO, Sam Nujoma, à la présidence de la République pour un mandat de cinq ans. En mars, la Namibie est devenue indépendante et son premier président a prêté serment devant le Secrétaire général de l'Organisation des Nations Unies. En avril, la Namibie est devenue membre de l'Organisation.

Timor-Leste

L'ONU a également accompagné le Timor-Leste, précédemment dénommé Timor oriental, dans sa marche vers l'indépendance. Une opération majeure des Nations Unies a surveillé la transition vers l'indépendance—après que le peuple du Timor oriental a voté en faveur de cette transition à l'occasion d'une consultation populaire organisée par l'Organisation des Nations Unies en 1999.

L'île de Timor est située au nord de l'Australie, au centre-sud de l'archipel formant la République d'Indonésie. La partie occidentale de l'île était une colonie néerlandaise et a choisi d'être rattachée à l'Indonésie lorsque celle-ci a accédé à l'indépendance. La partie orientale était une colonie portugaise.

En 1960, l'Assemblée générale a placé le Timor oriental sur la liste des territoires non autonomes. En 1974, reconnaissant le droit du Timor oriental à l'autodétermination, le Portugal a manifesté le désir d'établir un gouvernement provisoire et une assemblée populaire qui détermineraient le statut du **Timor oriental,** mais une guerre civile a éclaté en 1975 entre les partis politiques nouvellement constitués. Le Portugal s'est retiré, déclarant qu'il n'était pas en mesure de maîtriser la situation. L'une des factions a proclamé l'indépendance en tant qu'État séparé, alors qu'une autre l'a proclamée avec rattachement à l'Indonésie.

En décembre, les troupes indonésiennes ont débarqué au Timor oriental, et un « gouvernement provisoire » a été formé. Le Portugal a rompu les relations diplomatiques avec l'Indonésie et a saisi le Conseil de sécurité, qui a demandé à l'Indonésie de retirer ses troupes et à tous les États de respecter l'intégrité territoriale du Timor oriental, de même que le droit de sa population à l'autodétermination.

En 1976, le « gouvernement provisoire » a organisé des élections législatives et l'assemblée issue des urnes a réclamé le rattachement à l'Indonésie. L'Indonésie a promulgué une loi appuyant la décision, et le mouvement pour l'indépendance a lancé une résistance armée. En 1983, le Secrétaire général a entamé des pourparlers avec l'Indonésie et le Portugal, mais ce n'est qu'en mai 1999, grâce aux bons offices du Secrétaire général, que des accords ont été signés ouvrant la voie à une consultation populaire.

Sur la base de ces accords, la **Mission des Nations Unies au Timor oriental (MINUTO)** a organisé l'inscription de la population sur les listes électorales et mené à bien une consultation populaire. Le 30 août 1999, 78,5 % des 450 000 électeurs inscrits ont rejeté la proposition d'autonomie dans la République d'Indonésie. À l'annonce des résultats, des milices opposées à l'indépendance ont lancé une campagne de destruction et de violence systématiques faisant de nombreuses victimes et forçant plus de 200 000 Timorais orientaux à prendre la fuite.

Au terme de pourparlers intensifs, l'Indonésie a accepté le déploiement d'une force multinationale autorisée par les Nations Unies. En septembre 1999, le Conseil de sécurité, agissant en vertu du Chapitre VII de la Charte des Nations Unies, a autorisé l'envoi de la **Force internationale au Timor oriental (INTERFET),** qui a contribué à rétablir la paix et la sécurité.

Immédiatement après, en octobre 1999, le Conseil a créé l'**Administration transitoire des Nations Unies au Timor oriental (ATNUTO),** investie de l'autorité exécutive et législative pendant le passage à l'indépendance. Le 30 août 2001, plus de 91 % des électeurs inscrits se sont rendus aux urnes pour élire les 88 membres de l'Assemblée constituante, qui allait être chargée de rédiger et d'adopter une nouvelle constitution et d'établir le cadre dans lequel allaient se dérouler les futures élections et la transition vers l'indépendance.

L'Assemblée constituante a signé l'entrée en vigueur de la première Constitution du territoire le 22 mars 2002. Le 14 avril, Xanana Gusmão a été élu à la présidence avec 82,7 % des voix. Le Timor oriental a accédé à l'indépendance le 20 mai 2002. L'Assemblée constituante a été transformée en parlement national, et le nouveau pays a adopté le nom de Timor-Leste. Le 27 septembre, il est devenu le 191e État Membre de l'Organisation des Nations Unies.

Après la décolonisation du Timor oriental, l'ONU a continué d'aider pleinement le Timor-Leste devenu indépendant à consolider les institutions démocratiques et à promouvoir le développement socio-économique. (Pour plus d'informations sur les activités que l'ONU a menées par la suite au Timor-Leste, voir la section intitulée « Action des Nations Unies en faveur de la paix » au chapitre 2.)

Sahara occidental

L'Organisation des Nations Unies est saisie depuis 1963 de la question d'un différend concernant le Sahara occidental, territoire situé sur la côte nord-ouest de l'Afrique et bordé par le Maroc, la Mauritanie et l'Algérie.

C'est en 1884 que le Sahara occidental est devenu colonie espagnole. En 1963, il a été revendiqué à la fois par le Maroc et la Mauritanie. À la demande de l'Assemblée générale, la Cour internationale de Justice a formulé en 1975 un avis qui rejetait les revendications de souveraineté territoriale exprimées aussi bien par le Maroc que par la Mauritanie.

L'ONU cherche une solution au problème du Sahara occidental depuis le retrait de l'Espagne en 1976 et le différend qui en est résulté entre le Maroc, qui avait « réintégré » le territoire, et le Front populaire pour la libération de la Saguia el-Hamra et du Rio de Oro (Front POLISARIO), soutenu par l'Algérie (voir la note accompagnant le tableau dans le présent chapitre).

En 1979, l'Organisation de l'unité africaine (OUA) a proposé un référendum permettant à la population du territoire d'exercer son droit à l'autodétermination. En 1982, 26 pays membres de l'OUA avaient reconnu la « République arabe sahraouie démocratique (RASD) » proclamée par le Front POLISARIO en 1976. En 1984, lorsque la RASD a siégé au Sommet de l'OUA, le Maroc s'est retiré.

Une mission commune de bons offices du Secrétaire général et du Président de l'OUA a abouti en 1988 à un plan de règlement demandant un cessez-le-feu et un référendum sur l'indépendance ou le rattachement au Maroc, plan auquel les deux parties ont donné leur accord de principe.

Par sa résolution 690, du 29 avril 1991, le Conseil de sécurité a créé la **Mission des Nations Unies pour l'organisation d'un référendum au Sahara occidental (MINURSO)** et l'a chargée d'aider le Représentant spécial du Secrétaire général sur toutes les questions relatives à l'organisation et à la conduite du référendum d'autodétermination du peuple sahraoui. Tous les Sahraouis âgés d'au moins 18 ans dénombrés dans le recensement espagnol de 1974 auraient le droit de voter, qu'ils résident ou non dans le territoire. Une commission d'identification mettrait à jour les résultats du recensement et identifierait les électeurs. Le recensement des réfugiés vivant hors du territoire serait effectué avec l'aide du Haut-Commissariat des Nations Unies pour les réfugiés.

Les observateurs militaires de la MINURSO ont observé le cessez-le-feu entré en vigueur le 6 septembre 1991 et n'ont constaté aucune violation majeure. Toutefois, des différends subsistaient entre les parties, en particulier au sujet des conditions à remplir pour être inscrit sur les listes électorales pour le référendum. En 1997, l'Envoyé personnel du Secrétaire général pour le Sahara occidental, M. James A. Baker III, est intervenu dans la négociation d'un compromis, et les opérations d'inscription se sont achevées en décembre 1999. Néanmoins, malgré la poursuite des consultations et des négociations, des désaccords persistaient quant aux modalités d'application du plan. En avril 2004, le Maroc a rejeté une proposition présentée par l'Envoyé personnel du Secrétaire général, ainsi que le plan de règlement lui-même.

Bien que les négociations soient dans l'impasse, certains progrès ont été enregistrés au cours des années qui suivirent, notamment la libération par le Front POLISARIO de tous les prisonniers de guerre marocains en août 2005, et l'instauration d'un programme de « visites familiales », parrainé par le Haut-Commissariat des Nations Unies pour les réfugiés, entre les réfugiés du Sahara occidental vivant dans les camps de Tindouf (Algérie) et leurs familles vivant dans le territoire du Sahara occidental. Ces visites ont permis de réunir des familles parfois pour la première fois depuis trente ans.

En avril 2007, M. Peter van Walsum, nouvel Envoyé personnel du Secrétaire général pour le Sahara occidental, a indiqué qu'il n'y avait pas d'autre option, pour éviter que cette impasse ne perdure indéfiniment, que des négociations directes entre les deux parties. Le Conseil de sécurité a demandé la reprise des négociations, de bonne foi et sans conditions préalables. M. van Walsum a ainsi facilité la tenue de réunions entre les parties, en juin et août 2007, à Greentree (New York, États-Unis), auxquelles ont également participé des représentants des pays voisins. Lors de la deuxième réunion, les parties ont publié un communiqué dans lequel elles reconnaissaient que le *statu quo* était inacceptable et se déclaraient attachées à la poursuite de négociations de bonne foi.

LISTE DES ÉTATS MEMBRES
DE L'ORGANISATION DES NATIONS UNIES
(Décembre 2006)

États Membres	Date d'admission	Barème des quotes-parts en 2006 (%)	Population (estimation)
Afghanistan	19 novembre 1946	0,001	22 576 000
Afrique du Sud	7 novembre 1945	0,290	47 391 000
Albanie	14 décembre 1955	0,006	3 142 000
Algérie	8 octobre 1962	0,085	32 906 000
Allemagne	18 septembre 1973	8,577	82 464 000
Andorre	28 juillet 1993	0,008	75 000
Angola	1er décembre 1976	0,003	12 768 000
Antigua-et-Barbuda	11 novembre 1981	0,002	83 000
Arabie saoudite	24 octobre 1945	0,748	22 678 000
Argentine	24 octobre 1945	0,325	38 971 000
Arménie	2 mars 1992	0,002	3 220 000
Australie	1er novembre 1945	1,787	20 701 000
Autriche	4 décembre 1955	0,887	8 233 000
Azerbaïdjan	2 mars 1992	0,005	8 485 000
Bahamas	18 septembre 1973	0,016	307 000
Bahreïn	21 septembre 1971	0,033	743 000
Bangladesh	17 septembre 1974	0,010	141 800 000
Barbade	9 décembre 1966	0,009	273 000
Bélarus[a]	24 octobre 1945	0,020	9 825 000
Belgique	27 décembre 1945	1,102	10 479 000
Belize	25 septembre 1981	0,001	301 000
Bénin	20 septembre 1960	0,001	6 770 000
Bhoutan	21 septembre 1971	0,001	635 000
Bolivie	14 novembre 1945	0,006	9 627 000
Bosnie-Herzégovine	22 mai 1992	0,006	3 843 000
Botswana	17 octobre 1966	0,014	1 740 000
Brésil	24 octobre 1945	0,876	186 771 000

États Membres	Date d'admission	Barème des quotes-parts en 2006 (%)	Population (estimation)
Brunei Darussalam	21 septembre 1984	0,026	383 000
Bulgarie	14 décembre 1955	0,020	7 740 000
Burkina Faso	20 septembre 1960	0,002	12 802 000
Burundi	18 septembre 1962	0,001	6 412 000
Cambodge	14 décembre 1955	0,001	13 661 000
Cameroun	20 septembre 1960	0,009	15 429 000
Canada	9 novembre 1945	2,977	32 624 000
Cap-Vert	16 septembre 1975	0,001	488 000
Chili	24 octobre 1945	0,161	16 433 000
Chine	24 octobre 1945	2,667	1 303 720 000
Chypre	20 septembre 1960	0,044	758 000
Colombie	5 novembre 1945	0,105	46 772 000
Comores	12 novembre 1975	0,001	576 000
Congo	20 septembre 1960	0,001	3 542 000
Costa Rica	2 novembre 1945	0,032	4 354 000
Côte d'Ivoire	20 septembre 1960	0,009	19 658 000
Croatie	22 mai 1992	0,050	4 442 000
Cuba	24 octobre 1945	0,054	11 242 000
Danemark	24 octobre 1945	0,739	5 416 000
Djibouti	20 septembre 1977	0,001	681 000
Dominique	18 décembre 1978	0,001	71 000
Égypte[b]	24 octobre 1945	0,088	72 580 000
El Salvador	24 octobre 1945	0,020	6 757 000
Émirats arabes unis	9 décembre 1971	0,302	4 041 000
Équateur	21 décembre 1945	0,021	13 408 000
Érythrée	28 mai 1993	0,001	3 847 000
Espagne	14 décembre 1955	2,968	44 097 000
Estonie	17 septembre 1991	0,016	1 346 000
États-Unis d'Amérique	24 octobre 1945	22,000	296 410 000
Éthiopie	13 novembre 1945	0,003	75 067 000

États Membres	Date d'admission	Barème des quotes-parts en 2006 (%)	Population (estimation)
Ex-République yougoslave de Macédoine[c]	8 avril 1993	0,005	2 036 000
Fédération de Russie[d]	24 octobre 1945	1,200	143 150 000
Fidji	13 octobre 1970	0,003	853 000
Finlande	14 décembre 1955	0,564	5 246 000
France	24 octobre 1945	6,301	60 873 000
Gabon	20 septembre 1960	0,008	1 269 000
Gambie	21 septembre 1965	0,001	1 509 000
Géorgie	31 juillet 1992	0,003	4 400 000
Ghana	8 mars 1957	0,004	20 028 000
Grèce	25 octobre 1945	0,596	11 104 000
Grenade	17 septembre 1974	0,001	103 000
Guatemala	21 novembre 1945	0,032	13 019 000
Guinée	12 décembre 1958	0,001	8 242 000
Guinée-Bissau	17 septembre 1974	0,001	1 296 000
Guinée équatoriale	12 novembre 1968	0,002	1 015 000
Guyana	20 septembre 1966	0,001	760 000
Haïti	24 octobre 1945	0,002	8 374 000
Honduras	17 décembre 1945	0,005	7 028 000
Hongrie	14 décembre 1955	0,244	10 087 000
Îles Marshall	17 septembre 1991	0,001	57 000
Îles Salomon	19 septembre 1978	0,001	450 000
Inde	30 octobre 1945	0,450	1 117 734 000
Indonésie[e]	28 septembre 1950	0,161	212 051 000
Iran (République islamique d')	24 octobre 1945	0,180	70 603 000
Iraq	21 décembre 1945	0,015	28 810 000
Irlande	14 décembre 1955	0,445	4 131 000
Islande	19 novembre 1946	0,037	296 000
Israël	11 mai 1949	0,419	7 048 000
Italie	14 décembre 1955	5,079	58 607 000

États Membres	Date d'admission	Barème des quotes-parts en 2006 (%)	Population (estimation)
Jamahiriya arabe libyenne	14 décembre 1955	0,062	5 299 000
Jamaïque	18 septembre 1962	0,010	2 667 000
Japon	18 décembre 1956	16,624	127 757 000
Jordanie	14 décembre 1955	0,012	5 104 000
Kazakhstan	2 mars 1992	0,029	15 301 000
Kenya	16 décembre 1963	0,010	36 433 000
Kirghizistan	2 mars 1992	0,001	5 192 000
Kiribati	14 septembre 1999	0,001	85 000
Koweït	14 mai 1963	0,182	2 213 000
Lesotho	17 octobre 1966	0,001	2 189 000
Lettonie	17 septembre 1991	0,018	2 301 000
Liban	24 octobre 1945	0,034	3 537 000
Libéria	2 novembre 1945	0,001	3 099 000
Liechtenstein	18 septembre 1990	0,010	35 000
Lituanie	17 septembre 1991	0,031	3 392 000
Luxembourg	24 octobre 1945	0,085	457 000
Madagascar	20 septembre 1960	0,002	17 206 000
Malaisie[f]	17 septembre 1957	0,190	26 640 000
Malawi	1er décembre 1964	0,001	12 758 000
Maldives	21 septembre 1965	0,001	298 000
Mali	28 septembre 1960	0,001	10 400 000
Malte	1er décembre 1964	0,017	406 000
Maroc	12 novembre 1956	0,042	29 680 000
Maurice	24 avril 1968	0,011	1 243 000
Mauritanie	27 octobre 1961	0,001	2 724 000
Mexique	7 novembre 1945	2,257	104 874 000
Micronésie (États fédérés de)	17 septembre 1991	0,001	120 000
Monaco	28 mai 1993	0,003	34 000
Mongolie	27 octobre 1961	0,001	2 579 00
Monténégro[g]	28 juin 2006	0,001	623 000

États Membres	Date d'admission	Barème des quotes-parts en 2006 (%)	Population (estimation)
Mozambique	16 septembre 1975	0,001	19 420 000
Myanmar	19 avril 1948	0,005	48 205 000
Namibie	23 avril 1990	0,006	1 830 000
Nauru	14 septembre 1999	0,001	12 000
Népal	14 décembre 1955	0,003	25 887 000
Nicaragua	24 octobre 1945	0,002	5 145 000
Niger	20 septembre 1960	0,001	13 045 000
Nigéria	7 octobre 1960	0,048	140 004 000
Norvège	27 novembre 1945	0,782	4 623 000
Nouvelle-Zélande	24 octobre 1945	0,256	4 140 000
Oman	7 octobre 1971	0,073	2 577 000
Ouganda	25 octobre 1962	0,003	24 442 000
Ouzbékistan	2 mars 1992	0,008	25 368 000
Pakistan	30 septembre 1947	0,059	150 360 000
Palaos	15 décembre 1994	0,001	20 000
Panama	13 novembre 1945	0,023	3 284 000
Papouasie-Nouvelle-Guinée	10 octobre 1975	0,002	2 499 000
Paraguay	24 octobre 1945	0,005	5 899 000
Pays-Bas	10 décembre 1945	1,873	16 336 000
Pérou	31 octobre 1945	0,078	26 152 000
Philippines	24 octobre 1945	0,078	86 973 000
Pologne	24 octobre 1945	0,501	38 161 000
Portugal	14 décembre 1955	0,527	10 549 000
Qatar	21 septembre 1971	0,085	744 000
République arabe syrienne[h]	24 octobre 1945	0,016	17 980 000
République centrafricaine	20 septembre 1960	0,001	3 151 000
République de Corée	17 septembre 1991	2,173	48 297 000
République démocratique du Congo[i]	20 septembre 1960	0,003	49 785 000

États Membres	Date d'admission	Barème des quotes-parts en 2006 (%)	Population (estimation)
République démocratique populaire lao	14 décembre 1955	0,001	5 622 000
République dominicaine	24 octobre 1945	0,024	9 250 000
République de Moldova	2 mars 1992	0,001	3 388 000
République populaire démocratique de Corée	17 septembre 1991	0,007	23 612 000
République tchèque	19 janvier 1993	0,281	10 234 000 .
République-Unie de Tanzanieʲ	14 décembre 1961	0,006	38 251 000
Roumanie	14 décembre 1955	0,070	21 583 000
Royaume-Uni	24 octobre 1945	6,642	60 209 000
Rwanda	18 septembre 1962	0,001	8 129 000
Saint-Kitts-et-Nevis	23 septembre 1983	0,001	46 000
Sainte-Lucie	18 septembre 1979	0,001	165 000
Saint-Marin	2 mars 1992	0,003	32 000
Saint-Vincent-et-les Grenadines	16 septembre 1980	0,001	109 000
Samoa	15 décembre 1976	0,001	175 000
Sao Tomé-et-Principe	16 septembre 1975	0,001	149 000
Sénégal	28 septembre 1960	0,004	10 848 000
Serbieᵍ	1er novembre 2000	0,021	7 441 000
Seychelles	21 septembre 1976	0,002	85 000
Sierra Leone	27 septembre 1961	0,001	4 963 000
Singapour	21 septembre 1965	0,347	4 484 000
Slovaquie	19 janvier 1993	0,063	5 391 000
Slovénie	22 mai 1992	0,096	2 009 000
Somalie	20 septembre 1960	0,001	9 088 000
Soudan	12 novembre 1956	0,010	34 512 000
Sri Lanka	14 décembre 1955	0,016	19 462 000
Suède	19 novembre 1946	1,071	9 089 000
Suisse	10 septembre 2002	1,216	7 484 000

États Membres	Date d'admission	Barème des quotes-parts en 2006 (%)	Population (estimation)
Suriname	4 décembre 1975	0,001	493 000
Swaziland	24 septembre 1968	0,002	1 146 000
Tadjikistan	2 mars 1992	0,001	6 569 000
Tchad	20 septembre 1960	0,001	8 322 000
Thaïlande	16 décembre 1946	0,186	65 306 000
Timor-Leste	27 septembre 2003	0,001	925 000
Togo	20 septembre 1960	0,001	5 337 000
Tonga	14 septembre 1999	0,001	101 000
Trinité-et-Tobago	18 septembre 1962	0,027	1 294 000
Tunisie	12 novembre 1956	0,031	9 932 000
Turkménistan	2 mars 1992	0,006	4 720 000
Turquie	24 octobre 1945	0,381	70 712 000
Tuvalu	5 septembre 2000	0,001	10 000
Ukraine	24 octobre 1945	0,045	46 757 000
Uruguay	18 décembre 1945	0,027	3 241 000
Vanuatu	15 septembre 1981	0,001	202 000
Venezuela	15 novembre 1945	0,200	27 031 000
Viet Nam	20 septembre 1977	0,024	80 670 000
Yémen	30 septembre 1947	0,007	19 495 000
Zambie	1er décembre 1964	0,001	11 799 000
Zimbabwe	25 août 1980	0,008	12 104 000

Les États qui ne sont pas membres de l'ONU mais participent à certaines de ses activités sont invités à verser une quote-part selon le barème suivant :

Saint-Siège		0,001	1 000

---

[a] Le 19 septembre 1991, la Biélorussie a informé l'ONU qu'elle avait pris le nom de Bélarus.

[b] L'Égypte et la Syrie étaient Membres originaires de l'ONU depuis le 24 octobre 1945. À la suite d'un plébiscite organisé le 21 février 1958, elles se sont unies pour former la République arabe unie, qui fut alors représentée à l'Organisation avec une voix unique. Le 13 octobre 1961, la Syrie, ayant recouvré son statut d'État indépendant, a repris son siège à l'ONU. Le 2 septembre 1971, la République arabe unie a changé son nom pour celui de République arabe d'Égypte.

c L'Assemblée générale a décidé, le 8 avril 1993, suite à l'adoption de la résolution A/RES/225, d'admettre à l'ONU l'État provisoirement désigné sous le nom d'« ex-République yougoslave de Macédoine », en attendant que soit réglée la divergence qui a surgi au sujet de son nom.

d L'Union des Républiques socialistes soviétiques était Membre originaire de l'ONU depuis le 24 octobre 1945. Dans une lettre datée du 24 décembre 1991, Boris Eltsine, président de la Fédération de Russie, a informé le Secrétaire général que la Fédération de Russie, avec l'appui des 11 pays membres de la Communauté d'États indépendants, prenait la succession de l'Union soviétique au Conseil de sécurité et dans tous les autres organes de l'ONU.

e Par une lettre du 20 janvier 1965, l'Indonésie avait annoncé sa décision de se retirer de l'ONU « à ce stade et dans les circonstances présentes ». Dans un télégramme du 19 septembre 1966, elle annonça sa décision de « reprendre son entière coopération avec l'ONU et de participer de nouveau à ses activités ». Le 28 septembre 1966, l'Assemblée générale prit note de cette décision, et son président invita les représentants de l'Indonésie à prendre place à l'Assemblée.

f La Fédération de Malaya adhéra à l'ONU le 17 septembre 1957. Le 16 septembre 1963, elle prit le nom de Malaisie à la suite de l'admission de la nouvelle Fédération de Singapour, Sabah (Bornéo septentrional) et Sarawak. Singapour devint un État indépendant le 9 août 1965 et entre à l'ONU le 21 septembre 1965.

g La République fédérale de Yougoslavie a été admise à l'Organisation des Nations Unies le 1er novembre 2000. Le 12 février 2003, elle a fait savoir à l'Organisation qu'à partir du 4 février 2003 elle prenait le nom de Serbie-et-Monténégro. À la suite de la déclaration de l'indépendance du Monténégro le 3 juin 2006, le Président de la République de Serbie a informé le Secrétaire général, par une lettre datée du 3 juin 2006, que la République de Serbie demeurait partie à l'Organisation des Nations Unies ainsi qu'à tous les organes et organismes du système des Nations Unies. Le 28 juin 2006, le Monténégro est devenu Membre de l'Organisation des Nations Unies.

h L'Égypte et la Syrie étaient Membres originaires de l'ONU depuis le 24 octobre 1945. À la suite d'un plébiscite organisé le 21 janvier 1958, elles se sont unies pour former la République arabe unie, qui fut alors représentée à l'Organisation avec une voix unique. Le 13 octobre 1961, la Syrie, ayant recouvré son statut d'État indépendant, a repris son siège à l'ONU.

i La République du Zaïre informa l'ONU qu'à partir du 17 mai 1997 elle prenait le nom de République démocratique du Congo.

j Le Tanganyika entre à l'ONU le 14 décembre 1961 et Zanzibar le 16 décembre 1963. À la suite de la ratification le 26 avril 1964 du traité d'union entre ces deux pays, la République-Unie de Tanganyika et de Zanzibar resta membre de l'Organisation mais avec un siège unique. Le 1er novembre 1964, elle prit le nom de République-Unie de Tanzanie.

PROGRESSION DU NOMBRE D'ÉTATS MEMBRES
DE L'ONU ENTRE 1945 ET 2006

Année	Nombre	États Membres
1945	Membres fondateurs 51	Afrique du Sud, Arabie saoudite, Argentine, Australie, Bélarus, Belgique, Bolivie, Brésil, Canada, Chili, Chine, Colombie, Costa Rica, Cuba, Danemark, Égypte, El Salvador, Équateur, États-Unis d'Amérique, Éthiopie, Fédération de Russie[1], France, Grèce, Guatemala, Haïti, Honduras, Inde, Iran, Iraq, Liban, Libéria, Luxembourg, Mexique, Nicaragua, Norvège, Nouvelle-Zélande, Panama, Paraguay, Pays-Bas, Pérou, Philippines, Pologne, République arabe syrienne, République dominicaine, Royaume-Uni de Grande-Bretagne et d'Irlande du Nord, Tchécoslovaquie, Turquie, Ukraine, Uruguay, Venezuela, Yougoslavie.
1946	55	Afghanistan, Islande, Suède, Thaïlande
1947	57	Pakistan, Yémen[2]
1948	58	Myanmar
1949	59	Israël
1950	60	Indonésie
1955	76	Albanie, Autriche, Bulgarie, Cambodge, Espagne, Finlande, Hongrie, Irlande, Italie, Jamahiriya arabe libyenne, Jordanie, Népal, Portugal, République démocratique populaire lao, Roumanie, Sri Lanka
1956	80	Japon, Maroc, Soudan, Tunisie
1957	82	Ghana, Malaisie
1958	82[3]	Guinée
1960	99	Bénin, Burkina Faso, Cameroun, Chypre, Congo, Côte d'Ivoire, Gabon, Madagascar, Mali, Niger, Nigéria, République centrafricaine, République démocratique du Congo, Sénégal, Somalie, Tchad, Togo
1961	104[4]	Mauritanie, Mongolie, République-Unie de Tanzanie, Sierra Leone
1962	110	Algérie, Burundi, Jamaïque, Ouganda, Rwanda, Trinité-et-Tobago
1963	112	Kenya, Koweït
1964	115	Malawi, Malte, Zambie
1965	117[5]	Gambie, Maldives, Singapour
1966	122[6]	Barbade, Botswana, Guyana, Lesotho
1967	123	Yémen démocratique[2]
1968	126	Guinée équatoriale, Maurice, Swaziland
1970	127	Fidji

Année	Nombre	États Membres
1971	132	Bahreïn, Bhoutan, Émirats arabes unis, Oman, Qatar
1973	135	Bahamas, République démocratique d'Allemagne, République fédérale d'Allemagne[7]
1974	138	Bangladesh, Grenade, Guinée-Bissau
1975	144	Cap-Vert, Comores, Mozambique, Papouasie-Nouvelle-Guinée, Sao Tomé-et-Principe, Suriname
1976	147	Angola, Samoa, Seychelles
1977	149	Djibouti, Viet Nam
1978	151	Dominique, Îles Salomon
1979	152	Sainte-Lucie
1980	154	Saint-Vincent-et-les Grenadines, Zimbabwe
1981	157	Antigua-et-Barbuda, Belize, Vanuatu
1983	158	Saint Kitts-et-Nevis
1984	159	Brunei Darussalam
1990	159[2, 7]	Liechtenstein, Namibie
1991	166	Estonie, États fédérés de Micronésie, Îles Marshall, Lettonie, Lituanie, République de Corée, République populaire démocratique de Corée
1992	179	Arménie, Azerbaïdjan, Bosnie-Herzégovine[8], Croatie[8], Géorgie, Kazakhstan, Kirghizistan, Ouzbékistan, République de Moldova, Saint-Marin, Slovénie[8], Tadjikistan, Turkménistan
1993	184	Andorre, Érythrée, ex-République yougoslave de Macédoine[8], Monaco, République slovaque[9], République tchèque[9]
1994	185	Palaos
1999	188	Kiribati, Nauru, Tonga
2000	189	Tuvalu, Serbie[9]
2002	191	Suisse, Timor-Leste
2006	192	Monténégro[8]

[1] L'Union des Républiques socialistes soviétiques fut l'un des membres fondateurs de l'Organisation des Nations Unies, dont elle a fait partie dès le 24 octobre 1945. Dans une lettre datée du 24 décembre 1991, Boris Eltsine, président de la Fédération de Russie, a informé le Secrétaire général que la Fédération de Russie, appuyée par les 11 États membres de la Communauté d'États indépendants, demeurait partie au Conseil de sécurité ainsi qu'à tous les organes et organismes du système des Nations Unies.

[2] Le Yémen a été admis à l'ONU le 30 septembre 1947 et le Yémen démocratique le 14 décembre 1967. Le 22 mai 1990, les deux pays ont fusionné. Depuis cette date, ils sont représentés comme un seul membre sous le nom de « Yémen ».

[3] Le total demeure le même puisque depuis le 21 janvier 1958 la Syrie et l'Égypte ont continué en tant qu'un seul État Membre (République arabe unie).

[4] La Syrie a repris sa position en tant qu'État indépendant.

[5] L'Indonésie s'est retirée le 20 janvier 1965.

[6] L'Indonésie est retournée en tant que membre le 28 Septembre 1966.

[7] La République fédérale d'Allemagne et la République démocratique allemande ont été admises à l'ONU le 18 septembre 1973. Du fait du rattachement de la République démocratique allemande à la République fédérale d'Allemagne, qui a pris effet le 3 octobre 1990, les deux États allemands se sont unis pour former un seul État souverain.

[8] La République fédérale socialiste de Yougoslavie fut l'un des membres fondateurs de l'Organisation des Nations Unies, puisqu'elle en a signé la Charte le 26 juin 1945 et qu'elle l'a ratifiée le 19 octobre 1945, et ce jusqu'au démembrement du pays survenu avec la création, puis l'admission au sein des Nations Unies, de la Bosnie-Herzégovine, de la République de Croatie, de la République de Slovénie, de l'ex-République yougoslave de Macédoine et de la République fédérale de Yougoslavie. La République de Bosnie-Herzégovine, la République de Croatie et la République fédérale de Slovénie ont été admises comme États Membres le 22 mai 1992. Le 8 avril 1993, l'Assemblée générale a décidé d'admettre à l'ONU l'État provisoirement désigné sous le nom d'« ex-République yougoslave de Macédoine », en attendant que soit réglée la divergence qui a surgi au sujet de son nom. La République fédérale de Yougoslavie a été admise comme État Membre de l'ONU le 1er novembre 2000. Le 12 février, la République fédérale de Yougoslavie informa les Nations Unies qu'à partir du 4 février 2003 elle prenait le nom de Serbie-et-Monténégro. À la suite de la déclaration de l'indépendance du Monténégro le 3 juin 2006, le Président de la République de Serbie a informé le Secrétaire général, par une lettre datée du 3 juin 2006, que la République de Serbie demeurait partie à l'Organisation des Nations Unies ainsi qu'à tous les organes et organismes du système des Nations Unies. Le 28 juin 2006, le Monténégro est devenu Membre de l'Organisation des Nations Unies.

[9] La Tchécoslovaquie faisait partie des Membres originaires depuis le 24 octobre 1945. Dans une lettre datée du 10 décembre 1992, son Représentant permanent a informé le Secrétaire général que la République fédérale tchèque et slovaque cesserait d'exister le 31 décembre 1992 et que la République slovaque et la République tchèque, en tant qu'États successeurs, demanderaient leur admission à l'Organisation des Nations Unies. Après avoir reçu ces demandes, le Conseil de sécurité a recommandé, le 8 janvier 1993, à l'Assemblée générale que la République slovaque et la République tchèque soient admises comme Membres de l'Organisation, ce qui a été fait le 19 janvier 1993.

OPÉRATIONS DE MAINTIEN DE LA PAIX : PASSÉES ET EN COURS
(Octobre 2009)

*ONUST

Organisme des Nations Unies chargé de la surveillance de la trêve (Jérusalem)

Mai 1948-

*UNMOGIP

Groupe d'observateurs militaires des Nations Unies dans l'Inde et le Pakistan

Janvier 1949-

FUNU I

Force d'urgence des Nations Unies (Gaza)

Novembre 1956-juin 1967

GONUL

Groupe d'observation des Nations Unies au Liban

Juin-décembre 1958

ONUC

Opération des Nations Unies au Congo

Juillet 1960-juin 1964

UNSF

Force de sécurité des Nations Unies en Nouvelle-Guinée occidentale (Irian occidental)

Octobre 1962-avril 1963

UNYOM

Mission d'observation des Nations Unies au Yémen

Juillet 1963-septembre 1964

---

* Opérations en cours en octobre 2009.

*UNFICYP

Force des Nations Unies chargée du maintien de la paix à Chypre
Mars 1964-

DOMREP

Mission du Représentant du Secrétaire général en République dominicaine
Mai 1965-octobre 1966

UNIPOM

Mission d'observation des Nations Unies pour l'Inde et le Pakistan
Septembre 1965-mars 1966

FUNU II

Force d'urgence des Nations Unies II (canal de Suez et plus tard la péninsule du Sinaï)
Octobre 1973-juillet 1979

*UNDOF

Force des Nations Unies chargée d'observer le dégagement (Hauteurs du Golan syrien)
Mai 1974-

*FINUL

Force intérimaire des Nations Unies au Liban
Mars 1978-

UNGOMAP

Mission de bons offices des Nations Unies en Afghanistan et au Pakistan
Mai 1988-mars 1990

GOMNUII

Groupe d'observateurs militaires des Nations Unies pour l'Iran et l'Iraq
Août 1988-février 1991

UNAVEM I

Mission de vérification des Nations Unies en Angola I
Décembre 1988-juin 1991

GANUPT

Groupe d'assistance des Nations Unies pour la période de transition (Namibie et Angola)

Avril 1989-mars 1990

ONUCA

Groupe d'observateurs des Nations Unies en Amérique centrale

Novembre 1989-janvier 1992

*MINURSO

Mission des Nations Unies pour l'organisation d'un référendum au Sahara occidental

Avril 1991-

*MONUIK

Mission d'observation des Nations Unies pour l'Iraq et le Koweït

Avril 1991-octobre 2003

UNAVEM II

Mission de vérification des Nations Unies en Angola II

Mai 1991-février 1995

ONUSAL

Mission d'observation des Nations Unies en El Salvador

Juillet 1991-avril 1995

MIPRENUC

Mission préparatoire des Nations Unies au Cambodge

Octobre 1991-mars 1992

FORPRONU

Force de protection des Nations Unies (ex-Yougoslavie)

Février 1992-décembre 1995

APRONUC

Autorité provisoire des Nations Unies au Cambodge

Mars 1992-septembre 1993

ONUSOM I

Opération des Nations Unies en Somalie I

Avril 1992-mars 1993

ONUMOZ

Opération des Nations Unies au Mozambique

Décembre 1992-décembre 1994

ONUSOM II

Opération des Nations Unies en Somalie II

Mars 1993-mars 1995

MONUOR

Mission d'observation des Nations Unies Ouganda-Rwanda

Juin 1993-septembre 1994

MONUG

Mission d'observation des Nations Unies en Géorgie

Août 1993-juin 2009

MONUL

Mission d'observation des Nations Unies au Libéria

Septembre 1993-septembre 1997

MINUHA

Mission des Nations Unies en Haïti

Septembre 1993-juin 1996

MINUAR

Mission des Nations Unies pour l'assistance au Rwanda

Octobre 1993-mars 1996

GONUBA

Groupe d'observateurs des Nations Unies dans la bande d'Aouzou (Tchad/Libye)

Mai-juin 1994

MONUT

Mission d'observation des Nations Unies au Tadjikistan

Décembre 1994-mai 2000

UNAVEM III

Mission de vérification des Nations Unies en Angola III

Février 1995-juin 1997

ONURC

Opération des Nations Unies pour le rétablissement de la confiance en Croatie

Mars 1995-janvier 1996

FORDEPRENU

Force de déploiement préventif des Nations Unies (ex-République yougoslave de Macédoine)

Mars 1995-février 1999

MINUBH

Mission des Nations Unies en Bosnie-Herzégovine

Décembre 1995-décembre 2002

ATNUSO

Administration transitoire des Nations Unies pour la Slavonie orientale, la Baranja et le Srem occidental (Croatie)

Janvier 1996-janvier 1998

MONUP

Mission d'observation des Nations Unies à Prevlaka

Février 1996-décembre 2002

MANUH

Mission d'appui des Nations Unies en Haïti

Juillet 1996-juin 1997

MINUGUA

Mission de vérification des Nations Unies au Guatemala

Janvier-mai 1997

MONUA

Mission d'observation des Nations Unies en Angola

Juin 1997-février 1999

MITNUH

Mission de transition des Nations Unies en Haïti

Août-novembre 1997

MIPONUH

Mission de police civile des Nations Unies en Haïti

Décembre 1997-mars 2000

UNPSG

Groupe d'appui des Nations Unies composé de contrôleurs de la police civile (Croatie)

Janvier-octobre 1998

MINURCA

Mission des Nations Unies en République centrafricaine

Avril 1998- février 2000

MONUSIL

Mission d'observation des Nations Unies en Sierra Leone

Juillet 1998-octobre 1999

*MINUK

Mission d'administration intérimaire des Nations Unies au Kosovo

Juin 1999-

MINUSIL

Mission des Nations Unies en Sierra Leone

Octobre 1999-décembre 2005

ATNUTO

Administration transitoire des Nations Unies au Timor oriental

Octobre 1999-mai 2002

*MONUC

Mission d'observation des Nations Unies en République démocratique du Congo

Décembre 1999-

MINUEE

Mission des Nations Unies en Éthiopie-Érythrée

Juillet 2000-juillet 2008

MANUTO

Mission d'appui des Nations Unies au Timor oriental

Mai 2002-mai 2005

*MINUL

Mission des Nations Unies au Libéria

Septembre 2003-

*ONUCI

Opération des Nations Unies en Côte d'Ivoire

Avril 204-

*MINUSTAH

Mission des Nations Unies pour la stabilisation des Nations Unies en Haïti

Avril 2004-

*MINUS

Mission des Nations Unies au Soudan

Mars 2005-

ONUB

Opération des Nations Unies au Burundi

Mai 2004-31 décembre 2006

*MINUAD

Opération hybride Union africaine-Nations Unies au Darfour
Juillet 2007-

*MINURCAT

Mission des Nations Unies en République centrafricaine et au Tchad
Septembre 2007-

*MINUT

Mission intégrée des Nations Unies au Timor-Leste
Août 2006-

DÉCOLONISATION

Territoires sous tutelle et territoires non autonomes qui ont accédé à l'indépendance depuis l'adoption de la Déclaration de 1960*

État ou entité	Date d'admission à l'ONU
Afrique	
Algérie	8 octobre 1962
Angola	1er décembre 1976
Botswana	17 octobre 1966
Burundi	18 septembre 1962
Cap-Vert	16 septembre 1975
Comores	12 novembre 1975
Djibouti	20 septembre 1977
Gambie	21 septembre 1965
Guinée-Bissau	17 septembre 1974
Guinée équatoriale	12 novembre 1968
Kenya	16 décembre 1963
Lesotho	17 octobre 1966
Malawi	1er décembre 1964
Maurice	24 avril 1968
Mozambique	16 septembre 1975
Namibie	23 avril 1990
Ouganda	25 octobre 1962
République-Unie de Tanzanie[1]	14 décembre 1961
Rwanda	18 septembre 1962
Sao Tomé-et-Principe	26 septembre 1975
Seychelles	21 septembre 1976
Sierra Leone	27 septembre 1961
Swaziland	24 septembre 1968
Zambie	1er décembre 1964
Zimbabwe	18 avril 1980
Asie	
Brunei Darussalam	21 septembre 1984
Oman	7 octobre 1971
Singapour	21 septembre 1965
Yémen démocratique	14 décembre 1967

---

* Déclaration sur l'octroi de l'indépendance aux pays et aux peuples coloniaux, adoptée à l'Assemblée générale le 14 décembre 1960.

État ou entité	Date d'admission à l'ONU
Caraïbes	
Antigua-et-Barbuda	11 novembre 1981
Bahamas	18 septembre 1973
Barbade	9 decembre 1966
Belize	25 septembre 1981
Dominique	18 décembre 1978
Grenade	17 décembre 1974
Guyana	20 septembre 1966
Jamaïque	18 septembre 1962
Sainte-Lucie	18 septembre 1979
Saint-Kitts-et-Nevis	23 septembre 1983
Saint-Vincent-et-les Grenadines	16 septembre 1980
Suriname[2]	4 décembre 1975
Trinité-et-Tobago	18 septembre 1962
Europe	
Malte	1er décembre 1964
Pacifique	
États fédérés de Micronésie	17 septembre 1991
Fidji	13 octobre 1970
Îles Marshall	17 septembre 1991
Îles Salomon	19 septembre 1978
Kiribati	14 septembre 1999
Nauru	14 septembre 1999
Palaos	15 décembre 1994
Papouasie-Nouvelle-Guinée	10 octobre 1975
Samoa	15 décembre 1976
Timor-Leste	27 septembre 2002
Tuvalu	5 septembre 2000

---

[1] L'ancien Territoire sous tutelle du Tanganyika, devenu indépendant en décembre 1961, et l'ancien Protectorat de Zanzibar, qui a accédé à l'indépendance en décembre 1963, se sont unis en un seul État en avril 1964.

[2] Par sa résolution 945 (X), l'Assemblée générale a accepté que des renseignements cessent d'être communiqués au sujet du Suriname par suite des changements constitutionnels survenus dans les relations entre les Pays-Bas, le Suriname et les Antilles néerlandaises.

DÉCOLONISATION

Territoires dépendants qui ont été intégrés ou se sont associés à des États indépendants depuis l'adoption de la Déclaration de 1960*

Territoire	Observations
Cameroun sous administration britannique	La partie septentrionale sous tutelle s'est jointe à la Fédération du Nigéria le 1er juin 1961 et la partie méridionale s'est jointe à la République du Cameroun le 1er octobre 1961
Îles Cook	Devenues entièrement autonomes et librement associées à la Nouvelle-Zélande depuis août 1965
Ifni	Retourné au Maroc en juin 1969
Niue	Devenu entièrement autonome et librement associé à la Nouvelle-Zélande depuis août 1974
Bornéo septentrional	Le Bornéo septentrional et Sarawak se sont joints à la Fédération de Malaisie en 1963 pour former la Fédération de Malaisie
São Joao Batista de Ajuda	S'est joint au Dahomey (maintenant Bénin) en août 1961
Sarawak	Sarawak et le Bornéo septentrional se sont joints à la Fédération de Malaisie en 1963 pour former la Fédération de Malaisie
Nouvelle-Guinée occidentale (Irian occidental)	Unie avec l'Indonésie en 1963
Îles Cocos (Keeling)	Intégrées à l'Australie en 1984

---

* Déclaration sur l'octroi de l'indépendance aux pays et aux peuples coloniaux, adoptée à l'Assemblée générale le 14 décembre 1960.

DÉCOLONISATION

Territoires sous tutelle ayant exercé leur droit à l'autodétermination

Togoland (sous administration britannique)	Uni en 1957 à la Côte-de-l'or (colonie et protectorat), territoire non autonome administré par le Royaume-Uni, pour constituer le Ghana
Somaliland (sous administration italienne)	Unie en 1960 au protectorat britannique de la Somalie pour constituer la Somalie
Togo (sous administration française)	Devenu indépendant sous le nom de Togo en 1960
Cameroun (sous administration française)	Devenu indépendant sous le nom de Cameroun en 1960
Cameroun (sous administration britannique)	La partie septentrionale du territoire sous tutelle s'est jointe à la Fédération du Nigéria le 1er juin 1961 et la partie méridionale s'est jointe à la République du Cameroun le 1er octobre 1961
Tanganyika (sous administration britannique)	Devenu indépendant en 1961 (en 1964, le Tanganyika et l'ancien protectorat de Zanzibar, qui était devenu indépendant en 1963, se sont unis pour constituer la République-Unie de Tanzanie)
Ruanda-Urundi (sous administration belge)	S'est divisé en 1962, à l'issue d'un vote, en deux États souverains, le Rwanda et le Burundi
Samoa occidental (sous administration néo-zélandaise)	Devenu indépendant sous le nom de Samoa en 1962
Nauru (administré par l'Australie au nom de l'Australie, de la Nouvelle-Zélande et du Royaume-Uni)	Devenu indépendant en 1968
Nouvelle-Guinée (sous administration australienne)	Unie en 1975 avec le territoire non autonome de Papouasie, également administré par l'Australie, pour constituer l'État indépendant de Papouasie-Nouvelle-Guinée

Territoires sous tutelle des îles du Pacifique

a)	États fédérés de Micronésie	Devenus entièrement autonomes et librement associés aux États-Unis en 1990
b)	République des Îles Marshall	Devenue entièrement autonome et librement associée aux États-Unis en 1990
c)	Commonwealth des îles Mariannes septentrionales	Devenu entièrement autonome en tant que Commonwealth des États-Unis en 1990
d)	Palaos	Devenus entièrement autonomes et librement associés aux États-Unis en 1994

BUDGET DE L'ORGANISATION DES NATIONS UNIES

Pour l'exercice biennal 2006-2007, le montant des crédits ouverts pour le budget ordinaire des Nations Unies (c'est-à-dire sans tenir compte de l'essentiel des Bureaux et Programmes, ainsi que les institutions spécialisées et autres organismes associés), tel qu'initialement approuvé en 2005, s'élevait à 3 829 916 200 dollars répartis en 14 grandes catégories de dépenses (en dollars des États-Unis) :

1.	Politique, direction et coordination d'ensemble	661 735 300
2.	Affaires politiques	571 471 500
3.	Justice internationale et droit international	77 246 300
4.	Coopération internationale pour le développement	372 156 400
5.	Coopération régionale pour le développement	425 715 500
6.	Droits de l'homme et affaires humanitaires	209 058 900
7.	Information	177 302 500
8.	Services communs d'appui	515 239 300
9.	Contrôle interne	31 330 100
10.	Activités administratives financées en commun et dépenses spéciales	104 400 800
11.	Dépenses d'équipement	74 841 300
12.	Sûreté et sécurité	190 954 100
13.	Compte pour le développement	13 954 100
14.	Contributions du personnel*	405 332 800

Les quotes-parts versées par les États Membres constituent la principale source de financement du budget ordinaire; elles sont calculées selon un barème établi par l'Assemblée générale, sur avis du Comité des contributions, composé de 18 membres, qui tient essentiellement compte de la capacité de paiement de chaque État. Aucune quote-part ne peut dépasser 22 % ni être inférieure à 0,001 % du budget. (Pour les quotes-parts, voir les Appendices, pages 353 à 360.)

Les prévisions de recettes pour l'exercice biennal 2006-2007, en dehors des quotes-parts des États Membres, s'élèvent à 434 860 100 dollars, répartis comme suit :

1.	Contributions du personnel*	409 239 700
2.	Recettes générales	20 867 000
3.	Services destinés au public	4 753 400

---

* Pour rendre équivalente la rémunération nette de tous les fonctionnaires des Nations Unies quelles que soient leurs obligations fiscales, l'Organisation déduit de leur traitement une somme appelée « contribution du personnel ». Le pourcentage de cette déduction équivaut à peu près au montant payé par les ressortissants des États-Unis pour les impôts fédéraux, les impôts des États et les impôts locaux, calculés au taux normal. L'argent ainsi collecté est ensuite déduit de la somme à verser par le pays d'origine du fonctionnaire au titre de sa quote-part.

La plupart des pays dispensent de tout autre impôt leurs ressortissants employés comme fonctionnaires des Nations Unies. La principale exception à cette règle est les États-Unis, dont les ressortissants employés par le Secrétariat doivent payer le même impôt sur le revenu que les autres ressortissants américains. Pour leur éviter d'être imposés deux fois, l'ONU leur rembourse une part de la contribution du personnel égale à l'impôt requis par les autorités fiscales des États-Unis sur les traitements qu'elle leur verse. Ils paient ensuite cette somme aux autorités fiscales.

Le budget-programme ordinaire auquel s'appliquent ces contributions couvre les dépenses relatives aux programmes de fonds, à l'appui aux programmes et aux activités administrative de l'Organisation, tant au Siège que dans le reste du monde.

CÉLÉBRATIONS SPÉCIALES DES NATIONS UNIES

DÉCENNIES ET ANNÉES INTERNATIONALES

2001-2010	Décennie pour faire reculer le paludisme dans les pays en développement, particulièrement en Afrique
2001-2010	Deuxième Décennie internationale pour l'élimination du colonialisme
2001-2010	Décennie internationale de la promotion d'une culture de la non-violence et de la paix au profit des enfants du monde
2003-2012	Décennie des Nations Unies pour l'alphabétisation : l'éducation pour tous
2005-2014	deuxième Décennie internationale des peuples autochtones
2005-2014	Décennie des Nations Unies pour l'éducation au service du développement durable
2005-2015	Décennie internationale d'action sur le thème « L'eau, source de vie » (à partir du 22 mars 2005)
2008	Année internationale de la pomme de terre
2008	Année internationale de la planète Terre
2008	Année internationale de l'assainissement
2009	Année internationale de la réconciliation
2009	Année internationale des fibres naturelles
2010	Année internationale de la diversité biologique
2011	Année internationale des forêts

JOURNÉES ET SEMAINES ANNUELLES

27 janvier	Journée internationale dédiée à la mémoire des victimes de l'Holocauste
21 février	Journée internationale de la langue maternelle
8 mars	Journée des Nations Unies pour les droits de la femme et la paix internationale
21 mars	Journée internationale pour l'élimination de la discrimination raciale
21 mars	Semaine de solidarité avec les peuples en lutte contre le racisme et la discrimination raciale
22 mars	Journée mondiale de l'eau
23 mars	Journée météorologique mondiale

JOURNÉES ET SEMAINES ANNUELLES

4 avril	Journée internationale pour la sensibilisation au problème des mines et l'assistance à la lutte antimines
7 avril	Journée mondiale de la santé
23 avril	Journée mondiale du livre et du droit d'auteur
3 mai	Journée mondiale de la liberté de la presse
8 et 9 mai	Journée du souvenir et de la réconciliation en l'honneur des morts de la Seconde Guerre mondiale
15 mai	Journée internationale des familles
17 mai	Journée mondiale des télécommunications et de la société de l'information
21 mai	Journée mondiale de la diversité culturelle pour le dialogue et le développement
22 mai	Journée internationale de la diversité biologique
25 mai	Semaine de solidarité avec les peuples des territoires non autonomes
29 mai	Journée internationale des Casques bleus des Nations Unies
31 mai	Journée mondiale sans tabac
4 juin	Journée internationale des enfants victimes innocentes de l'agression
5 juin	Journée mondiale de l'environnement
17 juin	Journée mondiale de la lutte contre la désertification et la sécheresse
20 juin	Journée mondiale des réfugiés
23 juin	Journée des Nations Unies pour le service public
26 juin	Journée internationale contre l'abus et le trafic illicite des drogues
26 juin	Journée internationale pour le soutien aux victimes de la torture
Premier samedi de juillet	Journée internationale des coopératives
11 juillet	Journée mondiale de la population
9 août	Journée internationale des populations autochtones
12 août	Journée internationale de la jeunesse
23 août	Journée internationale du souvenir de la traite négrière et de son abolition

JOURNÉES ET SEMAINES ANNUELLES

8 septembre	Journée internationale de l'alphabétisation
16 septembre	Journée internationale de la protection de la couche d'ozone
21 Septembre	Journée internationale de la paix
Dernière semaine de septembre	Journée maritime mondiale
1er octobre	Journée internationale pour les personnes âgées
5 octobre	Journée internationale des enseignants
Premier lundi d'octobre	Journée mondiale de l'habitat
9 octobre	Journée mondiale de la poste
10 octobre	Journée mondiale de la santé mentale
Deuxième mercredi d'octobre	Journée internationale de la prévention des catastrophes naturelles
4-10 octobre	Semaine mondiale de l'espace
16 octobre	Journée mondiale de l'alimentation
17 octobre	Journée internationale pour l'élimination de la pauvreté
24 octobre	Journée des Nations Unies
24-30 octobre	Semaine du désarmement
6 novembre	Journée internationale pour la prévention de l'exploitation de l'environnement en temps de guerre et de conflit armé
14 novembre	Journée mondiale du diabète
16 novembre	Journée internationale de la tolérance
20 novembre	Journée de l'industrialisation de l'Afrique
20 novembre	Journée mondiale de l'enfance
21 novembre	Journée mondiale de la télévision
Troisième dimanche de novembre	Journée mondiale du souvenir des victimes des accidents de la route
25 novembre	Journée internationale pour l'élimination de la violence à l'égard des femmes
29 novembre	Journée internationale de solidarité avec le peuple palestinien
1er décembre	Journée mondiale du sida
2 décembre	Journée internationale pour l'abolition de l'esclavage
3 décembre	Journée internationale des personnes handicapées

JOURNÉES ET SEMAINES ANNUELLES

5 décembre	Journée internationale des volontaires pour le développement économique et social
7 décembre	Journée de l'aviation civile internationale
10 décembre	Journée des droits de l'homme
11 décembre	Journée internationale de la montagne
18 décembre	Journée internationale des migrants
19 décembre	Journée des Nations Unies pour la coopération Sud-Sud
20 décembre	Journée internationale de la solidarité humaine

CENTRES ET SERVICES D'INFORMATION DES NATIONS UNIES

AFRIQUE

Accra

United Nations Information Centre, Gamel Abdul Nassar/Liberia Roads
(P.O. Box 2339), Accra, Ghana
Téléphone : (233 21) 665 511
Fax : (233 21) 665 578
Courrier électronique : *unic.accra@unic.org* (Internet : *http://accra.unic.org*)
Dessert le Ghana et la Sierra Leone

Addis-Abeba

United Nations Information Service, Economic Commission for Africa
(P.O. Box 3001),
Addis-Abeba, Ethiopia
Téléphone : (251 1) 11 551 7200
Fax : (251 1) 11 551 0365
Courrier électronique : *ecainfo@uneca.org*
Dessert l'Éthiopie et la Commission économique pour l'Afrique

Alger

Centre d'information des Nations Unies, 47 Rue Mohamed Khoudi, El Biar
(Boîte postale 444), Alger, Algérie
Téléphone : (213 21) 89 15 25
Fax : (213 21) 89 15 25
Courrier électronique : *unic.dz@undp.org* (Internet : *http://algiers.unic.org*)
Dessert l'Algérie

Antananarivo

Centre d'information des Nations Unies, 22, rue Rainitovo, Antananarivo, Madagascar
Téléphone : (261 20) 22 241 15/22 375 06
Fax : (261 20) 22 367 94
Courrier électronique : *unic.ant@wanadoo.mg* (Internet : *unic.andt@wanadoo.mg*)
Dessert Madagascar

Brazzaville

Centre d'information des Nations Unies, avenue Foch, Case Ortf 15
(Boîte postale 13210 ou 1018), Brazzaville, Congo
Téléphone : (242) 660 85 76/661 20 68/667 75 99
Fax : (242) 81 27 44

Courrier électronique : *unic.brazzaville@unic.org* (Internet : *http://brazzaville.unic.org*)
Dessert le Congo

Bujumbura

Centre d'information des Nations Unies, 117, avenue de la Révolution
(Boîte postale 2160),
Bujumbura, Burundi
Téléphone : (257) 225 018, 228 569
Fax : (257) 241 798
Courrier électronique : *unic.bujumbura@unic.org* et *unicbuj@undp.org*
(Internet : *http://bujumbura.unic.org*)
Dessert le Burundi

Le Caire

United Nations Information Centre, 1, Osiris St. Garden City (P.O. Box 262),
Le Caire, Égypte
Téléphone : (20 2) 790 0022, 27959816
Fax : (20 2) 795 3705
Courrier électronique : *info@unic-eg.org* (Internet : *www.unic-eg.org*)
Dessert l'Arabie saoudite et l'Égypte

Dakar

Centre d'information des Nations Unies, Rues de Thann X Dagorne,
Immeuble UNESCO (Boîte postale 154), Dakar, Sénégal
Téléphone : (221) 889 11 89
Fax : (221) 822 14 06
Courrier électronique : *unic.dakar@unic.org* (Internet : *http://dakar.unic.org*)
Dessert le Sénégal, le Cap-Vert, la Côte d'Ivoire, la Gambie, la Guinée, la Guinée-Bissau
et la Mauritanie

Dar es-Salaam

United Nations Information Centre, Msimbazi Creek Housing Estate Limited
Kings way/Mafinga Street, Plot No.134-140
Kinondoni (P.O. Box 9224),
Dar es-Salaam, République-Unie de Tanzanie
Téléphone : (255 22) 219 9343; 219 9297
Fax : (255 22) 266 7633
Courrier électronique : *unic.daressalam@unic.org* (Internet : *http://daressalaam.unic.org*)
Dessert la République-Unie de Tanzanie

Harare

United Nations Information Centre, Sanders House, 2nd Floor,
Cnr. First Street/JasonMoyo Avenue (P.O. Box 4408), Harare, Zimbabwe
Téléphone : (263 4) 777 060
Fax : (263 4) 750 476
Courrier électronique : *unic.harare@unic.org* (Internet : *http://harare.unic.org*)
Dessert le Zimbabwe

Khartoum

United Nations Information Centre, United Nations Compound, Gamma'a Ave
(P.O. Box 1992), Khartoum, Soudan
Téléphone : (249 11) 783 755
Fax : (249 11) 773 772
Courrier électronique : *unic.sd@undp.org* (Internet : *http://khartoum.unic.org*)
Dessert le Soudan et la Somalie

Lagos

United Nations Information Centre, 17 Alfred Rewane Road, Ikoyi (P.O. Box 1068),
Lagos, Nigéria
Téléphone : (234 1) 775 5989
Fax : (234 1) 463 0916
Courrier électronique : *lagos@unic.org* (Internet : *http://lagos.unic.org*)
Dessert le Nigéria

Lomé

Centre d'information des Nations Unies, 107, boulevard du 13 Janvier
(Boîte postale 911), Lomé, Togo
Téléphone : (228) 2212 306
Fax : (228) 2212 306
Courrier électronique : *cinutogo@cafe.tg* (Internet : *http://lome.unic.org*)
Dessert le Togo et le Bénin

Lusaka

United Nations Information Centre, Revenue House, Ground floor, Cairo Road
(P.O. Box 32905)
Lusaka 10101, République de Zambie
Téléphone : (260 1) 228 478
Fax : (260 1) 222 958
Courrier électronique : *unic.lusaka@unic.org* (Internet : *http://lusaka.unic.org*)
Dessert la Zambie, le Botswana, le Malawi et le Swaziland

Maseru

United Nations Information Centre, UN Road, UN House (P.O. Box 301),
Maseru 100, Lesotho
Téléphone : (266 22) 313 790 (UNDP)
Fax : (266 22) 310 042 (UNDP)
Courrier électronique : *unic.maseru@unic.org* (Internet : *http://maseru.unic.org*)
Dessert le Lesotho

Nairobi

United Nations Information Centre, United Nations Office, Gigiri (P.O. Box 30552),
Nairobi, Kenya
Téléphone : (254 20) 762 3798, 762 4560
Fax : (254 20) 762 4349
Courrier électronique : *nairobi.unic@unon.org* (Internet : *www.unicnairobi.org*)
Dessert le Kenya, l'Ouganda et les Seychelles

Ouagadougou

Centre d'information des Nations Unies, avenue Georges Konseiga, Secteur n° 4
(Boîte postale 135), Ouagadougou 01, Burkina Faso
Téléphone : (226) 50 30 60 76/50 33 65 03
Fax : (226) 50 31 13 22
Courrier électronique : *unic.ouagadougou@unic.org* (Internet : *http://ouagadougou.unic.org*)
Dessert le Burkina Faso, le Mali, le Niger et le Tchad

Pretoria

United Nations Information Centre, Metro Park Building, 351 Schoeman Street
(P.O. Box 12677), Pretoria, Afrique du Sud
Téléphone : (27 12) 3548 506/7
Fax : (27 12) 3548 501
Courrier électronique : *unic.pretoria@unic.org* et i*nfo.pretoria@unic.org*
(Internet : *http://pretoria.unic.org*)
Dessert l'Afrique du Sud,

Rabat

Centre d'information des Nations Unies,
6, angle avenue Tarik Ibn Ziyad et rue Roudana
(Boîte postale 601), Rabat, Maroc
Téléphone : (212 37) 7686 33
Fax : (212 77) 7683 77
Courrier électronique : *unicmor@unicmor.ma* (Internet : *www.unicmor.ma*)
Dessert le Maroc

Tripoli

United Nations Information Centre, Muzzafar Al Aftas St., Hay El-Andalous (2), (P.O. Box 286), Tripoli, Jamahiriya arabe libyenne
Téléphone : (218 21) 477 0251
Fax : (218 21) 477 7343
Courrier électronique : *tripoli@un.org* (Internet : *http://tripoli.unic.org*)
Dessert la Jamahiriya arabe libyenne

Tunis

Centre d'information des Nations Unies, 41 Bis, Av. Louis Braille, Cité El Khadra (Boîte postale 863),
Tunis, Tunisie
Téléphone : (216 71) 902 203
Fax : (216 71) 906811
Courrier électronique : *unic.tunisia@unic.org* (Internet : *www.unictunis.org.tn*)
Dessert la Tunisie

Windhoek

United Nations Information Centre, 38-44 Stein Street, (Private Bag 13351), Windhoek, Namibie
Téléphone : (264 61) 204 6111
Fax : (264 61) 204 6521
Courrier électronique : *unic.windhoek@unic.org* (Internet : *http://windhoek.unic.org*)
Dessert la Namibie

Yaoundé

Centre d'information des Nations Unies, immeuble Tchinda, 2044, derrière camp SIC TSINGA, (Boîte postale 836), Yaoundé, Cameroun
Téléphone : (237 2) 221 23 67
Fax : (237 2) 221 23 68
Courrier électronique : *unic.cameroon@unic.org* (Internet : *http://yaounde.unic.org*)
Dessert le Cameroun, le Gabon et la République centrafricaine

LES AMÉRIQUES

Asunción

United Nations Information Centre, Avda. Mariscal López esq. Saraví, Edificio Naciones Unidas (Casilla de Correo 1107), Asunción, Paraguay
Téléphone : (595 21) 614 443
Fax : (595 21) 611 988

Courrier électronique : *unic.py@undp.org* (Internet : *http://asuncion.unic.org*)
Dessert le Paraguay

Bogotá

United Nations Information Centre, Calle 100 No. 8A-55, Piso 10
(P.O. Box 058964), Bogotá 2, Colombie
Téléphone : (57 1) 257 6044
Fax : (57 1) 257 7936
Courrier électronique : *unic.bogotal@unic.org* (Internet : *www.nacionesunidas.org.co*)
Dessert la Colombie, l'Équateur et le Venezuela

Buenos Aires

United Nations Information Centre, Junín 1940, 1er. piso,
1113 Buenos Aires, Argentine
Téléphone : (54 11) 4803 7672
Fax : (54 11) 4804 7545
Courrier électronique : *unic.buenosaires@unic.org* (Internet : *www.unic.org.ar*)
Dessert l'Argentine et l'Uruguay

La Paz

United Nations Information Centre, Calle 14 esq. S. Bustamante Edificio Metrobol 11,
Calacoto (P.O. Box 9072), La Paz, Bolivie
Téléphone : (591 2) 262 4512
Fax : (591 2) 279 5820
Courrier électronique : *unic.lapaz@unic.org* (Internet : *www.nu.org.bo*)
Dessert la Bolivie

Lima

United Nations Information Centre, Lord Cochrane 130, San Isidro (L-27)
(P.O. Box 14-0199), Lima, Pérou
Téléphone : (511) 441 8745, 422 4149, 422 0879
Fax : (511) 441 8735
Courrier électronique : *unic.lima@unic.org* (Internet : *www.uniclima.org.pe*)
Dessert le Pérou

Mexico

United Nations Information Centre, Presidente Masaryk 29-2do. piso,
11570 México, D.F., Mexique
Téléphone : (52 55) 52 63 96 00
Fax : (52 55) 52 03 8638
Courrier électronique : *infounic@un.org.mx* (Internet : *www.cinu.org.mx*)
Dessert le Mexique, Cuba et la République dominicaine

Panama City

United Nations Information Centre, UN House Bldg 128, 1 piso,
Ciudad del Saber, Clayton (P.O. Box 0819-01082),
Panama City, République de Panama
Téléphone : (507) 301-0035/6
Fax : (507) 301-0037
Courrier électronique : *unic.panama@unic.org* (Internet : *www.cinup.org*)
Dessert le Panama

Port of Spain

United Nations Information Centre, Bretton Hall, 2nd Floor, 16 Victoria Avenue
(P.O. Box 130), Port of Spain, Trinité, West Indies
Téléphone : (868) 623 4813, 623 8438
Fax : (868) 623 4332
Courrier électronique : *unic.portofspain@unic.org* (Internet : *http://portofspain.unic.org*)
Dessert la Trinité-et Tobago, Antigua-et-Barbuda, les Antilles néeerlandaises, les Bahamas,
la Barbade, le Belize, la Dominique, la Grenade, le Guyana, la Jamaïque, Sainte-Lucie,
Saint-Kitts-et-Nevis, Saint-Vincent-et-les Grenadines et le Suriname

Rio de Janeiro

United Nations Information Centre, Palácio Itamaraty, Av. Marechal Floriano 196,
20080-002 Rio de Janeiro, RJ Brésil
Téléphone : (55 21) 2253 2211
Fax : (55 21) 2233 5753
Courrier électronique : unic.brazil@unic.org (Internet : http://rio.unic.org)
Dessert le Brésil

Santiago

United Nations Information Service, Edificio Naciones Unidas, Comisión Económica
para América Latina y el Caribe, Avenida Dag Hammarskjöld,
Casilla 179 D, Santiago, Chili
Téléphone : (56 2) (56 2) 210 2380; 210 2149
Fax : (56 2) 228 1947
Courrier électronique : *dpisantiago@cepal.org* (Internet : *www.eclac.org/prensa*)
Dessert le Chili et la Commission économique pour l'Amérique latine et les Caraïbes

Washington, D.C.

United Nations Information Centre, 1775K Street, N.W., Suite 400,
Washington, D.C. 20006, États-Unis d'Amérique
Téléphone : (202) 331 8670
Fax : (202) 331 9191

Courrier électronique : *unicdc@unicwash.org* (Internet : *www.unicwash.org*)
Dessert les États-Unis d'Amérique

ASIE ET PACIFIQUE

Bangkok

United Nations Information Service, United Nations Economic and Social
Commission for Asia and the Pacific (ESCAP), United Nations Building,
Rajdamnern Nok Avenue, Bangkok 10200, Thaïlande
Téléphone : 66 (0) 2 288 1865
Fax : 66 (0) 2 288 1052
Courrier électronique : *unisbkk.unescap@un.org* (Internet : *www.unescap.org/unis*)
Dessert la Thaïlande, le Cambodge, Hong-kong, la Malaisie, la République démocratique
populaire lao, Singapour, le Viet Nam et la CESAP

Beyrouth

Centre d'information des Nations Unies, Commission économique et sociale pour l'Asie
occidentale (CESAO), Riad El Solh Square (Boîte postale
11-8575-4656), Beyrouth, Liban
Téléphone : (961 1) 981 301/311
Fax : (961 1) 97 04 24
Courrier électronique : *unic-beirut@un.org* (Internet : *www.unicbeirut.org*)
Dessert le Liban, la Jordanie, le Koweït, la République arabe syrienne et la CESAO

Canberra

United Nations Information Centre, 7 National Circuit, Level 1,
Barton, Canberra ACT 2600 (P.O. Box 5366 Kingston, ACT 2604), Australie
Téléphone : (61 2) 627 09200
Fax : (61 2) 627 38206
Courrier électronique : *unic.canberra@unic.org* (Internet : *www.un.org.au*)
Dessert l'Australie, Fidji, Kiribati, Nauru, la Nouvelle-Zélande, le Samoa, les Tonga,
Tuvalu et Vanuatu

Colombo

United Nations Information Centre, 202-204 Bauddhaloka Mawatha
(P.O. Box 1505), Colombo 7, Sri Lanka
Téléphone : (94 112) 580 691
Fax : (94 112) 581 116 (UNDP)
Courrier électronique : *unic.lk@undp.org* et *unic.colombo@unic.org*
(Internet : *http://colombo.unic.org*)
Dessert Sri Lanka

Dhaka

United Nations Information Centre, IDB Bhaban (8th floor), Sher-e-Bangla Nagar
(P.O. Box 3658), Dhaka 1027, Bangladesh
Téléphone : (880 2) 8117 868
Fax : (880 2) 8112 343
Courrier électronique : *unicdhaka@undp.org* (Internet : *www.unicdhaka.org*)
Dessert le Bangladesh

Islamabad

United Nations Information Centre, House n° 26, 88th Street, G-6/3
(P.O. Box 1107), Islamabad, Pakistan
Téléphone : (92 51) 2270 610/282-1012
Fax : (92 51) 2271 856
Courrier électronique : *unic.islamabad.unic.org* (Internet : *www.un.org.pk/unic*)
Dessert le Pakistan

Jakarta

United Nations Information Centre,
Menara Ekskutif, 14th floor, Jl. M.H. Thamrin kavlin 9,
Jakarta 10350, Indonésie
Téléphone : (62 21) 3983 1011
Fax : (62 21) 3983 1014
Courrier électronique : *unic.jakarta@unic.jakarta.org* (Internet : *www.unic-jakarta.org*)
Dessert l'Indonésie

Katmandou

United Nations Information Centre, UN House, Harihar Bhavan, (P.O. Box 107),
Katmandou, Népal
Téléphone : (977 1) 55 23 200 ext. 1600
Fax : (977 1) 5543 723
Courrier électronique : *registry.np@undp.org* et *unic.np@undp.org*
(Internet : *http://kathmandu.unic.org*)
Dessert le Népal

Manama

United Nations Information Centre, United Nations House, Bldg. 69,
Road 1901, Block 319 (P.O. Box 26004), Manama, Bahreïn
Téléphone : (973) 1731 1676, 1731 1600 (UN House)
Fax : (973) 1731 1692
Courrier électronique : *unic.manama@unic.org* (Internet : *www.un.org.bh/unic.html*)
Dessert le Bahreïn, les Émirats arabes unis et le Qatar

Manille

United Nations Information Centre, GC Corporate Plaza, 5th floor, 150 Legazpi Street
Legaspi Village, Makati City, 1229 [P.O. Box 7285 ADC (DAPO) Pasay City],
Metro Manila, Philippines
Téléphone : (63 2) 338-5520/1/2
Fax : (63 2) 339 0177
Courrier électronique : *unic.manila@unic.org* (Internet : *www.unicmanila.org*)
Dessert les Philippines, les Îles Salomon et la Papouasie-Nouvelle-Guinée

New Delhi

United Nations Information Centre, 55 Lodi Estate, New Delhi 110 003, Inde
Téléphone : (91 11) 2462 34 39
Fax : (91 11) 2462 0293
Courrier électronique : *unicindia@unicindia.org* (Internet : *www.unic.org.in*)
Dessert l'Inde et le Bhoutan

Sanaa

United Nations Information Centre, St. 5 Off Albawnya Area, Handhel Zone,
Beside Handhal Mosque (P.O. Box 237), Sanaa, République du Yémen
Téléphone : (967 1) 274 000/041
Fax : (967 1) 274 043
Courrier électronique : *unicyem@y.net.ye* (Internet : *www.unicyem.org*)
Dessert le Yémen

Téhéran

United Nations Information Centre, No. 8, Shahrzad Blvd, Darrous,
(P.O. Box 15875-4557), Téhéran, Iran
Téléphone : (98 21) 2286 0694
Fax : (98 21) 2287 3395
Courrier électronique : *unic.teheran@unic.org* (Internet : *www.unic-ir.org*)
Dessert l'Iran

Tokyo

United Nations Information Centre, UNU Building, 8th Floor,
53-70, Jingumae 5-chome, Shibuya-ku, Tokyo 150-0001, Japon
Téléphone : (81 3) 5467 4451
Fax : (81 3) 5467 4455
Courrier électronique : *unic.tokyo@unic.org* (Internet : *www.unic.or.jp*)
Dessert le Japon

Yangon

United Nations Information Centre, 6 Natmauk Road (P.O. Box 230),
Yangon, Myanmar
Téléphone : (95 1) 542 911
Fax : (95 1) 544 531
Courrier électronique : *unic.myanmar@undp.org* (Internet : *http://yangon.unic.org*)
Dessert le Myanmar

EUROPE

Ankara

United Nations Information Centre, 2 Cadde No.11, 06610 Cankaya, Ankara, Turquie
Téléphone : (90 312) 454 1052
Fax : (90 312) 496 1499
Courrier électronique : *unic.ankara@unic.org* (Internet : *www.unicankara.org.tr*)
Dessert la Turquie

Bruxelles

Centre régional d'information des Nations Unies
Résidence Palace, rue de la Loi/Wetsraat 155
1040 Bruxelles, Belgique
Téléphone : (32 2) 788 84 84
Fax : (32 2) 788 84 85
Courrier électronique : *info@unric.org* (Internet : *www.unric.org*)
Dessert la Belgique, le Luxembourg et les Pays-Bas, Chypre, Danemark, Finlande, France,
Allemagne, Grèce, Saint-Siège, Islande Irlande, Italie, Malte, Norvège, Portugal,
Saint-Marin, Espagne, Suède, Royaume-Uni, Union Européenne

Bucarest

United Nations Information Centre, 48A Primaverii Blvd. 011975, Bucarest, Roumanie
Téléphone : (40 21) 201 78 77/78/79
Fax : (40 1) 201 78 80
Courrier électronique : *unic.romania@unic.org* (Internet : *www.onuinfo.ro*)
Dessert la Roumanie

Genève

Service d'information des Nations Unies, Office des Nations Unies à Genève,
Palais des Nations, 1211 Genève 10, Suisse
Téléphone : (41 22) 917 2302
Fax : (41 22) 917 0030
Courrier électronique : *presse_geneve@unog.ch* (Internet : *www.unog.ch*)
Dessert la Suisse

Moscou

United Nations Information Centre, 4/16 Glazovsky Per, Moscou 119002,
Fédération de Russie
Téléphone : (7 499) 241 2894/241 2537
Fax : (7 495) 695 2138
Courrier électronique : *dpi-moscow@unic.ru* (Internet : *www.unic.ru*)
Dessert la Fédération de Russie

Prague

United Nations Information Centre, nam. Kinskych 6,
15000 Prague 5, République tchèque
Téléphone : (420) 257 199 831/2
Fax : (420) 257 31 6761
Courrier électronique : *info@osn.cz* (Internet : *www.osn.cz*)
Dessert la République tchèque

Vienne

Service d'information des Nations Unies, Centre international de Vienne,
Wagramer Strasse 5, A-1220 Vienne (Office des Nations Unies à Vienne,
Boîte postale 500, A-1400 Vienne), Autriche
Téléphone : (43 1) 26060 4666/5676/4462
Fax : (43 1) 26060 5899
Courrier électronique : *unis@unisvienna.org* (Internet : *www.unis.unvienna.org*)
Dessert l'Autriche, la Hongrie, la Slovaquie et la Slovénie

Varsovie

United Nations Information Centre, Al. Niepodleglosci 186, 00-608 Varsovie, Pologne
Téléphone : (48 22) 825 57 84
Fax : (48 22) 825 7706
Courrier électronique : *unic.poland@unic.org* (Internet : *www.unic.un.org.pl*)
Dessert la Pologne

BUREAUX DE LA COMMUNAUTÉ D'ÉTATS INDÉPENDANTS ET DE L'ÉRYTHRÉE

Almaty

United Nations Office, 67 Tole Bi, 4800091 Almaty, Kazakhstan
Téléphone : (7 727) 258 2643 poste 1416
Fax : (7 727) 258 2645
Courrier électronique : *kazakhstan@unic.org* et *dpi.kz@undp.org*
(Internet : *htpp://kazakhstan.unic.org*)
Dessert le Kazakhstan

Asmara

United Nations Office, Hiday Street, Airport Road (P.O. Box 5366), Asmara, Erythrée
Téléphone : (291 1) 15 11 66, poste 311
Fax : (291 1) 15 10 81
Courrier électronique : *dpi.er@undp.org* (Internet : *http://asmara.unic.org*)
Dessert l'Érythrée

Bakou

United Nations Office, UN 50th Anniversary Str. 3, Bakou AZ1001, Bakou, Azerbaïdjan
Téléphone : (99412) 498 98 88/498 16 28
Fax : (99412) 498 32 35
Courrier électronique : *dpi@un-az.org* (Internet : *http://azerbaijan.unic.org*)
Dessert l'Azerbaïdjan

Kiev

United Nations Office, 1 Klovsky Uzviz, 1, Kiev 252021, Ukraine
Téléphone : (380 44) 253 93 63
Fax : (380 44) 293 26 07
Courrier électronique : *registry@un.org.ua* (Internet : *www.un.org.ua*)
Dessert l'Ukraine

Minsk

United Nations Office, 17 Kirov Street, 6th Floor, 220030 Minsk, Bélarus
Téléphone : (375 172) 227 38 17
Fax : (375 172) 226 03 40
Courrier électronique : *dpi.staff.by@undp.org* (Internet : *www.un.by*)
Dessert le Bélarus

Tashkent

United Nations Office, 4 Taras Shevchenko St., Tashkent 100029, Ouzbékistan
Téléphone : (998 71) 1203 450
Fax : (998 71) 120 3485
Courrier électronique : *infocentre.uz@undp.org* (Internet : *http://uzbekistan.unic.org*)
Dessert l'Ouzbékistan

Tbilisi

United Nations Office, Eristavi St. 9, Tbilisi 380079, République de Géorgie
Téléphone : (995 32) 25 11 26
Fax : (1 995 32) 2502 71/72
Courrier électronique : *uno.tbilisi@unic.org* (Internet : *http://georgia.unic.org*)
Dessert la Géorgie

Erevan

United Nations Office, 2 Petros Adamayan Street, 1st floor, 375010 Erevan, Arménie
Téléphone : (374-1) 560 212/580 032
Fax : (374-10) 561 406
Courrier électronique : *undpi.yerevan@undp.org* (Internet : *www.undpi.am*)
Dessert l'Arménie

PUBLICATIONS SUR LES NATIONS UNIES

On peut se procurer cette sélection de publications et produits des Nations Unies auprès de l'Organisation. Certains sont gratuits, d'autres sont destinés à la vente. Les lettres entre parenthèses à la fin de chaque description indiquent l'endroit où l'on peut les obtenir (voir Points de vente, page 404).

Publications périodiques

Afrique Relance. ONU/DPI. A/F. Abonnement annuel : 20 dollars (a)
Magazine trimestriel qui couvre les problèmes de réforme économique et sociale en Afrique et la coopération internationale au service du développement.

Development Update. ONU/DPI. Gratuit
Bulletin bimensuel qui donne des informations mises à jour de toutes les activités du système des Nations Unies concernant le développement.

Chronique ONU. ONU/DPI. A/F. Abonnement annuel : 20 dollars (a)
Magazine trimestriel couvrant les activités du système des Nations Unies et de ses institutions spécialisées.

United Nations Development Business. Département de l'information. Abonnement annuel : 590 dollars (b)
Publication diffusée, sur papier et en ligne, tous les deux mois contenant des informations sur les débouchés offerts en ce qui concerne la fourniture de biens et services dans le cadre des projets financés par des organismes des Nations Unies, des gouvernements et les grandes banques de développement.

Publications de caractère général

60 réalisations de l'ONU qui ont changé le monde. Départment de l'information. Manuel : 48 pages. Numéro de vente : 05.I.91. ISBN 13 : 9789212002743. A/F. 10 dollars; DVD : Numéro de vente : 05.I.100. ISBN 9789211011302. E. 10 dollars (a)
Ce document, disponible sous forme de manuel ou de DVD, présente par la voix des jeunes du monde entier, un éventail des réalisations de l'ONU et de ses organes depuis 1945, année de sa création.

Charte des Nations Unies. Département de l'information. DPI/511. A/Ar/C/E/F/R. 3,50 dollars (a)

Delivering as one : Report of the Secretary-General's High-level Panel on UN System-wide Coherence in the areas of development, humanitarian assistance and the environment. Département de l'information. 2007. 84 pages. Numéro de vente : E.07.I.8. ISBN 9789211011463. E. 18 dollars (a)

Déclaration universelle des droits de l'homme : édition spéciale 60ᵉ anniversaire 1948-2008. Département de l'information. DPI/876/Rev.4. A/Ar/C/E/F/R. 1,50 dollars (a).

World Statistics Pocketbook 2007. Département des affaires économiques et sociales. 256 pages. Numéro de vente : E.08XVII.5. ISBN 9789211615098. A. 15 dollars (a).

Yearbook of the United Nations 2005 (Annuaire des Nations Unies 2005). Département de l'information. 1712 pp. Numéro de vente : E.07.I.1.H. ISBN 9789211009675. A. 175 dollars (a)

Ce livre est à tous égards l'ouvrage de référence le plus complet sur les activités des Nations Unies et du système. Publié annuellement, il présente sous forme détaillée les activités des Nations Unies pour une année civile donnée.

Rapports annuels

La situation économique et sociale dans le monde, 2007. Département des affaires économiques et sociales. 234 pages. Numéro de vente : 07.II.C.1. ISBN 13 : 9789212090917. A/E/F. 60 dollars (a)

Fiable et faisant autorité, cet ouvrage offre une approche et des commentaires inédits sur les tendances actuelles et les politiques en matière d'économie mondiale.

Economic and Social Survey of Asia and the Pacific, 2007. Commission économique et sociale pour l'Asie et le Pacifique. 188 pages. Numéro de vente : E.07.II.F.4. ISBN 9789211204940. A. 80 dollars (a)

Publication annuelle la plus ancienne et la plus complète sur la situation économique et sociale de la région.

Rapport économique sur l'Afrique, 2007. Commission économique pour l'Afrique. 198 pages. Numéro de vente : 07.II.K.1. ISBN 13 : 9789212250489. A/F. 35 dollars (a)

Les analyses présentées dans cette édition du *Rapport* dressent le bilan de l'économie mondiale et dégagent des perspectives de développement en Afrique.

Economic Survey of Latin America and the Caribbean, 2005/2006. Commission économique pour l'Amérique latine et les Caraïbes. 144 pages. Numéro de vente : E.06.II.G.2. ISBN 9789211215939. A/E. 75 dollars (a)

Analyse des principales caractéristiques de l'économie régionale et bilan de la situation de chacun des pays de la région.

Rapport sur le commerce et le développement, 2007. Conférence des Nations Unies sur le commerce et le développement. 240 pages. Numéro de vente : 07.II.D.1. ISBN 13 : 9789212123424. A/Ar/C/F/R/E. 55 dollars (a).

Publication du plus haut intérêt pour tous ceux qui recherchent des réponses aux questions les plus pressantes que pose l'évolution rapide de l'économie.

Rapport sur l'investissement dans le monde, 2007. Conférence des Nations Unies sur le commerce et le développement. 176 pages. Numéro de vente : 07.II.D.9. ISBN 13 : 9789212123424. A/F. 90 dollars (a).

Source la plus à jour et la plus complète de données et d'analyses sur l'investissement direct étranger.

Rapport sur les pays les moins avancés, 2007. Conférence des Nations Unies sur le commerce et le développement. 224 pages. Numéro de vente : 07.II.D.8. ISBN 13 : 9789212123417 (A/Ar/F/E. 50 dollars (a)

Source la plus complète et la plus fiable d'analyses et de données socio-économiques sur les 48 pays les moins avancés du monde.

Rapport sur le développement humain, 2007/2008. Programme des Nations Unies pour le développement. 300 pages. Numéro de vente : 07.III.B.1. ISBN 13 : 9782707153562. A/Ar/C/E/F/R. 29,95 dollars (a)

Guide exhaustif du développement humain dans le monde comprenant des analyses qui incitent à la réflexion sur les principaux problèmes, des indicateurs du développement humain actualisés comparant les niveaux relatifs de développement humain dans plus de 175 pays ainsi que des programmes visant à faire évoluer les priorités en matière de développement.

Situation des enfants dans le monde, 2008. Fonds des Nations Unies pour l'enfance. 160 pages. Numéro de vente : 08.XX.1. ISBN 13 : 9789280641929. A/E/F. 25 dollars. Résumé disponible gratuitement auprès de l'UNICEF (a).

Attire l'attention de la communauté internationale sur les problèmes que devront surmonter les enfants et exhorte les pays à promouvoir leur bien-être.

État de la population mondiale, 2007. Fonds des Nations Unies pour la population. 104 pages. Numéro de vente : 07.III.H.1. ISBN 13 : 9780897148085. A/Ar/E/F/R. 17,50 dollars (a)

Rapport annuel sur les questions de population et leurs répercussions sur le développement dans le monde.

Annuaire démographique, 2004. Département des affaires économiques et sociales. 868 pages. Numéro de vente : B.07.XIII.1 H. ISBN 13 : 9789210510981. A/F. 120 dollars (a)

Collecte, compile et diffuse les statistiques démographiques officielles ayant trait à tout un éventail de sujets.

Annuaire des statistiques de l'énergie, 2005. Département des affaires économiques et sociales. Numéro de vente : B.08.XVII.4. ISBN 13 : 9789210612296. A/F. 120 dollars (a).

Série de statistiques de l'énergie commerciale comparables à l'échelle internationale, qui rend compte des tendances mondiales dans ce domaine et des résultats annuels de 215 pays.

Annuaire de statistiques industrielles par produit, 2004. Département des affaires économiques et sociales. 328 pages. Numéro de vente : B.06.XVII.14.H. ISBN 13 : 9789210612265. A/F. 160 dollars (a).

Compilation annuelle de statistiques sur la production, en quantités physiques, d'environ 530 produits industriels par pays, région géographique, groupement économique et à l'échelle mondiale.

Annuaire statistique du commerce international, 2005. Département des affaires économiques et sociales. Numéro de vente : B.07.XVII.7.H. ISBN 9789210612272. A/F. 160 dollars (a).

Fournit des données de base sur le commerce extérieur de chaque pays, en termes de valeur mais aussi de volume et de prix, et d'importance des partenaires commerciaux et de chaque produit importé ou exporté.

Report on the World Social Situation, 2007. Département des affaires économiques et sociales. 192 pages. Numéro de vente : E.07.IV.9. ISBN 9789211302622. A. 20 dollars (a).

L'édition de 2007 du Rapport sur la situation sociale dans le monde est principalement axé sur le rôle essentiel que jouent l'emploi productif et l'accès à un travail décent dans la réduction de la pauvreté et la promotion du développement social.

Annuaire statistique, 2006. Département des affaires économiques et sociales. Numéro de vente : B.07.XVII.1.H. ISBN 13 : 9789210612289. A/F. 150 dollars (a).

Compilation annuelle d'un large éventail de statistiques internationales sur la situation économique, sociale et de l'environnement dans plus de 200 pays et régions. Parmi les différentes sources d'information figurent les organismes des Nations Unies et d'autres organisations internationales et nationales, ainsi que des institutions spécialisées.

World Migration Report, 2008. Organisation internationale pour les migrations. Numéro de vente : E.07.III.S.8. ISBN 13 : 9789290684053. A. 80 dollars (a).

Analyse les flux et tendances migratoires et examine les faits nouveaux survenus dans les principales régions du monde en matière de migration.

World Youth Report, 2007. Département des affaires économiques et sociales. Numéro de vente : E.07.IV.1. ISBN 13 : 9789211302578. A. 60 dollars (a).

Donne un aperçu de la situation des jeunes dans le monde.

Rapport sur la santé dans le monde. Organisation mondiale de la santé. Genève. A/Ar/F/E/C/R (c)

Ce rapport est un regard d'expert sur les tendances en matière de santé et envisage l'évolution de la situation de la santé, des maladies et des instruments destinés à les contenir.

Rapport sur le développement dans le monde. Banque mondiale/Oxford University Press. A/F/E (d)

Publié par la Banque mondiale, ce rapport s'intéresse aux principales questions de développement que les décideurs politiques du monde devront résoudre. Il comprend également plusieurs indicateurs de développement mondial.

Perspectives de l'économie mondiale. Fonds monétaire international. A/Ar/E/F (e)

Étude de l'économie mondiale publiée deux fois par an (mai et octobre).

Paix et sécurité

Arms Control after Iraq : Normative and Operational Challenges. Presses de l'Université des Nations Unies. 2006. 464 pages. Numéro de vente : E.06.III.A.9. ISBN 13 : 9789280811315. A. 45 dollars (a).

Cet ouvrage examine notamment les questions suivantes : utilisation de la force en général et place et rôle des Nations Unies dans la lutte contre la prolifération et l'utilisation des armes de destruction massive.

Nobel Voices for Disarmament (CD audio). Département des affaires de désarmement. 2007. Numéro de vente : E.08.IX.2. ISBN 13 : 9789211422580. 15 dollars (a)

Collection de témoignages enregistrés, nouveaux et anciens, de lauréats du prix Nobel et d'autres personnalités dont l'action en faveur de la paix ne doit pas être oubliée.

Securing Equality, Engendering Peace : A Guide to Policy and Planning on Women, Peace and Security (UN SCR 1325). Institut international de recherche et de formation pour la promotion de la femme. 2007. 78 pages. Numéro de vente : E.06.III.C.2. ISBN 13 : 9789211270617. A. 10 dollars (a).

Ce guide vise à faciliter l'élaboration de politiques et de plans d'action concrets en faveur des femmes, de la paix et de la sécurité.

Annuaire des Nations Unies sur le Désarmement, 2006. Département des affaires de désarmement. Numéro de vente : 07.IX.1. ISBN 13 : 9789212421490. A/Ar/C/E/F/R. 65 dollars (a).

Publication annuelle qui passe en revue les principaux événements survenus et les principales négociations menées au cours de l'année écoulée dans tous les domaines ayant trait au développement.

War in Our Time : Reflections on Iraq, Terrorism and Weapons of Mass Destruction. Presses de l'Université des Nations Unies. 2007. 216 pages. Numéro de vente : 07.III.A.10. ISBN 13 : 9789280811452. A. 20 dollars (a)

Les trois thèmes abordés dans cet ouvrage, à savoir la guerre en Iraq, la lutte contre le terrorisme et les armes de destruction massive, comptent parmi les plus préoccupants de notre temps.

Questions économiques et sociales

The World's Women 2005 : Progress in Statistics. Département des affaires économiques et sociales. 184 pages. Numéro de vente : 06.XVII.6. ISBN 13 : 9789211614916. A/Ar/C/E/F/R. 25 dollars (a)

Description la plus complète des progrès réalisés par les femmes dans le monde dans les domaines suivants : santé, droits fondamentaux et prise de décisions politiques et famille.

Les femmes autochtones et le système des Nations Unies : bonnes pratiques et expériences acquises. Département des affaires économiques et sociales. 184 pages. Numéro de vente : 06.IV.9. ISBN 13 : 9789212302607 A/E/F. 23 dollars (a)

Cette publication présente des études de cas présentées par différents organismes des Nations Unies sur l'action qu'ils mènent en collaboration avec les femmes autochtones des pays d'Afrique, d'Asie et d'Amérique latine.

Le progrès des femmes à travers le monde : les femmes, le travail et la pauvreté, 2005. Fonds de développement des Nations Unies pour la femme. 112 pages. Numéro de vente : 05.III.F.1. ISBN 9781932827262. A/E/F. 17,95 dollars (a).

La publication de ce rapport marque le cinquantième anniversaire de la Déclaration du Millénaire et le dixième anniversaire du Programme d'action de Beijing. Il y est affirmé que si les gouvernements et les décideurs n'accordent pas davantage d'attention à l'emploi et aux liens entre emploi et pauvreté, la campagne visant à éradiquer la pauvreté est vouée à l'échec.

Objectifs du Millénaire pour le développement — Rapport 2007. Département des affaires économiques et sociales. 36 pages. Numéro de vente : 07.I.15. ISBN 13 : 9789212302607. A/F. 10 dollars (a).

Indique ce qui peut être accompli et ce qui reste à faire.

The International Development Agenda and the Climate Change Challenge. Département des affaires économiques et sociales. 2007. 32 pages. Numéro de vente : 07.II.A.7. ISBN 9789211045710. A. 10 dollars (a)

Examine la gravité du problème et ses incidences sur les objectifs de développement convenus à l'échelle internationale.

Dialogue participatif : vers une société stable, sûre et juste pour tous. Département des affaires économiques et sociales. 2007. 188 pages. Numéro de vente : 07.IV.3. ISBN 13 : 9789212302614. A/E/F. 39 dollars (a).

Cette publication décrit dans les grandes lignes la notion d'intégration sociale et les notions connexes, examine les possibilités d'utilisation d'un dialogue participatif au service de l'instauration de sociétés plus soudées et les principes à appliquer, et présente des exemples concrets d'outils de dialogue et d'utilisations.

The United Nations Development Agenda : Development for All — Goals, Commitments and Strategies Agreed at the United Nations World Conferences and Summits since 1990. Département des affaires économiques et sociales. 2007. 96 pages. Numéro de vente : 07.I.17. ISBN 9789211011555. A. 17 dollars (a)

Le programme de l'ONU en matière de développement sert de cadre à l'action en faveur du développement à l'échelle mondiale, régionale et nationale.

Droits de l'homme

Droits de l'homme : Recueil d'instruments internationaux. Haut-Commissariat des Nations Unies pour les réfugiés. 2004. 1126 pages. Numéro de vente : 02.XIV.4. ISBN 13 : 9789212541389. A/E/F. 65 dollars (a)

Cette publication en deux volumes constitue un catalogue complet des instruments relatifs aux droits de l'homme adoptés tant au niveau mondial que régional.

Collection of International Instruments and Legal texts Concerning Refugees and Others of Concern to UNHCR (ensemble de quatre livres). Haut-Commissariat des

Nations Unies pour les réfugiés. 2007. 2 188 pages. Numéro de vente : E.GV.07.0.6. ISBN 9789211011159. A. 140 dollars (a).

Cette édition révisée de la Collection, qui remplace celle de 1995, est largement remaniée et contient plus de 260 instruments et textes universels et régionaux fondamentaux au sujet des réfugiés et autres catégories de personnes relevant du mandat du Haut-Commissariat.

A Human Rights Based Approach to Education for All : A Framework for the Realization of Children's Right to Education and Rights within Education (Éducation pour tous fondée sur les droits de l'homme : cadre pour la réalisation du droit des enfants à l'éducation et des droits en matière d'éducation). Fonds des Nations Unies pour l'enfance. 2007. 160 pages. Numéro de vente : 08.XX.2. ISBN 13 : 9789280641899. A/E/F. 20 dollars (a).

Cette publication fournit un ensemble complet de stratégies et mesures à prendre pour réaliser concrètement le droit des enfants à l'éducation et les droits en matière d'éducation en adoptant les lois, politiques et programmes nécessaires pour assurer l'accès de tous à l'éducation.

Principaux instruments internationaux relatifs aux droits de l'homme : nouveaux traités. Haut-Commissariat des Nations Unies aux droits de l'homme. 2007. 88 pages. Numéro de vente : 07.XIV.8. ISBN 13 : 9789212541600. A/Ar/C/E/F/R. 15 dollars (a).

Recueil des nouveaux instruments internationaux relatifs aux droits de l'homme dans un format facile à consulter.

Le VIH/sida et les droits de l'homme — Directives internationales : Version consolidée 2006. Haut-Commissariat des Nations Unies aux droits de l'homme. 116 pages. Numéro de vente : 06.XIV.4. ISBN 13 : 9789212541587. A/F. 20 dollars (a).

Ces Directives répondent à la nécessité impérieuse de fournir des directives aux États sur les mesures concrètes à prendre pour protéger les droits de l'homme dans le contexte du VIH, nécessité que la Commission des droits de l'homme avait souligné bien des années plus tôt.

Women, Girls, Boys and Men : Different Needs — Equal Opportunities. Bureau de la coordination des affaires humanitaires. 2007. 122 pages. Numéro de vente : E.08.III.M.1. ISBN 9789211320268. A. 25 dollars (a)

POINTS DE VENTE

a) *Pour l'Amérique du Nord, l'Amérique latine et les Caraïbes et l'Asie et le Pacifique :* Publications des Nations Unies, bureau DC2-853, 2 UN Plaza, New York, NY 10017, États-Unis.

Téléphone : (212) 963 8302, numéro vert : (1-800) 253-9646 (Amérique du Nord uniquement). Télécopie : (212) 963 3489.

Adresse électronique : *publications@un.org.* Internet : *www.unp.un.org.*

Pour l'Europe, l'Afrique et le Moyen-Orient : Publications des Nations Unies, Bureau de vente et librairie, Palais des Nations, porte 40, CH-1211, Genève 10, Suisse.

Téléphone : (41 22) 917 4872. Télécopie : (41 22) 917 0610.

Adresse électronique : *unpubli@unog.ch*. Internet :*www.unp.un.org*.

b)   Pour s'abonner à la publication Development Business :
Groupe de publication de Development Business, Service des abonnements
P.O. Box 5850/ Grand Central Station
New York, NY 10163-5850, États-Unis
Téléphone : (212) 963 1516
Télécopie : (212) 963 1381
Adresse électronique : *dbsubscribe@un.org*
Internet : *www.devbusiness.com*

c)   Organisation mondiale de la Santé (OMS) :
Distribution et vente
20 avenue Appia, CH 1211 Genève 27, Suisse
Téléphone : (41 22) 791 2476
Télécopie : (41 22) 791 4857
Adresse électronique : *publications@who.ch*.

Aux États-Unis :
WHO Publications, 49 Sheridan Ave., Albany, NY 12210.
Téléphone : (518) 436 9686
Adresse électronique : *QCORP@compuserve.com*.

d)   Banque mondiale :
The World Bank, P.O. Box 960, Herndon, VA 20172-0960, USA
Téléphone (703) 661 1580 ou (800) 645 7247
Télécopie : (703) 661 1501
Adresse électronique : *books@worldbank.org*.

e)   Fonds monétaire international (FMI) :
Service des publications, commandes catalogue,
700 19th Street, NW, Washington, D.C. 20431, États-Unis.
Téléphone : (202) 623 7430
Télécopie (202) 623 7201
Adresse électronique : *pubweb@imf.org*.

Librairies et bureaux de vente des Nations Unies

Librairie des Nations Unies
Organisation des Nations Unies, premier sous-sol, FirstAve.&42nd St., New York, NY 10017.

Téléphone : (212) 963 7680, (1 800) 553 3210 (États-Unis et Canada)
Télécopie : (212) 963 4910
Adresse électronique : *bookshop@un.org*
Internet : *www.un.org/bookshop*

Bureau de vente et librairie
Palais des Nations, porte 40, CH-1211 Genève 10, Suisse.
Téléphone : (41 22) 917 2613/14
Télécopie : (41 22) 917 0027
Adresse électronique : *unipubli@unog.ch*

Bureau de vente des Nations Unies, Palais des Nations, porte 6 (*voir plus haut*).

Bureau de vente des Nations Unies, Palais des Nations, portail de Prégny (*voir plus haut*).

INDEX

A